A EDUCAÇÃO PELA GUERRA: LEITURAS CRUZADAS DE HISTÓRIA COLONIAL

EVALDO CABRAL DE MELLO nasceu no Recife em 1936 e atualmente mora no Rio de Janeiro. Estudou Filosofia da História em Madri e Londres. Em 1960, ingressou no Instituto Rio Branco e dois anos depois iniciou a carreira diplomática. Serviu nas embaixadas do Brasil em Washington, Madri, Paris, Lima e Barbados, e também nas missões do Brasil em Nova York e Genebra e nos consulados gerais do Brasil em Lisboa e Marselha. É um dos maiores historiadores brasileiros, especialista em história regional e no período de domínio holandês em Pernambuco no século XVII, assunto sobre o qual escreveu vários livros, como *Olinda restaurada* (1975), sua primeira obra, *Rubro veio* (1986), sobre o imaginário da guerra entre Portugal e Holanda, e *O negócio do Brasil* (1998), sobre os aspectos econômicos e diplomáticos do conflito entre portugueses e holandeses. Sobre a Guerra dos Mascates e a rivalidade entre brasileiros e portugueses em seu estado natal, publicou *A fronda dos mazombos* (1995). Escreveu também *O norte agrário e o Império* (1984), *O nome e o sangue* (1989), *A ferida de Narciso* (2001), *O bagaço da cana* (2012) e *Nassau: governador do Brasil Holandês* (2006), este para a Coleção Perfis Brasileiros, da Companhia das Letras. É organizador do volume *Essencial Joaquim Nabuco*, da Penguin-Companhia das Letras.

EVALDO CABRAL
DE MELLO

A educação pela guerra:
Leituras cruzadas
de história colonial

Copyright © 2014 by Evaldo Cabral de Mello

Grafia atualizada segundo o Acordo Ortográfico da Língua Portuguesa de 1990, que entrou em vigor no Brasil em 2009.

Penguin and the associated logo and trade dress are registered and/or unregistered trademarks of Penguin Books Limited and/or Penguin Group (USA) Inc. Used with permission.

Published by Companhia das Letras in association with Penguin Group (USA) Inc.

PREPARAÇÃO
Silvia Massimini Felix

REVISÃO
Huendel Viana
Carmen T. S. Costa

Dados Internacionais de Catalogação na Publicação (CIP)
(Câmara Brasileira do Livro, SP, Brasil)

Mello, Evaldo Cabral de, 1936-.
A educação pela gerra: Leituras cruzadas de história colonial / Evaldo Cabral de Mello. — 1ª ed. — São Paulo: Penguin Classics Companhia das Letras, 2014.

ISBN 978-85-63560-98-8

1. Brasil — História — Domínio holandês, 1624-1654 2. Brasil — História — Período colonial 3. Pernambuco — Colonização 4. Pernambuco — História I. Título.

14-05588   CDD-981

Índice para catálogo sistemático:
1. Brasil : História 981

[2014]
Todos os direitos desta edição reservados à
EDITORA SCHWARCZ S.A.
Rua Bandeira Paulista, 702, cj. 32
04532-002 — São Paulo — SP
Telefone: (11) 3707-3500
Fax: (11) 3707-3501
www.penguincompanhia.com.br
www.companhiadasletras.com.br
www.blogdacompanhia.com.br

À memória de Leda Cabral de Mello

Vencedores dos flamengos, que tinham vencido os espanhóis, algum tempo senhores de Portugal, os combatentes de Pernambuco sentiam-se um povo, e um povo de heróis. Nesta convicção os confirmaram os testemunhos do reconhecimento oficial, os encarecimentos dos historiadores [...], os sobreviventes das lutas, os herdeiros das tradições ligeiramente alteradas com o tempo [...]. Passado o primeiro momento de entusiasmo, os reinóis quiseram reassumir sua atitude de superioridade e proteção. Data daí a irreparável e irreprimível separação entre pernambucanos e portugueses.
J. CAPISTRANO DE ABREU

A divisão clássica entre o engenho e a cidade, entre o senhor rural e o mascate, que encheria mais tarde quase toda a história pernambucana.
SÉRGIO BUARQUE DE HOLANDA

Sumário

Prefácio — 11

PARTE 1: UMA CAPITANIA COMO AS OUTRAS
1. Uma Nova Lusitânia — 21
2. Os alecrins no canavial — 58
3. Uma família colonial — 88

PARTE 2: A EDUCAÇÃO PELA GUERRA
4. A empresa da terra e a vitória do mar — 137
5. Guerra de Flandres e guerra do Brasil — 188
6. Tudesco tudo e tóxico — 248

PARTE 3: UMA CAPITANIA COMO ELA SÓ
7. À custa de nosso sangue, vidas e fazendas — 267
8. A metamorfose da açucarocracia — 303
9. Atribulações do marquês de Montebelo — 333
10. Praça vs. engenho — 379

Prefácio

Como o indivíduo, os grupos humanos também fazem sua educação sentimental. A dos pernambucanos dos tempos passados é tanto mais curiosa quanto a capitania que gerou o nativismo mais virulento da história brasileira fora também aquela que, de início, estivera mais marcada pelo cunho da metrópole. Uma coisa terá a ver com a outra? Na cabeça dos que, neste começo de milênio, estão embriagados pelos fumos da identidade nacional, cumpre martelar a seguinte ideia: a imagem do Brasil que fascina o brasileiro de hoje é basicamente uma criação do século XX e, como tal, mais cedo ou mais tarde se desfará. Portanto, ela não constitui a descoberta milagrosa de uma essência há muito submersa pela repressão dos modelos civilizatórios de procedência europeia que pesaram com mão de ferro sobre nossa história.

A educação pela guerra compõe-se de capítulos selecionados pelo autor nas suas obras anteriores. Elas foram basicamente três: *Olinda restaurada: Guerra e açúcar no Nordeste, 1630-1654*; *Rubro veio: O imaginário da restauração pernambucana*; e *A fronda dos mazombos: Nobres contra mascates, Pernambuco, 1666-1715*. O primeiro desses livros explorou as condições materiais do esforço de guerra contra o invasor holandês, o segundo ocupou-se das representações mentais que o conflito bélico produziu até finais do século XIX e o terceiro buscou reconstituir a guerra civil de 1710-1 e seus antecedentes. Selecionar os dez capítulos que ora compõem *A educação pela guerra* e reuni-los em uma quarta obra não lhes faz, contudo, violência alguma, uma vez que foram escolhidos em função das suas afinidades. Tais leituras cruzadas têm a vantagem de permitir extrapolar as limitações monográficas no interior das quais aqueles livros foram originalmente concebidos e redigidos e de explicitar o argumento que os sustenta. Mas podem conter também repetições que, na medida do possível, se procurou suprimir.

Evidentemente, a primeira opção teria consistido em sintetizar seja as obras mencionadas, seja os dez capítulos incluídos aqui. Mas a síntese em história pode resultar particularmente empobrecedora, na medida em que a suculência dos temas abordados corre o risco de ficar reduzida à sua ossatura conceitual e cronológica, tendendo à monotonia e até à obviedade. São raras as sínteses históricas que logram triunfar dessas limitações. De qualquer maneira, elas exigem aptidões especiais de que o autor carece, e poderia inclusive ser meio traumatizante para quem, tendo cultivado abrangentemente seu tema durante quatro décadas, iria se ver agora na contingência de cortar na própria carne.

O argumento de *A educação pela guerra* é simples. Os principais núcleos de povoamento do Brasil de Quinhentos tinham, em comum e em diferentes graus, a ambição de reproduzir Portugal na América. O exame dos aspectos materiais do cotidiano e o imaginário colonial são conclusivos a este respeito. Um remoto ensaio de Gilberto Freyre intitulado *Continente e ilha* caracteriza as duas grandes correntes da colonização brasileira: de um lado o que ele chamou de "ilhas sociológicas", "de intensificação ou condensação da energia colonizadora" (o Recôncavo baiano, o Rio de Janeiro, a Mata pernambucana, para citar apenas as mais importantes); e do outro, "o ritmo continental de extensão do esforço humano", encarnado pelo bandeirantismo, especialmente no extremo Norte, no Centro-Oeste e no Sul do país. Contudo, não se trata de uma contraposição, pois a continentalização pressupõe o ilhamento: é na realidade a transformação da ilha em continente. Afirmava Gilberto Freyre:

> É que no Brasil o fenômeno sociológico e cultural como que repetiu o geográfico: sociológica e culturalmente desenvolvemo-nos em ilhas e estas em arquipélagos ou numa enorme ilha-continente. [...] Ilha e continente ao mesmo tempo. Ou ilhas e continente. Um arquipélago sociológico ou cultural de proporções continentais.

E o autor lembrava a esse respeito a circunstância geográfica, assinalada por Oliveira Lima, de que "as cabeceiras do sistema fluvial amazônico vão quase entestar no interior com as do sistema fluvial platino". Circunstância que levaria Jaime Cortesão a identificar o mito da ilha Brasil na cartografia dos séculos XVI e XVII. Citando ainda Gilberto Freyre,

> a Nova Lusitânia, [isto é, o núcleo inicial do povoamento de Pernambuco] no Norte, foi uma daquelas ilhas na paisagem social da vasta colonização, nem toda ela sempre em movimento continental, do Brasil dos primeiros séculos. A donataria de Duarte Coelho foi uma "ilha sociológica [...] e até certo ponto biológica, pela endogamia e pelo *in-breeding* [...] que só aos poucos e não precipitadamente foi se expandindo".

Essa vocação para o ilhamento, que decorreu em parte do êxito inicial da colonização pernambucana mercê da economia açucareira, proporciona talvez uma chave para compreender o contraste esboçado por Capistrano de Abreu no tocante à atividade povoadora da capitania. Ao passo que

> o influxo de Pernambuco foi efêmero em todas as terras situadas além do Parnaíba, e mesmo aquém, no Piauí, que, apenas começadas a povoar, constituíram logo o estado do Maranhão [...] ao contrário, Paraíba, Rio Grande do Norte, e mais tarde Ceará, depois de desligado do Maranhão, Alagoas, conservaram-se em maior ou menor dependência comercial, econômica e política [de Pernambuco] até nossos dias,

ou seja, até os primeiros anos do século xx.

Tendo de partilhar com a Bahia, mas em situação desvantajosa, os "sertões de dentro", Pernambuco compensou-se a noroeste (ao tempo da capitania geral e suas anexas), pelos "sertões de fora" e através dos "portos do sertão", como eram designadas as vilas a oeste da baía de Touros, onde se inflete a costa leste-oeste. Essa maior capacidade de projeção povoadora sobre o Nordeste oriental pode ser atribuída a uma consideração de teor demográfico e outra, comercial. No terceiro quartel do século xviii, a população da Paraíba, Rio Grande e Ceará representava um agregado três vezes superior ao da área pernambucana além-Borborema, inclusive a comarca do São Francisco. Pela mesma época, apenas 11,5% da população de Pernambuco habitava o agreste e o sertão, apesar de essa área corresponder a 84% do atual território do estado, enquanto 88,5% viviam na zona da mata e nos seus núcleos urbanos.

Entre sua fundação em 1535 e a invasão holandesa em 1630, Pernambuco foi uma capitania como as outras. Entretanto, a guerra e a ocupação estrangeira desviaram-na da trajetória comum, levando-a a enveredar por um percurso distinto (e até mais dramático) pelo menos até meados do século xix, quando finalmente se verificou sua recalcitrante inserção na ordem imperial, depois do malogro das revoluções de 1817, 1824 e 1848. Quais as razões dessa diferenciação? No decurso do conflito com os Países Baixos, a comunidade luso-brasileira do Nordeste, com o beneplácito da Coroa, que não dispunha de meios para reimpor seu domínio através de uma intervenção naval, praticou uma estratégia de usura. Destarte, eles tiveram de arcar com a parte substancial dos ônus da resistência e da restauração.

Depois da vitória em 1654 e do longo do período *post bellum*, a gente da terra, segundo a lógica do sistema de serviço e mercê própria das monarquias do Antigo Regime, julgou não haver recebido a contrapartida dos seus sacrifícios em termos da redução do peso fiscal, da reserva dos cargos públicos, da concessão de comendas e hábitos militares e de outras formas de recompensa. Ademais, tal descontentamento deu origem ao mito constitucional que apregoava a existência de um contrato entre a capitania e a Coroa pela qual esta lhe teria feito tais concessões, que passara a violar sistematicamente em seguida. Por fim, a camada superior da sociedade colonial, transformada em "nobreza da terra", tentou monopolizar o poder local representado pela Câmara de Olinda, dela excluindo os negociantes de origem reinol, que controlavam o comércio do açúcar e financiavam sua produção (seja como mercadores autônomos, seja como agentes de mercadores da metrópole) e que contavam com o apoio dos governadores e do funcionalismo régio. A confrontação teve seu desfecho na chamada "guerra dos mascates" (1710-1).

A derrota do partido da nobreza neutralizou durante um século a oposição ao domínio colonial, que, até onde as fontes disponíveis permitem enxergar, se viu relegada a formas subliminares de manifestação culta, na obra de uns poucos letrados e na agitação de alguns claustros. No decorrer de Setecentos, assistiu-se portanto a uma atenuação sensível do confronto entre esses autênticos *frères ennemis* que foram a açucarocracia e a mascataria. Entretanto, em começos de Oitocentos, na esteira da crise dos impérios coloniais nas Américas e do surto algodoeiro no

Nordeste oriental, a contestação ao poder colonial obteve a adesão de novos estratos urbanos, cuja atuação se fez sentir durante todo o ciclo revolucionário de 1817-24 e por isso mesmo desencorajou a participação maciça da grande propriedade rural, sobretudo durante a Confederação do Equador.

O que se procurou descrever foi por conseguinte um processo, não uma identidade, como se costuma dizer, nem uma essência, como se costumava dizer. A noção de identidade é um fetiche antropológico que contaminou a história e as ciências humanas, mas que não passa de vestígio de eleatismo ressuscitado num mundo globalizado que, descobrindo-se como tal, busca estrenuamente as diferenças que poderiam salvá-lo. Como assinalou Michael Oakeshott,

> um passado inteiramente composto de eventos históricos e suas relações é um passado inteiramente composto de diferenças; é um passado do qual essa identidade imutável foi expressamente excluída. Isto não significa que os componentes de um passado historicamente entendido estejam incessantemente mudando, nem tampouco exige que sua durabilidade relativa não seja reconhecida.

Como não há passado que subverta inteiramente e de um só golpe uma estrutura política e social (a despeito do que pretendem as utopias revolucionárias), uma parte dela sempre resistirá à mudança por certo tempo. Essa parte é o que se chama impropriamente de identidade, na suposição equivocada de que ela permanece igual a si mesma, "*tel que en lui-même enfin l'éternité le change*", como no verso de Mallarmé. Voltando a Oakeshott, "quando um passado histórico é entendido como composto de eventos históricos (isto é, de diferenças) reunidos em resposta a uma questão histórica, não há lugar para uma identidade que não seja ela própria uma diferença".

Como o passado constitui-se sempre sob a forma de uma adição de diferenças, ou, dito de outro modo, como a mudança da mudança, a identidade postulada pela sincronia dos antropólogos é incompatível com a diacronia de que são ciosos os historiadores. Se é certo que alguns deles e dos maiores "sincronizaram", como Burckhardt ou Huizinga, a realidade histórica que procuraram apreender (a do Renascimento italiano ou a do fim da Idade Média), é apenas a realidade histórica de uma época, não a de todo um país ou nação. As identidades não sobrevivem à passagem do tempo. Historicizá-las é, pois, exorcizá-las.

Para assegurar a fluidez da leitura, foram eliminadas as notas originais. O leitor excepcionalmente interessado na fonte de determinada informação pode sempre recorrer ao correspondente livro do autor.

PARTE I
Uma capitania como as outras

I

Uma Nova Lusitânia*

Curiosamente, a modalidade inicial que o sentimento nativista assumiu nas crônicas do primeiro século de colonização (1534-1630) consistia, ao contrário do que ocorrerá no futuro, menos na afirmação da originalidade da nova terra do que no orgulho pela lusitanidade que já caracterizaria a vida cotidiana nos principais núcleos de povoamento. Gândavo já descrevia o Brasil como uma "nova Lusitânia"; e o padre Cardim afiançava: "Este Brasil é já outro Portugal". O fenômeno torna-se compreensível tendo em vista a perspicaz observação de Stuart B. Schwartz segundo a qual, "em termos sociais ou religiosos, o Brasil foi criado para reproduzir Portugal, não para transformá--lo ou transcendê-lo".

A asserção é, aliás, igualmente válida para os estabelecimentos criados no hemisfério pelas demais potências colonizadoras, com exceção da Nova Inglaterra, onde a estrita motivação religiosa dos colonos insuflou o projeto de uma nova Sion, uma sociedade paralela destinada a realizar, do lado de cá do Atlântico, as aspirações religiosas e políticas da Reforma, frustradas pelo anglicanismo, o que neste caso emprestava ao adjetivo o significado de

---

* Publicado em Carlos Guilherme Mota (Org.), *Viagem incompleta: A experiência brasileira (1500-2000). Formação: histórias.* São Paulo: Senac, 1999.

uma ruptura, ausente das demais designações. Dessa ambição de prolongar o Velho Mundo no Novo originou-se a prática de aporem-se às regiões conquistadas os nomes das regiões ou dos países de onde seus fundadores eram originários: Nova Espanha, Nova Galícia, Nova Granada, Nova Estremadura, Nova França, Nova Holanda. A par de manifestação afetiva, tais denominações exprimiam de forma abreviada um mesmo programa colonial.

Ao designar de Nova Lusitânia a capitania que d. João III lhe doara e que ia da boca meridional do canal de Santa Cruz à foz do rio São Francisco, Duarte Coelho não se apartou da praxe. O chamado foral que concedeu à vila de Olinda e suas cartas a El Rei são invariavelmente datados de "esta Nova Lusitânia", jamais de Pernambuco. Contudo, Nova Lusitânia não vingou. Ao menos desde os anos 1560, empregava-se o topônimo tupi, originalmente utilizado para designar o ponto do litoral da terra firme fronteira à ilha de Itamaracá onde se situara a feitoria de Cristóvão Jaques, topônimo posteriormente adotado para o ancoradouro da foz do Capibaribe-Beberibe. Falecido o primeiro donatário, a correspondência oficial consagrou o costume, embora a viúva, d. Brites de Albuquerque, teimasse, provavelmente por fidelidade à memória do marido, em referir-se somente à Nova Lusitânia, termo que já na *Prosopopeia* viria a adquirir travo literário e erudito.

Procurou-se também conciliar as denominações em "Pernambuco da Nova Lusitânia"; e o autor da *Relação do naufrágio* alude mesmo à "capitania de Pernambuco, das partes do Brasil da Nova Lusitânia". Só excepcionalmente Nova Lusitânia foi empregado para toda a América portuguesa, como fez Brito Freyre no século XVII, na sua história da guerra holandesa. Na Europa, seguiu-se naturalmente o uso que se impusera na terra. A correspondência dos cônsules venezianos em Lisboa menciona a "terra di Pernambuci"; e o relato da expedição de James Lancaster refere-se sempre a "Fernambuck" e ao pau-brasil como "pau de Pernambuco", como farão os holandeses que chamavam a madeira de *"Pernambuco hout"*. Há mais de meio século, por exemplo, certa tinta avermelhada era conhecida entre os pintores pelo nome de "Pernambuco". Portanto, a designação de pernambucanos para os moradores e os naturais da capitania não se fez esperar. Assim já os denomina frei Vicente do Salvador, que, contudo, ainda intitula seus conterrâneos com a perífrase "os da Bahia".

A preterição sofrida por Nova Lusitânia foi a mesma que já vitimara o termo de terra da Santa Cruz, inicialmente conferido à América portuguesa, preterição muito criticada então por João de Barros e Pedro de Mariz. Gândavo insistiu na primitiva denominação por considerar que a de Brasil fora pelo "vulgo mal considerado", ao passo que soava agradavelmente a ouvidos cristãos o nome de um lenho em que se realizara o mistério da Redenção e não o de uma madeira que servia apenas de pau de tinturaria. O autor dos *Diálogos das grandezas do Brasil* também protestou contra a mudança, talvez por cautela de cristão-novo. O fato é que a escolha de Nova Lusitânia denota em Duarte Coelho um certo gosto das humanidades, sabido que o emprego de Lusitânia constituiu uma novidade do final do século XV trazida pelo renascimento dos estudos clássicos, que haviam identificado os portugueses com os lusitanos sublevados outrora contra a dominação romana. Ao iniciar-se a colonização do Brasil, *Lusitania* e *lusitani* já eram vocábulos que circulavam nas obras de autores portugueses e mesmo estrangeiros.

Esse elemento serve, aliás, para reforçar uma das explicações aventadas para o nome de Olinda. Rejeitando a versão, que considerava ridícula, segundo a qual ele teria nascido da exclamação de um criado de Duarte Coelho ao deparar-se com a beleza do sítio em que se erguia a vila, Varnhagen sugeriu que Olinda adviria de "alguma casa, quinta ou burgo" cara ao primeiro donatário, ou de um dos personagens femininos do *Amadis de Gaula*, novela de cavalaria então na moda. Consequentemente, o mesmo gosto literário que levara a batizar a capitania de Nova Lusitânia poderia tê-lo induzido a emprestar à urbe que fundara no ângulo do mar e do Beberibe o nome de uma heroína de romance. Destarte, ficaria afastada a objeção levantada por Sérgio Buarque de Holanda, segundo a qual, caracterizando-se Olinda no *Amadis* pela qualidade de "mesurada", isto é, de comedida ou equilibrada, tal nome resultaria incompatível com as inclinações de povoadores rústicos. Que Duarte Coelho não o foi já percebeu há muito o historiador Pedro de Azevedo, que chamou a atenção para sua tendência a empregar expressões latinas nas cartas a El Rei.

A substituição de Nova Lusitânia por Pernambuco é bem simbólica toponimicamente da mutação que sofreu o programa colonial do primeiro donatário. Nas suas cartas a El Rei, é possível perceber que sua resistência às pressões da Coroa visando à busca de metais preciosos e sua oposição ao corte de pau-brasil, atividades eminentemente dispersivas do esforço colonizador, e por conseguinte comprometedoras da estabilidade da capitania, decorriam do seu projeto de estabelecimento de uma colônia baseada na produção de açúcar por um número reduzido de engenhos, que concentrariam a etapa fabril e que moeriam a cana de uma classe média de agricultores.

Tratar-se-ia, portanto, menos de uma Nova Lusitânia do que de uma Nova Madeira. Nos anos anteriores à sua chegada a Pernambuco, Duarte Coelho servira como capitão-mor das armadas no Atlântico, ocasião em que terá podido conhecer o sistema agroindustrial da Madeira, que representou verdadeiramente o modelo do seu experimento, inclusive sob o aspecto de certa diversidade da produção exportável, que ali foi o vinho e entre nós o algodão, de maneira a evitar as distorções da monocultura, de cujos inconvenientes ele teve plena consciência, como se deduz do seu elogio da lavoura de subsistência. Embora tenha solicitado licença régia para importar escravos da Guiné, no seu espírito a Nova Lusitânia deveria ser a *chasse gardée* não dos detentores do equipamento fabril, mas de uma camada de médios e pequenos produtores que, valendo-se subsidiariamente da mão de obra servil, como ocorria na Madeira, constituiria a espinha dorsal da colônia. Donde informar certa feita haver agido contra os "donos dos engenhos [...] que queriam esfolar o povo", isto é, os lavradores que lhe forneciam a matéria e os víveres.

Desde o final do século xv, vigia na Madeira um sistema misto em que o açúcar desempenhava o papel principal mas não exclusivo, graças à presença da vinha e da cultura tritícola, que haviam originalmente predominado na ilha. Como assinalaram Virgínia Rau e Jorge Borges de Macedo, devido às condições ecológicas e à disponibilidade limitada de terras aráveis, forjara-se ali uma paisagem agrária bem diversa da que o açúcar virá a criar nos espaços continentais do Brasil. A topografia acidentada da Madeira favorecia a irrigação por meio de levadas, cuja técnica seus peritos trouxeram inclusive para Pernambuco. Ela também causou o parcelamento intenso dos "poios", ou seja, dos terrenos agricultados. Tais condições e a própria tradição da agroindústria açucareira no Mediterrâneo induziram à separação entre o cultivo da cana e o fabrico do açúcar, o engenho localizando-se à distância da matéria-prima indispensável às suas moendas. Via de regra, os proprietários das fábricas não possuíam canaviais. O regime da terra, por conseguinte, caracterizou-se pela média e pequena propriedade. A um número restrito de moinhos, correspondia um número amplo de lavradores, que não se podiam dar ao luxo de recorrer maciçamente ao trabalho escravo.

Embora os engenhos madeirenses o utilizassem subsidiariamente, esse tipo de mão de obra concentrava-se no meio urbano, indício de uma escravatura de feitio mediterrânico, doméstico e artesanal, desvinculada do campo, a exemplo do que acontecia no Portugal metropolitano, onde os africanos adensavam-se apenas em Lisboa e nas cidades principais, com exceção da grande propriedade alentejana e do seu emprego na exploração do sal. Na Madeira dos primeiros anos do século XVI, apenas 16% dos produtores de açúcar eram senhores de escravos, mas a grande maioria deles não detém mais de cinco e os que possuem maior número não dispõem de mais de catorze. O valor da mão de obra limitava-se a 5% do investimento açucareiro. Se no decurso de Quinhentos a presença africana aumentou, isto se deveu ao papel desempenhado pela Madeira no devassamento da costa africana. Como acentuou Alberto Vieira, a Madeira não conheceu a simbiose entre o açúcar e o escravo verificada nas Canárias e sobretudo no Brasil e no Caribe. Certa tonalidade democrática manifesta-se na mistura de fidalgos, mercadores, artesãos e funcionários da Coroa entre os lavradores de cana. Enquanto a etapa produtiva tinha assim feição eminentemente lusitana, a comercialização achava-se sob o controle de florentinos, genoveses e flamengos, muitos dos quais se sedentarizaram em donos de engenhos.

A descrição feita por Duarte Coelho da estrutura social da sua donataria poderia ter sido copiada de um relato sobre a Madeira, com a única substituição da referência aos algodoais pela alusão ao vinho e ao trigo.

> Entre todos os moradores e povoadores, uns fazem engenhos de açúcar porque são poderosos para isso, outros canaviais, outros algodoais, outros mantimentos, que é a principal e mais necessária coisa para a terra, outros usam de pescar, que também é muito necessário para a terra, outros usam de navios que andam buscando mantimentos e tratando por terra conforme ao regimento que tenho posto, outros são mestres de engenhos, outros mestres de açúcares, carpinteiros, ferrei-

ros, oleiros e oficiais de formas e sinos para os açúcares e outros oficiais, que ando trabalhando e gastando o meu por adquirir para a terra, e os mando buscar em Portugal, na Galiza e nas Canárias às minhas custas, além de alguns que os que vêm fazer os engenhos trazem, e aqui moram e povoam, uns solteiros e outros casados aqui, e outros que cada dia caso e trabalho por casar na terra.

Essa Nova Madeira do projeto donatarial não sobreviverá ao derradeiro quartel do século XVI, vale dizer, ao boom açucareiro iniciado nos anos 1570 mercê do avanço da fronteira agrícola pela Mata pernambucana. Quando Duarte Coelho faleceu (1554), sua capitania era apenas a "ilha", no sentido freyriano da expressão, compreendida entre Igaraçu ao norte e a várzea do Capibaribe ao sul; nela se situavam as cinco fábricas de açúcar existentes. A expansão territorial ou a transformação da "ilha" em "continente" não foi obra do primeiro donatário mas dos seus filhos e do seu cunhado, Jerônimo de Albuquerque, que a pretexto da hostilidade do gentio e na esteira de um acréscimo da imigração lusitana encetaram, a partir dos anos 1560, a conquista da área litorânea entre os montes Guararapes e a região de Porto Calvo. Mais tarde, ocupou-se a terra firme de Itamaracá, fronteira à ilha homônima, penetrando-se pelas várzeas do Araripe, Itapirema e Catuama e sobretudo do Goiana. Deu-se início à colonização da Paraíba, fundou-se a vila de Natal (1599) e avançou-se pela metade meridional de Alagoas.

Abriu-se assim à iniciativa dos colonos toda a franja marítima do Rio Grande do Norte ao São Francisco. Ao constituir-se o Brasil holandês, essa região era predominantemente latitudinal, uma vez que no rumo oeste a ocupação não ultrapassara os setenta quilômetros. Na ribeira do Capibaribe, Mussurepe era o extremo dos canaviais, embora a fronteira de roçados e de currais se prolongasse até a altura de Lagoa do Carro ou de Limoeiro, onde a cartografia holandesa registrará os derradeiros topônimos. Fora sobretudo pela via do Capibaribe que se adentrara esse modesto movimento e onde se verificava maior proporcionalidade entre a área de produção açucareira e a de subsistência. Na várzea do Pirapama, por exemplo, a penetração ainda não alcançara o ponto médio da bacia fluvial. Na do Sirinhaém, os partidos de cana cessavam na confluência com o Camaragibe, vale dizer, a cerca de dez quilômetros da vila. No Rio Formoso e em Una, a ocupação agarrava-se ainda mais ao litoral.

O solo e a topografia do sul pernambucano prestavam-se à cultura extensiva da cana de açúcar bem melhor do que os do núcleo histórico duartino. Os geógrafos costumam distinguir mata norte e mata sul, separadas grosso modo pelo paralelo do Recife. Ecologicamente, elas se diferenciam graças ao fato de que enquanto a mata norte engloba, junto ao terraço litorâneo, uma subzona de tabuleiros sedimentares e, a poente, outra subzona cristalina, esta última estrutura é a que domina a superfície da mata sul. Do ponto de vista climático, embora ambas as zonas sofram a diminuição dos totais pluviométricos no sentido leste-oeste, ela se faz sentir mais fortemente na mata norte do que na mata sul. Daí que uma e outra sejam também designadas por mata seca e mata úmida, embora a utilização simultânea do critério estrutural introduza na mata norte a distinção entre a subzona sedimentar a leste e a cristalina a oeste. A cultura da cana teve de adaptar-se a essa variedade de circunstâncias. Enquanto na mata seca os canaviais ficaram circunscritos às várzeas quaternárias recortadas pelos tabuleiros, às várzeas fluviais e às encostas suaves, fugindo das chãs e dos tabuleiros interflúvios, na mata úmida eles podiam caminhar desimpedidamente pela superfície de "meias laranjas", poupando apenas para o fornecimento de lenha aos engenhos, os cimos das colinas onde se refugiaram os restos da mata atlântica.

O caso pernambucano permite observar a liquidação do modelo madeirense pela continentalização, que tornava disponíveis terras mais planturosas, viabilizando o recurso maciço à mão de obra servil, indígena e africana, e encorajando a monocultura. Como pressentiu Gilberto Freyre, a experiência barbadiana de meados de Seiscentos, que se situa no extremo oposto da madeirense, inclusive pelo que toca à integração física da etapa agrícola e manufatureira, ajuda a compreender a mudança por que passou a Nova Lusitânia entre o falecimento de Duarte Coelho e o final de Quinhentos. O Pernambuco pós--duartino foi em boa parte a prefiguração de Barbados. E se o domínio da grande lavoura não atingiu entre nós o ponto ao qual chegou na ilha do Caribe, foi sobretudo devido ao contrapeso oferecido pela continentalidade, isto é, pela relativa elasticidade da oferta de terras e pela presença de população nativa, condições inexistentes em Barbados. Ali, nos dois primeiros decênios de ocupação, os colonos ingleses experimentaram sucessivamente, sob o regime do engajamento temporário (*indentured service*), com o fumo, o algodão e o anil. Em meados do século XVII, com a insurreição pernambucana contra o domínio holandês, o açúcar deu finalmente à ilha a oportunidade de que precisava, substituindo-se rapidamente o trabalho engajado pelo africano e promovendo-se uma concentração acelerada da propriedade da terra.

Entre nós, como na Madeira, o engenho de açúcar constituiu inicialmente a prolongação da loja, do comércio e da vida urbana. As primeiras fábricas foram edificadas nos arredores de Olinda, como o engenho do Salvador do Mundo, levantado por Duarte Coelho, e o de Nossa Senhora da Ajuda, erguido pelo seu cunhado. A quem se afoitou a construí-los à distância podia ocorrer o que ocorreu a Diogo Fernandes, cujo engenho de Camaragibe foi destruído pela indiada hostil. Por outro lado, a Olinda *ante bellum* concentrou as funções urbanas do comércio de importação e exportação e de sede das autoridades civis e eclesiástica, o que já não se verificará a partir do domínio neerlandês. O engenho era sobretudo a fábrica, isto é, o equipamento manufatureiro, uma vez que as atividades agrícolas estavam terceirizadas, prevalecendo um grau importante de integração das etapas comercial e industrial, o que equivale a dizer que a propriedade do engenho correspondia frequentemente ao comerciante olindense, características bem distintas das que dominarão no Pernambuco *post bellum*.

As casas-grandes que pintará Frans Post eram, segundo Robert C. Smith, "uma transcrição quase literal do tipo mais comum das casas rurais da mãe pátria", marcado "desde o Minho e Trás-os-Montes e por toda a Beira Alta e a Beira Baixa" pelas mesmas características: "os mesmos esteios no andar térreo usado para depósito, as varandas abertas e as escadas externas, quer no centro quer num dos ângulos da fachada, e os mesmos telhados de quatro águas e cumeeira do Pernambuco do século XVII". Tipo de habitação que persistiu já entrado o século XIX, embora passasse a ser edificado com material nobre e se tornasse melhor acomodado às exigências de conforto de um grupo social que entrementes abandonara a vida urbana pela rural. Esse primitivismo *ante bellum* tinha sua razão de ser inclusive no fato de que a existência cotidiana do grande proprietário rural ainda se encontrava presa à vila, pois mercê da modéstia das distâncias que prevalecia antes da continentalização a vida transcorria entre a dupla residência da urbe e do campo.

Nos paisagistas nassovianos, já se pode visualizar o decantado "triângulo rural", isto é, o modelo de organização espacial do engenho de açúcar (casa-grande, engenho e capela), transportado, armas e bagagens, da Madeira para o Brasil, sem criação nossa, no máximo adaptações às circunstâncias mais anchas da ecologia da mata pernambucana. Embora essas edificações desconhecessem originalmente uma disposição rígida, a iconografia holandesa já insinua o assentamento em termos da ocupação dos níveis do terreno: a instalação da fábrica na proximidade do curso d'água de que depende para a força motriz e demais usos; a construção da casa-grande na parte mais elevada do terreno, via de regra na meia encosta, em decorrência da necessidade prática do controle das atividades e do imperativo simbólico da expressão de domínio; e a construção da capela no mesmo nível da casa-grande ou mais acima, conotando a predominância do sagrado.

Só muito posteriormente tal ordenamento assumiu moldes estáveis sob a forma do pátio retangular descrito pelo engenheiro Vauthier no século XIX e que Geraldo Gomes sugeriu que pode ter resultado do modelo das colônias açucareiras do Caribe, divulgado entre nós por publicações como O *fazendeiro do Brasil* e o *Manual do agricultor brasileiro*, editados em finais de Setecentos e meados da centúria seguinte. Mas tal conformação não se generalizou a toda a mata açucareira, como deixa entrever uma observação de Gilberto Freyre, ao percorrê-la nos anos 1920: "Os engenhos do sul de Pernambuco e de Alagoas são de um tipo; os do norte de Pernambuco, de outro; os da Paraíba, de outro". Contudo, é uma pena que o autor não tenha descrito em que consistiam tais diferenças. Ao conjunto importado da Madeira, a única adição importante feita no Brasil foi a senzala.

Na esteira da continentalização, as sesmarias foram generosamente concedidas, os partidos de cana fundaram-se pelas várzeas, as fábricas se levantaram à beira dos cursos d'água e as casas-grandes nas eminências próximas, mas a toponímia dos engenhos resistiu a assimilar os nomes da terra. Em Pernambuco e na Bahia, seguiu-se ao longo de Quinhentos o costume madeirense de designar o engenho pelo nome do seu proprietário: "engenho de Pero Cardigo". Quando se possui mais de um, a distinção é cronológica: "engenho velho de Fernão Soares" e "engenho novo de

Fernão Soares". Quando, no passar do tempo, o nome do dono for deixado de lado, a propriedade passará a chamar--se apenas engenho Velho ou engenho Novo. Essa nomenclatura tornou-se insuficiente ao se acelerarem a tendência ao arrendamento e a transmissão por venda ou herança e, sobretudo durante o período holandês, em face da renovação substancial dos quadros açucarocráticos. Foram assim as autoridades batavas que adotaram, nos seus relatórios, a prática de enumerar os engenhos segundo os oragos da capela ou o topônimo indígena, oficializando destarte uma prática preexistente. Como na Madeira, o termo "engenho" ainda não se havia generalizado para o conjunto da unidade produtiva, mas aludia apenas às instalações fabris, que só muito depois serão distinguidas pela denominação de "moita". Em lugar de "engenho", usava-se a voz "terras" ("terras de Pero Dias da Fonseca") ou "fazenda" ("fazenda de Vicente Correia"). Enquanto a primeira parece apontar a propriedade fundiária que extrapola a utilização açucareira, servindo à criação de gado ou ao cultivo de subsistência, "fazenda" reportava-se à parte agrícola do conjunto, como ainda ocorria no século XIX.

Somente a partir do final de Quinhentos é que aparecem os dois outros critérios que vinte, trinta anos depois substituirão o costume de usar o nome do proprietário. O primeiro é o orago, mas que dependia de se dotar de capela o engenho de açúcar, prática que então distava de ser geral: "engenho de São Brás". O outro critério é o topônimo indígena: "engenho Araripe", procedente do rio em cuja margem se ergueu a fábrica. Ambos os critérios podiam ser usados para a mesma propriedade. Se Agostinho de Holanda preferia chamar seu engenho de Santo Agostinho, seu feitor só se referia a ele como Subipema. Mas nos documentos oficiais, a menção segundo o proprietário resistiu por mais tempo, mesmo quando na existência cotidiana ela era progressivamente deixada de mão.

Quando Diogo de Campos Moreno redigiu a primeira versão do *Livro que dá razão do Estado do Brasil*, os engenhos foram sistematicamente listados segundo os donos, critério também adotado por José Israel da Costa em 1623. Método compreensível, na medida em que tais listas foram elaboradas com base em documentos de natureza fiscal, em que o relevante era o nome do contribuinte. O mesmo se pode afirmar do *Livro das urcas*, documento alfandegário. Num texto oficial de meados de Seiscentos, já expulsos os holandeses, os engenhos ainda eram majoritariamente relacionados segundo os proprietários que satisfaziam a redízima ao donatário.

A ambição de fundar uma Nova Lusitânia, mesmo quando tal denominação já fora descartada, resistiu quanto pôde, e muitas vezes sutilmente, aos efeitos da continentalização. No começo do século XVII, o companheiro de La Ravardière, preso com ele em Pernambuco depois do fim da presença francesa no Maranhão, reparava em que "os descendentes dos primeiros conquistadores em nada diferem, em costumes e hábitos, dos de Portugal". Basta percorrer as páginas da visitação inquisitorial, vinte e tantos anos antes, para topar com o teor eminentemente reinol que ainda caracterizava o dia a dia colonial em Olinda, devido inclusive à segregação da escravatura nos engenhos, uma das razões da sua presença rala na documentação do Santo Ofício.

A vila pertencia aos reinóis e aos seus descendentes, cujo serviço doméstico está frequentemente a cargo de índias e mamelucas, sem falar em que certas atividades subalternas eram monopolizadas por outros reinóis antes de serem relegadas no século XVII aos escravos ou à população mestiça mas livre de ambos os sexos. Olinda não possuía mercado de africanos, que eram vendidos no porto do Recife. O preto que se atrevesse a aparecer na vila por iniciativa própria corria o risco de ser reconhecido e recambiado para o meio rural, como ocorreu a certo escravo de Fernão Soares. O autor dos *Diálogos das grandezas do Brasil* simplesmente ignorou a existência da escravidão quando se deu ao trabalho de descrever a estrutura social da capitania, nos mesmos termos em que o fizera Duarte Coelho setenta anos antes quando ainda não havia servidão africana na terra. Contudo, na altura em que Ambrósio Fernandes Brandão escrevia, já se completava, como demonstrou Stuart Schwartz, o processo de incorporação do trabalhador africano nos engenhos, incentivado pelo avanço da fronteira agrícola e pelos preços do açúcar.

O Brasil estava deixando de ser a Nova Lusitânia para transformar-se na Nova Guiné de que falava Brandônio, preocupação que ele partilhava, entre outros, com o próprio governador-geral d. Diogo de Menezes. Este opinara que o gentio da terra é que devia proporcionar a mão de obra colonial, de modo a evitar "tanto negro de Guiné", causa do endividamento crescente dos colonos. Mas se a longo prazo a ocupação de novos espaços condenara o projeto duartino, o aumento da riqueza dela decorrente permitiu que, no curto prazo, a colônia pudesse entreter a ficção de ser um prolongamento de Portugal. Um exemplo, entre muitos, da persistência dos modelos de vida urbana dizia respeito à condição feminina. Segundo Gilberto Freyre, "nos primeiros tempos da colonização [...] a mulher gozou de uma liberdade maior de ação". E, com efeito, a leitura da documentação inquisitorial passa a impressão de certa autonomia feminina, que virá a ser reprimida depois pela ruralização da vida colonial e pela consequente reclusão da mulher dos grupos privilegiados, inclusive as restrições criadas ao seu deslocamento, que se fazia naqueles andores de pau-de-jangada a que se referiu Brandônio e, sobretudo, em redes. Aliás, o autor dos *Diálogos* faz o elogio da rede como meio de transporte sobre a cadeira, como em Portugal, e sobre o palanquim, como na Índia.

Veja-se também o caso dos artesãos. Sua quase totalidade compunha-se de reinóis, indivíduos de origem campestre, rebentos de lavradores pobres ou remediados para quem o exercício mesteiral representava uma promoção social. Fenômeno específico da nova terra? Nada disso, pois a instabilidade e a improvisação também caracterizavam os quadros corporativos no Reino. Portugal desconheceu uma tradição gremial antiga e suas corporações de ofício datavam apenas de um século, sua regulamentação só tendo lugar ao longo de Quinhentos e de Seiscentos. A organização dos mesteres resumia-se à concentração urbana consoante as principais especialidades e à incorporação de confrarias religiosas que funcionavam como entidades de benemerência, que foram transplantadas para cá. Não prevaleceu assim a rigidez institucional de outros países da Europa no tocante ao grau de treinamento e de conhecimento da arte que se exigia de quem a praticava, campeando a tolerância na aplicação das regras.

É, aliás, no cotidiano mesteiral que se pode entrever melhor a vigência do modelo de relações cidade-campo importado do Reino, na sua inútil resistência à continentalização. Os artesãos residem em Olinda, mas podem atender indiferentemente a clientela urbana e a rural, como se vê no exemplo de certo pedreiro, cujas andanças em período relativamente breve podem ser reconstituídas. Além das obras efetuadas no telhado da residência olindense de João Nunes, ei-lo mourejando em Paratibe, no Cabo e em Jaboatão. Outros artífices independentes e nomádicos, moradores da vila, surgem pelos engenhos, desfrutando relativamente à grande propriedade de independência maior da que virá a ocorrer, embora já se façam notar os primeiros efeitos da expansão territorial na tensão entre a liberdade da empreitada e a absorção da mão de obra assalariada pela fábrica de açúcar. Ademais dos artesãos que se assoldadam por tarefa ou por curtos períodos, já são frequentes os que se estabelecem mais duradouramente, sobretudo os carpinteiros, necessários de inverno a verão, inclusive na entressafra, quando tinha lugar o "apontamento", isto é, a revisão e manutenção do equipamento fabril.

Esses carpinas são particularmente numerosos na população mesteiral de Pernambuco em finais de Quinhentos, onde se vive uma fase de acentuado crescimento econômico. Deles necessitavam os engenhos para levantar seus edifícios; para a feitura das moendas, dos carros de boi e dos barcos; para a confecção das caixas de açúcar; e enfim para a renovação e reparação periódica de todo esse equipamento. Passado um século, eles já estarão substituídos pela mão de obra servil ou então integrados definitivamente ao salariado dos engenhos. Na Nova Lusitânia, a nata desses artífices era composta de "carpinteiros de engenho", também chamados "mestres de fazer engenho", que num caso excepcionalmente bem-sucedido ascendeu à condição de senhor. No outro extremo, havia o "carpinteiro de carro", muito demandado num sistema de produção em que o transporte da matéria-prima no interior da propriedade e do açúcar encaixado na direção dos trapiches era feito por carros de boi. O oleiro é outro oficial muito procurado no meio rural, embora não requeresse a assiduidade do carpina, tanto assim que no tempo de Antonil ainda se debatia a necessidade da sua presença contínua no engenho.

Mesmo sem assalariar o artesão, o senhor de engenho de Quinhentos queria tê-lo à mão e evitar os inconvenientes da concorrência, para o que já se lhe começava a conferir a condição de morador, com a possibilidade de trabalhar para terceiros quando não fosse requerido ou até se transformar em lavrador de cana. É assim que a documentação inquisitorial identifica como moradores de engenho até mesmo um imaginário, um marceneiro, um sapateiro, um ferreiro e um seleiro, antepassado distante do mestre Zé Amaro, de *Fogo morto*, de José Lins do Rego. Mas não havia que se fiar nesses artistas de beira de estrada, que se tornavam muitas vezes tão impontuais e inconfiáveis quanto os da vila. Que o dissesse o senhor do engenho do Meio, homem arreliado de seu, o qual, tendo entregue a um deles o conserto de uma caldeira, só conseguiu tê-la reinstalada depois de invectivá-lo com expressões tão desrespeitosas a Deus e à Virgem Maria que lhe custariam um processo pelo Santo Ofício. Para outras tarefas, a demanda era esporádica; e de tais artesãos as fábricas da Várzea do Capibaribe ou de Igaraçu dispunham na vila. A coisa só mudava de figura nas freguesias apartadas que ainda não avizinhassem povoações bastantemente importantes. Nessa dificuldade, bem como no pagamento do salário, estarão os incentivos ao treinamento de escravos. Este, por enquanto, quase não se pratica, pois os mesteres estão monopolizados pelos filhos do Reino e pelos naturais da terra.

Caberia ainda se deter em outros aspectos do feitio lusitano da existência, a que se referiam com indisfarçada satisfação os cronistas do século XVI. Pode-se mesmo reconstituir o projeto da Nova Lusitânia através da paisagem que os colonos procuraram implantar entre nós, mediante a aclimatação de espécies vegetais do Reino.

De Pernambuco, o mencionado companheiro de La Ravardière dirá:

> o que faz as coisas mais agradáveis é que agora se encontra comumente no país o que lhe era exótico no passado. Pois que a curiosidade dos portugueses, querendo todas as coisas na medida do seu gosto [...], levou-os a transferir para ali muitas plantas estrangeiras, tanto da Europa quanto da África.

Fundamental foi a esse respeito o papel dos jesuítas. As casas da Companhia de Jesus possuíam invariavelmente suas "cercas", isto é, pomares e hortas, onde era um prazer merendar ao ar livre como no colégio de Olinda, "o melhor e o mais alegre que vi no Brasil", segundo o padre Fernão Cardim. Ele nada ficava a dever aos de Portugal, possuindo sua horta "muito grande e dentro nela um jardim fechado com muitas ervas cheirosas e duas ruas de pilares de tijolo com parreiras e uma fruta que chamam maracujá". Ademais, crescia

> um grande romeiral de que colhem carros de romãs, figueiras de Portugal e outras frutas da terra. E tantos melões que não há [como] esgotá-los, com muitos pepinos e outras boas comodidades. Também tem um poço, fonte e tanque, ainda que não é necessário para as laranjeiras, porque o céu as rega.

Quase uma visão do Paraíso.

Olinda, como Salvador ou o Rio de Janeiro, era rodeada por um cinturão de hortas em que se cultivava toda sorte de vegetais do Reino, inclusive diversas variedades de frutas de espinho. Ao invadirem a capitania, os holandeses encontrarão "em todos os lugares [...] grandes e belos pomares e hortas, nos quais há de tudo", o que na pena de um batavo não é pequeno elogio. Mesmo os colonos de Natal, "pobremente acomodados nas vivendas", eram abastados de legumes de Portugal. Já houve, aliás, quem observasse a semelhança entre o horto do colégio de Olinda e a cerca ideal imaginada pelo autor dos *Diálogos*, o qual, leitor dos clássicos, se lembrava decerto do velho tópico do jardim de delícias, herdeiro do *locus amenus*. Esse devaneio estético--utilitário será realizado anos depois pelo conde de Nassau nas aleias do seu palácio de Friburgo.

As diferenças já se insinuavam, porém, aqui e ali. Enquanto no horto dos jesuítas só se admitia o maracujá, no de Brandônio já se introduziam a goiabeira, a tamarineira e o ananás, vegetais nativos particularmente estimados pelo sabor. E também se haviam adaptado vegetais africanos e asiáticos, pois os jesuítas importaram inclusive o coqueiro. Só crescendo inicialmente nas cercas e quintais, ele se disseminou dali pela franja costeira, que havia sido o habitat do cajueiro. Devido à escassez da documentação e malgrado a ajuda da iconografia holandesa, mal se vislumbra a verdadeira mutação paisagística e ecológica ao impor-se o coqueiro do Oriente ao cajueiro nativo, tão vinculado à alimentação e à cultura indígenas. Há muito os cajueirais fazem figura de parente pobre, resignando-se a ceder a frente do palco aos cenográficos coqueirais, que se tornaram o símbolo local, o biombo que oferecia ao viajante que chegava por mar a primeira visão da terra. Mas os navegantes de Quinhentos, como Pero Lopes de Souza, enxergavam apenas uma terra monotonamente baixa, arborizada por bosques de cajueiros e pelos manguezais da foz dos rios, e cortada, num ou noutro ponto, pela retaguarda das falésias que dominavam os tabuleiros. Na Índia, o coqueiro era a base imemorial de um complexo econômico, sendo utilizada sua madeira na construção civil e até na construção naval, como nas Maldivas. Da casca, a população fazia cuias de beber; na alimentação, consumiam-lhe a água e o miolo, fabricando o copra, o azeite para os alimentos e a iluminação. Dele também se tiravam aguardente, vinagre e açúcar. Por fim, o óleo tinha valor medicinal como laxativo e no combate ao reumatismo.

No período *ante bellum*, quase todos esses usos, que não provocarão surpresa no futuro brasileiro, pareciam insólitos às primeiras gerações de colonos portugueses, tanto assim que só muito tempo decorrido da aclimatação do coqueiro eles começaram a contemplá-lo com olhos interesseiros. Ainda ao tempo de frei Vicente do Salvador, a única utilização do coco consistia em comer sua polpa e beber sua água, uso na realidade essencial em áreas praianas afastadas de água potável, a não ser a que se recolhia da chuva. Markgraf, ao reportar-se às vantagens que se tiravam do coco na América espanhola e nas Filipinas, praticamente os mesmos que Garcia da Orta assinalara na Índia, menciona quanto ao Brasil tão somente a água, "doce, fria e clara", seu leite, "com o qual se cozinha arroz para iguaria" e as cuias feitas da casca. Nossos primeiros coqueirais vieram, como tantas espécies vegetais e animais, através de Cabo Verde, que se transformara numa espécie de estação ecológica do Novo Mundo. No caso de Pernambuco, pode-se mesmo fixar o momento dos transplantes iniciais. Quando Nassau ajardinou seu palácio de Friburgo, mandou trazer em carros de boi, de três ou quatro milhas de distância, nada menos que setecentos pés, muitos dos quais septuagenários ou octogenários, o que significa que as árvores datavam dos decênios de 1560 a 1570. Àquela altura, Gândavo ainda não menciona o coqueiro; nos anos 1580 ele aparece nos pomares dos colégios jesuítas de Salvador, Ilhéus, Porto Seguro, mas não no de Olinda. Pouco depois, Gabriel Soares de Souza pretenderia que o coqueiro se havia adaptado com tanta facilidade que, entre nós, produzia ao cabo de cinco ou seis anos, ao passo que na Índia seria necessário esperar outros quinze. Contudo, tanto ele quanto Ambrósio Fernandes Brandão e frei Vicente do Salvador exprimiram a reserva de que os colonos do Brasil não saberiam aproveitar-se do coqueiro.

O autor dos *Diálogos das grandezas* é, aliás, mais explícito ao lamentar que não se fabricasse o vinho de coco nem se lhe utilizasse o azeite e sequer a palha. O coqueiro tinha de enfrentar os hábitos da terra, que ainda privilegiavam os próprios vegetais, só podendo vencer depois de comprovar suas vantagens, um processo lento que implicava derrotar as inércias do cotidiano material. Por isso mesmo, a função primitiva do coqueiro na América portuguesa foi essencialmente a de adornar. Com esse fim, Brandônio aprestava-se a cultivá-lo no seu jardim ideal, aconselhando liricamente ao interlocutor:

> por que não suceda invejardes os álamos e choupos do nosso Portugal, com que se ornam grandemente seme-

lhantes pomares e jardins, vos quero dar no seu lugar crescidos e alevantados coqueiros, que não menos zunido fazem com suas folhas açoitadas do vento.

Mas foi Nassau quem tirou todo o partido decorativo da árvore. Sendo a ilha de Antônio Vaz, na descrição de Barléus, uma "planície sáfara, despida de arvoredos e arbustos que, por estar desaproveitada, se cobria de mato" (descrição que ainda ecoa num soneto de Gregório de Matos sobre a procissão de Cinzas no Recife do seu tempo), o conde resolveu sombrear o parque de Vrijburg com avenidas de coqueiros, oferecendo um espaço de lazer aos habitantes. Tais alamedas, que frei Calado comparou às famosas de Aranjuez, tinham o papel de delimitar o espaço externo e interno, circunscrevendo, de lado, a área onde se ergueu o edifício e o próprio jardim, e, de outro, as áreas em que este último se repartia: recreação, serviço, pomares, senzala, animais domésticos e viveiros. No final da vida, ao recordar suas experiências de jardinagem, Nassau gabava-se de haver plantado no Brasil, na Alemanha e nos Países Baixos, "mais de 40 mil árvores de toda espécie, sem falar numa quantidade inumerável das mais comuns". Entre nós, plantara

> principalmente coqueiros, de sessenta e setenta pés de altura e da espessura de um tonel, com as folhas e os frutos, cerca de 2 mil ao todo, sem que uma só tenha morrido, para admiração de todo o mundo e de todos os habitantes, que não haviam jamais visto replantar uma árvore, principalmente desta espécie e tamanho.

Barléus referiu-se a setecentos coqueiros, mas frei Calado, que passeou pela aleias de Vrijburg, mencionou nada menos que 2 mil, cifra idêntica à de Nassau, de quem plausivelmente a ouviu. É provável que esta última correspondesse ao total de coqueiros plantados pelo conde em todo o Recife e não apenas em Vrijburg. Nassau aboletara-se inicialmente num casarão com ar de casa-grande de engenho. Aí, antes portanto da conclusão do palácio, ele criara um horto, o então chamado "terreiro dos coqueiros", atual praça da Independência. Plantado o horto, Nassau veio habitar aí até a conclusão de Vrijburg. Esse primeiro jardim nassoviano situava-se, por conseguinte, no interior do chamado *groot kwartier*, que excluía a área ao norte do forte Ernesto, onde estava sendo construído o palácio. Outra gravura, esta do palácio da Boa Vista, que edificou posteriormente, mostra claramente ambos os hortos, o coqueiral mais denso sob a legenda *Mauritiopolis* e o coqueiral de Vrijburg. Mais coqueiros podem também ter sido plantados na sua *maison de plaisir* das vizinhanças do Recife e ao redor do mesmo Boa Vista.

Nos decênios iniciais da sua aclimatação, o coqueiro ainda era bem raro, limitando-se aos núcleos de povoamento e servindo de decoração a uma que outra casa-grande de engenho. Uma gravura anterior ao incêndio de Olinda pelos holandeses (1631) registra coqueiros no horto dos jesuítas, ao passo que a fachada marítima ainda carece deles, vendo-se apenas terras baixas, areiais, vegetação rasteira e cajueiros, como à época da viagem de Pero Lopes de Souza. Uma gravura da vila da Conceição (ilha de Itamaracá) representa coqueiros nas elevações mas não nos baixios de um e outro lado do canal de Santa Cruz. Na Paraíba, levantava-se pequeno coqueiral ao lado do forte erguido na margem norte do rio. Em 1630, na época da invasão holandesa, os famosos coqueirais das praias olindenses estavam no futuro.

Marchando pela praia do Pau Amarelo, Ambrósio Richshoffer divisou a vila sobre as colinas, o que não seria possível caso eles já estivessem por lá. Só no burgo a soldadesca pôde ser provida de água e baba de coco. Nas expedições ao interior, os soldados se refrescavam com laranjas, limões e roletes de cana. O bosque, referido por Johan Baers como situado ao norte de Olinda, era provavelmente uma mata de cajueiros, pois, sendo "denso e intrincado", não poderia equivaler a um coqueiral. A substituição maciça do cajueiro pelo coqueiro ao longo do litoral pernambucano, que comportou uma verdadeira revolução ecológica, foi, por conseguinte, fenômeno de longo prazo, posterior em todo caso ao domínio holandês.

Nos núcleos urbanos quinhentistas, o estilo de vida material resiste tão brava quanto inutilmente ao impacto da continentalização e da ruralização, a começar pelos hábitos alimentares. Os grupos privilegiados mantêm-se fiéis à tríade canônica do trigo, do vinho e do azeite. Nos anos 1560, anteriormente ao boom açucareiro, Pernambuco já se achava bem abastecido dos gêneros do Reino. E no início do século XVII, Pyrard de Laval observava que o Brasil importava toda espécie de víveres não só de Portugal como das ilhas do Atlântico, o que atribuía à produção insuficiente da colônia, sem levar em conta a inércia dos hábitos alimentares dos colonos. Frei Vicente do Salvador verá "as casas dos ricos [...] bem providas de todo o necessário", inclusive de farinha de trigo do Reino e de São Paulo.

À altura da invasão holandesa, a situação era a mesma, como se deduz da carga das embarcações portuguesas apresadas pelo inimigo e rotineiramente carregadas daqueles artigos. O provável é que a aceitação dos produtos alternativos da terra pela gente de prol só se tenha generalizado a partir da guerra neerlandesa, que afetou o suprimento de gêneros reinóis e reduziu o nível de renda da açucarocracia; e da ruralização dos modos de existência, que o conflito previsivelmente apressou. J. A. Gonsalves de Mello salientou como no decurso do domínio batavo os luso-brasileiros permaneceram apegados ao trigo, ao vinho e ao azeite, que agora recebiam dos Países Baixos.

Destarte, no primeiro século, o uso da farinha de mandioca não foi tão universal quanto se pretendeu. Informava Anchieta que o pão de trigo era consumido sobretudo em Pernambuco e na Bahia. Trinta anos depois, referem os *Diálogos das grandezas* que "alguns e não poucos usam também de pão, que mandam amassar e cozer nas suas casas, feito de farinha que compram do Reino ou mandam buscar às casas das padeiras, porque há muitas que vivem desse ofício", como também se verificava no Reino, onde a profissão era especialidade feminina. Só quando as estreitezas da guerra complicaram o abastecimento, os luso-brasileiros transformaram o pão de trigo em refinada iguaria, fazendo dele "tanta questão que o cobrem de açúcar", segundo Pierre Moreau. Pela gente de prol, a mandioca era preferencialmente ingerida sob a forma de beijus, estimados por mais saborosos e de fácil digestão. O beiju, aliás, já representa invenção da arte culinária das colonas, utilizando a matéria-prima da terra da mesma maneira que se fazia em Portugal com a farinha de trigo na confecção de filhós mouriscas.

Mesmo quem, como os jesuítas, havia adotado a farinha de mandioca, não dispensava os demais gêneros do Reino, como o vinho (obrigatório na celebração da missa) e o azeite, além do vinagre, da azeitona, do queijo e de outras coisas de comer. O vinho, sobretudo da Madeira e das Canárias, mais resistente ao transporte e ao calor, fazia parte do passadio mesmo dos reinóis modestos. A despeito da quantidade de vinhas cultivadas na terra ("nunca vi em Portugal tantas uvas juntas", confessava o padre Cardim) e de em São Paulo fabricarem a bebida, o Brasil era sempre abastecido de vinho da metrópole. Do Algarve chegavam, ademais do de Alvor, passas e figos. Importava-se até queijo de ovelha, embora no Rio Grande do Norte se fizessem queijos e requeijões à maneira de Lisboa. Do ponto de vista da adaptação alimentar, é provável que a América espanhola se tenha antecipado à portuguesa. Naquela, como observou Fernand Braudel, devido à crise de meados do século XVI, os "*criollos*" convertiam-se progressivamente ao milho, à mandioca e a outros alimentos nativos, enquanto nossos mazombos continuavam dependentes do aprovisionamento de víveres metropolitanos.

A despeito do clima, a grande maioria dos colonos agarrava-se às modas vestimentárias do Reino. Anchieta notou que eles se cobriam "de todas as sedas, veludos, damascos, rases e mais panos finos, como em Portugal, e nisto se tratam com fausto, máxime as mulheres, que vestem muitas sedas e joias, e creio que levam nisto vantagem, por não serem tão nobres, às de Portugal". Isto no tocante evidentemente aos domingos e dias de festa, pois no Reino como no Brasil o vestuário dos dias de semana era chão. A sede era o tecido mais buscado, inclusive pela gente modesta. Brandônio assegurava ter ouvido, "a homens mui experimentados na corte de Madri, que se não traja melhor nela do que se trajam no Brasil os senhores de engenho, suas mulheres e filhas, e outros homens afazendados e mercadores". Indo Cardim pregar na matriz de Olinda, os mordomos da confraria do Santíssimo Sacramento, "todos vestidos de veludo e damasco de várias cores, me acompanharam até o púlpito, e não é muito achar-se esta polícia em Pernambuco, pois é Olinda da Nova Lusitânia".

Tratava-se obviamente de consumo ostentatório, que porém não se verificava nem no Rio de Janeiro nem em São Paulo, devido à falta de comércio marítimo. Daí que os habitantes de Piratininga trajassem arcaicamente "de burel e pelotos pardos e azuis, de pertinas compridas" e frequentassem a missa dominical em "roupões ou bernéus de cacheira sem capa", segundo Anchieta. A diferença relativamente ao Reino consistia em que, graças à temperança do clima, a roupa de verão servia para o inverno, sem necessidade de ser guardada. Quanto aos religiosos, achavam-se adscritos à obrigação de se vestirem como em Portugal. No interior das residências, o exibicionismo colonial tomava a forma dos serviços de prata e de camas ornadas de damasco, com franjas de ouro e colchas da Índia.

Nas práticas médicas, os colonos ainda preferiam, no início do século XVII, os purgativos importados do Reino, bem como os barbeiros e cirurgiões. Brandônio criticava os povoadores por não saberem se aproveitar das raízes e ervas da terra, "havendo por melhores as que vêm de Portugal já corruptas, porque custam dinheiro". Como ali, as parturientes guardavam-se do ar, embora não permanecessem tanto tempo no leito. Contudo, já se recorria a "diferentes estilos" de tratamento das enfermidades e já avançava a assimilação de vegetais nativos, como a batata e os pinhões utilizados nas purgas, que seriam usados mesmo no Reino. Também se generalizava a aplicação nas feridas do azeite de copaúba, de quem os cronistas diziam maravilhas. Já se haviam também descoberto as virtudes da água da Paraíba no tratamento das cólicas e da dor de pedra, razão pela qual a gente acaudalada de Pernambuco mandava buscá-la, só querendo servir-se dela. Os autores da época já se vangloriavam de que o Brasil convertia Portugal a vários dos seus costumes, como o uso do bálsamo da cabreúva e o ananás em conserva, muito apropriado à dor dos rins, embora não fizesse tanto efeito quanto o ananás verde, a marmelada de ibás, camucis e araçás, excelentes contra as cãibras.

Em finais de Quinhentos e começos de Seiscentos, começaram a se afirmar as modalidades do sentimento local que já não se contentavam em frisar o casticismo da América portuguesa. Contribuiu para isso o tema da fundação de "um grande Império" no Brasil, o qual, na previsão de Gabriel Soares de Souza, "se fará tão soberano que será um dos Estados do mundo". Do Pará a São Vicente, exultava Brandônio ao tempo da fundação de Belém, são "quase setecentas léguas, terra bastantíssima para se poder situar nela grandes reinóis e impérios". Não tem outra inspiração a famosa comparação de frei Vicente do Salvador entre os colonos e os caranguejos. Em termos da dicotomia freyriana, ela já é uma clara opção pelo "continente" contra a "ilha". Mas o continente é a aventura das minas e dos metais preciosos, antes de ser o da pecuária, e a ilha, o trabalho rotineiro da lavoura. O tema do "grande Império" surge mesmo em autores do Reino, como Luís Mendes de Vasconcelos, em conexão com o apoio mútuo que, em caso de necessidade, deviam prestar-se metrópole e colônia.

Nesse sentido, nossos primeiros cronistas foram também nossos primeiros ufanistas. Esse sonhado império já não é encarado apenas como o prolongamento ultramarino de Portugal, mas já dispõe de evidentes superioridades sobre ele, ao menos desde a crônica de Gabriel Soares de Souza. É certo que Gândavo já afirmara que os bolos de aipim excediam no sabor o pão de trigo do Reino e que o ananás seria tão delicioso que não havia ali fruta que lhe fizesse vantagem; e que os peixes, embora lá e cá fossem da mesma casta, os daqui tinham melhor sabor. A exceção era o peixe-boi, o qual, com o mesmo gosto da carne de vaca (ou, segundo Gândavo, de lombo de porco ou de veado), provocaria o caloroso debate teológico a que se referiu o autor dos *Diálogos das grandezas*, o qual concluiu tratar-se verdadeiramente de pescado, tendo em vista seu habitat marinho, não saindo ademais a pastar fora dele, o oposto da capivara, que, vivendo nos rios, pastava na terra, sendo portanto carne e não peixe.

A comparação sistematicamente favorável ao Brasil tem início com a obra de Gabriel Soares de Souza. Assim, certo rio da Bahia era "tão formoso como o do Guadiana, mas tem muito mais fundo". Os bovinos são bem mais fecundos, pois as novilhas já recebem os touros ao cabo do primeiro ano e já parem no segundo. Os equinos multiplicam-se vertiginosamente, a ponto de seus preços terem caído seis vezes em relação ao que custavam no começo da colonização. As éguas baianas eram "tão formosas [...] como as melhores da Espanha". A carne de porco, tão sadia que fazia na terra as vezes da galinha na alimentação dos enfermos no Reino, podendo aliás ser ingerida ao longo do ano, embora o toucinho não fosse tão gordo, exceto em São Vicente e no Rio de Janeiro. As galinhas baianas seriam "maiores e mais gordas" do que as portuguesas. A lavoura de mantimentos, tão rica e variada quanto a da península Ibérica, tendo ademais a vantagem de custar menos trabalho. A farinha de mandioca só perdia em qualidade e sabor para o trigo de boa espécie, uma vez que o "trigo do mar", o centeio e a cevada eram inferiores a ela. Mesmo admitindo a superioridade do bom trigo, Gabriel Soares ressalvava que a farinha de mandioca era "mais sadia e proveitosa [...] por ser de melhor digestão", como haviam constatado os primeiros governadores-gerais, que "não comiam no Brasil pão de trigo, por se não acharem bem com ele, e assim o fazem outras muitas pessoas".

Ao contrário da Madeira ou do Mediterrâneo, a cana-de-açúcar não exigia irrigação nem esterco e plantava-se até mesmo nos oiteiros. Ainda com seis meses, acamavam, crescendo "tão compridas como lanças". O viço dos canaviais das várzeas era tal que o sumo das suas canas só coalhava quando misturado ao de canas velhas. Enquanto na Madeira a planta só dava duas safras, alguns canaviais produziam havia mais de trinta anos, pois as terras baixas não se cansavam jamais e as altas produziam quatro, cinco vezes e até mais. As figueiras não criavam bicho como no Reino nem eram atacadas por formigas. A água de laranjeira exalava "mais suave cheiro do que a de Portugal", as limas e as cidreiras sendo maiores e mais saborosas do que as lusitanas. Os pepinos se davam melhor do que em Lisboa, sem necessidade de rega ou adubo; e as abóboras e couves, do que em Alvalade. As favas podiam ultrapassar as de Évora em tamanho; e certo gênero delas sabiam melhor do que as da metrópole. Até mesmo os nabos e rábanos, quintessência dos legumes portugueses, cresciam melhor entre nós do que no

Minho, sem mencionar o manjericão, "mais alto e forte" no Brasil. A beleza, o gosto e o cheiro do ananás levariam de vencida todas as frutas da Espanha.

É sabido que os *Diálogos das grandezas* estão construídos com base na oposição entre os interlocutores, Alviano e Brandônio exprimindo duas atitude distintas, a do reinol recém-chegado e a do colono há muito estabelecido. Ao passo que Alviano atribui à natureza brasileira os males da colonização, Brandônio os imputa aos povoadores. Tendo o reinol afirmado ter o Brasil na conta da terra "mais ruim do mundo", pois se os colonos se empregam no cultivo da cana e no fabrico do açúcar, isto se deve ao fato de não a acharem "capaz de mais benefício", retruca-lhe Brandônio tratar-se de "erro crasso", pois "a terra é disposta para se haver de fazer nelas todas as agriculturas do mundo", sendo fértil em tudo, não vendo "nenhuma província ou reino dos que há na Europa, Ásia ou África que seja tão abundante". O defeito não era da terra, mas da "culpa, negligência e pouca indústria dos seus moradores", da "pouca curiosidade e menos indústria dos que a habitam". Ele mesmo, Brandônio, plantara e colhera trigo, constatando que se dava muito bem nas campinas. Não experimentara nem o centeio nem a cevada, mas o milho europeu "se dá melhor e em mais quantidade do que se dá em Portugal". O que ocorria é que não se usava dele, pois

> a gente da terra se contenta somente com aquilo que os passados deixaram em uso, sem quererem anadir outras novidades de novo, ainda que entendam claramente que se lhes há de conseguir do uso delas muita utilidade, de maneira que se vêm a mostrar nisto serem todos padrastos do Brasil, com lhes ser ele madre assaz benigna.

Brandônio faz o inventário das potencialidades da terra, a começar pelo "muito algodão que aqui se colhe" e de que se poderia fazer toda sorte de tecidos, seguindo o exemplo da Índia. Em vez de se aproveitarem da lã das ovelhas, mesmo que fosse apenas para "enchimento de colchões", os colonos preferem comprar a que vem do Reino e é muito cara, o que também é afirmado a respeito do queijo feito do leite do mesmo animal. Em lugar de se cultivarem hortaliças, elas se importam de Portugal. Alviano mesmo admitira que, "com tantas sortes de vinhos [indígenas], bem se puderam escusar os que se trazem das Canárias e ilha da Madeira". E Brandônio aventara a conveniência de se escusar o próprio azeite de oliva, além de "outras muitas coisas". Os muares criavam-se facilmente no Brasil, tanto assim que "de alguns asnos cavalares que se mandaram vir do Reino se produziram maravilhosos machos e mulas", embora seu emprego deixasse de ser praticado por pura falta de iniciativa. A longo prazo, contudo, Brandônio mostrava-se otimista, julgando que semelhante carência seria remediada pelo crescimento demográfico, pois "os que ficarem sem ocupação, de força hão-de buscar alguma de novo de que lancem mão", com o que já não haveria "necessidade de coisa nenhuma das que trazem de Portugal, e quando a houvesse, fora de poucas".

Do ideal, apenas esboçado, de autarquia colonial, frei Vicente do Salvador fará todo um programa nativista. Ao passo que Gabriel Soares de Souza assinalara a superioridade do produto reinol cultivado na terra sobre o similar metropolitano, o autor da *História do Brasil* vai adiante, afirmando a superioridade do produto nativo sobre o português, como no tocante às madeiras utilíssimas desconhecidas do outro lado do Atlântico. Para nosso franciscano, o Brasil tinha o melhor dos dois mundos, pois não apenas possuía uma flora mais rica como também assimilava a alheia em condições mais vantajosas do que as do próprio lugar de origem, embora, ao contrário de Brandônio, que propusera o plano de cultivar entre nós as drogas da Índia a fim de destruir o comércio holandês das especiarias, frei Vicente prefere a solução que, tirando partido da brevidade e segurança da navegação com o Reino, fizesse do Brasil o entreposto desses produtos.

À maneira dos antecessores, o frade baiano não se priva das comparações e até aduz vantagens, como as das favas e feijões, que não criavam bicho nem tinham a casca tão dura como no Reino; as da mandioca e do aipim, que, ao contrário do trigo, não consumiam as sementes na planta nem se recolhiam em celeiros, onde eram vítimas do gorgulho. Camarões, não os havia somente no mar, como em Portugal, mas também nos rios. Destarte, "é o Brasil mais abastado de mantimentos que quantas terras há no mundo, porque nele se dão os mantimentos de todas as outras", além dos próprios. Como os anteriores cronistas, frei Vicente acentua não existirem no Brasil nem piolhos nem percevejos, não sendo as pulgas tantas, embora nem mesmo um nativista *enragé* como ele conseguisse negar a nocividade e o incômodo do bicho-de-pé. Ele incorre mesmo em grave ofensa às suscetibilidades reinóis ao assinalar ser a língua geral mais rica de vocábulos do que a portuguesa, citando o exemplo do vocabulário do parentesco que, sabe-se hoje graças à antropologia, é geralmente mais discriminante nas sociedades primitivas. Uma réplica talvez ao argumento então muito usado segundo o qual o tupi desconhecia o F, o L e o R, lacuna fonética interpretada no sentido de serem os indígenas destituídos de Fé, de Lei e de Rei.

Escusado assinalar que a exposição desses tópicos acarretava subliminarmente a contestação do monopólio colonial. Foi frei Vicente, que concluiu a redação da sua história sob o impacto da ocupação holandesa de Salvador (1624-5), quem formulou o primeiro programa autárquico para o Brasil. Preso à sua cultura eclesiástica, ele colocou em termos das Escrituras a questão de se é preferível a autarcia ou seu contrário. Elas fornecem resposta equívoca, pois se o salmista louva Sião por ter suas portas abertas a todos, louva também Jerusalém por conter tudo dentro de si. O Brasil gozava de ambas as vantagens, mas não há dúvida para que lado se inclina a argumentação do frade:

> pois primeiramente pode sustentar-se com seus portos fechados sem socorro de outras terras. Senão pergunto eu: de Portugal vem farinha de trigo? A da terra basta. Vinho? De açúcar se faz mui suave e, para quem o quer rijo, com o deixar ferver dois dias embebeda como de uvas. Azeite? Faz-se de cocos de palmeiras. Pano? Faz-se de algodão com menos trabalho do que lá que se faz o de linho e de lã, porque debaixo do algodoeiro o pode a fiandeira estar colhendo e fiando, nem faltam tintas com que se tinja. Sal? Cá se faz artificial e natural, como agora dissemos. Ferro? Muitas minas há dele e em São Vicente está um engenho onde se lavra finíssimo. Especiaria? Há muitas espécies de pimenta e gengibre. Amêndoas? Também se escusam com a castanha de caju, *et sic de ceteris*. Se me disserem que não pode sustentar-se a terra que não tem pão de trigo e vinho de uvas para as missas, concedo, pois este divino sacramento é nosso verdadeiro sustento; mas para isto basta o que se dá no mesmo Brasil em São Vicente e campo de São Paulo. E com isto está que tem os portos abertos e grandes barras e baía, por onde cada dia lhe entram navios carregados de trigo, vinho e outras ricas mercadorias, que deixam a troco das da terra.

Ademais, a história de frei Vicente já fere outras teclas nativistas, uma delas no tocante ao tratamento dispensado pelo Reino à colônia. Depois de constatar que "com não haver hoje cem anos [...] que se começou a povoar, já se hão despovoado alguns lugares e, sendo a terra tão grande e fértil [...] nem por isso vai em aumento antes em diminuição", ele acusa os monarcas portugueses de fazerem pouco caso do Brasil, a ponto de não lhe usarem o nome na sua titulatura oficial, preferindo chamarem-se reis da Guiné "por um caravelinha que lá vai e vem". Condenação que abrange indiferentemente os Avis lusitanos e os Habsburgo castelhanos, que só cuidam da América para perceber os rendimentos. A exceção é d. João III, que, a seu ver, foi o único soberano a sabê-la verdadeiramente estimar. Não se recompensavam os serviços prestados no Brasil, como indicava o comportamento da Coroa para com o primeiro donatário de Pernambuco, Duarte Coelho, para com Pero Coelho de Souza e para com certo pró-homem baiano, que hospedara e banqueteara o almirante Diego Valdez e seu séquito durante oito meses, sem que se lhe fizesse qualquer mercê. Os comerciantes reinóis só vinham "destruir a terra, levando dela em três ou quatro anos que cá estavam quanto podiam", ao passo que "os moradores eram os que a conservavam e acrescentavam com seu trabalho e haviam conquistado à custa do seu sangue".

Daí que frei Vicente reserve avaramente seus elogios aos governadores-gerais que protegiam os colonos da usura mercantil, ou quem, como d. Francisco de Souza, se tornara querido e respeitado, "porque tratando os mais [governadores] do que hão-de levar e guardar, ele só tratava do que havia de dar e gastar". Nem mesmo os povoadores escapam à crítica. "Por mais arraigados que na terra estejam e mais ricos que sejam, tudo pretendem levar a Portugal [...] e isto não têm só os que de lá vieram mais ainda os que cá nasceram, que uns e outros usam da terra não como senhores mas como usufrutuários", argumento já esgrimido pelos *Diálogos das grandezas*. Estes já haviam lamentado que os lucros do Brasil fossem todos para os reinóis, que monopolizavam o comércio, "porque os naturais da terra se ocupam no granjeamento dos seus engenhos e no benefício das suas lavouras, sem quererem tratar de mercancias, posto que alguns o fazem".

No século de Quinhentos, já vigia entre os colonos a crença no papel messiânico a ser desempenhado pelo Brasil nos destinos de Portugal. Brandônio refere a previsão de um astrólogo da corte de d. Manuel no sentido de que a terra recém-descoberta por Cabral haveria de se tornar "uma opulenta província, refúgio e abrigo da gente portuguesa". E frei Vicente pretenderá que, já ao tempo da fundação de Salvador e ao longo do reinado de d. João III, cogitou-se em Lisboa, para a eventualidade de invasão estrangeira do Reino, da possibilidade de passarem-se El Rei e seus vassalos à América, que proporcionaria uma base ideal para a reconquista da mãe pátria, devido à sua posição estratégica, superior à dos Açores, demasiado próximos, e da Índia, demasiado distante. Com seu reduzido território, as ilhas seriam facilmente conquistadas, como se vira durante a tentativa independentista do prior do Crato, que, a despeito de apoio naval inglês e francês, não pudera resistir às armas de Felipe II. Quanto ao Estado da Índia, embora dispondo de grande extensão, pagava o ônus da navegação demorada e perigosa.

A navegação do Brasil, pelo contrário, era fácil, segura e rápida, de modo que "com muita facilidade podem [os portugueses] cá vir e tornar quando quiserem ou ficar-se de morada". Suas dimensões permitiam abrigar toda a população do Reino. Neste ponto, o tema do Brasil refúgio de uma nacionalidade ameaçada entroncava-se com o da construção de um "grande Império". O que frei Vicente não poderia prever é que decorrido mais de um decênio da redação da sua obra, a restauração portuguesa, isolando internacionalmente o país, recolocaria na ordem do dia a velha ideia atribuída ao reinado de d. João III. Pois a verdade é que o projeto de retirada da família real para o Brasil teve sua pré-história no tempo de d. João IV e na regência da sua viúva, d. Luísa de Gusmão.

O papel redentor do Brasil era visto igualmente em termos de promoção socioeconômica da população do Reino. O tópico já se encontra em Gândavo, cujo tratado destinava-se a propagandear "a fertilidade e abundância" da nova terra junto às "muitas pessoas que nestes Reinos vivem com pobreza e não duvidem escolhê-la para seu remédio", pois graças à sua fartura ela seria particularmente acolhedora. Tanto assim que os colonos se mostravam mais largos que os habitantes do Reino no comer e no vestir, além de mais generosos nas doações pias. De Pernambuco, frisava Gabriel Soares de Souza, haviam regressado ricos a Portugal muitos que ali tinham aportado com uma mão na frente e outra atrás.

É conhecida a história narrada por frei Vicente a respeito de certo reinol de Leiria, punido pelo seu bispo com a sentença irônica de que "vá degredado por três anos para o Brasil, donde tornará rico e honrado". O indivíduo em questão, mandado para o Rio Grande do Norte, granjeou com a mulher 2 mil ou 3 mil cruzados, a despeito de tratar-se da "pior [terra] do Brasil", tornando-se compadres do capitão-mor, em cuja companhia regressaram ao Reino, "comendo todos a uma mesa, passeando ele ombro com ombro com o capitão, assentando-se a mulher no mesmo estrado que a fidalga, como eu as vi em Pernambuco, onde foram tomar navio para se embarcarem". O "brasileiro" das novelas de Camilo Castelo Branco é a derradeira encarnação do mito português da árvore das patacas.

Ninguém mais autorizado para formular o tópico do que Gaspar Dias Ferreira, lisboeta que chegara pobre a Pernambuco e aí se tornara homem rico e honrado, senhor de dois engenhos, conselheiro do conde de Nassau e protegido do vice-rei da Bahia, conde de Montalvão, antes de na Holanda insinuar-se junto aos príncipes de Orange e em Lisboa ter suas entradas no paço. No parecer sobre a compra do Brasil holandês, Gaspar escrevia:

> Eu o [Brasil] chamo o jardim do Reino e a albergaria dos seus súditos. Outrora deliberou-se em Portugal, como consta da sua história, elevar o Brasil a Reino, indo para

lá o rei, tão grande é a capacidade daquele país. Portugal não tem região mais fértil, mais próxima nem mais frequentada, nem também seus vassalos melhor e mais seguro refúgio do que o Brasil. O português a quem acontece decair de fortuna, é para lá que se dirige.

Ainda outro tema já presente nesses primeiros textos brasileiros é o da superioridade da ação pública sobre a iniciativa privada. Para Diogo de Campos Moreno, "tudo o que neste Estado [do Brasil] não for de Sua Majestade, crescerá devagar e durará muito pouco", como indicava o contraste entre o florescimento das capitanias que "o braço real tomou mais à sua conta" com o atraso a que estariam relegadas as terras donatariais. O sargento-mor invocava o exemplo da Bahia, do Rio de Janeiro, da Paraíba e do Rio Grande do Norte, "todas hoje de Sua Majestade, nas quais, porque o são, aumentam-se cada dia as povoações e crescem as fazendas". Mesmo a exceção conspícua que era a prosperidade de Pernambuco, ele a explicava pelo auxílio que lhe dera a Coroa sob a forma de "capitais, presídios e fortificações".

A carência da ação donatarial estaria ligada à incapacidade dos seus agentes, uma vez que nessas capitanias "nunca se encontra pessoa respeitável no governo", enquanto nas capitanias régias as autoridades tinham todo interesse em promover o crescimento, na expectativa da própria promoção na carreira a que pertenciam. Daí que Campos Moreno advogasse a abolição das capitanias donatariais, integrando-as todas diretamente à autoridade da Coroa. Na realidade, ele silencia, já que não podia ignorar que o superávit obtido no rendimento dos dízimos do açúcar, que constituíam a principal fonte de recursos com que a monarquia financiava suas despesas de gestão e defesa da América portuguesa, era exclusivamente gerado pela capitania donatarial de Pernambuco, pois, descontada sua contribuição, as contas do Estado do Brasil mal se fechavam. A despeito da riqueza da principal capitania régia, a Bahia, a receita dos seus dízimos era insuficiente para cobrir os gastos com o aparato burocrático e eclesiástico que o governo central ali instalara.

2

Os alecrins no canavial*

Na segunda metade do século XVII, os descendentes dos que haviam feito a guerra holandesa se autointitularam "nobreza da terra". E no início do século XVIII, o dr. Manuel dos Santos os acusará de "se quererem quase todos inculcar por nobres", ao contrário dos filhos do Reino que, na sua modéstia de aldeões nortenhos, não alimentavam tais descabidas pretensões. É um lugar-comum sociológico o de que os sistemas escravocratas tendem a aristocratizar como que automaticamente as camadas livres. O historiador, porém, não se pode dar por satisfeito com a generalização, mas tem de reconstruir as feições concretas que tal processo assumiu entre a restauração do domínio português em 1654 e a guerra civil de 1710-1, quando, em circunstâncias economicamente desfavoráveis, a açucarocracia enfrentou-se ao comércio reinol. A invenção de uma "nobreza da terra", isto é, a metamorfose em fidalguia local da descendência dos colonos fixados durante o período *ante bellum*, constituiu aspecto crucial do antagonismo entre senhores de engenho e mercadores do Recife, conferindo a nosso primeiro nativismo cariz eminentemente nobiliárquico.

É no derradeiro decênio de Quinhentos que o historia-

---

* Capítulo IV de *Rubro veio: O imaginário da restauração pernambucana*. 3. ed. São Paulo: Alameda, 2008.

dor entrevê pela primeira vez a estrutura social das áreas de produção açucareira da América portuguesa, o Recôncavo baiano e a mata pernambucana, e, em particular, o estrato social que havia pouco se instalara no primeiro plano do palco. Se em 1549 o donatário de Pernambuco enumerava entre os povoadores da sua Nova Lusitânia os que construíam engenho de açúcar ou granjeavam partido de cana, a realidade era que por então aqueles se contavam nos dedos de uma só mão e esses seriam pouco mais numerosos. A expectativa de Duarte Coelho de atrair capitais do Reino foi em breve frustrada pelas autoridades fazendárias da Coroa. O foral outorgado por d. João III isentara os colonos de Pernambuco do pagamento de direitos e tributos sobre os produtos exportados para o Reino e conquistas, exceto no tocante à siza, reconhecendo-lhes o privilégio de levá-los do Reino a outras partes se assim o desejassem.

Na base da concessão, Duarte Coelho passara alvarás a alguns residentes em Portugal para que pudessem gozar dessas vantagens, caso viessem a construir engenhos pessoalmente ou por interposta pessoa. Contudo, o regimento dado ao governo-geral da Bahia em 1549 interpretou tais favores em sentido restritivo para que só beneficiasse quem fosse domiciliado, o que causou a retração dos capitais que em Portugal aprestavam-se para vir. Só posteriormente (1560), El Rei concedeu o incentivo fiscal consistente em dispensar a quem levantasse fábrica de açúcar do pagamento do dízimo sobre o produto durante os dez primeiros anos, e do pagamento de metade do tributo no decênio consecutivo ("meia liberdade").

À raiz do falecimento de Duarte Coelho (1554), verificou-se mesmo um retrocesso no desenvolvimento da Nova Lusitânia diante do aumento da resistência indígena, de modo que foi apenas nos anos 1570 que o sistema produtivo efetivamente demarrou. No decênio anterior, o povoamento, a partir dos núcleos coloniais de Igaraçu e de Olinda, ganhou "as terras do Cabo" (entenda-se, a região situada ao sul do Cabo de Santo Agostinho, a qual atualmente constitui a chamada "mata úmida" ou meridional), reputadas justamente as mais ferazes da capitania. Segundo frei Vicente do Salvador, o incremento da emigração reinol teria induzido o segundo donatário, Duarte Coelho de Albuquerque, a organizar as expedições que, àquela altura, dominaram a indiada hostil desde os montes Guararapes até o rio São Francisco. Então, começava a se fazer sentir a pressão altista sobre os preços do açúcar que se prolongará grosso modo até 1620.

Como na Madeira, utilizou-se no Brasil a expressão "senhores de engenho", de nítido sabor medieval, sabido que tanto no Reino como na Europa, a propriedade dos moinhos de trigo foi privilégio real e dos grandes senhores laicos e eclesiásticos. Mas quem eram esses indivíduos que entre nós desde os anos 1540 foram assim designados? Na sua grande maioria, a açucarocracia *ante bellum* compôs-se de reinóis; os proprietários nascidos no Brasil não chegavam a representar um décimo do grupo, o que não é de surpreender. A colonização ainda era recente; o boom açucareiro, recentíssimo; e a herança não constituía ainda forma estatisticamente expressiva de transmissão da propriedade. O engenho de açúcar era levantado com recursos próprios ou, mais frequentemente, emprestados, ou sob a forma de parcerias. Desse modo, só os filhos do Reino, demograficamente (68% da população da Bahia e de Pernambuco, principais áreas açucareiras), dispunham dos cabedais necessários. A minoria de senhores mazombos indica que os filhos e netos dos primeiros povoadores não ficaram com a parte do leão, a despeito de contarem nas suas fileiras com alguns dos proprietários mais ricos. Tendo seus pais e avós chegado muito cedo num mundo muito novo, haviam se achado na contingência de competir pelas oportunidades da terra muitas vezes em situação de inferioridade com os recém-chegados de Portugal.

Foi o que ocorreu a muitos duartinos, expressão cunhada por J. F. de Almeida Prado para os colonos fixados durante o governo de Duarte Coelho, dos seus filhos e da sua viúva, d. Brites de Albuquerque. A difundida noção segundo a qual eles dominaram a vida da Nova Lusitânia é uma leitura anacrônica baseada nas circunstâncias dos séculos XVIII e XIX. Dos troncos primitivos, a primeira e a segunda gerações de homens e mulheres que compuseram a açucarocracia deveram-no principalmente não à herança paterna, mas às alianças com reinóis transplantados a partir de 1570 ou com seus filhos. Destarte, lograram-no predominantemente por via feminina, como revela o exame de algumas das linhagens fundadoras, precisamente as mais bem-sucedidas, haja vista haverem perdurado na memória genealógica, sempre madrasta dos que a língua castelhana chama expressivamente de *venidos a menos*. O percurso das famílias favorecidas permite imaginar a sorte acanhada da maioria dos rebentos dos troncos duartinos, cujo trunfo consistiu nas sesmarias concedidas ao redor de Igaraçu primeiro, depois na várzea do Capibaribe e na franja costeira do Cabo a Alagoas.

Contudo, a posse da terra, relativamente abundante, não bastava para garantir, no âmbito da economia açucareira, a posição de um indivíduo ou da sua família se não fosse combinada com os recursos para levantar fábrica e comprar mão de obra, precisamente os meios de que careciam os primeiros colonizadores. O caso do engenho Camaragibe, melhor conhecido, é sintomático. Durante vinte anos, Diogo Fernandes e Pedro Álvares Madeira não puderam construir sua fábrica na data de terras que para esse fim lhes concedera o primeiro donatário, contentando-se em plantar canaviais cujo produto iam moer ao engenho de Duarte Coelho. Só lhes foi factível concretizar o projeto em 1563, ao se associarem ao comerciante Bento Dias de Santiago mediante cessão de parte da sesmaria primitiva.

Destituída de capitais, a grande maioria dos duartinos ateve-se a cultivar sua data de terra com produtos de subsistência, ou a fornecer cana para a moenda alheia. Ou ainda revendendo-a, precoce especulação fundiária, a algum colono recém-chegado desejoso de estabelecer sua fábrica mas que, obrigado a fazê-lo em área de fácil comunicação fluvial ou marítima, se achava na contingência de adquirir as terras a quem as recebera do donatário. Cultivando cana e mandioca ou vendendo o quinhão da sesmaria paterna, a maioria dos duartinos teve de resignar-se à condição de remediados, vegetando na mediocridade e no ressentimento que os farão esquecer pelos primos ricos e, nas águas destes, pelos genealogistas.

Veja-se, por exemplo, a sorte dos filhos varões dos troncos duartinos a cujo respeito a informação genealógica é razoavelmente completa. Apenas um entre os filhos de Felipe Cavalcanti ou de Arnal de Holanda foi senhor de engenho; dos de d. Felipe de Moura, somente d. Francisco de Moura, assim mesmo na condição de proprietário absenteísta. Quase todos entraram na religião ou ingressaram na carreira militar ou na administração colonial, indo servir a El Rei longe do Brasil. O caso do velho João Pais Barreto, dotando cada um dos seus oito filhos com um engenho moente e corrente em ótimas terras de várzea, numa fortuna avaliada na época entre 300 mil e 400 mil cruzados, foi verdadeiramente inusitado, como indica o registro que fizeram à época com indisfarçável admiração o padre Jácome Monteiro e frei Vicente do Salvador.

Observe-se a numerosa progênie de Jerônimo de Albuquerque. Dos quatro filhos legítimos, o primogênito herdou o engenho Nossa Senhora da Ajuda, que o pai fundara e vinculara em morgadio. Em breve, a fábrica estava de fogo morto; e o morgado só se salvou da ruína graças ao casamento com a herdeira do engenho Guararapes. Entre os doze bastardos, contam-se apenas três senhores de engenho. Havendo herdado suas parcelas da sesmaria que Jerônimo possuíra na várzea do Sirinhaém (rio que chegou a chamar-se dos Albuquerques, por possuírem suas terras na dita ribeira), Pero e Felipe de Albuquerque levaram um bom tempo como lavradores de cana antes de lograrem fundar o Jaciru e o Nossa Senhora da Palma, respectivamente. Quanto a Jerônimo de Albuquerque Maranhão, só na velhice pôde erguer o Cunhaú (1624) na sesmaria que ele mesmo, quando capitão-mor do Rio Grande do Norte, talhara para si e para os filhos.

Tendo vendido as datas de terra que o pai lhes deixara na várzea do Capibaribe e do Sirinhaém, os demais rebentos de Jerônimo de Albuquerque ganharam a vida por diferentes meios, inclusive graças aos laços de parentesco e clientelismo que mantinham com os filhos e netos de Duarte Coelho. Estes, domiciliados no Reino ainda com anterioridade ao falecimento de d. Brites de Albuquerque (1584), deram-lhes preferência nos cargos de administração local ou os ajudaram com novas doações de terra. Valeram-lhes também as oportunidades criadas pela expansão na costa leste-oeste, a que Pernambuco serviu de base, e pela partilha fundiária que tal avanço propiciou. A quem não soube aproveitar-se dessas circunstâncias, restou passar à Índia ou morrer pobre e obscuro na capitania que Jerônimo havia conquistado.

Não surpreende assim que, ao tempo da ocupação holandesa, o brabantino Adriaan Verdonck descrevesse sarcasticamente os Albuquerque como "grandes fidalgos, segundo se julgam, mas na realidade gente pobre e indigente". O que, porém, não inibira Bento Teixeira de afagar na *Prosopopeia* a autoestima ferida da prole masculina de Jerônimo de Albuquerque, comparando-a aos grandes *piscinari* da Roma clássica, que prefeririam trocar as asperezas da vida pública por uma existência ociosa nas suas esplêndidas moradas das cercanias da urbe imperial. Segundo o poeta, fora assim que os Albuquerque teriam reagido ao vexame de não verem premiados por El Rei os serviços prestados pelo pai na fundação da Nova Lusitânia:

quando virem que do Rei potente,
o pai por seus serviços não alcança
o galardão devido e glória digna,
ficarão nos alpendres da piscina,

alusão à ausência dos filhos de Jerônimo na campanha de d. Sebastião na África.

A sorte das filhas de Jerônimo de Albuquerque divergiu da dos irmãos. É certo que as solteironas também venderam suas respectivas parcelas das sesmarias paternas. Mas a herança fundiária serviu de dote a suas irmãs para atrair o reinol endinheirado, como Álvaro Fragoso, filho de um desembargador da Casa de Suplicação em Lisboa, que fundou o Itapiruçu de Cima; como Gonçalo Mendes Leitão, irmão do segundo bispo do Brasil, senhor do Paratibe; como o florentino Felipe Cavalcanti, do Bujari; ou como o rico comerciante converso Pero Lopes de Vera. Através delas, e não dos varões, é que a maioria das famílias senhoriais remetia ao passado duartino. Graças a elas, e não a eles, é que os descendentes dos primeiros povoadores puderam conquistar seu lugar ao sol da ordem açucarocrática. Se das quatro filhas de Jerônimo de Albuquerque com d. Felipa de Melo, duas casaram-se com senhores de engenho, foram por excelência suas meias-irmãs, as filhas da índia Arcoverde, que se tornaram os verdadeiros ventres geradores das principais linhagens da capitania. Na formação da açucarocracia, o papel dos troncos duartinos consistiu basicamente em fornecer mulheres e terras ao reinol endinheirado que se propunha a fundar engenho.

Por conseguinte, de reinóis, não de mazombos, compôs-se a açucarocracia *ante bellum*. E de reinóis que, longe de representarem aqueles rurícolas afidalgados do imaginário local, eram citadinos procedentes de estratos medianos das grandes cidades marítimas (Lisboa, Porto, Viana, Aveiro) ou de médias e pequenas vilas do interior de Portugal. Do Minho, como Barcelos; da Estremadura e do Alentejo, como Estremoz, Castro Verde, Olivença, Palmela, Portoalegre; do Algarve, como Silves e Portimão. Seja dito de passagem que os dados fornecidos pela documentação inquisitorial sugerem que a composição regional da açucarocracia não se desviou notavelmente da distribuição da população reinol da colônia, analisada com base nas mesmas fontes: predominância numérica dos povoadores nortenhos, seguidos dos contingentes oriundos de Lisboa e cercanias, do Alentejo, das Beiras, e, por último, do Ribatejo e do Algarve.

Tal procedência citadina teve a ver com as camadas em que se recrutou a açucarocracia *ante bellum*, em primeiro lugar o funcionalismo da Coroa. Entre os senhores de engenho de Quinhentos, estão os filhos de letrados, de notários, de autoridades locais, de advogados, de empregados régios, de um procurador da cidade de Lisboa e até de um intendente de d. Antônio, prior do Crato e pretendente desafortunado ao trono português. É raro, contudo, que eles se fixem à chegada como proprietários, pois trabalham inicialmente como feitores, almoxarifes, provedores, escrivães da fazenda real, superintendentes do pau-brasil.

As funções judiciárias e os cargos civis e militares também forneceram sua cota de senhores de engenho: ouvidores, tanto geral do Brasil como de Pernambuco e da Paraíba; tesoureiros e escrivães da fazenda dos defuntos e ausentes; um auditor da gente de guerra; um ex-governador de Angola; um sargento-mor de Pernambuco; um capitão-mor do Rio de Grande do Norte e um alferes das guarnições costeiras. A relação de engenhos de 1609 inclui até mesmo o ex-governador-geral do Brasil, Diogo Botelho, que passara um ano e meio do seu triênio não em Salvador mas em Olinda, e que seria acusado de tê-lo feito em função de atividades lucrativas. Cargos modestos também podiam servir de trampolim: tabelião público, escrivão da Câmara de Olinda, até meirinho.

Um segundo estrato da açucarocracia *ante bellum* foram aqueles sesmeiros que se transformaram em senhores de engenho, em decorrência da sua participação à frente da campanha encetada, a partir do governo do segundo donatário, contra os índios da mata úmida de Pernambuco: João Pais Barreto, o Velho, no Cabo; Cristóvão Lins, em Alagoas; e Felipe Cavalcanti, que, tendo também levantado fábrica no Cabo, optou finalmente pela várzea de Goiana. Eles foram verdadeiramente os fundadores das grandes linhagens da terra, o elemento estável por excelência na composição da sua camada dominante, donde muitos dos seus descendentes ainda no século XIX desfrutarem de posições privilegiadas na sociedade e na política provinciais. Mas ao êxito daqueles indivíduos contrapõe-se o malogro da grande maioria dos sesmeiros que não conseguiu incorporar-se à ordem senhorial, mesmo quando num primeiro momento haviam sobrevivido às contingências de uma economia açucareira já em crise antes mesmo da ocupação holandesa.

O terceiro estrato da açucarocracia *ante bellum* compunha-se dos que E. d'Oliveira França designou por "mercadores-senhores de engenho". Igualmente de origem urbana, eram maciçamente de ascendência cristã-nova. Representando o setor mais dinâmico da economia colonial, no seu papel de cunha do comércio internacional, não desdenhavam acumular loja em Olinda com engenho próximo e até com mero partido de cana na várzea do Capibaribe. Graças às suas vinculações mercantis, gozavam de posição financeira mais sólida do que a dos senhores de engenho cristãos-velhos e frequentemente combinaram suas atividades fabris e comerciais com a arrematação dos contratos do pau-brasil e de cobrança de impostos, negócio altamente lucrativo numa fase ascendente da economia açucareira. J. A. Gonsalves de Mello identificou esse importante grupo de mercadores.

Vários fundaram engenho. O exemplo mais ilustre é o do autor dos *Diálogos das grandezas do Brasil*. Embora não se possa dar por assente que Ambrósio Fernandes Brandão (que começara a vida em Pernambuco como preposto de Bento Dias de Santiago na cobrança dos dízimos do açúcar) tenha levantado seu engenho de São Bento (São Lourenço), sabe-se que, de volta ao Brasil em 1608 (depois de ter exercido em Lisboa o cargo de tesoureiro geral da fazenda dos defuntos e ausentes), viria a construir outros três na várzea do Paraíba. Fundadores foram também os irmãos Fernão e Diogo Soares, e o filho de Fernão, Diogo Soares da Cunha; como também Diogo Nunes Correia, irmão do principal mercador olindense da época, João Nunes Correia. Em parceria com um terceiro irmão, Henrique Nunes Correia, de Lisboa, Diogo ergueu dois engenhos na Paraíba.

Mais frequentemente, porém, os comerciantes cristãos-novos de Olinda preferiram adquirir as fábricas de colonos endividados, inclusive a eles próprios, ou desejosos de voltarem definitivamente ao Reino. Um desses, Duarte Dias Henriques (a quem o poeta Bento Teixeira, seu inimigo, chamava de "caudilho da nação cristã-nova"), culminaria suas atividades em Castela (depois de arrendar ou confiar a feitor o engenho que possuía em Jaboatão) como um dos banqueiros de Filipe IV. Vários abandonaram a mercancia para se dedicarem inteiramente à gestão dos engenhos, completando seu enraizamento mediante alianças com famílias cristãs-velhas ou dando--lhes os filhos. Pero Lopes de Vera, que no início do século XVII foi exportador de açúcar e contratador dos dízimos reais de Pernambuco e capitanias vizinhas, coroou sua fortuna comprando nada menos que três engenhos, o último deles adquirido já durante o domínio holandês. Tanto Pero Lopes como o citado Fernão Soares, apesar da sua comum condição conversa, ingressaram na família donatarial ao se casarem o primeiro com uma filha, o segundo com uma neta, de Jerônimo de Albuquerque.

Ao lado desses marranos sedentarizados, foram mais frequentes os que nunca se renderam à existência rural, continuando a ver nas suas fábricas apenas o prolongamento nem sempre lucrativo das suas lojas olindenses. Fábricas que haviam adquirido a fim de tirar partido da conjuntura de preços mediante a integração da produção e do comércio de açúcar. Ou para se aproveitar das isenções fiscais de que se beneficiavam os senhores de engenho, as quais podiam ser fraudulentamente estendidas ao gênero comprado a outros produtores. Ou por fim porque a fábrica lhes viera à mão em decorrência da execução de dívidas de que eles eram titulares. Eles representaram o elemento instável por excelência na composição da açucarocracia *ante bellum*, pois, como membros de dinastias comerciais, permaneciam no Brasil apenas o tempo suficiente para escapar às fases virulentas de perseguição inquisitorial na metrópole, que lhes encarcerara algum parente conspícuo. Ou então para reunir o cabedal e adquirir a experiência que os habilitasse a substituir os familiares à frente dos seus negócios. De regresso a Portugal, eles se desvencilhavam do engenho.

Por último, nas falhas dessas camadas mal ajustadas, incrustava-se um ou outro castelhano ou belga, emigrado para o Brasil à sombra da unidade hispânica, como a sociedade doméstica do padre João Ramires Tenório, do seu irmão Luís Lopes Tenório e do sobrinho de ambos, João Tenório de Molina; como o flamengo Gaspar de Mere e como o brabantino Pedro Lahoest. Houve igualmente os protagonistas de algumas *success stories*, filhos de gente modesta, de um chapeleiro, de um caixeiro, de um lavrador de mantimentos. Ou que haviam encetado a vida em Pernambuco em condição subalterna, como carpinteiro, "mestre de fazer engenhos", alfaiate ou mestre de açúcar.

Note-se, aliás, que, a despeito da misoginia reinante, é comum a presença de mulheres à frente da administração da propriedade, embora isto só se dê geralmente em decorrência do falecimento do marido. Contudo, de uma dessas matronas, Brites Mendes de Vasconcelos, sabe-se que ergueu segunda fábrica por conta própria. Na menoridade dos filhos, elas, mal ou bem, geriam os engenhos; e na maioridade deles, associavam-nos à gestão, embora houvesse também as que preferissem vendê-los ou arrendá-los. A mesma participação feminina ocorria entre os lavradores de cana, 17% dos quais em Pernambuco, nos anos 1630, pertenciam ao sexo feminino. Sob o aspecto cultural, a condição feminina na família açucarocrática não parece haver discrepado da condição feminina nas demais classes da colônia, pois tais senhoras de engenho são geralmente analfabetas. Depondo perante o Santo Ofício assinam em cruz; ao vender os bens, solicitam a terceiros que assinem por elas.

Foram sensíveis as diferenças de status econômico no âmbito da açucarocracia *ante bellum*. Ao encerrar-se o período donatarial, o grupo compreendia, em primeiro lugar, uma camada superior de 27 senhores, os proprietários de grandes engenhos, cujo nível de renda era o mais elevado, algo entre 5 mil e 6 mil cruzados anuais; e os donos de dois ou três engenhos medianos, cujo rendimento total equiparava-se aos daqueles. A camada média englobava 55 indivíduos, sendo portanto a mais numerosa. Seu nível de renda girava provavelmente entre 2 mil e 3 mil cruzados anuais, como se pode sugerir com base na informação de Brandônio segundo a qual os engenhos médios davam pouco lucro, apenas o suficiente para manter o "estado" da família senhorial, isto é, o estilo de vida requerido pela sua posição social.

Por fim, a camada inferior da açucarocracia compreendia 42 proprietários a sobreviverem na fronteira movediça entre o lucro e a perda. Eram os donos de engenhocas (expressão que só surgiu posteriormente, sendo utilizada por Antonil) localizadas em áreas distantes ou periféricas, de más ou péssimas comunicações ou de solos fragosos ou de tabuleiro, as quais haviam sobrado das sesmarias primitivas depois que os sesmeiros haviam reservado para si os terrenos de várzea e os topos de mata. Situados em posição marginal, eles se tornaram particularmente vulneráveis aos efeitos da primeira crise do açúcar brasileiro, no segundo e terceiro decênios do século XVII. Daí que, quando da ocupação holandesa, os engenhos de fogo morto ou com capacidade ociosa encontrem-se especialmente em Alagoas e na capitania de Itamaracá, áreas de predileção desses molinotes.

Social e economicamente heterogênea, a açucarocracia da Nova Lusitânia também se caracterizava pela instabilidade dos seus quadros. Uma comparação prudente das listas de senhores de engenho de Pernambuco relativas a 1593-5 e 1623 indica que, das sessenta famílias que compunham o grupo senhorial naqueles primeiros anos, apenas 27 (45%) reaparecem trinta anos depois. Mesmo supondo a margem de indeterminação inerente ao cotejo de nomes numa época em que os patronímicos não obedeciam a regras uniformes (margem que se procurou reduzir mediante o recurso às fontes históricas e genealógicas, mas que certamente não se conseguiu eliminar de todo), conclui-se que cerca de metade da açucarocracia de finais de Quinhentos não havia sobrevivido às contingências dos dois primeiros decênios de Seiscentos.

Entre 1593-5 e 1623, o número de engenhos em Pernambuco passou de 63 a 107, graças especialmente à introdução da moenda de três cilindros, que barateou os custos de instalação das fábricas, permitindo a expansão açucareira em áreas longínquas. No médio prazo, a comparação da lista de 1594 com a de Diogo de Campos Moreno (1609) não modifica substancialmente o quadro, embora essa tampouco pareça completa. Em consequência, o grupo de 27 famílias quinhentistas que ainda pertencia ao clube em 1623 equivalia a apenas 25% do total dos sócios, embora detivessem posições privilegiadas. Ao cabo de trinta anos, seja devido à transmissão da propriedade, seja do incremento do número de fábricas, a renovação alcançara três quartos da açucarocracia. À escala local, esse processo de transferência pode ser observado mediante a reconstituição da série dos senhores de engenho no período 1593-5 a 1630. Vejam-se os dados referentes a Pernambuco. A instabilidade afigura-se compreensivelmente maior nas freguesias de povoamento mais antigo, como a várzea do Capibaribe, Igaraçu e Jaboatão-Muribeca. De dezesseis engenhos na Várzea, sete foram alienados mediante compra e venda, uma e até duas vezes. Mas em nenhum distrito a mudança de propriedade foi tão pronunciada quanto em Igaraçu. Dos seus dez engenhos, apenas um permaneceu na mesma família; os nove restantes foram vendidos e revendidos, uma, duas e até três vezes. E entre os dezoito engenhos de Jaboatão-Muribeca, metade foi alienada a terceiros. Nas freguesias de povoamento mais recente, a instabilidade tinha de ser menor. Em treze engenhos de Ipojuca, apenas três mudaram de dono; em treze do Cabo, outros três; em onze de Alagoas, dois; em cinco de São Lourenço, um; nenhum entre os quinze de Sirinhaém. Na capitania de Itamaracá, seis em dezessete; e na capitania da Paraíba, cinco em vinte engenhos.

Os proprietários pós-1609 é que constituíam a nata da açucarocracia, o estrato superior de senhores de grandes engenhos ou de dois ou mais de tipo médio, embora ela comportasse também um núcleo importante, cerca de um quarto, como mencionado, de proprietários quinhentistas. É transparente a razão da sobrevivência desses irredutíveis. Tratava-se de indivíduos que através da herança ou do casamento haviam se beneficiado das melhores datas de terra na mata sul. No estrato médio, a proporção dos senhores de 1593-5 era inferior à da nata, mas decorria provavelmente das mesmas causas que haviam operado na camada anterior. Com efeito, reaparecem aí os rebentos de alguns dos primeiros sesmeiros. A eles, juntavam-se senhores fixados recentemente. Finalmente, no estrato inferior escasseavam os nomes quinhentistas. Aliás, a precariedade econômica dos molinotes provocava revezamento mais intenso do que o de regra nas camadas superiores. Foram raros os proprietários recentes que, graças à exploração de um molinote (o caso de Antônio Vieira de Melo), enraizaram-se privilegiadamente na Nova Lusitânia.

A despeito do decréscimo relativo da açucarocracia quinhentista, algumas das suas famílias beneficiaram-se da renovação do clube, fundando ou adquirindo novos engenhos (Pais Barreto, Sá da Maia, Dias da Fonseca, Cavalcanti, Albuquerque), isto é, algumas das linhagens que formam o núcleo da futura "nobreza da terra". Malgrado serem minoritárias, dispunham da vantagem inestimável da concentração da propriedade açucareira em alguns grupos de parentesco, a cuja progressiva ampliação, através da endogamia praticada inclusive com base na solidariedade de uma comum origem no Reino (o grupo vianense em Pernambuco, o madeirense na Bahia, este identificado por Oliveira França), a açucarocracia ficará devendo a forma ostensiva da sua articulação como classe.

Em 1623, caso excepcional, a família Pais Barreto possui nove engenhos da mata úmida. Outros exemplos, menos conspícuos, são mais reveladores. Os Albuquerque de Sirinhaém têm seis engenhos; os herdeiros de Pero Dias da Fonseca, cinco. Possuem cinco engenhos, na terra firme de Itamaracá, os filhos e genros de Felipe Cavalcanti; cinco na ribeira do Capibaribe e na Paraíba os Rego Barros e seu cunhado, Duarte Gomes da Silveira; três na Muribeca os filhos de Duarte de Sá. Essas seis famílias respondiam por cerca de 25% da produção regional de açúcar naquele ano. O peso econômico desses clãs, em contraste com os proprietários isolados ou que ainda escapavam à teia cada vez mais densa das alianças domésticas, atingia provavelmente cifra mais elevada.

Não há motivos para crer que o recrutamento do grupo senhorial tenha se modificado de maneira substancial no decurso do terceiro decênio do século XVII. Embora a crise *ante bellum* da economia açucareira devesse, em princípio, estimular os proprietários a se desfazerem das suas fábricas, não havia alternativas locais à aplicação desses capitais. Assim, eram os senhores de origem cristã-nova que mais facilmente podiam fazê-lo. É certo que vários dos herdeiros dos primeiros donos terão mal gerido seus bens, por inexperiência ou dissipação, achando-se na contingência de vender o engenho, como aconteceu a d. Luísa Nunes, que se declarava "impossibilitada de o poder sustentar e assim os filhos que correram [isto é, administraram] com o dito engenho". Outros não souberam ou não puderam adaptar-se à nova conjuntura. Houve, por fim, a promoção de lavradores de cana a quem as poupanças de anos fastos devem ter habilitado a realizar a aspiração de se converterem em senhores de engenho, mercê também da inovação tecnológica representada pela moenda de três cilindros. Mas a renovação do grupo senhorial não terá ultrapassado o caráter de um revezamento de indivíduos originários das mesmas categorias sociais.

Essa instabilidade não pode ser compreendida sem referência a certas características da produção açucareira. A atividade agrícola era via de regra separada da industrial, o que fazia do senhor de engenho o proprietário do equipamento e a quem cabia, portanto, delegar o cultivo nos lavradores de cana, mediante contratos de fornecimento da matéria-prima que previam a partilha do produto final em determinadas proporções. No começo do século XVII, a maioria dos senhores não lavrava a cana que moía nem dispunha de "partido da fazenda", isto é, a área que eles mandavam cultivar pelos seus próprios escravos. Suas moendas dependiam sobretudo da cana dos lavradores, seja a cana "obrigada", produzida pelos partidos cultivados na terra concedida pelo senhor e, em decorrência, submetida à sua fábrica, seja a cana "livre", proveniente da terra pertencente ao lavrador. Infelizmente, só existem dados quantitativos a esse respeito ao tempo do domínio holandês, quando em 91 engenhos (no total de 162), para os quais há informações precisas, 40% possuíam partidos da fazenda, enquanto os restantes 60% achavam-se inteiramente subordinados ao fornecimento dos lavradores. Em média, enquanto o "partido da fazenda" proporcionava 25% da cana moída, os partidos de lavradores entravam com nada menos que 75%.

Há razões para suspeitar de que, no período *ante bellum*, a dependência com relação à cana dos lavradores tenha sido ainda maior. Por outro lado, é provável que o número dos indivíduos capacitados a tomarem partido tenha se reduzido depois dos sete anos iniciais da guerra holandesa. Dataria de então o começo da tendência secular pela qual o senhor de engenho encarregar-se-á de parcela crescente da etapa agrícola da unidade açucareira. Devido à descentralização e especialização inerentes ao sistema original, a aquisição ou a venda da fábrica correspondiam sobretudo às jogadas especulativas, especialmente numa conjuntura de euforia como a que prevaleceu no último quartel de Quinhentos. A essa altura, a alienação do engenho ainda não se via inibida pela conotação negativa que assumirá posteriormente, quando sua propriedade irá se tornar critério fundamental de aferição de status social nas áreas açucareiras da América portuguesa.

Para a instabilidade açucarocrática, o absenteísmo de parte do grupo senhorial não foi irrelevante, embora sem alcançar os níveis das colônias inglesas do Caribe. Ao regressarem a Portugal, os senhorios que haviam vivido longamente na terra preferiam arrendar o engenho ou entregá-lo a sócios ou a feitores, diante do maior rendimento da empresa açucareira quando comparado ao de investimentos alternativos no Reino. Prática também de muitos mercadores-senhores de engenho, cuja presença na capitania era provisória. Ademais, o senhor de engenho podia viajar ao Reino e aí se demorar a trato de negócios ou por motivos particulares.

Assim fez Ambrósio Fernandes Brandão ao deixar o São Bento para exercer em Lisboa o cargo de tesoureiro geral da fazenda dos defuntos e ausentes do Estado do Brasil, residindo compridos anos na sua quinta da calçada do Combro, absorvido pelos estudos de cosmografia, antes de voltar definitivamente. Havia também aqueles que, mesmo permanecendo na Nova Lusitânia, preferiam arrendar a propriedade, por comodismo, mentalidade de rentista ou porque, dono de mais de um engenho ou engajado em outras atividades, não tivesse tempo de geri-los, a exemplo de Antônio de Sá da Maia. Quando o proprietário falecia na terra, seus herdeiros podiam residir no Reino, confiando o engenho a um rendeiro ou feitor. Foi assim que o absenteísmo senhorial criou sua coorte de homens de palha, que frequentemente aparecem à frente dos engenhos como se fossem seus donos.

Devem-se incluir os lavradores de cana num exame da composição da açucarocracia *ante bellum*? Numa fase em que ainda não se verificara a deterioração do seu status socioeconômico, então mais próximo da posição dos senhores de engenho do que ocorrerá a partir da segunda metade de Seiscentos, quando a crise do preço do açúcar impuser os reajustes que se saldaram muitas vezes em prejuízo seu, esses sócios menores do grupo senhorial exerciam um papel vital no funcionamento do sistema. O senhor de engenho não possuía frequentemente os recursos com que se desincumbir simultaneamente da atividade agrícola e da industrial. No segundo decênio do século XVII, eles deviam somar entre quinhentos e seiscentos indivíduos, quatro vezes mais numerosos do que os senhores de engenho.

A heterogeneidade do grupo era, aliás, ainda mais acusada do que a reinante entre senhores de engenho. Em 377 lavradores dos anos 1630, 71% forneciam apenas entre duas e vinte tarefas. O investimento do lavrador médio ou pequeno não ultrapassava cinco, dez ou doze escravos, dois ou três carros e três ou quatro juntas de bois, sendo bem inferior, portanto, ao do lavrador abastado, detentor de quarenta tarefas. Os 29% restantes compreendiam na sua grande maioria lavradores de 21 a quarenta tarefas, sendo raros os de mais de cinquenta. Essa diferença também pode ser surpreendida no tocante à fiscalidade. Caso se utilizem dados imediatamente posteriores à ocupação holandesa, na Várzea em 1664-6 o lavrador mais rico pagava até dezoito vezes mais imposto do que o lavrador mais pobre, e no Cabo, vinte, enquanto entre os próprios senhores de engenho a disparidade era de apenas 3,3 na Várzea e 4,5 vezes no Cabo.

Embora se possa ter os lavradores de cana na conta de um "anexo" (Stuart Schwartz) da açucarocracia, cabe matizar a noção da indiferença de status entre eles e os senhores de engenho, frisada por Charles R. Boxer e por Schwartz. É certo que os laços de parentesco e a condição de donos de escravos anulavam muitas vezes a distância social decorrente da propriedade da fábrica e, no caso dos lavradores "obrigados", da própria terra. Por outro lado, contudo, não é crível que, mesmo supondo-se uma homogeneidade original na posição social de uns e de outros, o que esteve longe de acontecer, ela tivesse resistido ao desgaste dos anos. Assim é que, na Várzea em 1665, o imposto pago pelo mais abastado senhor de engenho era 3,6 superior ao do mais rico lavrador de cana; e em 1666, essa margem chegava a 5,7. No Cabo, o senhor do engenho Jurissaca pagava de tributo 2,8 vezes mais do que o mais próspero dono de partido.

Se muitos lavradores de cana procediam das mesmas camadas sociais onde se recrutavam os senhores de engenho, os documentos inquisitoriais de 1593-5 apontam a predominância dos grupos de mais baixa renda. Tais como filhos de lavradores e de artesãos do Reino ou eles próprios oriundos de atividades artesanais e assalariadas nos engenhos como feitores, mestres de açúcar, carpinteiros, pedreiros que logravam trocar o ofício pelo partido de cana, localizado muitas vezes na propriedade em que já trabalhavam. O nível de renda dos lavradores modestos era praticamente o mesmo dos oficiais de engenho qualificados. Em 1664-6, os mestres de açúcar, os purgadores, os banqueiros dos engenhos da Várzea satisfaziam impostos do mesmo montante.

A proximidade social entre senhores de engenho e lavradores de cana deve ter ocorrido com relação aos lavradores abastados, a menos que não interviesse o parentesco. É comum encontrarem-se como lavradores os parentes do senhor de engenho. A esse estrato superior pertenciam os lavradores oriundos do comércio e da burocracia, que dão por vezes a aparência de um continuum social entre ambas as camadas. No Cabo em 1666, o tributo pago pelo senhor do único molinote existente no distrito igualava-se ao que desembolsava o lavrador abastado. A este foi possível muitas vezes ascender à condição de senhor de engenho, processo que ganhará relevo na segunda metade de Seiscentos, mas que já se pressente nos decênios iniciais. A seu alcance é que estava realizar a ambição do seu grupo, a aquisição ou fundação de engenho próprio. Inversamente, ao senhor arruinado restava a possibilidade de reciclar-se em partido de cana, como fez Francisco Berenguer de Andrada, sogro de João Fernandes Vieira.

Às vésperas da invasão holandesa, a açucarocracia da Nova Lusitânia distava de corresponder à imagem convencional legada pela historiografia local, a de uma classe estável do ponto de vista da sua composição, recrutada entre fidalgos de província e atuada por valores castiçamente agrários. Imagem projetada anacronicamente sobre nosso passado mais remoto. Bem pesadas as coisas, a infixidez e o temporário eram o que caberia esperar de uma sociedade recém-transplantada, armas e bagagens, para a terra nova, e cuja população livre caracterizava-se por surpreendente mobilidade horizontal e por notável versatilidade ocupacional. Não havia como fugir à regra, ao tom dominante da existência na América portuguesa do primeiro século de colonização. O enraizamento da açucarocracia pelos bens e pelo sangue, sua decantação em "nobreza da terra", tinha de constituir um demorado processo, tanto mais penoso quanto, apenas encetado, foi brutalmente subvertido pela guerra e pela ocupação estrangeira.

Ao passo que, no período *ante bellum*, as diferenças no recrutamento da açucarocracia e na cronologia da sua fixação na capitania não parecem ter gerado antagonismos profundos, a dominação holandesa, ao baralhar as cartas, produzirá clivagens duradouras. O primeiro estrato compôs-se dos senhores de engenho que emigraram durante a guerra de resistência, só regressando a fim de reaver seus bens a partir da insurreição de 1645 e, sobretudo, da restauração da capitania em 1654. Fernandes Gama pretendeu que eles descenderiam dos povoadores duartinos, enquanto os proprietários que tinham permanecido sob o domínio batavo seriam os colonos de origem recente, enriquecidos na terra mas destituídos, ao contrário dos outros, de sentimento local. Tal associação é improcedente. Tanto entre as antigas famílias como entre as novas, houve quem partisse e quem ficasse, quem resistisse e quem colaborasse. E a decisão num sentido ou no outro teve seguramente a ver com as circunstâncias bélicas.

A segunda camada da açucarocracia luso-brasileira do período holandês compreendia os que tinham ficado na posse dos seus engenhos, quer sua atitude fosse de colaboracionismo ou de reserva. A maioria desse grupo era efetivamente formada de proprietários recentes estabelecidos a partir de 1600, mas tampouco lhe faltaram os descendentes de povoadores quinhentistas, portadores de patronímicos ilustres. Colaboracionistas os houve desde o começo da guerra, muito antes da derrocada de 1635, especialmente em Igaraçu e Goiana, distritos inicialmente afetados pela estratégia holandesa de ataques ao interior. Houve também um partido da paz, favorável à composição e desejoso de se livrar da presença dos irmãos Albuquerque Coelho, cujos interesses patrimoniais estorvavam a cessação das hostilidades, partido que devia corresponder à facção antidonatarial atuante com o apoio dos governadores-gerais, no segundo e terceiro decênios do século XVII.

Francis A. Dutra analisou a luta, que perturbou a modorra *ante bellum*, pela defesa dos privilégios donatariais diante das tendências centralizadoras do governo-geral. As facções por ele identificadas aparentam equivaler não a clivagens socioeconômicas mas a clientelas locais, uma delas há muito implantada em Pernambuco, onde crescera à sombra da administração donatarial e da numerosa parentela dos Albuquerque Coelho; e a outra, recente mas estimulada pela presença, na capitania, dos governadores-gerais dos primeiros decênios do século XVII, no vácuo decorrente da minoridade do quarto donatário. Como seria de prever numa disputa do gênero, ela se travou em torno do preenchimento dos cargos civis e militares. Obviamente, o sistema donatarial, a despeito da redízima, inexistente nas capitanias da Coroa, oferecia mais atrativos à açucarocracia (o absenteísmo dos donatários a governarem de Lisboa através de lugares-tenentes e de uma administração escolhida no seu séquito) do que a ingerência constante do governo-geral nos negócios da terra.

Àquela altura, a açucarocracia cindira-se entre donatariais e centralistas. Utilizando o parentesco com primo homônimo, cunhado do morgado do Cabo, o governador-geral d. Luís de Souza (1617-9) atraiu o apoio da mais rica família açucarocrática, os Pais Barreto, nomeando capitão-mor de Pernambuco o próprio morgado. Esta foi, aliás, a primeira vez que os Pais Barreto assumiram atitude oposta às aspirações autonomistas; curiosamente seu comportamento será o mesmo em 1710-1 e em 1824. Demasiada coerência histórica para ser produto do acaso? Em 1602-21, a maioria do grupo senhorial não se terá alinhado com os Pais Barreto, mas com a Câmara de Olinda, com Cristóvão de Albuquerque e com a facção donatarial. Não se tratava apenas de reflexo clânico, mas também de interesse financeiro. O mesmo d. Luís de Souza procurara pôr cobro às irregularidades na exportação de açúcar privilegiado, o que lhe terá acarretado a antipatia de senhores, lavradores de cana e comerciantes, beneficiários de tais abusos, os quais, ao encerrar-se o século XVI, já dariam à Coroa um prejuízo anual da ordem de 200 mil cruzados.

No decurso do período holandês, os colaboracionistas ativos foram poucos, embora incluíssem membros de linhagens a serem futuramente canonizadas pela genealogia. A maior parte dos senhores de engenho adotou um comportamento de profilaxia religiosa e cultural, o qual, se não podia dispensar as relações comerciais, por outro lado chegou às suspeitas de conspiração contra o governo batavo (1638) e à acolhida de campanhistas luso-brasileiros. As autoridades de Salvador eram as primeiras a reconhecer a fidelidade desses colonos, ao proibirem os guerrilheiros de tocar fogo nos seus canaviais, retaliação em princípio reservada às propriedades de colaboracionistas, geralmente identificados com a condição de cristão-novo. E, com efeito, entre eles, vários foram os senhores de origem indubitavelmente marrana, embora também houvesse os outros, aqueles que, como os herdeiros de Ambrósio Fernandes Brandão, preferiram retirar-se para a Europa a permanecerem sob a suserania de heréticos. É plausível, portanto, que nesse particular tenha atuado a diferença, intrínseca à comunidade cristã-nova da península Ibérica, que a dividia entre adeptos mais ou menos firmes da crença ancestral e os assimilados, autêntica ou da boca para fora, à religião católica.

Por fim, um punhado de colonos havia se tornado senhor de engenho graças à venda, financiada pelo governo de Nassau, dos engenhos confiscados aos emigrados. Como medida de segurança, teria sido preferível reservar o favor aos nacionais dos Países Baixos. Contudo, falou mais alto a conveniência da Companhia das Índias Ocidentais, no sentido de dispor do concurso de proprietários já experientes no cultivo da cana e no fabrico do açúcar como eram os luso-brasileiros, de modo a pôr o sistema produtivo a render no mais breve prazo. Dos 44 engenhos revendidos em 1637, dezessete foram adquiridos por luso-brasileiros já estabelecidos na terra; cerca da metade por cidadãos neerlandeses, funcionários da Companhia, chefes militares e comerciantes; e seis arrematados por três ou quatro negociantes sefarditas, aportados na esteira da ocupação.

Os compradores luso-brasileiros eram todos ligados à atividade açucareira. Alguns já eram senhores de engenho na época da invasão, passando a adquirir as propriedades de vizinhos emigrados; outros eram homens de negócio; ainda outros, lavradores de cana. Posteriormente, seu número viria a aumentar, graças à inexperiência holandesa em matéria de açúcar e a uma conjuntura econômica incerta. Este foi, por exemplo, o caso de Jacob Stachouwer, que repassou os engenhos a seu feitor, Fernandes Vieira. A tanto não se opuseram as autoridades batavas, ainda uma vez conscientes da escassez de quadros gerenciais entre seus nacionais. Provavelmente, elas calcularam também que os novos senhores de engenho luso-brasileiros, temerosos do regresso dos proprietários confiscados em caso de restauração da suserania lusitana, serviriam de esteio à dominação neerlandesa no meio rural, erro de avaliação que lhes custará caro.

A revolta de 1645 e a guerra que se seguiu afetaram diferentemente os interesses e as atitudes da comunidade luso-brasileira do Brasil holandês. Antigos e novos proprietários participaram da luta. Para os senhores expropriados, o congelamento a que o tratado de trégua entre Portugal e os Países Baixos (1641) submetera a questão dos engenhos confiscados tornara a insurreição a única solução, donde o papel de vários deles na Bahia e depois em Pernambuco como oficiais do exército restaurador. Para os novos proprietários, tratava-se de impedir que o movimento fosse feito contra seus direitos, para o que contavam com o trunfo consistente em que, sem seu apoio material, a restauração tornar-se-ia inviável. No mesmo sentido, atuava seu endividamento junto à Companhia das Índias Ocidentais em consequência da aquisição e do apontamento das suas fábricas. Se a Coroa portuguesa resolvera incentivar uma insurreição em Pernambuco, parecia mais aconselhável juntar-se ao movimento do que abandoná-lo, o que propiciaria, em caso de vitória, o regresso dos proprietários exilados. Este foi provavelmente o cálculo dos senhores que, havendo como Fernandes Vieira adquirido seus engenhos à Companhia, se puseram à frente da rebelião ou a apoiaram.

Quanto aos senhores luso-brasileiros que haviam permanecido sob o domínio holandês à frente do seu patrimônio, o dilema afigurava-se igualmente arriscado. Escabreados pelo fiasco da armada restauradora do conde da Torre em 1640, eles deviam pesar detidamente os prós e os contras do projeto insurrecional, que se, por um lado, podia libertá-los das dívidas, também podia, em caso de fracasso, levá-los à forca. Mesmo descontando o exagero dos panegiristas de Fernandes Vieira acerca do seu protagonismo, a maioria dos proprietários rurais sentou-se no muro durante o inverno decisivo de 1645, só aderindo depois dos primeiros triunfos bélicos, que de qualquer maneira haviam cortado suas relações regulares com o governo e o comércio holandeses do Recife.

A oposição a Fernandes Vieira partiu desses homens.

Obrigá-lo a dividir o comando da rebelião decorrera da necessidade de aplacar o grupo ressentido com sua ascensão social durante o domínio estrangeiro. Tanto assim que as manobras que o visavam procederam, segundo Diogo Lopes de Santiago, dos mesmos "parentes da sua mulher", isto é, de membros de famílias principais, apoiados por funcionários régios procedentes da Bahia. Estes, por sua vez, estavam de concerto com os senhores emigrados, conscientes de que a anulação dos confiscos teria de passar pela destituição de Vieira. A açucarocracia *ante bellum* buscava refazer-se às custas do estrato de criação neerlandesa. Só a unificação da chefia militar na pessoa de um oficial estranho à terra, como Francisco Barreto de Menezes, permitirá conter, ao longo da guerra, a conflitividade dos interesses em causa.

Enquanto os luso-brasileiros expropriados sabiam que só a derrota final dos neerlandeses lhes oferecia a perspectiva de reaverem os bens, os novos proprietários davam-se conta de que sua participação sem reservas no esforço bélico constituía a melhor maneira de obter futuramente o reconhecimento dos seus direitos pela Coroa portuguesa. Foi assim que, por motivos opostos, ambos os grupos sustentaram a guerra da restauração, cada qual entrando na luta para impedir que o rival entrasse sozinho. Como temesse naturalmente os efeitos desestabilizadores de qualquer decisão que tomasse a respeito da sorte dos engenhos, seja no decurso do conflito, seja posteriormente, a Coroa a havia retardado tanto quanto fora possível. E quando finalmente teve de resolver-se fê-lo prudentemente, deixando a sorte de cada propriedade à negociação entre os litigantes, só na impossibilidade desta autorizando a solução judiciária. Destarte, a querela só foi solucionada vinte anos decorridos da capitulação holandesa, altura em que já era tempo de a açucarocracia cerrar fileiras de modo a se opor à influência crescente do comércio português do Recife.

A restauração pernambucana forjou-se assim sobre a coalizão necessariamente frágil da comunidade luso-brasileira. Ela também proporcionou a um grupo reduzido de oficiais a oportunidade de ascenderem à condição de proprietários rurais, mediante inclusive o casamento. O caso melhor conhecido é o de André Vidal de Negreiros. Se o domínio estrangeiro brindara Fernandes Vieira com a oportunidade de subir na vida, a guerra da restauração fez a fortuna de Vidal. A despeito de ser filho de um artilheiro radicado na Paraíba, ele já se tornara senhor de engenho na Várzea, antes mesmo do fim do conflito, legando ao falecer em 1680 nada menos que cinco fábricas, inúmeros currais de gado e datas de terra em diversos lugares. Aquém deste exemplo, reponta o desempenho menos brilhante de companheiros seus.

O período *post bellum* foi de estagnação econômica. O sistema açucareiro estava devastado, com o Rio Grande, a Paraíba, a capitania de Itamaracá e o norte de Pernambuco despovoados; os preços do açúcar em queda pronunciada; o círculo vicioso de fiscalidade escorchante e da carência de recursos com que reconstruir o sistema açucareiro destruído pela guerra; a violência e a criminalidade endêmicas, fomentadas por um exército numeroso em tempo de paz, pelo crescimento assustador dos quilombos, pelas disputas entre antigos e novos senhores de engenho; os conflitos entre o governador e a Câmara de Olinda ou entre eles e o governador-geral da Bahia; as rivalidades entre reinóis e mazombos a dividirem também os funcionários régios e o clero. Os restauradores e seus descendentes acreditavam-se com melhor direito às funções públicas do que os forasteiros que a Coroa nomeava, ao passo que as ordens religiosas não estavam imunes às quizilas oriundas do quadro sociopolítico que desembocará na guerra civil de 1710-1.

A guerra da restauração tornou-se assim a bandeira de todas as reivindicações. A distinção entre quem se batera contra o holandês e quem chegara depois para locupletar-se do esforço alheio permeia a atitude dos grupos já enraizados. Considerada mesquinha, a recompensa pela Coroa dos serviços prestados durante a guerra cristalizou os ressentimentos, no momento em que Pernambuco devia adaptar-se à sua nova condição de capitania d'El Rei. Com a aceleração, ao longo da segunda metade de Seiscentos, da imigração portuguesa, os mascates, pequenos comerciantes que se enriqueciam transformando-se em mercadores de grosso trato e credores dos pró-homens, passaram a ser vistos como os grandes intrusos. É então que "nobreza da terra" tornou-se expressão consagrada.

Não se tratava apenas do conflito clássico entre credores urbanos e devedores rurais. Também no período *ante bellum*, os senhores de engenho haviam se endividado pesadamente junto aos mercadores de Olinda, sem que se chegasse às vias de fato do conflito público. Mas enquanto o comércio da Nova Lusitânia, dominado pelos cristãos-novos, nomádicos e cosmopolitas, não se arraigara em Pernambuco, os mascates, cristãos-velhos de origem humilde, desembarcavam do fundo das suas aldeias do norte de Portugal com o ânimo de enriquecerem na terra. Embora a princípio se dedicassem apenas aos afazeres mercantis, em breve começaram a reivindicar os cargos honrosos da capitania, com as costas quentes das autoridades da Coroa.

O antagonismo entre a lavoura de exportação e o comércio português atingiu em Pernambuco uma virulência desconhecida no resto da América portuguesa. Pondo-se de lado a Guerra dos Emboabas, que não correspondeu a uma luta entre interesses agrários e mercantis, girando sobretudo em torno do acesso às áreas de mineração recém-descobertas, a regra geral na Bahia e no Rio de Janeiro da segunda metade do século XVIII consistiu na acomodação, quando não na integração, entre proprietários rurais e comerciantes reinóis, mesmo quando latejava o conflito entre o objetivo dos mercadores reinóis de se apropriarem da parte do leão do excedente da produção escravista e o esforço da grande lavoura no sentido de preservar sua fatia do bolo. O caso de Pernambuco discrepou sensivelmente do que ocorria naquelas outras áreas. Entre nós, a polarização foi a norma até meados de Setecentos. E se ao longo da prolongada estabilidade desse período logrou-se finalmente uma transação, de bom ou de mau grado, é que para a nobreza da terra, malograda a sedição de 1710, já não havia alternativa.

A singularidade do processo pernambucano pode ser apreendida mediante comparação com a sociedade baiana dessa segunda metade do século XVII, comparação abonada pela semelhança de condições ecológicas, econômicas e sociais que aparentavam o Recôncavo baiano e a Mata pernambucana. A par das convergências, o modelo baiano e o pernambucano discreparam sob importantes aspectos. O primeiro diz respeito ao grau de integração entre senhores de engenho e mercadores. Se a monopolização das oportunidades comerciais impedia a entrada de brasileiros nesse tipo de atividade, a integração podia dar-se através do casamento. Enquanto na Bahia seiscentista, consoante David Grant Smith, "uma proporção expressiva de comerciantes casou-se diretamente em famílias já estabelecidas [...] uma clara indicação de que os mercadores eram considerados aceitáveis e até desejáveis como genros da elite local", no Pernambuco coevo a nobreza da terra resistiu a aceitá-los por discriminação social e preconceito nobiliárquico, embora sem opor a mesma resistência ao matrimônio das suas filhas com funcionários e militares lusitanos.

Outra diferença significativa residia em que, enquanto na Bahia os comerciantes portugueses ingressavam nas irmandades religiosas ou na Santa Casa de Misericórdia, misturando-se aos senhores de engenho, em Pernambuco negou-se-lhes acesso às entidades congêneres, a ponto de surgirem confrarias de senhores e confrarias de mercadores. O espírito de exclusão prevaleceu até a guerra civil de 1710-1 no tocante aos postos de comando das milícias rurais e aos cargos de administração municipal, que constituíam as principais posições de poder político e de prestígio social. Por volta de 1680, os negociantes da Bahia ocupavam metade das patentes de ordenanças em Salvador e no Recôncavo. Em Pernambuco, os casos esporádicos de acesso de mascates a tais postos, malgrado só se verificarem no Recife, provocavam a indignação da nobreza da terra. Ao passo que os negociantes portugueses acediam à Câmara de Salvador, eram repelidos na de Olinda. Em síntese, enquanto na Bahia a grande lavoura adotava uma atitude flexível, que tendia a reduzir e a absorver o antagonismo subjacente, a açucarocracia pernambucana opunha-se com unhas e dentes à promoção social e política dos comerciantes reinóis.

Para compreender a acomodação na Bahia e o dissídio em Pernambuco, escasseiam séries históricas suficientemente longas acerca de duas das principais variáveis da produção escravista, a evolução do preço dos africanos e das taxas de juro no Recife e em Salvador na segunda metade do século XVII e início do XVIII. É pouco provável, aliás, que tal lacuna seja jamais colmatada. Com referência ao preço da mão de obra, apenas pode-se conjecturar que o desenvolvimento do comércio entre o Brasil e a costa da África deixou Salvador em posição privilegiada em comparação com o Recife. Por conseguinte, a açucarocracia baiana terá podido obter, em conjuntura desfavorável do preço do açúcar, um suprimento de escravos mais abundante e barato do que sua contraparte pernambucana, além de um mercado compensador para seu fumo, a qual o ressarcia das perdas causadas pelo declínio do preço do açúcar no mercado externo. Em todo caso, o cotejo entre ambos os modelos indica que uma teoria das relações entre a lavoura de exportação e o comércio no Brasil colonial deve partir do reconhecimento das diferentes situações nos principais centros de produção escravista.

3
Uma família colonial*

Aos 21 de setembro de 1593, procedente da Bahia, desembarcava no Recife, então uma póvoa que começava a crescer em torno de uma ermida do Corpo Santo e dos trapiches de açúcar, o visitador do Santo Ofício, Heitor Furtado de Mendoça, o Mendoça sem o segundo *n*, à castelhana, como fazia questão de assinar. Três dias depois, ele subia o rio Beberibe num bergantim que aportou no Varadouro, o porto de Olinda, onde o aguardavam o governador da capitania, d. Felipe de Moura, a Câmara da vila, o vigário da vara eclesiástica, o ouvidor-geral do Brasil, o sargento-mor do Estado, enfim, todas as pessoas gradas da governação da terra, sem falar na massa de curiosos e de desocupados sempre pronta a compor o pano de fundo da cenografia do poder. Com seu séquito de funcionários e criados, o visitador instalou-se numa casa alugada ou cedida por algum figurão local, a qual se situava na principal rua do burgo, a rua Nova, cujo traçado correspondia aproximadamente ao da atual rua do bispo Azeredo Coutinho, que vai do oitão da Sé, então igreja matriz do Salvador, à igreja da Misericórdia. Um mês depois, a Inquisição iniciava oficialmente seu mister,

---

* Capítulos 1 e 2 da terceira parte de *O nome e o sangue: Uma parábola genealógica no Pernambuco colonial*. 3. ed. São Paulo: Companhia das Letras, 2009.

com procissão, o visitador levado debaixo do pálio e missa solene com sermão do provincial da Ordem do Carmo, culminando no juramento da fé por parte das autoridades.

Olinda contava, segundo cômputo divulgado quatro anos antes, com uma população de setecentos vizinhos, algo em torno de 3500 moradores, descontados os escravos da Guiné e o gentio da terra. A existência do burgo era a mesma das suas contrapartes reinóis do mesmo talhe, pois se é certo que a capitania dos séculos XVII e XVIII já se gerava silenciosamente nos confins da ruralidade açucareira, haverá que esperar o choque da guerra e da ocupação holandesas para que a zona da mata passe a ocupar o primeiro plano da cena. Na vila do primeiro século, o depois chamado "alto da Sé" gozava de superioridade inconteste sobre os demais sítios urbanos, preeminência simbolizada pela maior altura relativamente às demais colinas que constituíam o burgo. Era a freguesia do Salvador do Mundo, cuja matriz se transformará na sé de Olinda quando em 1676 for criado o respectivo bispado. À moda lusitana, que ainda era a medieval, o oiteiro fora o lugar preferido pelo donatário para a fundação da urbe, mercê das vantagens militares e sanitárias. Nele se situavam o centro cívico e religioso, a "torre", isto é, a residência oficial dos donatários há muito ausentes, a igreja matriz, a Câmara, o colégio dos jesuítas cuja igreja imitava São Roque, que era o *dernier cri* em Lisboa em matéria de arquitetura sacra, a Santa Casa da Misericórdia, a principal rua, originalmente chamada dos Nobres e depois rua Nova, onde residiam as autoridades e a gente de prol, senhores de engenho e comerciantes ricos.

Do outro lado da várzea, por onde corria a rua de João Eanes (atual Prudente de Morais), levantava-se, sobre eminência modesta, a freguesia de São Frei Pedro Mártir, voltada para o sul, onde passava o rio Beberibe e localizava-se o Varadouro, porto de rio que punha a vila em comunicação com seu porto de mar, a póvoa do Recife.

O Varadouro surgiu, portanto, como o bairro comercial e portuário de Olinda, o equivalente funcional da "cidade baixa" da cultura urbana portuguesa. Ali é que se encontravam a alfândega e os armazéns e onde habitavam as camadas subalternas, pequenos comerciantes e artesãos, muitos dos quais residiam também na rua de João Eanes ou na sua esquina com a ladeira da Misericórdia, os Quatro Cantos. Aqui, também se reuniam os mercadores em "bolsa", ao ar livre, como ainda era comum até mesmo em cidades europeias, salvo as mais importantes, que já se haviam dotado das suas "lonjas", edifícios apropriados aos tratos e contratos. Posteriormente, a gente de cabedal viria espalhar-se também por São Pedro Mártir, onde os holandeses já toparão com "muitas belas casas".

"Por mar e por terra [Olinda] tem abundante comércio de todas as coisas", informava certo funcionário régio no começo do século XVII, pois "sendo Pernambuco uma escala tão grande de tantas gentes forasteiras que comem e não criam e que para o mar levam tantas quantidades, nunca falta nada do que se busca, mais ou menos caro conforme ao tempo". O porto do Recife, assinala outra fonte do período *ante bellum*, "é o mais nomeado e frequentado de navios do que todos os mais do Brasil". As lojas de Olinda estavam "colmadas de mercadorias de muito preço, como são toda a sorte de lençaria, sedas riquíssimas, panos finíssimos, brocados maravilhosos, que tudo se gasta em grande cópia na terra, com deixar grande proveito aos mercadores que as vendem". Mercancia de tal qualidade credenciava-a a ser considerada "uma Lisboa pequena". Seu raio comercial chegava ao interior graças aos mascates que, por conta própria ou associados a mercadores olindenses, saíam a vender pelos engenhos e fazendas, com lucros superiores por vezes a 100%.

A despeito dos embargos a que o comércio holandês fora submetido pelo governo de Madri, os navios dos Países Baixos e do norte da Europa, despachados pelos negociantes cristãos-novos de origem portuguesa de Amsterdam ou de Hamburgo, ultrapassariam a casa dos cem ou o dobro desse número, nos anos 1600-5. Daí o cosmopolitismo do lugar, "onde se aprende com muita facilidade toda a polícia, bom modo de falar, honrados termos de cortesia, saber bem negociar e outros atributos dessa qualidade". Concorrendo a Pernambuco "diversas condições de gente a comerciar", os colonos "tomam dos estrangeiros tudo o que acham bom", com o que os reinóis "vêm aprender a ele os bons termos com os quais se fazem diferentes na polícia que dantes lhes faltava", nota de superioridade que não deixa de surpreender na pena de um nativo de Portugal como Ambrósio Fernandes Brandão, mesmo se já integrado ao meio tropical. O mesmo autor descrevia nestes termos a estrutura social da colônia:

> este Estado do Brasil todo, em geral, se forma de cinco condições de gente, a saber, marítima, que trata das suas navegações e vem aos portos das capitanias deste Estado com suas naus e caravelas carregadas de fazendas, que trazem por seu frete, aonde descarregam e adubam suas naus e as tornam a carregar, fazendo outra vez viagem com carga de açúcares, pau do Brasil e algodões para o Reino, e de gente desta condição se acha, em qualquer tempo do ano, muita pelos portos das capitanias. A segunda condição de gente são os mercadores, que trazem do Reino suas mercadorias a vender a esta terra e comutar por açúcar, de que tiram muito proveito; e daqui nasce haver muita gente desta qualidade nela com suas lojas de mercadorias, tendo correspondência com outros mercadores do Reino, que lhas mandam [...]. A terceira condição de gente são oficiais mecânicos, de que há muitos no Brasil de todas as artes, as quais procuram exercitar, fazendo seu proveito nelas [...]. A quarta condição de gente é de homens que servem a outros por soldada que lhes dão, ocupando-se em encaixamento de açúca-

res, feitorizar canaviais e engenhos, criarem gados, com nomes de vaqueiros, servirem de carreiros e acompanhar seus amos [...]. A quinta condição é daqueles que tratam da lavoura, e estes tais se dividem ainda em duas espécies: uma, dos que são mais ricos, têm engenhos [...] e os demais têm partidos de canas; a outra, cujas forças não abrangem a tanto, se ocupam em lavrar mantimentos e legumes. E todos, assim uns como outros, fazem suas lavouras e granjearias com escravos de Guiné, que para esse efeito compram por subido preço.

Furtado de Mendoça apresentou à Câmara de Olinda a comissão do inquisidor geral do Reino, que o incumbira de "visitar", isto é, inquirir do comportamento dos colonos do Brasil em matéria de ortodoxia católica e de outras ortodoxias, inclusive a sexual, e de sentenciar os culpados em mesa, vale dizer, na companhia de outras autoridades eclesiásticas no tocante às penas leves (além das quais os réus seriam enviados a Lisboa para julgamento pelo próprio tribunal do Santo Ofício). Todos ouviram atentamente a leitura do documento e, diz a ata redigida pelo notário inquisitorial, "depois de lida, todos a beijaram e puseram na cabeça" (gesto de veneração e promessa de executar o que nela se ordenava trazido pelos árabes à península Ibérica), respondendo em uníssono estarem "aparelhados com verdadeiro ânimo para sempre dar toda ajuda e favor ao Santo Ofício e a ele, senhor visitador, e para em tudo cumprir a dita provisão como nela se contém". Entre as autoridades municipais que juraram, beijaram e puseram na cabeça o intimidante documento, numa cena que faria as delícias de um etnógrafo estudioso dos rituais do poder, achava-se Duarte de Sá Maia, o vereador mais velho. Quem era, ele mesmo esclareceu ao visitador ao comparecer meses depois para denunciar o comerciante cristão-novo João Nunes:

disse ser cristão-velho e ter raça de cristão-novo pela parte da sua mãe, não sabe de que maneira; natural de Barcelos, arcebispado de Braga, filho de Antônio Maia, cristão-velho, tabelião do público e judicial da dita vila de Barcelos, e da sua mulher, Isabel Dias de Sá, que dizem ser de nação de cristãos-novos, não sabe se em todo, se em parte, defuntos; de idade de 38 anos pouco mais ou menos, casado com Joana Tavares, cristã-velha, dos da governança desta vila, morador na sua fazenda, freguesia de Santo Amaro.

Duarte não era, portanto, um troca-tintas que pudesse correr o risco de esconder do visitador sua origem materna, com o consequente processo de perjúrio. Já lhe bastaria a posição falsa em que se encontrava ao ser pilhado, a despeito do sangue, no exercício de importante função municipal, muito embora se fechassem os olhos a esse gênero de ilícito, sobretudo quando ocorria no Brasil, onde não se podia ser muito exigente e onde a legislação da metrópole tinha de sofrer, mais ainda do que lá, as atenuações impostas pelas circunstâncias locais.

Ainda está por fazer-se o estudo da implantação dos estatutos de pureza de sangue em Portugal e colônias. Segundo C. R. Boxer, a proibição do acesso de cristãos-novos aos cargos públicos "foi rigidamente implementada desde cerca de 1633". Mas a despeito do que afirma o grande historiador, há motivos para descrer da rigidez da restrição, sobretudo no tocante aos indivíduos de sangue misto. Desde logo é evidente que, no tempo de Duarte de Sá, a prática discriminatória vigente no Reino já se estendia à colônia, ao menos no papel, pois desde 1574 havia ordem régia no sentido de que os conversos não servissem aqui "ofício algum da justiça nem da minha fazenda, nem da governança nem regimento das terras nem da ordenança". Considerado um dos "ofícios de honra", o cargo de vereador podia ser o começo de uma trajetória de nobilitação ao cabo de algumas gerações. A ascendência de Duarte de Sá era, aliás, amplamente conhecida em Pernambuco; e ao próprio visitador, estando ainda na Bahia, informara-se tratar-se de "meio cristão-novo", o que fazia da sua mãe cristã-nova inteira. Nosso personagem adotou diante de Furtado de Mendoça a postura de afirmar a condição étnica de Isabel de Sá mas aduzindo ignorar seu grau de conversa. E isso, repare-se, por duas vezes nas poucas linhas da declaração introdutória, previamente transcrita, com que os denunciantes identificavam-se perante o Santo Ofício.

Duarte de Sá era efetivamente meio cristão-novo. Sua ascendência materna pode ser reconstituída graças a uma genealogia de conversos de Barcelos (Minho), elaborada com base numa lista de judeus que ali haviam se batizado quando da célebre conversão forçada decidida por d. Manuel em 1497. Em troca do seu casamento com a primogênita dos Reis Católicos, o que eventualmente lhe poderia, ou à sua prole, abrir caminho ao cetro das Espanhas, o Venturoso consentira em expulsar do território português os sefarditas que aí haviam se refugiado depois de serem banidos do reino vizinho (1492), num total calculado entre 80 mil e 120 mil pessoas. Mas como d. Manuel não estivesse disposto a privar o país da operosidade e dos cabedais da comunidade judaica, resolveu matar dois coelhos de uma só cajadada. Garantiu o matrimônio espanhol e reteve os refugiados, dando-lhes a opção entre o exílio e o Reino, isto é, a partida para o norte da África ou a conversão ao catolicismo, e interditou que durante os vinte anos seguintes fosse investigada a vida religiosa dos que se passaram a chamar "cristãos-novos", na expectativa da sua integração paulatina no conjunto da população dos que a partir de então se intitularam orgulhosamente "cristãos-velhos".

De autêntica, a conversão não teve nada. Em Lisboa, nada menos que 20 mil pessoas teriam sido coagidas ao batismo por uma turba fanatizada. Apenas sete ou oito indivíduos lograriam seguir para a África do Norte a fim de permanecerem fiéis à religião ancestral. Somados aos judeus que já viviam anteriormente em Portugal, cujo número foi mais do que duplicado pelos desterrados da Espanha, a comunidade de origem judaica do Reino equivalia a uma décima parte dos seus habitantes, "proporção absolutamente extraordinária na história dos Estados cristãos do Ocidente", consoante I.-S. Révah.

Em Barcelos, apanágio do duque de Bragança, um punhado de famílias judias converteu-se ao catolicismo, ou por terem sido forçadas ou por preferirem a apostasia ao desterro em terras de mouros. Sem ter a importância demográfica ou econômica das grandes judiarias portuguesas de finais de Quatrocentos, como Lisboa e o Porto, a de Barcelos não era inexpressiva. Mendes dos Remédios a situou entre as de porte médio. Localizada na rua Nova da vila, ela pagava foro a um morgadio local, a casa de Aborim, que possuía também o privilégio de cobrar uma taxa de duas patacas e um carneiro por criança do sexo feminino parida por mulher da nação. O morgado mantinha o registro cuidadoso desses nascimentos e, segundo um caderno genealógico ora recolhido à Biblioteca Municipal do Porto,

> o judeu que por descuido ou malícia não se ia carregar [isto é, taxar], o senhor da casa de Aborim lhe mandava por um escrito à porta, assinado por ele, com o qual o judeu ou judia não podia sair de casa até não [sic] pagar o tributo ao dito; e pago, ele lhe tirava o escrito e ficava livre.

A certa altura, a judiaria de Barcelos entrou em acordo com o morgado pelo qual se comutou o imposto vexatório por trezentas medidas de trigo. Não tardaria, aliás, a verificar-se a revanche genealógica, ao casar um Aborim com a neta de um desses sefarditas. "Estranhando-se-lhe os parentes, se desculpou dizendo que a achara muito formosa e rica."

Aliás, os conversos de Barcelos e de outras comunidades judaicas em Portugal ou na Espanha não se contentaram em casar os filhos em famílias cristãs-velhas. Alguns os encarreiraram para o clero católico graças a depoimentos de que não eram filhos seus ou mudando-lhes o nome dos avós. Outros puseram filhas em convento, fundaram morgadios ou neles sucederam. Houve quem se tornasse abade, cônego, advogado e, para escândalo da terra, ingressasse na Misericórdia local. Certo frei João de Carvalho foi moço para o Brasil e "lá se fez frade", aparecendo depois em Lisboa como procurador da sua ordem e procriando com uma padeira. O próprio valido de d. João III, o conde da Castanheira, descenderia de um clérigo de Barcelos que tivera um filho com uma moura, não das encantadas mas das reais, o qual, por sua vez, se casaria com certa judia guapa. Gregório Marañón teria visto no episódio um excelente exemplo da dupla atração sexual que, segundo pensava, o exotismo de mouriscas e conversas exerceria sobre o cristão-velho, entediado pela sobriedade beata das mulheres da sua raça. Escusado aduzir que muitos judeus de Barcelos não tiveram o mesmo êxito, dando com os ossos nos cárceres inquisitoriais, saindo em autos de fé ou perecendo às mãos do Santo Ofício.

Entre as famílias conversas de Barcelos, achava-se a de Santo Fidalgo e da sua mulher, Ouro Inda, que, como outros casais marranos, deixaria na vila "copiosa geração e muitos andam na Misericórdia, são dos 'treze' pelos nossos pecados", na lamúria de quem compilou o citado caderno. Não é possível determinar se Santo Fidalgo era judeu português ou emigrado espanhol, embora Santo, como ensina Elias Lipiner, seja "grafia portuguesíssima de Sem Tov (= Bom Nome), apelido típico adotado pelos sefarditas supersticiosos". Enquanto na Espanha houvera conversões forçadas desde finais do século XIV, em Portugal prevalecera relativa tolerância até a decisão d'El Rei d. Manuel. Quando batizado "em pé" em 1497, Santo, que adotou o nome cristão de Diogo Pires, já era pai de ao menos dois dos seus quatro filhos, Abraão, aliás Gonçalo Dias, e Icer, aliás Gracia Dias, de oito e de dois anos e meio respectivamente, que, como o pai, tampouco precisaram ser carregados até a pia batismal. Gonçalo emigrará para a Madeira; os outros irmãos, Álvaro e Reina, permanecerão no Reino.

Mas é Icer ou Gracia que interessa, pois do seu casamento com um mercador também cristão-novo, Francisco Rodrigues, nasceu a mãe de Duarte de Sá, Isabel Dias de Sá. A partir deste ponto, a genealogia começa a complicar-se. O caderno menciona três filhos de Isabel: "Duarte de Sá, no Brasil; Melquior Maia, no Brasil; Antônio Maia". Contudo, nada diz a respeito das filhas que sabemos haver tido através dos testamentos de Duarte (1612) e do seu filho Antônio de Sá Maia (1629). Não há tampouco alusão ao casamento de Isabel com Antônio Maia, o escrivão do público e judicial de Barcelos. E o que é pior: uma Isabel Dias, provavelmente homônima, surge numa lista de cristãos-novos presos na vila em 1558 como "mulher do mundo" e, acusada de judaizar, condenada a cárcere perpétuo. Como se já não fosse suficiente, um punho indiscreto viria apostilar ao manuscrito original a informação de que a mãe de Duarte tivera também um casal de filhos ilegítimos com Manuel de Faria, senhor da casa da Barreta em Barcelos e do vínculo de Teresa Anes, chamado da Agrela, onde precisamente residiam as irmãs de Duarte. Quanto ao rapaz, o licenciado Antônio de Faria, casou na mesma família de Viana, os Velho Barreto, que forneceu outros colonos pernambucanos contemporâneos de Duarte, como o velho João Pais Barreto, e Álvaro Velho Barreto, terrível blasfemador. Parece entretanto ter ocorrido identificação por homonímia entre a concubina do senhor da Barreta e a mãe de Duarte, que eram primas.

Ao testemunhar perante o visitador, Duarte de Sá, como citado, informava ter 38 anos "pouco mais ou menos", imprecisão vulgar numa época em que o comum dos mortais ainda não computava a idade com exatidão. Ele teria nascido assim por volta de 1556. Mas ao depor em 1603 na investigação administrativa sobre o governo-geral de Diogo Botelho, Duarte atribuiu-se cinquenta anos, o que faria recuar seu nascimento para 1552 ou 1553, algo que parece bem mais provável. Infelizmente, ele não relatou acontecimentos suficientemente antigos que permitissem datar de maneira aproximada sua vinda para Pernambuco. A única informação a tal respeito é a que registrou Borges da Fonseca, com base nos papéis da família. Duarte embarcara em 1563 rumo à Índia na companhia de um tio materno, Francisco de Sá de Menezes, mas a nau em que viajavam, a *Santa Clara*, naufragara no litoral baiano, na altura da torre de Garcia d'Ávila, e Duarte sobrevivera agarrando-se a uma tábua da embarcação.

Planejando continuar viagem para o Oriente, fora dissuadido pelo governador-geral Luís de Brito e Almeida, que o levou a participar de uma campanha contra os indígenas, provavelmente de Sergipe. Duarte servira como alferes, dando boa conta de si a ponto de ser armado cavaleiro, graças à autorização especial que El Rei concedera ao governador. Em 1577 ele servia como secretário de Brito e Almeida, mas em 1580 já residia em Pernambuco, onde ocupava a função de juiz dos órfãos e escrivão da Câmara de Olinda. Em 1584, era capitão de uma companhia de ordenanças que comandaria nos quinze anos seguintes. Quando em 1598 o capitão-mor de Pernambuco partiu para a conquista do Rio Grande do Norte, Duarte, vereador mais velho, partilhou com o bispo do Brasil, d. Antônio Barreiros, a governação da capitania.

Três pontos merecem reparos nesse resumo biográfico que Borges da Fonseca traçou, fundando-se nos papéis de família que lhe havia emprestado Afonso de Albuquerque Melo, descendente de Duarte de Sá. O primeiro diz respeito à sua ascendência e naturalidade. Ao passo que se silencia o nome da avó materna, Gracia Dias, fantasia-se o marido, o mercador converso Francisco Rodrigues, em João Rodrigues de Sá, fidalgo de cota de armas. Ademais, Duarte é dado como natural de Ponte de Lima, quando, como se verá, seus netos sabiam muito bem que ele era de Barcelos. Já Rodolfo Garcia farejou a manipulação genealógica de entroncar Duarte numa das primeiras famílias da alta aristocracia portuguesa, os Sá de Menezes. De que houve manipulação não resta a menor dúvida, embora não se tratasse apenas de afagar a vaidade nobiliárquica de uma rica família brasileira, mas também de destruir os indícios da origem cristã-nova de Duarte de Sá.

O segundo ponto relaciona-se ao naufrágio, a cujo respeito Rodolfo Garcia manifestou ceticismo, lembrando que em 1563 Duarte teria apenas sete anos. Temos aqui um falso problema, pois o desastre não ocorreu em 1563, como pensou o historiador, fiado em Borges da Fonseca, mas em 1573, quando Duarte estaria entre os dezessete e os vinte anos. Existem três relatos do episódio, dois coevos, o terceiro tardio. Nenhum refere nominalmente os náufragos. Contudo, a *Memória das pessoas que passaram à Índia* inclui os passageiros de condição, mas, ao ocupar-se das embarcações saídas de Lisboa em 1573, que foram quatro, menciona a *Santa Clara* e nem alude a Duarte, que obviamente não era indivíduo importante, nem tampouco a seu suposto tio, Francisco de Sá e Menezes, apenas a d. Tomé de Menezes, fidalgo cavaleiro. Por conter descrição mais rica, é preferível a história do colégio jesuíta de Salvador.

> No mês de julho deste ano [1673], perdeu-se uma nau grande da Índia, cheia de muita riqueza, doze léguas desta cidade [de Salvador] e três de aldeia de Santo Antônio. Aconteceu não estar ali o padre Gaspar Lourenço, que residia naquela aldeia, mas recebendo o recado na aldeia de São João, onde estava com o padre reitor,

foi logo com o irmão Estêvão Fernandes remediar a tão grande necessidade [...]. Chegaram à praia onde a nau estava, uma hora antes do amanhecer. Era de cortar o coração ver como se achava aquela gente. Uns com as pernas quebradas; outros despedaçados com os pregos e as tábuas da nau; os demais mortos já e afogados à beira-mar, porque de quatrocentas pessoas somente 150 escapariam, pouco mais ou menos. Estes ficaram tão magros e mirrados com o medo da morte que não pareciam homens, todos desnudos e mortos de frio por ser tempo de inverno. Procuraram consolar a todos no Senhor, enterrando os mortos e enviando os feridos em redes ao hospital da cidade. Outros foram levados para a aldeia, onde nossos índios os trataram com muita humanidade, lavando-lhes os pés e partilhando com eles sua pobreza. Todos davam graças a Deus por haver-lhes ocorrido aquele desastre em parte onde acharam padres da Companhia, porque se não fosse pela sua ajuda muitos mais teriam perecido. Chegando os feridos ao hospital, os nossos foram logo confessá-los e curá-los e pediram-se muitas esmolas pela cidade para vestir e dar remédio aos necessitados. Houve grandes restituições de algumas coisas que se haviam tomado do naufrágio.

O terceiro ponto tem a ver com a época do estabelecimento de Duarte de Sá em Pernambuco. Segundo Borges da Fonseca, uma certidão de 1577 indicava que ele servia então como secretário do governador-geral na Bahia. Trata-se de um equívoco de leitura paleográfica ou de outra natureza; ou, alternativamente, de um atestado muito posterior aos fatos. A fixação de Duarte na capitania deve ser anterior de alguns anos, e por uma razão bem simples. Tendo se casado nela com a filha de um velho colono duartino, já por volta de 1590 sua filha esposava o morgado João de Albuquerque. Quando Cristóvão Pais d'Altro, senhor de engenho na várzea do Capibaribe, denunciou o comerciante João Nunes ao visitador em novembro de 1591, ainda na Bahia, declarou havê-lo visto "numa boda da filha de Duarte de Sá haverá dois anos pouco mais ou menos". A afirmação pressupõe um prazo mínimo de cerca de quinze anos, quando a idade média da nupcialidade feminina era então superior, como indica a documentação inquisitorial.

Concluindo: não há por que impugnar a presença de Duarte de Sá na *Santa Clara*. Pode-se também aceitar a ideia de uma estadia baiana a serviço do governador entre 1573 e 1574, ano da campanha contra os índios do rio Real. Sua vinda para Pernambuco deve ter ocorrido ou em 1573, quando Brito e Almeida enviou à capitania o dr. Fernão da Silva, ouvidor-geral e provedor-mor da fazenda, com a missão de atacar as tribos da Paraíba, ou em 1574, ao aprestar-se a expedição de doze navios para a conquista da região, a qual resultou em fiasco, uma vez que, batida de ventos contrários, ela teve de regressar a Salvador, não sem que um dos barcos conseguisse alcançar Pernambuco. A folha de serviços de Duarte, resumida no processo de habilitação de um neto seu à Ordem de Cristo, menciona que ele servira em armadas e até mesmo de capitão de uma galé; e os apontamentos genealógicos de um descendente adiantam que ele teria ficado em Olinda por ocasião de uma dessas viagens.

Quando em 1593 o visitador chegou a Pernambuco, Duarte de Sá já era, como se viu, senhor de engenho e vereador da Câmara de Olinda, o que significa que, em pouco menos de vinte anos, se alçara de rapaz sem eira nem beira a caminho da Índia à posição de homem principal da terra. A açucarocracia do período *ante bellum* não se compunha majoritariamente, como faz ver uma *image d'Épinal* há muito cultivada, de fidalgotes de origem rural ou de lavradores com o gosto da terra e de pô--la a render, mas de indivíduos procedentes de camadas urbanas, funcionários da Coroa ou cristãos-novos, sem experiência das fainas agrícolas. Quanto à expressão "homem principal", herdada do Reino, ela teve duplo sentido na sociedade brasileira de Quinhentos e Seiscentos, significando, em primeiro lugar, o colono abastado, que, independentemente e até a despeito da sua origem, havia obtido uma posição de poder e prestígio. Em segundo lugar, "homem principal" denotava os filhos e netos desses colonos, isto é, os membros das "famílias principais" que, a partir da segunda metade do século XVII, reivindicarão o status de "nobreza da terra". Consoante um estudioso do assunto, havia assim, ao lado de uma "principalidade individual", uma "principalidade familiar".

De escrivão da Câmara, ofício que aprendera seguramente com o pai tabelião, Duarte ascendera ao círculo dos "homens principais" que governavam a vila e a capitania, exercendo a vereação por diversas vezes. Sua proeminência local é inegável, como indicam o governo interino em duunvirato com o bispo da Bahia e o papel que desempenhou na rixa entre o capitão-mor Manuel Mascarenhas Homem e alguns dos pró-homens (1602), ocasião em que Duarte foi deputado para, em nome da Câmara e do povo, apelar ao governador-geral Diogo Botelho para que continuasse em Pernambuco até a chegada do novo capitão-mor. Já foi mencionado também que Duarte casara-se com Joana Tavares, filha de João Pires, o Camboeiro, e de Felipa Tavares, conversa por parte da sua mãe, que fora meia ou inteira cristã-nova, fato que Duarte desconhecia ou que escamoteou no seu depoimento ao visitador. Malgrado Borges da Fonseca apresentar João Pires como descendente de "nobre família", este ao testemunhar perante o Santo Ofício identificou-se como cristão-velho, natural de Salavisa (diocese de Coimbra), de 75 anos, sem aludir a qualquer origem enaltecedora.

Borges da Fonseca considerava Camboeiro um patronímico, rejeitando como estulta a versão corrente na terra de que se tratava de apelido advindo da exploração das camboas entre Olinda e o Recife. Ao alcunhar João Pires de o Camboeiro, as fontes inquisitoriais demonstram que muitas vezes a tradição é que está certa. Ele fora efetivamente, não como se alvitrou, o sesmeiro da área palustre de mangues e de camboas preguiçosas do delta do Capibaribe-Beberibe, mas apenas seu arrendatário, que ali se dedicou à exploração da lenha, do sal e dos crustáceos para o consumo de Olinda, arrendamento que constituía uma das principais receitas do município. Seja como for, João Pires enriqueceu, que era o importante para ele, fundando o engenho dos Guararapes, onde, ao tempo da visitação, vivia em companhia da mulher, Felipa Tavares.

A cada geração, constata-se o progresso social dos colonos do Pernambuco quinhentista. A sogra de João Pires casara ao menos duas das filhas com colonos abonados. Por sua vez, João Pires casará as meninas melhor do que havia feito a sogra: Joana, já sabe o leitor, com Duarte de Sá; e Isabel, com um filho legítimo de Jerônimo de Albuquerque. O Camboeiro entroncou assim sua descendência na linhagem mais importante da capitania e ramo colateral da família donatarial que, na ausência desta no Reino, controlava a governação da terra através dos parentes e aderentes. À chegada do visitador, João Pires era um patriarca realizado. Dois dos seus genros ocupavam outros tantos lugares na Câmara de Olinda. Tudo estava em boas mãos, entenda-se, nas mãos de gente sua. Pernambuco era uma república de cunhados antes de ser, tempo afora, uma república de primos e uma república de parentes.

Muitos dos rebentos desses matrimônios mistos ingressaram na carreira eclesiástica, como ocorreu ao filho do Camboeiro, Simão Pires Tavares, que surge nos documentos inquisitoriais como indivíduo um tanto ou quanto desajustado. Um leitor de Marcel Bataillon ou de Américo Castro diria que, sob o verniz do converso, estalava a inquietação religiosa do sefardita. O mesmo Simão confessou sua crise. Não se tratava apenas da propensão à blasfêmia, renegando a fé católica, dando-se aos diabos e jurando "pelos tutanos e tripas de Cristo". Casos assim eram corriqueiros. O problema era mais profundo, uma vez que ele duvidava da eficácia das indulgências e missas pelas almas dos defuntos, acreditando também na revelação por meio dos sonhos. Sua insatisfação ia além, pois sua mãe queixava-se de desregramentos como a inclinação à jogatina e o sadismo com os escravos. Felizmente para a família, tudo ficou entre as quatro paredes do despacho do visitador, que, com a junta de sacerdotes que o assessorava, concluiu pela inexistência de pertinácia nas dúvidas de Simão, não tendo incorrido, portanto, em heresia formal. O castigo do cunhado de Duarte de Sá ficou, como o de muitos outros, numa repreensão gravíssima e na abjuração *de levi*, com imposição de penitências espirituais e a obrigação de desdizer-se das suas afirmações levianas, quando se apresentasse casualmente a oportunidade. Reconciliado com a Santa Madre Igreja, Simão conseguiu safar-se, reaparecendo dez anos depois na pele de religioso secular.

Nesses anos de finais de Quinhentos, a primeira autoridade eclesiástica da capitania, o licenciado Diogo do Couto, vigário da vara, era tido por cristão-novo. Ao visitador, ele disse desconhecer se o pai fora ou não converso, embora a mãe cristã-velha desmentisse formalmente a origem sefardita do marido. Diogo incompatibilizara-se com meia vila, ao querelar-se com os frades do Carmo; com a poderosa confraria do Santíssimo Sacramento (na qual, aliás, dava as cartas um marrano notório, o mercador João Nunes); com quase todo o clero secular, cujos costumes verberara em sermão, mandando prender um dos padres; e com o inquisidor do juízo eclesiástico, que suspendera de funções. Como tivesse cometido certo deslize teológico numa das suas homilias, foi processado pelo Santo Ofício, a quem confessou os pecadilhos: a quiromancia, as leituras proibidas como a da *Ropica Pnefma*, de João de Barros, a autorização a terceiros para fazerem o mesmo. Furtado de Mendoça já viera prevenido contra ele em decorrência das alegações de que, devidamente subornado, fazia vistas grossas às práticas judaizantes e de que atuara de maneira suspeita na investigação do caso João Nunes. Afastado da função, eis que Diogo reaparecerá nos primeiros anos do século XVII como pároco da matriz do Salvador, para indignação do governador-geral d. Diogo de Menezes, que denunciou o desrespeito às provisões régias que consistia em manter-se um cristão-novo, que "foi já doido", à frente da "igreja maior de um povo tão honrado como este".

Decorridos trinta anos do Concílio de Trento, o nível do clero secular no Brasil não mudara para melhor se comparado ao da época em que Antônio de Gouveia, "o padre de ouro", escandalizara a capitania com seus desmanchos, sua fama de alquimista e sua intimidade com o segundo donatário. Afinal de contas, como escrevia um antecessor de Diogo do Couto, o padre Manuel Fernandes Cortiçado, a quem também se acusava de converso e de receber peitas dos cristãos-novos, o Brasil "é terra nova", não carecendo, portanto, de "homens que saibam muito", isto é, de sacerdotes versados na sagrada doutrina. Na documentação inquisitorial, surgem párocos e capelães de engenho arguidos de amancebamento, inclusive com escravas; de não se darem ao respeito a ponto de se verem descompostos nas ruas por mulheres públicas; de jogarem as távolas nas varandas das casas-grandes; de proferirem blasfêmias ainda piores do que as de Álvaro Velho Barreto; de ignorarem teologia; de se reunirem em comes e bebes em que, embriagados, ofendiam o próprio Jesus Cristo com palavras de baixo calão; de darem traques diante das imagens; de quebrarem o jejum antes da missa. O clero secular compunha-se maciçamente de reinóis, tendência que só se inverterá em Pernambuco no derradeiro quartel de Seiscentos, com a criação do bispado de Olinda; e de reinóis de origem modesta: filhos de lavradores, de mercadores, de artesãos. Daí que preferissem a capelania dos engenhos, onde ganhavam o duplo do que venciam os párocos ou mesmo maiores dignidades eclesiásticas, tendo ademais casa, comida e roupa lavada, para não mencionar o que lhes rendia o "pé do altar".

Bem mais elevado era o nível do clero regular e dos jesuítas, donde a consideração de que desfrutavam. O primeiro grupo de franciscanos a instalar-se em Olinda (1585) fora capitaneado por frei Melquior de Santa Catarina, da casa de Bertiandos (Minho), "tão nobremente fidalga", asseverava um cronista da Ordem, "que se prezam de descender dela os maiores títulos da nobreza de Portugal". Do prestígio das ordens religiosas testemunha a tendência da gente principal da terra de encarreirar os filhos nas que existiam na capitania, objetivo a que não estivera alheia a acolhida que dispensaram à implantação das "religiões". Narra Jaboatão que, tão logo se abriu o convento franciscano, se apresentaram candidatos ao hábito, "muitos, filhos dos moradores da vila e de algumas pessoas de maior distinção", criando a necessidade de edificar, no recinto da cerca conventual, uma casa de noviços. O clero regular era visto como portador de uma forma superior de espiritualidade que corresponderia, na esfera do sagrado, à ascendência social das famílias principais. O que parece excepcional no caso da acolhida de Simão Pires Tavares, filho de um colono rico, pelo clero secular, talvez se explique pela maior tolerância dos bispos no recrutamento de candidatos de sangue converso.

Não obsta a que, resíduo do Humanismo e da Reforma, ou derivação, ainda menos recente, da cultura popular de fundo rural, o anticlericalismo se manifestasse ao longo do primeiro século de vida colonial com um vigor que o patrulhamento eclesiástico não abafava. Nas fontes inquisitoriais, depara-se com cristãos-velhos a afirmarem que "por frades e clérigos se havia de perder o mundo", ou que os sacerdotes seriam, com os asnos e as cabras, "as maiores alimárias do mundo", "o clérigo porque deixa as coisas boas e toma as más, o asno porque deixa o capim e come o cardo, e a cabra porque deixa a terra e sobe a penha". O anticlericalismo não esgotava, porém, a gama de opiniões heréticas exprimidas na terra. Simão Pires Tavares não era o único a descrer da eficácia das indulgências e a suspeitar de que serviam ao único fim de arrecadar para a Igreja o dinheiro dos fiéis.

Havia também quem declarasse que a hóstia consagrada não passava de "uma pequena de farinha de Portugal", isto é, de farinha de trigo, ou de "um pedaço de tapioca"; que "Deus Nosso Senhor não estava no Santíssimo Sacramento"; que não se devia adorar os santos e as imagens mas somente a Deus; e até que "não havia outra vida senão a deste mundo". Frequentemente, a descrença assumia a forma oblíqua de afirmação de apego ao mundo, vazada em proposição de tipo proverbial que apontava uma origem popular, ou, pelo menos, sua generalização nesse meio. "Neste mundo me vejam a mim bem viver, que no outro não me hão-de ver padecer" soa inegavelmente a refrão, como também a variante: "neste mundo a vissem andar, que no outro não a haviam de ver penar". Outro exemplo desse adagiário para hereges dá-nos o cirurgião da Misericórdia de Olinda, que, na casa do sogro, jantando regaladamente uma galinha cozida com uvas, exclamava para os convivas: "comamos nós e bebamos e levemos boa vida, que neste mundo não temos mais que nascer e morrer e não sabemos quando hemos de morrer", provérbio não somente ímpio mas reputado de coloração judaizante.

Duarte de Sá acumulou uma bela fortuna fundiária que, a despeito dos trancos e barrancos, sobretudo os trancos e barrancos da ocupação holandesa, sobreviveu até finais do século XIX, quando descendentes seus em linha direta ainda possuíam o engenho Santo André, em Muribeca. Duarte, que no fim da vida o encapelou, já o senhoreava em 1593, ou porque o tivesse adquirido ou recebido do sogro, que o comprara a Brites Mendes de Vasconcelos, viúva do fundador, o velho Arnal de Holanda. No início de Seiscentos, Duarte era proprietário de outros dois engenhos na mesma freguesia, o São José ou Novo, também alienado por Brites Mendes, e o Guararapes, que pertencera a João Pires, o Camboeiro, havido talvez dos filhos deste, destituídos do gosto ou de capacidade financeira para geri-lo. Duarte construiu também uma quarta fábrica de açúcar em Sirinhaém, em sesmaria pertencente ao filho, Antônio de Sá Maia. Ademais, as terras do Santo André foram arredondadas mediante a aquisição de duzentas braças do engenho de Simão Falcão, que lhe vendera igualmente meia légua "do mar para o sertão da testada dos Guararapes", isto é, a atual praia da Piedade. Por fim, Duarte era dono de um imóvel na rua Nova, em Olinda, como tantos outros senhores do seu tempo, os quais, oriundos de vilas e cidades do norte de Portugal, ainda não tinham se desvencilhado inteiramente dos hábitos urbanos, vivendo entre o campo e o burgo.

A política matrimonial de Duarte de Sá foi igualmente bem-sucedida, selando a integração definitiva da sua descendência no estrato dominante da sociedade colonial. O casamento era o instrumento privilegiado das estratégias patrimoniais e de poder dos chefes de família; e as alianças ao arrepio das normas representavam algo tão insólito que, ainda em meados do século XVIII, Borges da Fonseca não esqueceria de registrar os casos excepcionais em que fulano e beltrana haviam se casado "por gosto" ou "por amores". Duarte consorciou seus rebentos bem melhor do que ele próprio o fizera. Se sua mulher tivera um pai de origem modesta e de mãe conversa enriquecidos na terra, seus filhos ingressaram na linhagem que, a essa altura, fazia as vezes de primeira família da capitania, a prole de Jerônimo de Albuquerque e do seu matrimônio outonal com Felipa de Melo. Já se mencionou que Felipa de Sá casou-se aí por volta de 1589 ou 1590 com o primogênito de Jerônimo, João de Albuquerque, herdeiro de morgadio que soçobrou prematuramente na esteira de uma disputa sucessória que estalara ainda em vida do povoador e de que se recolhem os indícios no seu testamento de 1584, em que anulou o documento anterior.

Naquele, "por respeito dos muitos filhos que depois de ter feito este morgadio houve", Jerônimo de Albuquerque desmembrou do vínculo os terrenos que possuía no Varadouro e na rua Nova de Olinda como também as sesmarias da várzea do Capibaribe e de Sirinhaém, que recebera do cunhado e dos sobrinhos donatários, bens que deviam agora ser partilhados entre todos os filhos, fossem legítimos ou naturais. Quanto ao essencial do morgadio, o engenho de Nossa Senhora da Ajuda em Beberibe, Jerônimo deixava à justiça a decisão sobre se os rebentos legitimados teriam também direito a suceder, em igualdade de condições com os irmãos legítimos. Desconhece-se a solução que finalmente veio a prevalecer, mas sabe-se que ao menos estes últimos herdaram parcelas do engenho, cabendo aos meios-irmãos as datas de terra do Capibaribe e de Sirinhaém. O morgadio fora assim substancialmente reduzido, de modo que ironicamente o casamento com a filha de Duarte de Sá resultou providencial para João de Albuquerque.

Com uma ou outra exceção, a prole de Jerônimo de Albuquerque achou-se na penúria ou viveu modestamente. Situação que o pai previra ao recomendar ao morgado e aos sobrinhos donatários que a favorecesse "em tudo aquilo que puder e for possível". Ignora-se como se comportou João de Albuquerque em vista da mutilação do vínculo, tanto mais que o pai lhe ordenara arcar com as despesas para completar os dotes das irmãs legítimas que casassem e para doações às que ficassem solteiras. Quanto a Jorge e Duarte de Albuquerque Coelho, terceiro e quarto donatários, não caiu em ouvidos surdos o apelo do tio, que aliás tomara a iniciativa, ainda em vida da irmã donatária, de obter outras datas de terra para os filhos. Isabel, por exemplo, que, como sua irmã Cosma, ficou solteirona, entrando ambas para o Recolhimento da Conceição, ganhou de d. Brites de Albuquerque uma légua de terra em quadra no extremo de Jaboatão, metade da qual vendeu aos frades de São Bento, que viriam a herdar todos os seus bens em troca de capela onde se enterrar na igreja do mosteiro e de uma renda vitalícia em dinheiro ou víveres. Às mãos dos beneditinos de Olinda iria parar também o quinhão que Isabel herdara de Cosma. Por outro lado, Matias de Albuquerque, como lugar-tenente do irmão donatário, socorreu Isabel com uma sesmaria na Mirueira, atendendo a que "ficou muito pobre para se sustentar conforme seu estado e qualidade". Os donatários não discriminaram, aliás, os primos bastardos. Pelo menos um deles recebeu duas léguas no Goitá, outra légua em Tapacurá, ainda outra "em um lugar limite que chamam Tabocas" e "uns chãos devolutos" na vila.

O ramo feminino da descendência de Duarte de Sá extinguiu-se ao cabo de três gerações, já na segunda metade do século XVII. O morgado João de Albuquerque teve apenas uma filha, Maria, a quem casaram com um parente, Francisco de Moura, filho de Alexandre de Moura, governador de Pernambuco (1603-15). As filhas do casal tornaram-se clarissas em Lisboa; e os rapazes seguiram a carreira militar com sua costumeira consequência, o celibato. Um deles pereceria com o pai no naufrágio da armada de Manuel de Menezes (1627) no litoral da Galiza; outro, no desastre da nau capitânia de Tristão de Mendonça Furtado (1644) ao largo da praia das Maçãs (Cascais). O último, Alexandre de Moura como o avô, escapou ao fado trágico marítimo dos irmãos, militando na guerra contra a Espanha no Alentejo e contra os holandeses em Pernambuco, chegando a governador da Madeira.

O destino dos Moura teve muito de atípico em termos de uma família colonial do século XVII. O primeiro a fixar-se na capitania, Felipe de Moura, sobrinho de d. Brites de Albuquerque, casara com uma filha de Felipe Cavalcanti, sendo lugar-tenente da terra ao aportar o visitador em 1593. Graças a conexões no Reino, onde o tio, d. Cristóvão de Moura, artífice da união com a Espanha, fora vice-rei, e seu filho, d. Manuel de Moura, personalidade influente na corte de Madri, a descendência de Felipe de Moura adquiriu o brilho cosmopolita conferido pela carreira militar na Europa e ultramar. Um dos seus filhos serviu em Flandres, na Índia e na Bahia; outro governou Cabo Verde; um terceiro passou ao Oriente, onde acabou seus dias; dois mais jovens entraram em religião. Somente as filhas permaneceram em Pernambuco; delas, não dos irmãos, é que procediam os ramos pernambucanos da família. Os Moura tiveram assim carreira bem mais atraente do que a de plantar cana, fazer açúcar e gritar com os pretos, mas que, como alternativa à colocação dos rapazes, desaparecerá a partir da segunda metade de Seiscentos, com o fim da guerra de independência portuguesa (1640-68) e a contração das oportunidades oferecidas pela Coroa na Ásia e África. Malgrado a guerra de sucessão da Espanha no início do século XVIII, a atividade das armas encolheu e a rotina da capitania foi raramente quebrada pela aventura de uma expedição em defesa da colônia do Sacramento. Quem tivesse ambição, que fosse estudar em Coimbra para alcançar um posto na burocracia ou na magistratura.

O filho de Duarte de Sá, Antônio de Sá Maia, também se consorciou, e por duas vezes, com rebentos do casamento de Jerônimo de Albuquerque e Felipa de Melo: primeiro, com uma filha; falecida esta, com uma neta. A despeito do sangue cristão-novo, Duarte tinha cacife para recusar a prole mameluca do patriarca e exigir que o genro e a nora fossem castiçamente lusitanos. Seguramente não tencionava libertar sua descendência da pecha de conversa para que ficasse estigmatizada como procedente de "negras da terra", as índias e mamelucas que Jerônimo emprenhara. Do primeiro casamento de Antônio de Sá, que foi com Maria de Albuquerque, nasceram ou abortaram nada menos que onze filhos, sobrevivendo apenas uma filha, Lourença, a qual, numa ausência do pai, se casou "com escândalo meu e da minha mulher e mãe e família", como confessa Antônio no testamento em que a deserdou. É possível que o genro fosse vilão, ao contrário do que afirmará Borges da Fonseca, tendo algum defeito mecânico, pai ou avô que ganhara a vida com as próprias mãos e não, como convinha, com as dos outros. Ou, mais provavelmente, que tivesse costado cristão-novo que embaraçasse o sogro, ansioso de livrar-se da fama.

Para satisfação da família, Lourença não teve filhos, de modo que a descendência de Antônio de Sá originou-se exclusivamente do seu segundo casamento, bem mais prolífico que o primeiro, com Catarina de Melo e Albuquerque, sobrinha da sua anterior esposa e filha de Cristóvão de Albuquerque, único dos filhos legítimos de Jerônimo de Albuquerque que teve "sucessão continuada até o presente e com a distinção própria da sua origem", nas palavras de Borges da Fonseca. Cristóvão, que foi alcaide-mor de Olinda e capitão-mor da Paraíba, casara-se com uma filha de Simão Falcão, cristão-velho, que nos fins do século XVI transitara da provedoria da fazenda real em Pernambuco para a propriedade de um engenho de açúcar, adquirido talvez graças ao exercício da função pública, sabido que esta, sobretudo quando financeira, prestava-se ao enriquecimento ilícito. Ou comprado, quem sabe honestamente, mediante os empréstimos a juros escorchantes de algum mercador do gênero implacável de João Nunes, pois, ao tempo do visitador, Simão era reputado como alguém que devia a Deus e ao mundo. Ao mundo, num montante de 12 mil cruzados, soma pingue equivalente ao preço de um bom engenho; e a Deus, certa declaração herética pronunciada num rega-bofe de senhores rurais. Na ansiedade de pôr o engenho a render, Simão criticara abertamente o número excessivo de dias santos concedidos pelo bispo do Brasil, uma vez que eles "davam opressão e perda" aos produtores, "pois não se faziam tantos açúcares e os negros, não trabalhando, faziam desaguisados" por ocasião das suas danças e batuques.

Antônio de Sá aumentou substancialmente a fortuna herdada do pai, tanto assim que seus haveres serão estimados em 150 mil, 200 mil e mesmo 250 mil cruzados. Dada a propensão do gênero humano para sobreavaliar os bens alheios e subavaliar os próprios, retenha-se o cálculo mais baixo, o que significa que os cabedais de Antônio eram quase duas vezes superiores à receita anual dos dízimos da Coroa em Pernambuco, Itamaracá e Paraíba, que girava então em torno de 80 mil cruzados. Quando da partilha dos bens de Duarte de Sá, Felipa ficara com o engenho Guararapes, mas as coisas não foram bem para ela e o marido, pois no seu testamento Duarte declarava em nada mais poder ajudar o casal além da pensão anual de 200 mil-réis que lhe destinava. A Antônio, couberam o engenho de Santo André, que Duarte e a mulher encapelaram para que nele se rezasse diariamente até o fim dos tempos uma missa por eles; o engenho São José ou Novo; e o que Duarte levantara em Sirinhaém. O Santo André e o São José eram duas excelentes fábricas de capacidade média, o primeiro movido a água, o segundo a bois. Nos anos 1620, a produção de açúcar macho (branco + mascavado) do Santo André achava-se em torno das 5 mil arrobas, e a do São José, das 5,5 mil arrobas, patamar em que ainda se situavam ao tempo da ocupação holandesa. O Santo André pagava 3% e o São José, 4,5% da pensão dos engenhos devida ao donatário e cobrada antes mesmo de haver o açúcar sido dizimado. Quanto ao engenho de Sirinhaém, Antônio já o vendera àquela altura.

A sucessão de Duarte de Sá foi conflitiva, pois a filha, cujo matrimônio com o morgado não fora feliz patrimonialmente falando, considerou-se prejudicada pela cláusula testamentária que encapelara o Santo André. Mas a viúva de Duarte logrou conciliá-los mediante a renúncia a seu próprio quinhão da herança, para "ver quietos os ditos seus filhos e não haver entre irmãos ódios nem malquerenças sobre fazenda". Nos termos do acordo, Antônio de Sá incumbiu-se de saldar as dívidas paternas e de cuidar da mãe, que ficava com o usufruto da residência de Olinda e a quem ele pagaria a pensão anual de trezentas arrobas de açúcar branco. Por fim, reservaram-se 10 mil cruzados para o dote de Lourença, quantia que reverteu a Antônio ao casar-se a moça contra a vontade da família. A composição foi sólida, não deixando sequela nas relações entre os dois ramos, como indica a doação que, muitos anos depois, o herdeiro celibatário de Felipa, Alexandre de Moura, fará do engenho Guararapes a seu primo, José de Sá e Albuquerque, filho do segundo casamento de Antônio.

Graças a seus casamentos com a filha e com a neta de Jerônimo de Albuquerque, Antônio de Sá tornou-se proprietário de terras em Beberibe e Paratibe. "Minha propriedade de Beberibe", como ele a menciona no testamento, compunha-se de uma parcela do engenho Velho, que Jerônimo levantara em meados de Quinhentos mas que em começos do século XVII já estava de fogo morto. Essa terra, Antônio a arrendou mediante a aquisição das que pertenciam a outros herdeiros de Jerônimo, inclusive d. Luísa de Albuquerque, a terceira das filhas do patriarca enclausurada no Recolhimento da Conceição, mas que, ao contrário das irmãs, não deixara os bens para os frades de São Bento. Nessas terras do antigo engenho, Antônio explorava olarias e fornos de cal, donde a designação por que ficou conhecido o local, exploração que, segundo confessará sua viúva, rendia tanto ou mais que um engenho. Rentabilidade compreensível tendo em conta o crescimento de Olinda e a frequência com que se caiavam as casas, prática higiênica e estética que, de tão rotineira e leve, continuava a ser no Brasil, como em Portugal, uma tarefa eminentemente feminina. Antônio possuía também fazendas de criação. No norte das Alagoas, adquirira uma légua de terra em quadra. Do governador Matias de Albuquerque, seu contraparente e compadre, pois levara seu filho José à pia batismal, obtivera duas datas de terra, somando quatro léguas, a primeira entre os rios Sirinhaém e Camaragibe, e a segunda na ribeira do Tracunhaém, onde já possuía outras tantas léguas em que criava o gado do serviço dos seus engenhos.

Outro importante quinhão dos bens de Antônio de Sá achava-se sob a forma de objetos de ouro e prata, alfaias como bacias de lavar as mãos, jarros de prata e demais utensílios de uso doméstico. Em 1629, vários deles estavam empenhados, donde a recomendação de serem resgatados em caso do seu falecimento; as pessoas a quem se encontravam penhorados iam desde o cunhado até o taverneiro e o torneiro. As fontes coevas aludem à inclinação da gente endinheirada da terra pelos objetos de prata na decoração doméstica, especialmente baixelas, inclinação explicada em termos de consumo conspícuo, pois "por mui pobre e miserável se tinha o que não tinha serviço de prata", preferência ainda viva em começos do século XIX. Na existência cotidiana, eles serviam também à tesaurização cômoda, sendo facilmente liquidáveis ou penhoráveis em alguma urgência. Era assim que em 1647 o marquês de Niza, embaixador de Portugal em Paris, ao queixar-se da situação em que o deixara a Coroa devido ao atraso dos seus vencimentos, observava que, em último caso, poderia "vender a prata, com o que pagarei o que devo, sabendo em Lisboa comer na nossa louça branca".

Que um proprietário com a fortuna de Antônio de Sá recorresse ao "prego" não significa, portanto, como ocorreria em tempos mais recentes, que ele se encontrasse em posição embaraçosa. Apenas que, nas condições coloniais de monetarização escassa, os objetos de prata ofereciam uma maneira rápida de obter liquidez para despesas inadiáveis, o equivalente da caderneta de poupança que se mobiliza atualmente em caso de necessidade. Essa forma de entesouramento era, aliás, estimulada pela integração de Pernambuco nos circuitos da prata do Atlântico meridional controlados pelos *peruleros*, que aqui deixavam os *reales de a ocho* em troca de açúcar; e pela presença constante de ourives, designação também usada no sentido estrito de prateiros.

Por fim, a Antônio de Sá pertenciam bens de raiz em Olinda, onde ocupou, depois do falecimento da mãe, a casa paterna da rua Nova; a residência da rua da Conceição, ali perto, onde viveu até então, quando a alugou ao cunhado; um terreno na mesma rua Nova, para o lado da Misericórdia; outro na parte baixa da vila, à margem do Beberibe; ainda outro na rua da Ponte, a montante do Varadouro. No Pernambuco *ante bellum*, o senhor de engenho das freguesias próximas possuía ou alugava casa em Olinda, seja porque, residindo no engenho, passasse as festas de fim de ano na vila, seja porque vivesse entre o engenho, no período da safra, e a vila, onde permanecia a família e onde devia manter os contatos comerciais, para não falar em que, muitas vezes, tinha obrigações a cumprir como membro da Câmara ou irmão da Misericórdia. Seja ainda porque, habitando o burgo, devesse supervisionar os trabalhos do engenho, mormente nos meses de moagem, que eram também os de estio e, portanto, de comunicação mais fácil entre cidade e campo. É provável que Duarte de Sá tivesse se enquadrado no segundo caso. Ao visitador, declarou-se morador no seu engenho embora durante a estada do governador Diogo Botelho residisse em Olinda, cumprindo novo ano como vereador. Atarefado na gestão de tantos bens, Antônio de Sá preferiu, em certa fase da vida, arrendar ambos os engenhos, deixando-se ficar na vila.

Não se iluda o leitor pela ruralidade asfixiante dos séculos que se seguiram. No XVI, as matrizes da colonização foram as vilas, não os engenhos e fazendas, as quais, como sugerem ainda hoje as cidades mineiras, representam o mais antigo passado nacional. No caso pernambucano, quase todos os senhores de engenho eram indivíduos de origem urbana, no sentido qualificado que a expressão pode denotar em se tratando do Portugal quinhentista. No Minho, na Beira litoral, na Estremadura, áreas de que precediam principalmente os colonos do primeiro século, a integração entre as vilas e os campos era intensa, graças à modéstia das distâncias. Em Pernambuco, na Bahia ou no Rio, ela persistiu, nos estilos de vida, ao longo da era de Quinhentos e já entrada a de Seiscentos, até que a expansão latifundiária impôs novas relações entre o colono e o espaço, destruindo o transplantado modelo reinol. Na capitania duartina, o processo já tomara vulto nos anos 1630, mas foi a ocupação holandesa que o acelerou e completou.

Malgrado a reputação de cristãos-novos, não se duvidava do catolicismo de Duarte de Sá e do seu filho. A comunidade marrana do Pernambuco *ante bellum* oferece, aliás, uma amostragem significativa da atitude dos conversos frente à religião dominante. É inegável que Diogo Fernandes e Branca Dias judaizaram e induziram os filhos a outro tanto, ao mesmo tempo que os casavam com cristãos-velhos, que, porém, não buscaram converter. Outros se mostraram prudentes, cumprindo também os rituais mosaicos de portas para dentro e guardando as aparências de portas para fora, o que nem sempre fez o célebre casal. Ainda outros, havendo rompido com a fé ancestral, nunca aderiram sinceramente à nova, à imposta, substituindo o vazio religioso por um cinismo secularizado. Este foi o caso de João Nunes. Embora sua condição de membro da confraria do Santíssimo Sacramento não deva enganar, como não enganou a seus contemporâneos, nunca se lhe assacou a prática dos ritos que, segundo o monitório inquisitorial, caracterizavam a fidelidade à antiga crença. As imputações que o prejudicaram foram de outra natureza: a de praticar largamente a onzena, sobretudo contra os graúdos da capitania, a de tomar a mulher do próximo e a de, no recesso da sua casa, manter um crucifixo nas proximidades do urinol.

Duarte e Antônio de Sá não parecem ter pertencido a essas categorias, necessariamente fluidas, talvez por serem já rebentos de matrimônios mistos, o que não representava obviamente garantia de ortodoxia católica, mas já era meio caminho andado. Indubitável no filho, a assimilação ainda não se afigura definitiva no pai, haja vista a denúncia que a seu respeito formulara ao Santo Ofício outro senhor de engenho:

> haverá cinco meses, indo de visitar a Antônio Lopes do Lago [...], veio aí um negro chocarreiro chamado Jorge, o Fanosca, e começando a contrafazer pregações, ele, denunciante, o repreendeu [...]. Então Duarte de Sá [...] que aí presente estava, disse para o dito negro estas palavras: "Fala, Jorge, fala, que se tu tiveras 100 mil ou 200 mil cruzados, tu te calaras, mas não tens nada, podes falar".

A despeito de certo laivo inconformista, tais palavras não devem ser interpretadas exclusivamente em sentido herético, correspondendo antes ao lugar-comum segundo o qual o pobre pode se dar ao luxo de uma liberdade de expressão vedada ao indivíduo apatacado.

Assim devem ter pensado o visitador e a Mesa, pois Duarte de Sá não seria incomodado, ao contrário de vários dos seus pares cristãos-velhos, a quem se imputavam blasfêmias e heresias. Coisas bem mais sérias haviam se passado ou estavam se passando em Olinda para que Furtado de Mendoça fosse perder o tempo com uma história de somenos, tanto mais que ele tinha pressa. Ainda não desembarcara em Pernambuco e já o cardeal arquiduque e o Conselho Geral do Santo Ofício insistiam em que abreviasse sua permanência, regressando diretamente ao Reino, sem ir a São Tomé ou parar em Cabo Verde, como previsto nas instruções. A visitação do Brasil estava saindo bem dispendiosa aos cofres da Inquisição, que ainda não tinham podido honrar as letras sacadas pelo visitador na Bahia. A Câmara de Olinda que pagasse a mordomia; e caso se recusasse a fazê-lo, que Furtado de Mendoça alugasse instalações baratas, pois as de Salvador haviam custado os olhos da cara. Aliás, como vereador mais velho, a Duarte é que haveria certamente competido providenciar acomodações para a burocracia inquisitorial, e é provável que o tenha feito pondo à disposição sua casa da rua Nova, onde ela se aboletou.

A despeito de agente de instituição que falava quase de igual para igual com El Rei e às vezes até com o papa, Furtado de Mendoça demonstrou, no trato com os homens principais da terra, a consideração esperada por tais indivíduos, cuidando de poupá-los a vexames que afetassem seu prestígio de autoridades públicas ou de pessoas opulentas. Não houve figurão que saísse nos autos de fé celebrados em Olinda. Todos foram admoestados na intimidade da Mesa e sentenciados a penitências privadas, inclusive cinco senhores de engenho, ou por criticarem o senhor bispo, ou por praguejarem ou por se furtarem a pagar o dízimo. Vista a qualidade desses réus, decidiu-se que não fossem "a público". Tampouco a mulher de outro proprietário rural, que declarara o estado de casado melhor do que o de religioso, foi punida publicamente, sendo "mulher em foro de nobre". Tratamento idêntico dispensou-se aos sacerdotes encontrados em falta. Houve por fim o caso do filho de Álvaro Velho Barreto que confessara a prática do pecado nefando com escravos do engenho. Só que dessa vez a leniência não decorreu da posição da família mas de ordem expressa do Conselho do Santo Ofício, que reprovara o visitador pelo castigo dado na Bahia a um mameluco "açoitado publicamente e degredado". Tal ato só teria servido de incitamento à sodomia, ao verem os baianos que o tribunal da fé punia benevolamente um crime que, segundo as leis civis do Reino, era passível da pena de morte. Tal publicidade, rematava o Conselho, comprometia a imagem da Inquisição, que não podia passar por mais tolerante do que a justiça régia.

Se Duarte de Sá ou familiares seus houvessem saído dos trilhos, o fato dificilmente teria escapado à atenção da gente da terra, como não passara despercebido o comportamento do cunhado, Simão Pires Tavares. Duarte, aliás, atuou de maneira equilibrada quando da visitação. Sem demonstrar zelo de neófito, cooperou com o Santo Ofício, denunciando apenas o bode expiatório da capitania, o comerciante João Nunes; e assim mesmo, de maneira sucinta e comedida. Na Olinda *ante bellum*, operavam as formas de sociabilidade vigentes nos meios citadinos do Reino, caracterizadas, como em todo o Ocidente europeu, pela inserção da sociedade doméstica nos grupos profissionais e de vizinhança, que se impunham à convivência entre parentes, reduzindo a esfera da intimidade no âmbito da família. Foi somente a partir do século XVII que, em alguns países, ela começou a escapar a tal jugo, criando barreiras por trás das quais se inventará o espaço privado como o conhecemos hoje, mas que somente no decurso de Oitocentos se afirmará no nível das camadas privilegiadas.

Na Olinda do tempo de Duarte de Sá, tampouco existia vida privada como a entendemos hoje. Na ausência dos donos da casa, adentrava-se por ela, com a maior sem-cerimônia, até os recessos que consideramos mais íntimos, como a camarinha de uma mulher parida a quem não se conhece. Sem pedir licença, trazem-se da residência do próximo objetos que lhe pertencem. Eis, entre várias cenas da documentação inquisitorial, uma especialmente reveladora. Certo Manuel Fernandes ouve ruídos insólitos provenientes da morada de um vizinho e, espreitando-a, entreviu uma das moças da família na companhia de uma parenta, "fazendo uma com outra como se foram homem com mulher". Manuel não reagiu como voyeur mas à lusitana. "Deu rijo na porta e abriu", invadindo o aposento. Reciprocamente, as pessoas ofereciam-se facilmente ao olhar indiscreto de terceiros: Maria de Lucena não tomava precauções quando ia dormir com as criadas índias. Falava-se alto, embora sabendo-se que, de fora, se escutava tudo. Mesmo no meio rural, a intimidade era precária. O feitor do engenho podia estar informado do prato que a dona da casa rejeitara ao almoço.

A falta de intimidade comum a ricos e a pobres facilitava o controle social exercido sobre os cristãos-novos. Sibaldo Lins, homem principal, deu-se à pachorra de vigiar, no decurso de um ano inteiro, os sábados do ourives Rui Gomes, estabelecido com loja em frente à igreja da Misericórdia, constatando que, naqueles dias, Rui como bom marrano substituía o negócio pelo ócio. O comportamento dos conversos durante a missa era o objeto preferencial da espionagem. Sicrano não fazia reverência quando o padre nomeava Jesus; beltrano não se ajoelhava nos momentos de praxe e até se dava ao desplante de fazer trejeitos e momices ofensivos ao Santíssimo Sacramento; fulano chegara mesmo a expelir discretamente a hóstia que acabara de receber. João Nunes previsivelmente era o mais visado, comportando-se de maneira desrespeitosa, sem reverência nem atenção à cerimônia, puxando conversa com quem estivesse ao lado; "e assim", conforme um dos seus denunciantes, "o vê estar na igreja como se estivera na praça".

Na península Ibérica e seus prolongamentos ultramarinos, a esfera privada tornara-se suspeita em decorrência do combate à heresia, o "olho enorme" da Inquisição, a que aludiu Gilberto Freyre, operando no sentido de inibir ou atrasar o desenvolvimento dos modelos de vida privada como os que começavam a se afirmar na Europa ocidental, graças inclusive ao aprofundamento da vida religiosa trazido pela Reforma e pela Contrarreforma. A documentação inquisitorial permite detectar os obstáculos que se deparavam aos conversos para conseguirem o isolamento e segredo indispensáveis à observância dos mais simples ritos judaicos. Na residência de Olinda ou na casa-grande de engenho, o sobrado, isto é, o andar superior erguido sobre a loja, ou andar térreo, constituía o único reduto da vida íntima e, no caso dos cristãos-novos, o aposento apropriado às práticas mosaicas.

A própria higiene corporal era motivo de constante bisbilhotagem em conexão com os deveres sabáticos da comunidade cristã-nova. Nos séculos XVI e XVII, ela consistia não no uso da água mas na mudança periódica da roupa, sobretudo da camisa, preferência que os franceses sofisticariam sob a forma da *toilette sèche*. A periodicidade da muda podia variar social e climaticamente, mas via de regra tinha lugar todas as semanas. Os cristãos-velhos vestiam roupa limpa ou de festa no domingo e os cristãos-novos, no sábado, o mesmo se aplicando à roupa de cama e mesa. A denúncia contra Branca Dias é típica das que se fizeram contra outros marranos. "Vestida do seu vestido da semana", isto é, do domingo à sexta-feira, aos sábados, no engenho ou na vila, punha camisa lavada, toucado também lavado e o melhor traje que possuía. Também nos sábados o ourives Rui Gomes passeava por Olinda "com camisa lavada e vestido com vestido melhor do que o da semana". Já havia, porém, quem fizesse as concessões indispensáveis ao clima tropical, não se limitando à troca semanal da camisa mas praticando-a também nas terças e quintas-feiras. Ou até quem, como certo converso, se desse ao luxo de envergar camisa limpa todos os dias.

O Brasil, como é sua vocação, ia baralhando as cartas. A mudança frequente da roupa interior servia assim não apenas a um fim higiênico como também a confundir a espionagem cristã-velha, donde terem sido possivelmente os conversos os lançadores da nova moda que, vantajosa em termos de adaptação ao meio físico, era-o também no propósito de dissimular práticas judaicas. Uma das filhas de Branca Dias explicará ao visitante, com uma objetividade que não se coadunava com sua fama de lunática, a irrelevância da mudança de roupa aos sábados para a aferição da fé religiosa, pois "no Brasil é costume vestir muitas camisas lavadas por a terra ser muito quente". Seu depoimento sugere que tal hábito também se transmitira aos cristãos-velhos, tanto assim que, nos dias em que se hospedara no engenho dos Apipucos, vira a dona da casa "vestir cada semana três camisas lavadas porque no Brasil suam muito", donde "costuma vestir quem pode cada dia uma camisa lavada".

Ainda no tocante à assimilação de Duarte de Sá e do filho, seria arriscado fiar-se apenas na linguagem convencional dos testamentos, que incluíam invariavelmente expressões de fervor religioso, autênticas ou fingidas, como a de encomendar a alma a Deus ou implorar a intercessão de Nossa Senhora em favor do moribundo. Mas para além dessas fórmulas, as últimas vontades expressas por ambos contêm disposições reveladores de apego autêntico à Santa Madre Igreja, as quais não podem ser sumariamente descartadas como manifestações da boca para fora destinadas a engodar cristãos-velhos. Uma delas foi o encapelamento do engenho Santo André; outra, o montante elevado de esmolas que deixaram à Misericórdia de Olinda e aos conventos da vila, sem falar nas doações às confrarias que os acompanhassem à sepultura. Ordenou Duarte que se rezassem "cinco ofícios de nove lições e nestes dias dos ofícios me digam missa por minha alma todos os clérigos que houverem" no templo onde fosse inumado. Ele previa também um óbolo à irmandade encarregada da ermida de Santo Amaro, em Água Fria, a uma légua do burgo e onde, meio século depois, irão se instalar os primeiros religiosos da Congregação de São Felipe Néri.

Comparadas às do pai, ressalta a minúcia das derradeiras recomendações de Antônio de Sá, o que não significa obrigatoriamente que o filho tivesse sido indivíduo de fé mais viva do que Duarte, apenas que fora portador de feitio meticuloso ou então que se impregnara do abarrocamento dos modelos de religiosidade. O testamento tornara-se uma peça essencial do que Michel Vovelle chamou "o grande cerimonial da morte na época barroca", uma expressão daquela nova sensibilidade à morte que ele reconstituiu nas suas grandes e pequenas linhas. Tal sensibilidade prevaleceu, grosso modo, entre 1580 e 1650 na Europa, mas, na sua vertente mediterrânea e católica, prolongou-se até os primeiros decênios do século XVIII, como indica o caso da Provença. Um dos aspectos desse fenômeno cultural foi a proliferação das cláusulas testamentárias de cunho religioso: a precisão com que se determina o número de missas a serem ditas pela alma do testador, a escolha exata do local da sepultura, a regulação detalhada dos funerais e a discriminação pormenorizada dos legados pios e obras de caridade. Ao passo que Duarte confiara a aplicação do donativo à Santa Casa à direção da entidade, Antônio mandava que o seu se destinasse ao casamento de uma órfã. Repare-se também na recompensa a ser dada aos que acompanhassem seus restos mortais: a cada clérigo, que de quebra dissesse uma missa de réquiem pela sua alma, se daria uma pataca; aos pobres, uma vela e dois vinténs.

Homem prático e de gostos urbanos, Antônio de Sá preferiu entregar o cuidado da sua alma não ao capelão do Santo André, categoria que ainda não era recrutada entre a parentela do senhor, mas entre o baixo clero, de nível duvidoso de instrução religiosa e de costumes. Precavido, Antônio optou por uma corporação, não por um sacerdote como o vigário da paróquia, mas por um corpo de profissionais da oração, já associado à manutenção do jazigo da família. Duarte de Sá planejara enterrar-se com os seus na capela-mor da igreja de Nossa Senhora da Graça, do Colégio da Companhia de Jesus, talvez por se considerar devedor dos jesuítas como antigo náufrago da *Santa Clara*. Para tal fim, deixara ao padre reitor duzentos cruzados de esmola, além do preço da sepultura, que orçara em 6 mil cruzados, quantia considerável a ser desembolsada ao longo de seis anos. A seu pedido, o testamento foi redigido pelo padre Luís Figueira, aos 37 anos uma figura eminente entre os inacianos do Brasil. "Filólogo e mártir", chamou-o Serafim Leite, duas qualidades que para felicidade geral dos possuidores da primeira não vão jamais reunidas. O jesuíta acabara de assumir o reitorado do Colégio de Olinda, função em que permanecerá até 1616, entregue à redação da *Arte da língua brasílica* nas poucas horas de folga da rotina de ensinar gramática aos noviços e aos filhos dos colonos, nas salas de aula cheias de luz, brisa marinha e amplidão oceânica.

Duarte de Sá enterrou-se, contudo, na capela-mor da igreja do convento do Carmo de Olinda. O local era sabidamente o mais ambicionado e o mais caro de qualquer templo. Naturalmente, seu espaço organizava-se hierarquicamente num crescendo sacro que, do adro, passava pelas capelas laterais ou subia a nave, em que muitos pediam para repousar ali onde haviam se habituado em vida a ouvir sua missa dominical. A reviravolta na decisão relativa à inumação ocorreu entre 5 de maio de 1612, data do testamento, e 25 do mês, dia do falecimento de Duarte. Os motivos não são claros. É possível que à cabeceira do rico moribundo tenha se travado uma disputa entre inacianos e carmelitas, estes por interposta pessoa, d. Joana, sua mulher, a quem ele designara como testamentária. Anos depois, ela acusará o padre Figueira de não lhe haver apresentado o testamento para assinatura. E, contudo, os jesuítas haviam pedido um preço mais razoável do que os concorrentes, que cobravam 7 mil cruzados, equivalentes na época ao melhor dos partidos de cana. É plausível também que o objetivo de Duarte tenha esbarrado na condição do padre, devido à proibição de que a ordem religiosa do testamenteiro fosse beneficiada pelo testamento a que ele devia dar execução. É possível por fim que a condição conversa de Duarte tenha sido considerada um impedimento pela Companhia, a Ordem do Carmo sendo reconhecidamente mais tolerante na aceitação de cristãos-novos. A soma de 7 mil cruzados foi satisfeita sob diversas formas, inclusive mediante o pagamento do mestre de obra Cristóvão Álvares, a entrega de duas casas situadas na rua de João Eanes e o fornecimento de cal dos fornos que Antônio de Sá possuía nas terras do antigo engenho Velho.

O triunfo dos carmelitas não parece, aliás, ter afetado duradouramente as relações da família com os jesuítas, pois Antônio de Sá também designará como seu testamenteiro o padre reitor do Colégio de Olinda, que era então Leonardo Mercúrio. Os carmelitas haviam se estabelecido na vila em 1580, precedendo os franciscanos e os beneditinos e arranchando-se junto ao mar, numa ermida de Santo Antônio e São Gonçalo, onde, segundo a tradição, Duarte Coelho costumara ouvir missa. Por volta de 1588, ela fora doada aos frades, que iniciaram a edificação da igreja e do convento. As obras marcharam vagarosamente, talvez por insuficiência de esmolas generosas da gente da terra, que, segundo a queixa do beneditino frei Miguel Arcanjo da Anunciação, não teria a mão aberta. À época do falecimento de Duarte de Sá, a igreja do Carmo não estava inteiramente construída, ao passo que as obras do convento ainda se arrastavam dezoito anos depois, na época da invasão holandesa. Os carmelitas necessitavam de recursos para concluí-las e a venda de um lugar na capela-mor a um rico colono vinha mesmo a calhar. Outros pró-homens também adquiriram jazigos e capelas.

Depois da restauração pernambucana (1654), as obras prosseguiram, inclusive na capela-mor, que foi ampliada, mas no século XIX já não subsistiam indícios da sepultura de Duarte, embora ali se houvessem enterrado as quatro primeiras gerações da família. Pode-se supor não ter havido inscrição tumular. Não a tivera o próprio restaurador de Pernambuco, João Fernandes Vieira, que ali fora inumado no primeiro degrau do altar-mor. Mesmo na Europa ocidental, somente em finais de Setecentos é que se generalizou a praxe de identificar sistematicamente os mortos através de lápide, pois tampouco existia, como assinalou Philippe Ariès, "cadastro do subsolo funerário". Os despojos eram empilhados e periodicamente deslocados para dar espaço a novos defuntos. Tudo o que o jazigo de família podia garantir, mas nem sempre, era que os despojos do morto não se misturariam aos de estranhos, embora se confundissem com os dos parentes.

Na escolha da sepultura, Duarte de Sá e seus contemporâneos olindenses seguiam as práticas do Reino, que conferiam aos ricos a opção entre o enterramento nas igrejas conventuais e paroquiais. Também sob esse aspecto, é visível a persistência dos hábitos urbanos no Pernambuco *ante bellum*, uma vez que, dispondo embora da capela do Santo André, não ocorreu a Duarte sepultar-se nela, como tampouco a seu filho, criando assim para os netos e bisnetos já ruralizados a tradição doméstica da inumação na igreja do convento do Carmo. À medida que a fronteira agrícola avançara, a açucarocracia impôs-se o sepultamento na igreja da vila mais próxima ou no altar-mor da capela do engenho, pois o enterramento em Olinda tornou-se inexequível, tanto em função das maiores distâncias a vencer quanto do imperativo de realizá-lo, devido ao clima tropical, dentro de prazo mais curto do que o usual na metrópole. Na melhor das hipóteses e no caso dos indivíduos zelosos, à inumação no engenho ou nas cercanias podia suceder a trasladação dos ossos para o templo urbano.

É intuitivo que a prática do enterramento na capela de engenho ou na matriz da freguesia (que dará lugar à frequência das reclamações, nas provanças da segunda metade do século XVII e início do XVIII, acerca da negligência e incúria dos sacerdotes no tocante ao registro dos atos sacramentais) terá se generalizado a partir do período holandês, em face da destruição das igrejas olindenses e da proibição de culto católico no Recife, com o qual, mercê da sua condição de burgo de hereges, os homens principais da terra não estavam afetivamente identificados. No interior, contudo, as autoridades neerlandesas tiveram de consentir nas "cerimônias papistas", de modo que batismos, casamentos e enterros segundo o ritual católico tinham lugar rotineiramente. Os próprios senhores de engenho holandeses viram-se na contingência de reedificar ou paramentar capelas e de contratar capelães, pois do contrário não contariam com lavradores de cana e peritos no fabrico do açúcar; e de concordarem com a bênção da "botada", isto é, do início dominical da moagem dos engenhos, o que causava a ira dos predicantes calvinistas que pressionavam o governo pela interdição dessas "benzeduras, cerimônia e rezas supersticiosas", clamando contra a profanação do dia do Senhor, uma vez que durante os meses de verão as fábricas operavam noite e dia.

Entre o falecimento de Duarte de Sá e a invasão holandesa, os carmelitas de Olinda haviam adquirido aos olhos da gente da terra o carisma indispensável às ordens religiosas a fim de atrair a veneração e as esmolas dos fiéis, criando sua clientela de devotos graças à celebridade de algum santo varão, notável pelas virtudes. Somente os beneditinos, mercê de tantos imóveis urbanos, engenhos e fazendas, abstiveram-se de cultuar um dos seus. Os jesuítas vangloriavam-se do padre Luís da Grã, grande pregador e apóstolo; e os franciscanos, da aura de pureza que nimbara seu primeiro custódio, frei Melquior de Santa Catarina. Os carmelitas tinham frei Jerônimo Pessoa.

Natural de Canavezes (Minho), ele viera para o Brasil como vigário da província carmelitana, cuja sede era então na vila, onde faleceu no início de 1629. A essa altura, sua fama já se espalhara pela capitania, de maneira que, consoante um cronista da Ordem, todos

> acudiram ao nosso convento [...] para assistirem ao seu funeral e ao tempo que os religiosos o conduziram à sepultura, todas aquelas pessoas de um e outro sexo, com devoto impulso se chegaram a ele e com tesouras lhe cortaram o hábito, levando cada uma o que pôde e estimando aquelas pequenas partes que alcançavam como se já fossem relíquias, sem que os religiosos o pudessem evitar e, quase sem hábito, o sepultaram no cemitério comum.

Tais fragmentos obraram prodígios, pois os doentes que os penduravam ao pescoço "logo se viam livres da moléstia que os oprimia". Quando os holandeses atacaram o burgo, o barrete com que frei Jerônimo dormira salvou milagrosamente a vida de certo olindense, a quem o frade o teria doado. Havendo Matias de Albuquerque confiado a Domingos Fernandes Anjo a defesa do posto situado entre o Colégio da Companhia e o convento franciscano, o bom homem tratou de vestir o capuz,

> o qual lhe serviu de escudo e o livrou da morte, porque [...] em uma avançada que deu o inimigo, lhe deram nele dois terríveis golpes com o ferro de uma alabarda, mas não obstante os descarregar pesada mão, não fizeram efeito, o que contribuiu à proteção deste servo de Deus, a quem devemos render as graças como autor que é de todas as maravilhas.

Meses antes do falecimento de frei Jerônimo, Antônio de Sá redigira seu testamento. Minucioso nas suas contas profanas, ele não o era menos nas suas relações com o sagrado. Seus restos mortais deveriam ser inumados junto aos dos pais na igreja do Carmo, cujos frades acompanhariam seu cortejo fúnebre, dizendo-lhe um ofício de nove lições de corpo presente na semana consecutiva a seu enterro, recebendo para tal fim um óbolo de cem cruzados. Aos carmelitas já incumbia o encargo de dizer uma missa pela alma de Duarte de Sá cada sexta-feira, que fora o dia em que morrera, contra o pagamento de 250 cruzados a serem investidos em imóvel da vila. A ansiedade cristã-nova do filho ou sua conformidade com as modas religiosas da época eram aparentemente maiores do que haviam sido as do pai. Determinou Antônio que, pelo repouso da sua alma, da alma das suas duas esposas e também da dos seus descendentes, fossem celebradas diariamente, "enquanto o mundo durar", seis missas semanais, com exceção da sexta-feira, dia da missa paterna. Ele estipulou também que, não se costumando dizer missa de réquiem nos domingos e dias santos, se diria nessas datas apenas a missa habitual. Ademais, como na quinta-feira, na sexta e no sábado da Semana Santa só se pudesse fazer uma única oblação, os frades ficavam obrigados a compensarem a falta, de modo a preencher a cota anual, contada a missa por Duarte. Para esse fim, Antônio reservava 120 cruzados, provenientes do aluguel de casas a serem adquiridas em Olinda, as quais os carmelitas não poderiam alienar em tempo algum.

As fontes nada revelam acerca de Melquior de Sá Maia, o irmão de Duarte de Sá que também se estabelecera em Pernambuco, não se sabe quando, mas que, pelo testamento deste, se depreende já ser falecido em 1612. O silêncio pode ser sintomático do insucesso socioeconômico dos descendentes de Melquior. A despeito da sorte diferente que lhes coube, Duarte e Melquior mantiveram relações estreitas, como indica o fato de que Duarte ficara como tutor dos sobrinhos, a quem no testamento ordenou que se lhes entregassem os bens constantes do inventário de Melquior. Este provavelmente se acomodara como lavrador de cana em engenho do irmão, à maneira de tantos outros colonos ricos que associaram os parentes a seus negócios ou os acolheram como administradores e feitores. Daí que, na virada do século XVII para o XVIII, vivessem ainda em Jaboatão e em Muribeca os netos e bisnetos de Melquior.

O encapelamento do engenho Santo André, previsto por Duarte de Sá em 1612, só seria executado setenta anos depois. Não o providenciaram nem a viúva nem o filho, atormentados talvez pelos escrúpulos decorrentes do segundo casamento de Antônio de Sá, no decurso do qual d. Catarina pariu nada menos que 25 filhos em 23 partos, soma estarrecedora. Sua tia Maria, primeira esposa do seu marido, tivera onze, dos quais apenas Lourença chegara à idade adulta. A fecundidade do segundo matrimônio foi assim elevada mesmo em termos da demografia do Antigo Regime, quando a média da filharada por mulher era um pouco superior a sete. O recorde de fertilidade conhecido dos demógrafos achava-se em torno de 21, correspondendo a uma genebrina e a uma inglesa do Kent. A explicação para o caso de d. Catarina pode residir na enorme criadagem de índias e mamelucas, mas ainda não de africanas, existente em meio urbano e rural, desde a casa do principal da terra à do mero artesão. As mulheres coloniais dispunham assim de amas de leite, que as habilitava a encurtar substancialmente os períodos intergenésicos, inibindo a ação do freio malthusiano que, de par com o casamento tardio, espaçava as concepções na Europa coeva.

Os genealogistas da família, pois esta foi uma família de genealogistas, registraram os prenomes de dezenove dos 25 filhos de d. Catarina; quanto aos seis restantes, tratou-se seguramente de abortos e natimortos. A mortalidade infantil ceifou assim cruelmente os filhos de Antônio de Sá. Os cinco primeiros rebentos desse segundo matrimônio faleceram na puerícia, donde ter ido parar ao sexto filho, José de Sá e Albuquerque, a gestão do vínculo do Santo André, embora o primogênito, Duarte de Sá Lima, ainda vivesse em 1629. Quando Antônio e Catarina emigraram para a Bahia (1635) fugindo à ocupação holandesa, levavam consigo apenas cinco filhos dos seis que ainda viviam, dois machos, o mencionado José de Sá e Albuquerque, e Manuel de Albuquerque Melo; e três fêmeas, Joana, Luisa e Inês. Apenas a mais velha, Brites, permaneceu em Pernambuco, pois já era então casada com Felipe Pais Barreto. A linhagem de Duarte, já triplamente aparentada aos Albuquerque, aliara-se agora aos Pais Barreto, a mais opulenta família da capitania *ante bellum*. O matrimônio nada deixava a desejar se comparado ao de Antônio ou ao da sua irmã. Para os Pais Barreto, é que ele virá gerar os fantasmas genealógicos que assombrarão os descendentes. O casamento implicava, aliás, o esquecimento da luta de família que opusera o primeiro morgado do Cabo a Cristóvão de Albuquerque, alcaide-mor de Olinda e cunhado e sogro de Antônio de Sá.

O velho João Pais Barreto, já se sabe, legara um engenho a cada filho. A Felipe Pais Barreto coubera o Garapu, no Cabo. Este, que também se dispusera a seguir para Salvador mas adiara a partida até a undécima hora, foi capturado pelos holandeses na companhia do irmão Miguel e de outros senhores, ao se prepararem para atravessar o rio São Francisco. De regresso ao Cabo, Felipe e Miguel encontrariam seus engenhos confiscados pelo governo neerlandês, que se recusou a devolvê-los, concordando porém em revender a crédito o Garapu, mas não o Algodoais, que o capitão de cavalaria Gaspar van der Ley adquirira. Os demais engenhos da família haviam sido igualmente alienados a terceiros, exceção do Nossa Senhora da Guia, que pertencera a Diogo Pais Barreto. Em 1639, Felipe senhoriava novamente o Garapu, para o que contraíra a pesada dívida de 39 mil florins ou 13 mil cruzados, a qual se achava ainda incobrada quando da restauração pernambucana; e fechava um acordo com o governo holandês pelo qual o Nossa Senhora da Guia reverteria à sua mãe, como legítima herdeira de Diogo. Em 1638, Felipe esteve preso na esteira de alegada conspiração de proprietários rurais contra o domínio batavo. De volta ao engenho, onde viverá pelo resto da vida, nele faleceu em 1652, quando a família da mulher ainda se achava no exílio baiano.

PARTE 2
A educação pela guerra

4

A empresa da terra
e a vitória do mar*

A ocupação holandesa do Nordeste constituiu um episódio remoto da luta entre a Espanha e a República das Províncias Unidas dos Países Baixos, a qual passaria à história sob a designação de Guerra dos Oitenta Anos (1568-1648). Com razão, já se distinguiram nela dois conflitos distintos, a montante e a jusante da trégua dos Doze Anos (1609--21): uma guerra de independência nacional, deflagrada na esteira da revolta dos Países Baixos; e uma contenda entre potências europeias, que eram também potências coloniais. Durante a primeira, a Espanha procurou reimpor sua soberania sobre uma região que havia muito era parte da monarquia, esmagando a heresia calvinista, poderoso acicate ideológico da rebelião. No decurso da segunda e na esteira da Guerra dos Trinta Anos (1618-48), tais objetivos, já então julgados inatingíveis, foram abandonados em favor dos cálculos estratégicos atinentes ao equilíbrio europeu, em especial à relação de forças, de um lado, entre potências católicas e potências protestantes, e, de outro, entre as ambições dinásticas dos Habsburgo de Madri e de Viena, e dos Bourbon, da França; e também em prol da preservação do império ultramarino hispano-português diante da penetração neerlandesa, que tomara vulto durante os anos da trégua.

* Capítulo 1 de *Olinda restaurada: Guerra e açúcar no Nordeste* (1630-1654). 3. ed. São Paulo: Ed. 34, 2007.

Nas Províncias Unidas e no plano religioso, a versão gomarista do calvinismo fora consagrada pelo Sínodo de Dordrecht (1618). O choque de facções, nascido de uma controvérsia teológica sobre a predestinação, descambou para uma grave crise política e institucional. A Maurício, príncipe de Orange, apoiado pela linha dura do clero reformado, pelo governo municipal de Amsterdam e pelos estratos subalternos da população urbana, opunham-se os "regentes", isto é, o patriciado de comerciantes que monopolizava o poder local, principalmente na província da Holanda. O desfecho, uma nítida vitória dos contrarremonstrantes e dos partidários da retomada da guerra contra a Espanha, consistiu na execução de Johan van Oldenbarnevelt, o grande pensionário da Holanda. Sob a égide da aliança dos interesses inseguros do calvinismo ortodoxo e da expansão colonial, as Províncias Unidas entraram na segunda guerra contra a Espanha.

O conflito hispano-neerlandês recomeçou pouco depois de iniciada a Guerra dos Trinta Anos. Sob a capa da conflagração alemã, a França, como cem anos antes, buscava romper o cerco que austríacos e espanhóis lhe haviam imposto na Itália, nos Países Baixos e na mesma Alemanha. Com esse fim, os soberanos franceses não hesitavam em aliar-se ao Império Otomano, adversário tradicional da Espanha no Mediterrâneo e da Áustria nos Bálcãs, bem como às potências protestantes, as Províncias Unidas e a Suécia, malgrado a influência do partido católico em Paris e da repressão desencadeada internamente contra os huguenotes. A oposição entre os interesses coloniais da Espanha e das Províncias Unidas fará do segundo conflito hispano-neerlandês um conflito global, ou, como sugeriu C. R. Boxer, a primeira guerra da história em escala mundial.

O projeto de uma sociedade por ações (a Companhia das Índias Ocidentais, ou WIC, segundo o modelo da Companhia das Índias Orientais, ou VOC, estabelecida em 1602), engavetado durante a trégua dos Doze Anos, foi posto em prática tão logo ela expirou em 1621. Os Estados Gerais, governo confederal das Províncias Unidas, outorgaram-lhe o monopólio da conquista, navegação e comércio em toda a área compreendida entre a Terra Nova e o estreito de Magalhães, de um lado do Atlântico, e entre o trópico de Câncer e o Cabo da Boa Esperança, de outro. Apenas incorporada, a empresa já dispunha de um capital superior a 7 milhões de florins. A historiografia recente explodiu o mito de que ela teria sido o produto de uma conjura anti-ibérica da comunidade sefardita da Holanda, demonstrando que se deveu, na realidade, à iniciativa de comerciantes calvinistas que dos Países Baixos meridionais (grosso modo, a Bélgica atual) haviam emigrado para o norte depois da reconquista de Flandres e do Brabante pelos espanhóis. Daí a tensão permanente entre seus fundadores e os regentes de Amsterdam, favoráveis a uma política moderada no tocante à Espanha, na expectativa de, finda a guerra, penetrarem comercialmente na América espanhola.

Para compreender as guerras holandesas no Brasil, cumpre ter recorrentemente em vista as vicissitudes do conflito na Europa. É certo que os interesses de Portugal e do seu império ultramarino tinham peso específico nas decisões da corte de Madri, como se constata quando da não renovação da trégua dos Doze Anos e da restauração de Salvador da Bahia por uma armada luso-espanhola (1625). Mesmo assim, a guerra entre espanhóis e neerlandeses no ultramar não podia ocupar, no elenco das prioridades estratégicas da monarquia castelhana, o mesmo lugar que se atribuía, por exemplo, ao norte da Itália, onde a posse da Lombardia pela Espanha era posta em causa, ou aos Países Baixos, onde ela devia defender suas possessões meridionais contra as Províncias Unidas.

Na perspectiva de Madri, a Lombardia e os Países Baixos representaram o palco principal do conflito até

1640, quando a revolta da Catalunha e a restauração de Portugal mudou a situação, fazendo da segurança das fronteiras leste e oeste da Espanha as grandes preocupações de Filipe IV. Já durante o período mais rentável da exploração da prata e do ouro da América espanhola, o qual coincidira com o reinado de Filipe II (1555-98), os metais preciosos não haviam bastado para arcar com as responsabilidades financeiras do Império. O fantasma da bancarrota planou incessantemente sobre a capacidade de iniciativa de Madri, mesmo desempenhando papel subsidiário no processo de decisão.

Enquanto para a Coroa portuguesa o problema da segurança do império ultramarino impusera-se desde o início do século XVI com o estabelecimento do Estado da Índia, para Castela ele só se tornou premente a partir dos 1570 ou 1580, em decorrência da intrusão das novas potências navais, a Inglaterra e a França, em espaços marítimos até então indisputados. No policiamento das rotas atlânticas, a Espanha contara até 1580 com a cumplicidade da marinha lusitana, donde o atrativo que a aquisição do poderio marítimo dos Avis e a posição estratégica de Lisboa exerceram na decisão de Filipe II de apossar-se de Portugal. Contudo, foi somente a partir da ascensão do conde duque de Olivares ao posto de valido de Filipe IV (1621) que os círculos dirigentes em Madri poriam em prática as concepções dos chamados "arbitristas del mar".

Ao contrário da Espanha, cujos compromissos europeus haviam crescido desmesuradamente no rastro das conquistas de Fernando, o Católico, na Itália e da herança dinástica de Carlos V, Portugal praticara desde d. João II uma política de alheamento dos conflitos continentais (o que não significa que não acompanhasse seu desenrolar), de modo a dedicar-se à expansão e à preservação das suas possessões ultramarinas. Eminentemente talássicas e dependentes das comunicações marítimas, seja no Brasil, na África ou no Oriente, elas se achavam, mais do que as de Castela (localizadas nos altiplanos mexicanos e andinos, de acesso difícil e penoso), particularmente vulneráveis aos ataques de outras nações europeias.

Beneficiários da revolução tecnológica que combinara avanços em artilharia e engenharia navais, portugueses e espanhóis, como depois holandeses, ingleses e franceses, tendiam a atribuir ao poderio marítimo a mesma eficácia decisiva que se creditará, entre a Segunda Guerra Mundial e a Guerra do Vietnã, ao bombardeio aéreo estratégico. Seu papel na segurança dos Estados "desunidos" ou territorialmente dispersos fora posto em relevo por Giovanni Botero, cuja filosofia política exerceu grande influência na península Ibérica. Segundo Botero, as possessões espanholas na Europa e fora dela só podiam ser governadas "por meio do mar, pois não há Estado tão distante que não possa ser socorrido pelas armas marítimas". Este seria especialmente o caso graças à agregação de Portugal a Castela, nações que,

> indo a primeira de ocidente para oriente e a segunda para ocidente, se encontram e juntam-se nas ilhas Filipinas; e em tamanha viagem encontram por todo o lado, ilhas, reinos e portos à sua disposição, porque ou pertencem ao domínio [de uma delas] ou a príncipes amigos ou a clientes ou a confederados seus.

No reinado de Filipe II, d. Bernardino de Mendonza, autor de uma *Teoria e prática da guerra* (1595), ou o célebre Antônio Pérez, e posteriormente Tommaso Campanella e o arbitrista Álamos de Barrientos, haviam dado ênfase ao papel crucial do poderio naval para a Coroa dos Habsburgo. A Pérez, que, exilado na Inglaterra, teria inspirado os projetos marítimos do conde de Essex contra a Espanha e suas colônias, deve-se o aforismo que, nos começos do século XX, teria feito as delícias dos estrategistas anglo-saxões do *sea power*: "O príncipe que for senhor do mar será dono da terra". Quando da sucessão ao trono lusitano, já se esboçara o projeto de transferir de Madri para Lisboa a capital da monarquia espanhola. O próprio Filipe II, em carta ao cardeal d. Henrique, insinuou que, graças à união de Castela e Portugal, Lisboa poderia até mesmo se transformar na residência principal dos Reis Católicos. À época, invocaram-se as vantagens navais e comerciais de tal medida, sublinhando-se a superioridade estratégica de Lisboa sobre Sevilha, mais vulnerável aos ataques de corsários, e propondo-se assim se instalar na boca do Tejo a Casa da Contratação sevilhana, que controlava a navegação e o comércio da América espanhola. Lisboa tornar-se-ia destarte o grande entreposto da Europa. Já no início do século XVII, Luís Mendes de Vasconcelos e Manuel Severim de Faria em Portugal sustentaram a necessidade da transferência; e na Espanha de Filipe IV, fê-lo um dos seus principais arbitristas, Duarte Gomes Solis.

Ainda em 1650, quando d. João IV cogitou de firmar a paz com Castela mediante sua abdicação e o matrimônio do seu filho d. Teodósio com a infanta Maria Teresa, herdeira de Filipe IV, enviou-se o padre Antônio Vieira a Roma a fim de sondar os ânimos. Em contrapartida das concessões lusitanas, Lisboa deveria tornar-se a capital do Império. Vieira se admiraria, aliás, do fato de que, "tendo a Espanha tanta parte dos seus domínios no mar Mediterrâneo, tanta no mar setentrional e tantas e tão vastas em todo o mar oceano, havia de ter a Corte onde as ondas lhe batessem nos muros". E indagava, surpreso:

> dependendo todo o manejo da monarquia da navegação de frotas e armadas e dos ventos que se mudam por instantes, que política pode haver mais alheia da razão que tê-la em cem léguas pela terra adentro, onde os navios só se veem pintados, e o mar, só na água, pouca e doce, que o inverno empresta ao Manzanares?

A favor de Lisboa, operavam o que Pierre Chaunu chamará "as estruturas espaciais do Atlântico". Assim é que, "passado certo momento, quando chega o outono, Amsterdam se afasta prodigiosamente de Lisboa e do Brasil" em decorrência das condições físicas de navegação. E o historiador francês lembra o episódio da restauração de Salvador em que "as razões geopolíticas, que fundaram no século XVI o monopólio dos ibéricos, vêm uma vez mais à tona". A notícia da perda da cidade chegara com um mês de antecedência a Lisboa, o que se revelara decisivo para dar à armada de d. Fadrique de Toledo a dianteira sobre a força naval de Boudewijn Hendricks enviada em apoio do exército neerlandês na Bahia. A mesma vantagem que desfrutará, ao tempo da restauração, a armada de Vila Pouca de Aguiar, que em 1647 antecipou-se no Brasil à de Witte de With, estorvada pelo inverno no mar do Norte.

Também o chantre da sé de Évora, Manuel Severim de Faria, argumentou convincentemente com o papel do poder naval na conservação do império colonial e no deste para a segurança da posição castelhana na Europa. Depois de invocar a autoridade de d. Bernardino de Mendoza, Severim de Faria repisava o argumento de que "a nenhum príncipe importa tanto o poder do mar como ao da Espanha, pois só pelo meio das forças marítimas fez um corpo unido de tantas e tão distantes províncias". E nos seus conselhos práticos para governo de chefes militares, d. Francisco Manuel de Melo reputou o princípio por demais óbvio para nele se deter, limitando-se a afirmar que "a potência mais conveniente às armas da Espanha é a que se põe no mar, e por ser matéria de Estado tão conhecida, não a disputaria, mesmo se a achasse própria deste lugar".

Privilegiar a ação naval na defesa ultramarina significava relegar a guerra terrestre a um papel subsidiário. Consequentemente, introduzia-se a especialização de funções entre metrópole e colônia, correspondente à posição relativa de cada qual em termos de recursos demográficos e econômicos. Tal corolário já fora tirado por d. Bernardino de Mendoza. Ao referir-se à necessidade da Coroa espanhola de socorrer com força naval qualquer dos seus territórios ofendido por inimigos, ele sublinhava que "por si mesmos cada um tem forças com que se manterem à espera de socorro". Doutrina vigente ainda nos séculos XVII e XVIII. Em 1648, por exemplo, o procurador da Fazenda, Pedro Fernandes Monteiro, sustentava caber a Portugal a defesa naval do Brasil, e a este a própria defesa terrestre mediante seus mesmos recursos. Cento e trinta anos depois, o ministro Martinho de Melo e Castro não se exprimia diferentemente.

O pacto colonial implicou, portanto, não só a partilha das atividades econômicas, como se acentua geralmente, mas também a das responsabilidades de defesa e o rateio dos seus custos. Mas como o uso do poder naval tendia a maximizar os gastos da metrópole e a defesa local, os da colônia, tudo passaria a depender da intensidade com que poder naval e defesa local seriam empregados em cada conjuntura, vale dizer, da combinação de ambos em circunstâncias concretas. Uma analogia com a teoria econômica permitirá compreender o problema, tanto mais que atividades militares e econômicas constituem, por excelência, as esferas da racionalidade da ação no sentido estrito da adequação de meios e fins. Ao produzir um determinado bem, o agente econômico combina os fatores de produção (terra, mão de obra, capital, tecnologia) de maneira a intensificar o uso do fator relativamente abundante e barato e a minimizar a aplicação do fator relativamente escasso ou caro. Ao fazerem a guerra, os Estados não agem diferentemente.

E, com efeito, a estratégia adotada pelos luso-brasileiros durante a guerra de resistência, que será a mesma da guerra da restauração, combinou poder naval e defesa local segundo a disponibilidade de ambos os "fatores".

Os primeiros decênios do século XVII haviam assistido a mudanças cruciais, como a deterioração relativa do poderio militar da monarquia espanhola, inclusive no seu componente naval; e a expansão dos recursos ao alcance da economia e da sociedade coloniais. Por conseguinte, os ônus do conflito ultramarino podiam ser em certa medida repassados à colônia, transformando a defesa local, "fator" relativamente abundante, no principal ou mais intensamente utilizado, embora em última análise seu emprego continuasse subsidiário do poder naval, relativamente escasso. Em teoria, a partilha das responsabilidades prosseguia idêntica, mas, havendo se modificado o equilíbrio entre recursos metropolitanos e recursos coloniais, a metrópole achava-se na posição de empurrar para a colônia uma parcela substancial do esforço bélico.

As melhores cabeças deram-se conta, aliás, das vantagens militares que decorriam para Portugal do crescimento da população e da economia brasileira. Num papel de 1648, propondo a formação de uma companhia franco-luso-sueca para destruir o comércio neerlandês de produtos tropicais, um dos muitos projetos em que foi fértil a mente do padre Antônio Vieira, ele sustentava que o comércio português no Brasil devia ser necessariamente mais lucrativo do que o holandês, devido à simples razão de que "a navegação de Portugal, por benefício do clima, sítio e comodidade dos portos, é muito mais breve, muito mais fácil e livre e de menos risco". Ademais, como as colônias lusitanas eram "defendidas pelos portugueses que as habitam e sustentadas pelas mesmas rendas das suas mesmas cidades", não incorriam nos "gastos excessivos" dos mercadores da WIC, razão pela qual sendo no Brasil "muito menores as despesas, será a ganância [isto é, o lucro] muito maior, como mostra a experiência".

Entre 1625 e 1630, com o desgaste da posição militar e financeira da monarquia espanhola, esta não pudera responder, em defesa de Pernambuco, da mesma forma célere e enérgica com que acudira a Bahia. Se 1625 ainda se apresenta como o *annus mirabilis* da fortuna imperial, quando, além da restauração de Salvador, se assistiu à rendição de Breda, ao fracasso do ataque anglo-holandês a Cádiz e ao fiasco da aliança da França e da Saboia contra Gênova, a verdade é que, desde então, a Espanha começou a sofrer uma série de contundentes reveses: a bancarrota de 1627, o fracasso do programa reformista de Olivares, a guerra de Mântua e a captura da frota da prata por Piet Heyn. O esforço bélico contra a presença francesa no norte da Itália redundou, depois da derrota de Hertogenbosch (1629), numa alteração do equilíbrio estratégico nos Países Baixos.

Que o governo de Madri achava-se despreparado, quando da perda de Olinda, para atuar na escala em que fizera cinco anos antes, é o que indica a reação moderada de Olivares, que, embora falasse em acudir a resistência capitaneada por Matias de Albuquerque, se abstinha de comprometer-se com o envio imediato de armada restauradora. Igualmente comedida foi a reação de d. Antônio de Ataíde, conde de Castro: que se enviassem soldados e munições, pois "parece que não se pode fazer mais", ponto de vista compartilhado pelo marquês de Oropesa, embora fizesse oposição ao valido. Os tempos sendo outros, já não se podia repetir "a jornada dos vassalos" de 1625. Como sintetizou C. R. Boxer, "o Brasil não era a única dor de cabeça de Olivares e dos seus conselheiros". Eles tinham de lidar simultaneamente com uma série de emergências, tais como a ofensiva sueca na Alemanha, a perda de outra frota da prata vitimada por um furacão e, no tocante aos assuntos portugueses, uma derrota no Ceilão e um triênio de seca e fome no Reino.

Não era só de Pernambuco que chegavam os apelos urgentes por ajuda, mas das Índias Ocidentais, da Índia, de Flandres, da Itália e da Alemanha. Foram estes múltiplos compromissos em outras frentes e não a indiferença ou a letargia espanholas o que impediu, durante tanto tempo, o envio de auxílio adequado a Pernambuco.

De Lisboa, é certo, insistia-se pelo envio de armada, tanto mais que d. Diogo de Castro, conde de Basto, que reassumira havia pouco o governo de Portugal, era sogro do donatário Duarte de Albuquerque Coelho e, como tal, grandemente interessado na recuperação da capitania. Em 1631, a Coroa ainda logrou reunir, a duras penas, os meios com que despachar a força naval de d. Antônio de Oquendo, não sem que as autoridades espanholas e portuguesas se engajassem numa guerrilha de recriminações mútuas devido ao comportamento das municipalidades do Reino, que se recusavam a pagar suas cotas do subsídio aplicado ao socorro. Mas ao contrário da armada de d. Fadrique de Toledo em 1625 ou da futura armada do conde da Torre (1638-40), que se propuseram respectivamente a restaurar a Bahia e Pernambuco, a armada de Oquendo tinha a missão estrita de transportar reforços, inclusive os contingentes hispano-napolitanos que, sob o comando do conde de Bagnuolo, apoiariam a guerra de usura encetada por Matias de Albuquerque. Este, além de irmão do donatário, era um competente oficial e administrador que já governara anteriormente a capitania e que, em antecipação do ataque batavo, fora enviado de volta como comandante supremo.

Embora se entendesse que só uma armada de restauração poderia resgatar Olinda e o Recife, o problema é que faltavam recursos para tanto, razão pela qual, depois da força naval de Oquendo, a Coroa limitou-se a enviar o socorro de quinze caravelas transportando soldados e equipamento bélico. Mesmo essa ajuda modesta não se concretizou de imediato. Em março de 1632, elas seguiam "à desfilada", duas a cada mês. Em maio, as que se achavam prontas para velejar encontravam-se tão escassamente providas que, temia-se, só serviriam para "desanimar a todos". Quando duas delas puderam finalmente partir, em oito meses nada se conseguira mandar, donde sugerir o Conselho de Estado em Lisboa a utilização de "caravelas e navios de particulares, naturais ou estrangeiros". Para evitar a marinha holandesa, tais embarcações aportavam em pontos distantes da Paraíba, do Rio Grande ou de Alagoas, de modo que, quando a carga chegava ao destino, "era em estado tal que nem metade se aproveitava, tanto a respeito da gente como do mais que conduziam", como informava Duarte de Albuquerque Coelho nas suas *Memórias diárias*.

Em seguida, adotou-se o alvitre de despachar "muitos navios de força e de porte medianos", compondo uma esquadra de dez ou doze unidades que policiasse o litoral, fazendo-se no mar a guerra defensiva que já se fazia em terra e projetando-se quatro dessas esquadras, que deveriam zarpar entre julho e janeiro de 1635. Contudo, o plano, que não obteve a colaboração financeira de Portugal, teve de ser abandonado ao concluir-se que ele desguarneceria a costa ibérica. A expedição, organizada naquele mesmo ano sob as ordens de d. Lope de Hoces, visava apenas, como a de Oquendo, transportar tropas frescas sob o comando de d. Luís de Rojas y Borja, velejando em seguida para o Caribe a fim de restaurar Curaçao, recém-ocupada pela WIC, e de comboiar o regresso da frota da prata a Sevilha. Sustentou-se então que Oquendo como depois Lope de Hoces poderiam ter desfechado um ataque bem-sucedido ao Recife. Mas alegando que seus navios demandavam grande calado, Lope de Hoces recusou-se a fazê-lo, ignorando que a guarnição neerlandesa achava-se reduzida a duzentos soldados devido à necessidade de concentrar efetivos em Alagoas.

Os primeiros anos da década de 1630, que assistiram à expansão do domínio holandês, foram especialmente críticos para a marinha espanhola, situação só amenizada por volta de 1637. A entrada da França na guerra contra a Espanha (1635) agravou a situação das finanças castelhanas. O acréscimo das despesas militares na Europa ocorria em conjuntura desfavorável. Desde a virada do decênio, fazia-se sentir a queda abrupta no comércio com a América espanhola e o declínio acentuado das remessas de prata que chegavam a Sevilha e que, através do mecanismo dos *asientos*, financiava o orçamento da monarquia. Daí que só no final dos anos 1630 puderam encetar-se o apresto das armadas visando à restauração de Pernambuco, confiada ao conde da Torre, e à Guerra dos Países Baixos, entregue a d. Antônio de Oquendo, cujo duplo malogro seria o toque de finados da preponderância espanhola na Europa.

Foi assim que, na impossibilidade do emprego estratégico do poder naval, a resistência no Nordeste limitou-se à guerra terrestre, com o concurso de tropas da terra e de contingentes espanhóis, portugueses e napolitanos. A estratégia a que se chamou na época de "guerra lenta" era defensiva, propunha-se apenas à contenção do inimigo, de modo a assegurar o controle do interior, em especial das áreas de produção açucareira, e a reduzir os neerlandeses à área Olinda-Recife, à espera seja da armada restauradora, seja de que a WIC desistisse da empreitada, por não conseguir, na sua condição de empresa comercial, arcar indefinidamente com os custos de tão onerosas operações. Do Reino, despachar-se-iam apenas os meios estritamente necessários a sustentar o impasse militar, isto é, socorros periódicos em efetivos, armas, munições, víveres etc. Quanto à tarefa de assegurar a navegação com Portugal, indispensável no momento em que os ônus do conflito incidiam sobre a economia colonial, ela ficaria a cargo da própria marinha mercante lusitana.

À guerra de usura já se recorrera ao tempo da ocupação batava na Bahia (1624-5). Lograra-se então encurralar o inimigo na cidade, negando-lhe o controle do Recôncavo que teria afetado a produção açucareira e a receita fiscal da Coroa. Destarte, assinalava o padre Bartolomeu Guerreiro, o uso da guerrilha fora "de maior importância do que imaginar se pode", pois "com o valor com que os nossos se houveram nos assaltos, não só desenganava ao inimigo que lhe não convinha sair da fortificação da cidade mas que nem socorro da Holanda poderia sustentá-la, chegando nossas armadas". Estratégia que então funcionara a contento, graças à reação imediata do governo de Madri ao enviar a armada luso-castelhana, que sob as ordens de d. Fadrique de Toledo reconquistou Salvador.

No momento, porém, em que a Espanha se achou de mãos atadas para atuar identicamente em Pernambuco, a eficácia da "guerra lenta" ficava comprometida a médio prazo. E, com efeito, a partir de 1632 ela se revelou progressivamente incapaz de deter os ataques inimigos ao interior da capitania. Contudo, mesmo quando em 1635 perderam-se as principais fortificações (a Paraíba, o Arraial do Bom Jesus e o Cabo de Santo Agostinho), a resistência, na impossibilidade de outra estratégia, continuou a seguir a de sempre. Mesmo no tocante ao socorro comandado por Rojas y Borja, o objetivo consistiria em reaver-se o domínio do interior a fim de encerrar novamente o exército da WIC nas praças-fortes litorâneas até que a prometida armada de restauração lhe viesse dar, como na Bahia, o golpe de misericórdia.

A realidade é que a guerra lenta só logrou preservar o impasse militar durante o biênio 1630-1. Em Olinda e no Recife, os holandeses só se mantinham graças à força naval. Em terra, era-lhes impossível romper o cerco luso-brasileiro consistente numa linha de postos avançados, as "estâncias", apoiadas pelo Arraial do Bom Jesus (erguido na Várzea) e guarnecidas por unidades de guerrilha que, movendo uma contínua "guerra volante", impedia o acesso dos contrários aos engenhos de açúcar, às lavouras e às fazendas de criação. Decorridos dois anos da conquista de Olinda, a qual incendiaram devido às dificuldades de fortificá-la, os neerlandeses ainda se achavam cercados no Recife, entenda-se, no istmo (atual bairro do Recife) e na ilha adjacente de Antônio Vaz (atual bairro de Santo Antônio); e na cabeça de ponte estabelecida na extremidade meridional da ilha de Itamaracá, onde tinham construído o forte de Orange. Era só. Malogrados haviam sido os ataques à Paraíba e ao Rio Grande, ao norte; ao rio Formoso e ao Cabo, ao sul. Tão completa afigurava-se sua dependência dos navios, que tudo, a começar pela alimentação, vinha-lhes da metrópole, o que suscitou na pena barroca do donatário o comentário irônico de que, "estando eles em terra havia tanto tempo, ainda navegavam, pois não tinham outros mantimentos mais do que salgados".

Somente a partir de 1632 e de 1633, o impasse começou a romper-se em favor dos batavos. O ataque a Igaraçu, a queda do forte dos Afogados, a conquista da ilha de Itamaracá e do forte dos Reis Magos (Natal) prefiguraram os anos cruéis que estavam por vir, com a perda da Paraíba (1634), da capitania de Itamaracá, do Arraial e do Cabo (1635); com a retirada do exército de resistência para Alagoas e a derrota da Mata Redonda (1636), onde naufragaram as esperanças depositadas na ofensiva de Rojas y Borja; com a queda de Porto Calvo e a consolidação do Brasil holandês, de Fortaleza ao São Francisco, pelo governador, conde de Nassau. Se até 1632-3 a estabilidade da frente militar permitiu a organização do esforço de guerra luso-brasileiro e a mobilização dos recursos locais que lhe eram imprescindíveis, desde então tais condições cessaram de operar devido à mudança da estratégia holandesa, que habilitou os soldados da WIC a levarem finalmente a melhor.

Na perspectiva de Madri, a guerra lenta adequava-se como uma luva ao programa imperial de Olivares destinado a redistribuir os ônus de defesa da monarquia espanhola entre as coroas que a compunham e a aliviar o peso fiscal que recaía sobre Castela. Em Portugal, contudo, a guerra lenta era encarada como mais um exemplo do descaso castelhano pela sorte das colônias lusitanas; ou, numa chave diferente, em termos de uma manobra da família donatarial de Pernambuco, refratária a uma intervenção decisiva que, em caso de vitória, levaria à incorporação da capitania ao domínio régio.

A invasão holandesa afetara as relações da Coroa com os donatários de Pernambuco e de Itamaracá, o conde de Monsanto. À burocracia, sempre pronta a podar os privilégios do sistema de donatarias, a guerra oferecia a oportunidade ímpar de revogar as antigas cartas de doação, a pretexto de que os donatários não contribuíam para a defesa dos respectivos patrimônios. A acusação, de todo improcedente no caso dos Albuquerque Coelho, não o era no do conde de Monsanto. Em 1631, quando já Duarte de Albuquerque Coelho tivera a decência de passar a Pernambuco, Monsanto vira-se ameaçado por El Rei de perder suas rendas donatariais; e em 1634 propôs-se que a capitania de Itamaracá fosse incorporada à Paraíba, capitania real. Em Lisboa, corria mesmo o rumor de que, expulsos os holandeses, a Coroa expropriaria Pernambuco, compensando o donatário com "alguma outra coisa" no Reino. Precisamente o que fará d. João em 1654.

Na época, circulou a versão segundo a qual o conde de Basto, visando à restauração da conquista mas também à do senhorio de Pernambuco, adotara a opinião corrente entre muitos entendidos no sentido de que

> a recuperação se intentasse, não por sítio e expugnação, como a Bahia se ganhara, mas por meio de uma guerra lenta que, oprimindo dentro das suas fortificações ao inimigo e evitando-lhe os mantimentos e cultura do campo, o impossibilitasse em todos os seus gêneros, de tal sorte que a própria inutilidade o despedisse.

Pretendia-se mesmo que os irmãos Albuquerque Coelho, confiados inicialmente no êxito da resistência, é que teriam persuadido o conde de Basto a opor-se ao envio de armada, no temor de que um triunfo naval redundaria na reincorporação de Pernambuco à fazenda régia e na suposição equivocada de que o inimigo só empreendera sua ocupação com vistas ao lucro e que, por conseguinte, terminaria por abandoná-la.

A mesma interpretação desponta na correspondência de um senhor de engenho do Cabo e do ex-governador-geral Diogo Luís de Oliveira, bem como no depoimento do sargento-mor do terço de italianos e na explicação dada pelo emissário encarregado de propor ao governo holandês do Recife a evacuação batava em troca de um generoso resgate em açúcar. Segundo se declarou, a estratégia dos Albuquerque Coelho consistira inicialmente em vencer pela guerra de usura, mas depois dos primeiros reveses teriam exposto francamente a Filipe IV a verdadeira situação. O ataque a Igaraçu (1632) confirmara-os na convicção de que "o Brasil se perderá infalivelmente se houver mais dilações em lhe acudir com armada poderosa". Na verdade, o fato é que, ao menos desde 1631, Matias de Albuquerque escrevia para Lisboa no sentido de que a guerra lenta não poderia ser sustentada indefinidamente e que, sem armada restauradora, Pernambuco se perderia de todo. Isto é também o que assevera o irmão donatário.

Matias de Albuquerque herdara antigos rancores locais e, recentemente, incompatibilizara-se com certos homens de negócio do Reino por ter ordenado, em socorro do Arraial, o sequestro dos gêneros que haviam expedido à capitania. Já se mencionou que, no período *ante bellum*, a presença frequente dos governadores-gerais em Olinda, sob pretextos de natureza administrativa e ao arrepio de ordens régias determinando sua residência em Salvador, dividira os pró-homens de Pernambuco em uma facção donatarial e outra devotada ao governo-geral. Graças à nomeação para os cargos públicos e à manipulação de favores e de oportunidades de ganho, como no tocante ao abastecimento do Maranhão, os governadores-gerais haviam criado suas clientelas. Tal se dera em particular durante o governo de d. Luís de Sousa (1617-20), que entrara em conflito com a Câmara de Olinda e com a parentela dos Albuquerque Coelho em torno do preenchimento daqueles cargos, inclusive no tocante às interinidades do lugar-tenente donatarial, função para a qual designara o segundo João Pais Barreto, cunhado do primo homônimo do governador. Durante seu primeiro período à frente de Pernambuco (1620-7), Matias de Albuquerque pusera cobro a estes e a outros abusos, recuperando o poder da família e obtendo da Coroa a extinção do Tribunal da Relação da Bahia.

É natural que os Albuquerque Coelho hesitassem entre o desejo de intervenção naval da Coroa e o receio das suas consequências patrimoniais. De qualquer modo, não se deve supor que pudessem impingir a estratégia de guerra lenta em Madri se ela não tivesse contado com o beneplácito de Olivares. A um amigo em Portugal, Matias de Albuquerque queixava-se em 1632 de que "dois anos e meio são passados que estamos à espera de socorro para recuperar este país, e na Espanha nada se resolve". "Quanto a mim, acho-me numa situação extrema e perigosa, dia e noite sem descanso e sem esperança de solução", assistindo impotente à desagregação do exército, com "os índios desalentados, os negros de Angola meio amotinados e a soldadesca, doente e desesperada, completamente despida e descalça".

A essa altura, tampouco se alimentavam ilusões em Lisboa e Madri. O Conselho de Estado português constatava ter "a experiência mostrado que a guerra lenta e defensiva não poderá obrar que desistam eles [os neerlandeses] da empresa que intentam e é força mandar poder bastante para os arrancar de uma vez". E várias cartas régias daquele mesmo ano reiteram o argumento de que só a armada de restauração poderia salvar o Brasil. Apenas não se dispunha dos meios com que aprestá-la.

É injusto, portanto, jogar a culpa sobre os Albuquerque Coelho. Por falta de alternativa, a guerra lenta teve de prosseguir mesmo quando todo mundo já se convencera da sua inoperância. Em Portugal, não se podia ou não se queria fazer os sacrifícios pecuniários que a situação exigia; e em Madri, temia-se forçar a barra em Lisboa, temor que as "alterações de Évora" (1637) viriam justificar. A responsabilização de Matias de Albuquerque não passou de manobra para consumo do ressentimento português com a perda do Nordeste. Na realidade, ele se achava sob a mira de Olivares desde a queda de Olinda. Sabedor da nova, a primeira reação do conde duque fora substituí-lo no comando, de acordo aliás com sua teoria de que a causa dos reveses internacionais da Espanha era a falta de "cabeças", isto é, de chefes capazes.

Filipe IV adotou-a. Ao conde de Basto, que se fazia de desentendido, El Rei afirmava haver demonstrado a experiência que "muita parte dos maus sucessos que há havido no Brasil é por falta de cabeças que governem a guerra". Matias de Albuquerque não desfrutava de reputação militar em Madri, onde era acusado de não ter jamais terçado o pique nem visto um esquadrão, o que era infundado em vista da sua experiência no norte da África e no patrulhamento do Mediterrâneo ocidental. Em 1630, só se reabilitara da perda de Olinda e do Recife junto aos círculos governamentais graças à decisão de incendiar os armazéns de açúcar, o que privara a WIC de valioso butim.

A despeito do que se afirmou na época, Matias de Albuquerque não tomou por conta própria a iniciativa de propor, por duas vezes, ao governo holandês no Recife o resgate de Pernambuco em troca de alguns milhares de caixas de açúcar, propostas, aliás, enfaticamente rejeitadas. Embora as autoridades da WIC tivessem a impressão de que, ao menos da primeira vez, se tratara de gestão de exclusiva responsabilidade dos Albuquerque Coelho, quando do apresto da armada de Oquendo, a Coroa cogitara de negociar diretamente com o comando neerlandês a entrega das posições conquistadas. Para tanto, dar-se-iam amplos poderes ao almirante para tentar suborná-lo, na persuasão de que o caráter multinacional do exército da WIC facilitaria a manobra, de resto comum em Flandres e em outros teatros da guerra europeia. Em fins de 1631, o Conselho de Portugal em Madri requentou a ideia, cuja execução seria confiada a Matias ou a alguém a propósito.

A destituição de Matias de Albuquerque só teve lugar com a queda do conde de Basto. Além das suas estreitas relações com os jesuítas portugueses, suspeitos de anticastelhanismo, ele tinha contra si a desconfiança da Coroa relativamente a um oficial lusitano pertencente a uma grande família do Reino e proprietária da capitania mais rentável do Brasil. Ele foi substituído por d. Luís de Rojas y Borja, em cuja companhia viajou um magistrado incumbido de investigar a gestão da guerra. Conforme se dizia na terra, Rojas, ao aportar em Jaraguá, comunicara a Matias, em nome d'El Rei, que deveria voltar ao Reino, "onde à sua chegada lhe cortariam a cabeça pelos seus bons serviços". Embora inverossímil e certamente inventada, a ameaça contida na frase estava no ar, haja vista o que ocorrera poucos anos antes a d. Juan de Benavides, executado em Sevilha pela perda da frota da prata. O certo é que Matias tentou permanecer na terra, pois seu irmão alude a que, já se achando em Salvador prestes a embarcar-se, se recusara seu pedido para servir em Pernambuco como soldado raso. E à chegada a Lisboa será submetido a processo, permanecendo encarcerado até a restauração portuguesa, quando seus serviços serão utilizados na guerra contra a Espanha.

Por outro lado, a partilha do comando da resistência ocorrera de fato, embora não de título, desde 1631. À frente dos contingentes castelhanos e italianos desembarcados da armada de Oquendo, o conde de Bagnuolo trouxera ordem régia secreta para ser consultado em todas as decisões importantes, o que confirma implicitamente o donatário ao alegar que o irmão tinha motivos ponderáveis para acatar as opiniões de Bagnuolo, mesmo quando divergiam das suas. Madri chamava a si o controle direto sobre a condução do conflito. El Rei tinha grande apreço profissional pelo oficial napolitano, apreço compartilhado aliás pelos neerlandeses, que o reputavam "conselheiro prudente e soldado experiente", embora prejudicado pela obesidade, julgamento endossado por Brito Freyre.

Já durante a viagem da armada de Oquendo, ficara visível, até mesmo para os simples marujos, o desprestígio a que fora relegado Duarte de Albuquerque Coelho. Um deles, feito prisioneiro pelos holandeses, reportava ignorar se Duarte viera de ordem d'El Rei ou "por conta própria". Semelhante tratamento prefigurou o que o aguardava no Brasil, onde, embora fosse tratado com "grande respeito", "não fez parte de conselho [de guerra] algum". Depois da demissão de Matias de Albuquerque, a posição do donatário tornou-se ainda mais precária. O governo civil da capitania lhe foi formalmente reconhecido, porém subordinado ao comando militar. Nem seus pontos de vista nem seus interesses eram levados em conta. Em 1637, por exemplo, ao saber que Duarte discordava da decisão de abandonar o território pernambucano sem ao menos deixar alguma tropa ao norte do São Francisco, Bagnuolo recusou-se a ouvi-lo, "pois ele [...] tratava só do seu negócio", isto é, de salvar seu patrimônio.

Por sua vez, como mestre de campo, Bagnuolo não aceitara de bom grado a subordinação, mesmo teórica, a Matias de Albuquerque, com quem suas relações foram sempre difíceis. Em Madri, porém, temera-se ofender as suscetibilidades portuguesas, deixando-se tropas luso-brasileiras sob a chefia de um oficial napolitano a serviço de Castela, tanto mais que a rivalidade entre patentes lusitanas e castelhanas já se fizera sentir, em desserviço régio, quando da reconquista da Bahia em 1625. Resolveu-se a dificuldade dando-se a Matias o título honorífico de membro do Conselho de Guerra, com o que se afastou o obstáculo hierárquico levantado por Bagnuolo. Já em 1632, sabedor de estarem discordes, Filipe IV ordenou que se declarasse a Matias, "por caminho confidente e indireto, quanto convém a meu serviço a conformidade", recomendação reiterada de outras vezes.

Pereira da Costa sugeriu que a destituição e prisão de Matias de Albuquerque visara frustrar o plano de estabelecer em Pernambuco um estado livre, mas trata-se de mera especulação, pois não cita fontes nem, por outro lado, são conhecidas as peças do processo contra Matias ao seu regresso a Portugal. Não era preciso ir tão longe. O avanço das armas holandesas, a queda do conde de Basto e a política portuguesa de Olivares são mais do que suficientes para explicar a sorte do general. Finda a administração de d. Diogo de Castro, Olivares passara a atuar por meio do secretário de Estado de Filipe IV para assuntos portugueses, Diogo Soares, o qual, de Madri, controlava as decisões em Lisboa por intermédio do seu cunhado Miguel de Vasconcelos, que fazia e desfazia sob a autoridade do novo governador do Reino, a duquesa de Mântua. Matias era apenas o protegido da situação política que caíra, e, portanto, candidato natural a bode expiatório.

Com a substituição de Matias de Albuquerque por Rojas y Borja, abolia-se até mesmo a aparência de controle português sobre a condução da guerra. Em Lisboa, a designação de Rojas foi arguida de ilegalidade, uma vez que, não sendo natural do Reino, era inábil para o cargo, consoante as capitulações de Tomar (1581) pelas quais Portugal aceitara Filipe II como rei. Tratava-se de mais uma entre tantas violações das liberdades lusitanas, tema predileto da contestação nacionalista desde o reinado de Filipe III. Mas o protesto de nada serviu. Não foi menor, aliás, a insatisfação entre os terços portugueses em Pernambuco, onde se alegava que Rojas carecia de experiência e conhecimento da guerra do Brasil. É a tal descontentamento que parece estar ligada sua morte na batalha da Mata Redonda (1636), vítima de tiro disparado de dentro do seu próprio exército por um morador de Alagoas contratado para a empreitada, o qual, ferido gravemente meses depois, teria confessado o crime.

A ordem de sucessão, aberta à raiz do episódio, indicava que o governo de Madri não tinha a menor intenção de permitir que um português voltasse a ocupar o comando da resistência. Ordenava-se que, em caso de desaparecimento de Rojas y Borja, assumiria outro espanhol, o mestre de campo Juan de Ortiz, falecido entrementes, e, na falta deste, o conde de Bagnuolo. O mais graduado oficial lusitano, Manuel Dias de Andrade, tenente de mestre de campo, era apenas o quarto da lista, embora fosse muito influente entre a tropa portuguesa e também em Pernambuco, graças a seu parentesco com Pero da Cunha de Andrade, senhor de engenho na Várzea e indivíduo influente. Donde dizer-se que Manuel Dias tinha mais afilhados nos terços luso-brasileiros do que tivera o primo na Câmara de Olinda.

A impopularidade de Bagnuolo ajudando, o ressentimento chegou ao ponto de oficiais luso-brasileiros tramarem sua destituição, o que só não teria ocorrido em face da recusa de Manuel Dias de Andrade em assumir a chefia, episódio que Duarte de Albuquerque Coelho escamoteou nas suas *Memórias diárias*. Aliás, o donatário, igualmente consultado, também teria se escusado. Na Bahia, o governador-geral, Pedro da Silva, estranhou a ascensão de Bagnuolo, quando havia tantas patentes portuguesas e espanholas. Pouco depois da conjura, ao receber a notícia da promoção de Manuel Dias a mestre de campo, Bagnuolo mandou-o de volta a Portugal, "não se sabe com que fundamento".

Como, por definição, a guerra lenta só atingiria seu objetivo limitado de conter o inimigo no Recife mas não de expulsá-lo, ela pressupunha a intervenção do poder naval, reputado único capaz de romper o impasse. Nem mesmo a heterodoxia dos partidários da guerra volante punha em dúvida a indispensabilidade da armada de restauração. Como escreveu o teórico anônimo da guerrilha pernambucana, "a empresa da terra virá a pender da vitória do mar, e sendo esta certa (mediante favor divino) não se pode duvidar da outra". O problema consistia na impossibilidade de sustentar a guerra lenta indefinidamente. Em fins de 1632, o comando da resistência já se dera conta do fato. Que Pernambuco "não sofre a guerra dilatada é coisa certa", dada sua dependência do comércio do açúcar, afirmava um oficial lusitano. Tampouco se consumia o poder do inimigo, pois os ganhos que ele não obtinha em terra, ganhava-os no mar por meio do corso. Por fim, a prolongação do conflito acarretava prejuízos substanciais à Coroa e ao Reino, devido à redução drástica do volume de açúcar exportado e dos seus reflexos na receita fiscal e no comércio.

A essa altura, um arbitrista lusitano, Luís Álvares Barriga, expunha os cenários para o emprego do poderio naval no Brasil. O primeiro reduzia-se a assegurar as comunicações marítimas com Portugal e o suprimento do exército de resistência, mediante embarcações que velejassem separadamente. Era o que, portanto, já se vinha fazendo e que já demonstrara sua ineficácia. A segunda alternativa residia no apresto de uma esquadra de dez ou doze galeões, que permaneceria em águas brasileiras entre Pernambuco e a Bahia, a fim de proteger a navegação portuguesa. Privada, assim, dos rendimentos do corso, a WIC teria de abandonar o Brasil. Contudo, devido ao regime de ventos e correntes marítimas, a esquadra não poderia atuar no inverno quando era necessário que operasse ininterruptamente ao longo do ano. Ademais, ela não defenderia a navegação portuguesa ao norte do equador, precisamente a área onde os corsários operavam com maior frequência. E no frigir dos ovos, talvez fossem necessários outros dez ou doze galeões, o que não custaria anualmente menos de 1,5 milhão de ducados.

A terceira opção consistia em confiar a carreira do Brasil aos dunquerqueses, corsários belgas, vassalos da monarquia espanhola, mas que não disporiam de forças suficientes para repelir o inimigo. A quarta possibilidade era uma armada de restauração, que realizasse operações mistas de bloqueio naval e de sítio das praças-fortes, ao custo de 3 milhões de ducados, comportando sessenta navios, dos quais mais de vinte embarcações de grande porte, e 16 mil soldados e marinheiros. Cabia duvidar, porém, de que lograsse retomar o Recife, de tal maneira fortificado pela engenharia holandesa que se tornara praticamente inexpugnável, tanto mais que a armada só contaria com cinco meses para obter a capitulação da praça antes da entrada da estação das chuvas. É certo que a força naval poderia invernar na ilha de Santo Aleixo ou na baía da Traição, mas em vista do imperativo de reabastecê-la e reequipá-la, seria impossível mantê-la por muito tempo no Brasil. Ademais, mesmo expulsos do Nordeste, os holandeses poderiam estabelecer-se em Ilhéus, Porto Seguro ou no Espírito Santo, todos apropriados à cultura da cana.

Consoante Álvares Barriga, a segurança da carreira do Brasil só poderia ser alcançada mediante o sistema de comboios anuais, apoiado por uma frota de cinco galeões de mil toneladas, quatro de oitocentas, oito patachos e 4,5 mil soldados. Zarpando regularmente de Lisboa, ela vasculharia o litoral, desde a Paraíba até São Vicente, e limparia a costa da Mina de barcos estrangeiros, além de proteger a travessia das naus da Índia. Suas despesas, calculadas em 1,52 milhão de ducados anualmente, não custariam um único ceitil à Coroa e aos vassalos, devendo ser cobertas pelo aumento dos fretes e das receitas régias, decorrentes da eliminação da presença neerlandesa no Atlântico sul. Quanto à fonte dos recursos destinados ao primeiro ano de operação, Álvares Barriga, por temor aos plagiários, reservava-se para expor pessoalmente o assunto a El Rei ou a Olivares. O autor também preconizava adicionar ao exército de resistência uma força de 2 mil homens, a ser parcialmente recrutada localmente. Em linhas gerais, essa quinta alternativa é a que virá a ser consagrada em 1649 com a criação da Companhia Geral de Comércio do Brasil.

Quando em 1638 a Coroa pôde finalmente reunir uma armada de restauração sob o comando do conde da Torre, já os holandeses haviam se assenhoreado da região entre Fortaleza e o rio São Francisco. Embora o objetivo fosse o de sitiar imediatamente o Recife, concluiu-se, no decurso da viagem, pela impossibilidade de fazê-lo devido à insuficiência de provisões e às perdas de efetivos para a doença durante a escala em Cabo Verde. Ancorada em Salvador durante um ano inteiro, a armada tratou de recuperar-se. Ao singrar finalmente, em fins de 1639, contra o Brasil holandês, tinha por alvo desembarcar as tropas no Cabo de Santo Agostinho, de onde se faria "senhor da campanha", reduzindo "o inimigo às menos fortificações que puder ser [...] queimando e abrasando todos os canaviais e mais coisas de que ele possa tirar proveito", como previam as instruções. Ajudada, porém, dos ventos e correntes marinhas, a esquadra neerlandesa conseguiu inviabilizar o projeto, numa série de batalhas navais travadas ao largo da ilha de Itamaracá, Paraíba e Rio Grande. O conde da Torre ainda pôde desembarcar na baía de Touros uma parte dos efetivos que, sob a chefia de Luís Barbalho, regressaria a Salvador, marchando a oeste da área habitada. Fracassara redondamente a última tentativa dos Áustrias madrilenos de recuperar o perdido.

A reconquista da independência portuguesa em 1640 significava que a Coroa já não dispunha dos meios navais para intervir decisivamente no Brasil; e que, por conseguinte, a guerra lenta continuaria a ser a única estratégia ao alcance do movimento restaurador, quando este foi deflagrado em 1645. Dessa vez, contudo, ela alcançou o propósito de isolar os holandeses no Recife e fortificações litorâneas no decurso de nove anos, negando-lhes acesso às freguesias canavieiras, defendidas por sólida linha de defesa, ao abrigo da qual elas puderam produzir o açúcar com que financiar os custos locais do conflito. Superadas as hesitações dos primeiros tempos da insurreição luso-brasileira, que só em parte alcançara seus fins, pois seu êxito limitara-se ao interior e não lograra retomar o Recife, a ilha de Itamaracá ou a cidade da Paraíba, o comando luso-brasileiro preparou-se para uma prolongada luta, alertando a Coroa, como fizera outrora Matias de Albuquerque, para a necessidade de intervenção marítima em grande escala.

Em 1646, propunha o emissário de Pernambuco em Lisboa seja o envio de armada real, seja o de uma esquadra de dez ou doze fragatas destinadas a proteger a navegação da capitania com o Reino, a serem fretadas na França em nome dos colonos, que sustentariam a força naval mediante tributação adicional sobre o açúcar. No ano seguinte, uma representação das câmaras municipais voltou ao assunto, afirmando:

> conhece-se claramente que a guerra que pela campanha se lhe [aos holandeses] fizer não será de grande efeito sem que pelo mar se lhe dê calor com muito considerável poder, o qual tenha aos inimigos atentos e temerosos por aquela parte, reprima seus socorros e vá entretanto dando lugar às baterias e assaltos da parte da terra, por que o inimigo com este freio se não possa empregar inteiramente na resistência das suas praças, como, pelo contrário, fará quando no mar não tenha de que se temer e antes estiver por ele cada dia recebendo novos socorros e refrescos.

O triunfo obtido nas duas batalhas dos Guararapes veio tornar ainda mais evidente que, como lembrava o mestre de campo general do exército luso-brasileiro, Francisco Barreto de Menezes, "não é possível render-se o Recife por maior que seja o [nosso] poder por terra", sem bloqueá-lo pelo mar. Embora bem-sucedida, a guerra defensiva não bastaria para gerar um desfecho favorável, pois "por guerra lenta, nunca se viu conseguir coisa que boa fosse; antes por causa dela se perderam algumas monarquias". E advertia a d. João IV: "Senhorear Pernambuco é o que importa a Vossa Majestade para aumento da sua real coroa, não reparando em razões de Estado que podem fazer perder um Estado sem razão". E a Antônio Cavide, secretário d'El Rei: "Quem imaginar que Pernambuco se há-de guardar por armas sem tomar o mar, vive muito enganado".

Contudo, o Portugal dos Bragança nem contava com meios navais suficientes, tendo de manter os poucos a seu alcance na defesa do Tejo contra ataque espanhol, nem com recursos para financiar uma armada restauradora. Mesmo se tivesse podido aprestá-la, não se arriscou inicialmente a fazê-lo em face das consequências para suas relações com as Províncias Unidas e a França. Apenas quando confrontada pela iminência de um colapso completo do Brasil, decorrente da ocupação holandesa de Itaparica e da perspectiva da capitulação de Salvador, é que se logrou a duras penas em Lisboa os recursos com que enviar a armada do conde de Vila Pouca de Aguiar no objetivo de desalojar o inimigo daquela posição sem, porém, hostilizar o Recife. Somente a criação da Companhia Geral de Comércio do Brasil em 1649 habilitará Portugal a desfechar o golpe de misericórdia contra o Brasil holandês.

Por ocasião da escala feita no Cabo de Santo Agostinho pela primeira armada da Companhia do Brasil, Francisco Barreto instou o conde de Castel-Melhor pelo bloqueio do Recife. O governador-geral, que se mostrara inclinado, foi entretanto dissuadido pelo almirante Pedro Jaques de Magalhães. A situação dos holandeses tornara-se ainda mais frágil devido ao regresso da armada de Witte de With à metrópole e à adoção pelo governo de Haia de uma estratégia defensiva no Brasil e ofensiva contra Portugal na Europa. Com a primeira guerra anglo--neerlandesa (1652-4) e suas repercussões sobre as comunicações através do mar do Norte, a defesa do que restava do Brasil holandês chegou a um ponto insustentável. Na ótica luso-brasileira, urgia aproveitar a ocasião, pois não haveria "outra tão cedo em que com menos custo e mais acerto lancem de todo o holandês do Brasil", como afirmava certo parecer.

Enviado pela Coroa na segunda armada da Companhia do Brasil, Cristóvão de Almeida ficara encarregado de recolher opiniões em Pernambuco e na Bahia sobre a decisão a ser tomada. De volta a Lisboa, ele descreveu os cenários visando à reconquista do que restava do Brasil holandês. O primeiro consistia em subornar a guarnição holandesa, salvo que entabular os indispensáveis contatos secretos no Recife era extremamente difícil em face da vigilância do governo. Poder-se-ia também tentar meter a pique, na barra estreita e rasa do porto, algumas urcas carregadas de pedra, mas certamente o inimigo abriria nova passagem no arrecife; ou construir barcos longos, tripulados e artilhados, que cortassem o tráfego das embarcações neerlandesas, ideia impugnada por pessoas experientes que os julgava incapazes de assediar navios de grande porte. Por fim, previa-se o bloqueio do Recife pela armada da Companhia de Comércio, sincronizado com o ataque por terra do exército restaurador, fórmula que será aplicada com êxito em 1654.

As guerras holandesas no Brasil ou foram a guerra convencional de sítio das praças-fortes, ou a guerra volante, que só no início do século XIX será designada por "guerrilha", segundo a expressão castelhana adotada pelos espanhóis na sua luta contra o Império napoleônico. Entre nós, as batalhas convencionais dos livros de história militar só se verificaram excepcionalmente: Mata Redonda e as duas Guararapes — mas não Tabocas, que consistiu sobretudo numa macro-operação de guerrilha, nem Casa Forte, que constou do assédio e investida de uma casa-grande de engenho, aparentando-se destarte a uma micro-operação de conquista de praça fortificada. A preferência holandesa pela guerra de sítio e a luso--brasileira pela guerra volante, em que cada lado enxergava sua vantagem comparativa, explica o desinteresse de ambos os contendores pela batalha campal. Como assinalou Geoffrey Parker, em todo o decurso da Guerra dos Oitenta Anos, o exército neerlandês somente por duas vezes batera-se em campo aberto contra os espanhóis, em Turnhout (1597) e em Nieuwpoort (1600).

A iniciativa tomada em Mata Redonda por Rojas y Borja foi impingida aos seus comandados que a reputaram fruto da inexperiência brasileira do general. Por sua vez, o próprio comando neerlandês teve de vencer a relutância dos soldados em travar um tipo de combate a que não estavam habituados. Quanto às duas Guararapes, o objetivo da chefia luso-brasileira limitara-se a barrar a passagem do inimigo rumo aos distritos do sul de Pernambuco, deixando-lhe em ambas as ocasiões a iniciativa do ataque e só se resolvendo a encetá-lo no decurso da segunda refrega, ao constatar que os holandeses haviam decidido regressar ao Recife, dando aos luso-brasileiros a chance de cair sobre sua retaguarda. Por sua vez, o comando batavo resistiu quanto pôde às pressões do governo do Recife em prol do engajamento frontal, cedendo por fim na falta de operação alternativa, só para ver confirmadas suas piores previsões.

Obviamente, a estratégia luso-brasileira não foi condicionada apenas pelas decisões de Madri e Lisboa ou pelas condições locais, mas também pela própria estratégia holandesa. Ao planejar a conquista do Brasil, a WIC julgou realizá-la mediante o acoplamento do bloqueio naval ao sítio das praças-fortes. A esse esquema, amoldaram-se a conquista de Salvador, de Olinda-Recife e os ataques à Paraíba, ao Rio Grande e ao Cabo de Santo Agostinho. Acreditava a direção da Companhia que, uma vez expugnadas as praças-fortes e cessadas as ligações marítimas com Portugal, a região cairia automaticamente nas suas mãos, ao passo que a uma ofensiva contra a América espanhola teria sido indispensável a ocupação de extensos territórios interiores. Segundo o plano de Jan Andries Moerbeeck (1624), só possuindo o Brasil dois núcleos de povoamento importantes, a Bahia e Pernambuco, situados ambos à beira-mar, a conquista neerlandesa não correria o risco de interrupção das suas comunicações com a metrópole nem de se esgotarem as tropas em longas marchas. Quando em 1632 o comando batavo, decepcionado com os resultados obtidos, tomou a iniciativa de testar uma estratégia alternativa, encontrou enorme resistência por parte das autoridades civis na colônia e nas Províncias Unidas. Raros duvidavam da eficácia da estratégia de bloqueio naval + assédio das praças-fortes, embora Willem Usselincx, propagandista incansável da criação da WIC e mais bem informado das circunstâncias da terra, tivesse manifestado ceticismo, antes mesmo das expedições contra a Bahia e Pernambuco, a menos que se dispusesse de efetivos avassaladores, o que não era o caso.

A preferência pelo bloqueio naval + assédio das praças-fortes parecia tanto mais compreensível quanto permitiria tirar partido da superioridade neerlandesa em matéria naval, em artilharia e em engenharia, exigindo menores despesas, poupando gastos com tropa numerosa, além de manter intacto o sistema de produção açucareiro, que, concluída a ocupação, cumpria repor imediatamente em funcionamento. Recomendava-a, por fim, a formação do soldado batavo. Desde o final do século XVI, a guerra das

Províncias Unidas contra a Espanha perdera a fluidez e a improvisação tática dos anos heroicos dos *Zeegeuzen*, espécie de guerrilheiros do mar, e da luta pela Holanda e pela Zelândia, estabilizando-se rotineiramente ao longo das fronteiras dos grandes rios que dividem ao meio os Países Baixos para concentrar-se no sítio e expugnação das praças-fortes.

A correspondência oficial permite acompanhar a revisão a que o comando militar submeteu a estratégia original. Nesta também acreditara Waerdenburch no começo. Com a tomada de Olinda e do Recife, "toda a costa do Brasil não mais será livre e o comércio se estagnará, o que forçará e constrangerá os habitantes a vir ad rem e viver em paz conosco". A despeito do sítio das guerrilhas luso-brasileiras, detrás dos mangues e camboas do istmo, o comando priorizou a fortificação do Recife na previsão de armada luso-espanhola, contra a opinião do Conselho Político, órgão colonial de cúpula, favorável a um ataque frontal que destroçasse o centro da resistência inimiga, o recém-edificado Arraial do Bom Jesus. Foi a primeira de uma série de divergências entre o governo civil e o militar do Brasil holandês. Da metrópole, o Conselho dos XIX também exigia o sítio das praças-fortes portuguesas, mas Waerdenburch escusava-se com a insuficiência de efetivos. Em julho de 1630, seus 3,6 mil soldados, dos quais seiscentos enfermos, não bastariam sequer para defender Olinda e o Recife, que requeriam uma guarnição de 9,5 mil homens.

Mas como na Holanda os diretores batessem o pé, realizou-se a excursão contra a ilha de Itamaracá (1631), que estabeleceu a cabeça de ponte do forte de Orange, mesmo ao risco de enfraquecer o Recife. Quando Waerdenburch propôs o abandono de Olinda, que imobilizava efetivos melhor utilizados ofensivamente, o Conselho Político votou pela consulta prévia aos XIX. Estes, infensos à ideia, terminaram aceitando-a a contragosto. Incendiado o burgo duartino, dispunha-se de tropas adicionais, mas restava decidir o que fazer com elas. Alinhado com as diretivas da metrópole, o Conselho Político instava para que se investisse o Arraial contra a opinião dos oficiais militares, a quem, desagradando igualmente o projeto de uma expedição contra a Paraíba, se inclinavam por rematar a conquista da ilha de Itamaracá. Posta a questão a votos, aprovou-se o projeto paraibano. Quando ele gorou, tentou-se tomar o Rio Grande (1631), onde ocorreu novo fiasco.

Tais disputas decorriam da partilha de poderes instaurada pelo regimento de 1629, ao adotar a aprovação das operações por maioria de votos dos conselheiros e dos oficiais. Como o Conselho Político detivesse a maioria, apenas em caso de discórdia entre seus membros o comando militar tinha a chance de fazer valer seu ponto de vista. Queixava-se Waerdenburch de que "a pluralidade dos votos decidia sempre e, conquanto eu houvesse da questão compreensão inteiramente diferente (o que aconteceu a mim e a meus oficiais muitas vezes) e não deixasse jamais de dar meu melhor parecer, de nada adiantou". A situação só diferia na eventualidade de deliberações in loco, no decurso mesmo das operações, quando prevalecia a autoridade militar, uma vez que nelas o Conselho Político somente se fazia representar por um dos membros, segundo aliás a prática vigente nas Províncias Unidas, onde o *stathouder* e os chefes do Exército ou da Marinha eram acompanhados por um delegado do governo civil.

No início de 1632, Waerdenburch deu-se conta de que a estratégia original da WIC estava na raiz do impasse militar. O Nordeste, que vinha sendo colonizado pelos portugueses havia um século, podia autoabastecer-se de quase todos os víveres, com exceção do vinho e do azeite. Ademais, como a presença naval neerlandesa ainda não inviabilizara totalmente a navegação com Portugal, os colonos continuavam a dispor de meios para resistir. Por fim e ao contrário do que se julgava nas Províncias Unidas, a região contava com população bastante para defender-se. Em resumo: contrariamente ao pressuposto de que, na dependência do comércio com o Reino e em vista da especialização da sua economia, a região seria altamente vulnerável à ruptura das ligações marítimas, ela podia mobilizar recursos em efetivos e víveres.

Segundo Waerdenburch, a alternativa à estratégia de bloqueio naval + assédio das praças-fortes consistiria numa ofensiva que aniquilasse o exército de resistência mediante reforços substanciais, cerca de 4 mil a 5 mil soldados, além de outros 4 mil ou 5 mil imprescindíveis à defesa do Recife. Portanto, tratava-se de algo da ordem de 8 mil a 10 mil homens, o que, aliás, coincide com a estimativa feita, anos depois, pelo governador conde de Nassau, para qualquer operação de conquista, patamar que o Brasil holandês nunca atingiu. Mesmo assim, pretendia Waerdenburch não haver garantia de que, evitando-se a confrontação, os luso-brasileiros não conseguissem prolongar o impasse por mais tempo. Para a WIC, contudo, urgia rompê-lo ao menor custo possível, pois já então suas dificuldades financeiras só haviam sido aliviadas graças a um subsídio do governo neerlandês. Até um mero soldado como o inglês Cuthbert Pudsey surpreendia-se com a capacidade de "uma companhia privada de comerciantes" conseguir "arcar tanto tempo com estes ônus, sem tirar o menor lucro por vários anos, exceto algumas presas de açúcar ao longo do litoral".

Na metrópole, a WIC enfrentava as manobras de Amsterdam, cujo conselho municipal, agora sob o controle dos arminianos, pressionava em favor da paz ou de nova trégua com a Espanha, aproveitando-se de que as negociações secretas de Roosendaal, que a Companhia observava com viva apreensão, haviam revelado o desejo do governo de Madri de se desengajar momentaneamente em Flandres. A conquista de Olinda e do Recife complicara os entendimentos, na medida em que algumas províncias e cidades da República passaram a exigir garantias para o

Brasil holandês, que Amsterdam só se mostrava pronta a dar em troca da abertura da América espanhola a seu comércio. Por deferência a Portugal, a Espanha reclamava a restituição de Pernambuco em troca de Breda (Brabante), mas o governo de Haia só aceitava a cessação de armas com a retenção da sua conquista brasileira.

No verão de 1632, a ofensiva neerlandesa que anexou Maastricht enfraqueceu a posição espanhola, fazendo surgir a possibilidade de um acordo bilateral entre os governos de Haia e de Bruxelas. Mas enquanto em Bruxelas reivindicava-se a evacuação de Pernambuco em troca de Breda e de compensação financeira, em Haia desejava-se limitar o tratado à Europa, continuando o estado de guerra no ultramar; ou cogitava-se também de compromisso pelo qual Pernambuco seria restituído a Portugal em troca da abertura do seu comércio aos neerlandeses. As negociações naufragaram outra vez na obstinação, de um lado, da linha dura nos Estados Gerais (Zelândia, Frísia e Groningen) e nos Estados da Holanda (Leiden, Haarlem e Gouda) e também na sabotagem da França; de outro, pela intransigência de Olivares contra qualquer acomodação que não previsse a restituição de Pernambuco e das praças-fortes do Limburgo, Maastricht e Venlo. Em meados de 1633, os contatos estavam em ponto morto. O *stathouder* Frederico Henrique, descrente das chances de acordo e apoiado pela maioria no parlamento confederal, pronunciou-se pela preservação das conquistas no Brasil, pondo fim aos entendimentos.

No Recife, no final de 1631 e início de 1632, enquanto o Conselho Político teimava em sitiar o Arraial e as demais praças-fortes, os militares continuavam alegando a carência de efetivos para operações dessa envergadura, como demonstrado pelo fracasso das expedições contra a Paraíba e o Rio Grande. Ventilando-se projeto de excursão ao sul de Pernambuco, escolheu-se o rio Formoso, mas, desembarcada a tropa, constatou-se a inutilidade da expedição. Diante da insistência dos oficiais, iniciaram-se preparativos para rematar a conquista da ilha de Itamaracá, posta de lado em face das ordens terminantes do Conselho dos XIX no sentido de atacaram-se alvos de importância. A essa altura, Waerdenburch coroava suas reflexões, formulando uma estratégia antiguerrilha visando à destruição das bases de apoio do exército de resistência no interior. Conquanto os oficiais estivessem convertidos à ideia, o Conselho Político sustentava sua ineficácia, uma vez que o inimigo continuaria a receber reforços de Portugal. Os militares acabaram por ceder, concordando em sitiar o Cabo de Santo Agostinho, iniciativa que, apenas encetada, teve de ser descartada em vista dos riscos excessivos.

Começando o inverno e cessando as operações, o Conselho Político aprovou, sem lhe dar muita importância, um modesto plano proposto por Waerdenburch, a título experimental, visando assaltar a vila de Igaraçu, situada a distância cômoda do litoral. Dado o êxito da iniciativa (1.v.1632), Waerdenburch assegurou ao Conselho dos XIX que se pudesse efetuar, de quando em vez, outras dessas rápidas incursões, que incendiavam e massacravam, eliminar-se-iam as bases locais da resistência nas povoações, engenhos de açúcar e pequenos portos, lançando-se a consternação entre os habitantes e no exército inimigo. Uma vez demonstrado que os soldados do Rei Católico já não podiam proteger os súditos da fúria batava, o derrotismo e o colaboracionismo prevaleceriam entre os luso-brasileiros. Igaraçu assinalou assim uma virada na condução da guerra, pondo termo às divergências entre civis e militares. O Conselho Político aceitou adiar o sítio das praças-fortes em favor de excursões pontuais contra objetivos civis, o que tinha, além disso, a vantagem de poderem ser executadas pelos efetivos disponíveis no Brasil.

A moderna teorização da contraguerrilha é atribuída ao capitão Bernardo de Vargas Machuca, no seu livro *Milícia y descripción de las Indias*, publicado em Madri em 1599.

Nele, o autor reputava "fora de propósito fazer a guerra europeia" na América espanhola, "com sua hierarquia de unidades táticas, suas formações lineares e suas guarnições permanentes", preconizando, pelo contrário, "a criação de grupos de comando para missões de busca e destruição, operando dois anos em profundidade no interior do território inimigo". Contudo, é remota a chance de que Waerdenburch conhecesse a obra, sendo mais provável que ele tenha se inspirado nas táticas empregadas na Irlanda pelos ingleses e também na Alemanha no decurso da Guerra dos Trinta Anos, pois dali procedia boa parte dos oficiais e soldados da WIC, inclusive o próprio comandante.

As fontes luso-brasileiras reconhecem o impacto do saque de Igaraçu e do massacre dos seus colonos sobre o moral da população. Como assinalam as *Memórias diárias*, o comando da resistência logo se deu conta de que a operação

> facilitaria outras [...] pelo interesse dos roubos e porque se iriam fazendo senhores do campo; e se, por esta causa, os moradores o desamparassem, abandonando (como alguns começavam a fazer) suas casas [...] ficávamos privados dos grandes serviços que prestavam [...] com seus carros, pretos e cavalos, para ajudarem a comboiar para o Real [isto é, o Arraial] todo o necessário, e para plantar as roças e mais mantimentos, como arroz e legumes.

As excursões seguintes contra a Barra Grande e o rio Formoso confirmaram o acerto da contraguerrilha. Na correspondência apresada em barcos portugueses, os holandeses puderam ler, entre outras, esta descrição gráfica de um senhor de engenho do sul de Pernambuco a um amigo em Portugal:

> o inimigo marchou contra Porto Calvo e no caminho incendiou o engenho de Manuel Ramalho assim como

já fizera aos de Domingos de Oliveira e de Miguel Álvares. Ele faz o que bem entende e carrega muito gado, pois lhe faltam víveres [...]. Ele atacou diversos lugares. Em Igaraçu, apossou-se de 80 mil ducados em joias e em ouro; caiu sobre Sirinhaém, que foi inteiramente saqueada; em outros lugares, pôs fogo a muitas casas e levou quantidade de gado. Como se não bastasse, ocorreu uma grande enchente que causou danos de 200 mil ducados [...]. Se faz tudo isto sem haver recebido reforços da metrópole, o que não fará quando os receber?

Mediante a conquista do forte dos Afogados (1633), os neerlandeses levaram a contraguerrilha à Várzea do Capibaribe, principal distrito açucareiro inutilizando a linha de estâncias que, contornada doravante pelo sul, podia ser atacada pela retaguarda. A posição permitia também controlar a estrada carroçável que ligava a Várzea às freguesias meridionais, cortando as comunicações entre o Arraial e o Cabo de Santo Agostinho (segunda praça-forte de importância e principal porto luso-brasileiro) e relegando as tropas da resistência às estradas vicinais, o que complicou seus problemas logísticos. A partir dos Afogados, os holandeses também ganharam acesso aos distritos centrais, com o resultado, informam as *Memórias diárias*, de que

> não poucos moradores desampararam suas casas e fazendas por verem o inimigo fortificar-se naquele lugar, com o que nos foi faltando no Real a comodidade e serviços que nos prestavam estes vizinhos [...] como cada dia se experimentou, pela facilidade com que por ali penetraram no campo.

Do Arraial, já não se pôde socorrer, com a brevidade necessária, as demais praças-fortes. Em Itamaracá, onde a resistência isolara os holandeses no forte de Orange e construíra do outro lado do canal uma linha de redutos que defendia os engenhos da terra firme, uma ofensiva bem-sucedida consumou a conquista da ilha em junho de 1633, obrigando os luso-brasileiros a abandonarem as trincheiras e possibilitando ao inimigo lançar os mesmos assaltos que já afetavam a Várzea. Datam de então, meados de 1633, os primeiros entendimentos secretos de "pessoas importantes da Várzea" com agentes do governo holandês. Como lhes declarou um desses pró-homens, em conversa "à sombra de uma árvore", ele e muitos outros senhores das redondezas estariam inclinados aos batavos, de quem esperavam, contudo, reconhecerem que "a destruição dos engenhos era muito prejudicial, pois [...] estas são nossas minas, que não cederemos por nada neste mundo". O Conselho Político concordava em que as fábricas de açúcar eram o Potosi brasileiro, tendo todo interesse também em poupar o sistema produtivo dos estragos da contraguerrilha. Daí que concedesse, na Várzea e na terra firme de Itamaracá, certo número de salvaguardas destinadas a poupar as propriedades em troca do pagamento de resgate em açúcar.

O sistema, porém, não chegou a funcionar a contento, devido inclusive ao temor luso-brasileiro de retaliações da parte do exército de resistência. Encerrada a safra 1633-4, uma autoridade holandesa constatava que os engenhos situados nas freguesias em torno do Recife (Cabo, Muribeca, Jaboatão, a Várzea e São Lourenço) e na terra firme de Itamaracá achavam-se abandonados, inclusive os daqueles proprietários que detinham salvaguardas. Assim, não haviam entregado as correspondentes partidas de açúcar, um deles já devia mais de mil florins a comerciantes neerlandeses na ilha. A título de lição, certo senhor de engenho da Várzea teve a fábrica queimada pela tropa batava, por ter, a despeito da garantia, se reunido novamente ao exército de Matias de Albuquerque. Tal regime, concluía outro funcionário da WIC, só redundava em vantagem dos luso-brasileiros. A emissão desses documentos foi, portanto, suspensa para obrigar seus beneficiários a tomarem partido de uma vez por todas.

Em breve, a contraguerrilha estendeu-se a toda a costa, mercê do poderio naval tático, que assegurava a dispersão e a mobilidade dos contingentes. Dependendo da extensão da área visada, a tropa, que podia chegar a quinhentos ou seiscentos, subdividia-se em companhias de cinquenta, sessenta ou setenta soldados, caindo de surpresa sobre os engenhos e povoações da marinha, sem, contudo, se adentrar demasiado pela zona canavieira. No caso de ataques a núcleos de maior densidade demográfica, como Igaraçu, Goiana ou a Várzea, os efetivos compreendiam entre trezentos e seiscentos homens. Tratava-se de cifras bem inferiores às que teriam sido imprescindíveis nas operações de sítio, que mobilizavam entre mil e 1,5 mil soldados, a exemplo dos assédios ao Arraial em 1634 e 1635 ou da ofensiva contra a Paraíba.

A historiografia do período acentuou o papel estratégico do poder naval neerlandês mas ignorou seu emprego tático, que não foi menos relevante, graças à experiência adquirida nas operações ao longo do complexo sistema flúvio-marítimo durante a guerra dos Países Baixos. Também sob esse aspecto, Waerdenburch compreendeu o partido a tirar das forças limitadas a seu alcance. Em 1631, ele lamentava que os navios de grande porte ancorassem ociosos a maior parte do tempo, desperdiçando víveres, imobilizando efetivos e exigindo manutenção, quando o domínio do litoral requeria sobretudo iates e chalupas que acedessem aos pequenos portos (muito frequentados pelos luso-brasileiros depois da perda do Recife), fechando barras, subindo os pequenos cursos d'água e saqueando os engenhos ribeirinhos. O conselheiro Servaes Carpentier era da mesma opinião. A conquista do interior dependeria do bloqueio dos rios, tarefa para que eram inaptos os cruzadores.

Graças ao conhecimento minucioso das condições de navegação no Nordeste, os neerlandeses podiam atacar, em poucas horas, pontos litorâneos afastados do Recife que as tropas luso-brasileiras, limitadas às comunicações terrestres, levavam dias para alcançar a partir do Arraial. Segundo o donatário, o inimigo

> começou a dividir por aquela costa seus navios, não só para apresar o que pudesse como porque souberam que nos entravam em alguns portos caravelas de socorro e queriam estorvá-las. Assim cada dia nos apertava mais, sendo-lhes agora fácil o caminho por mar, onde não temiam os capitães de emboscadas que em terra os assaltavam com tanto dano seu. O dano que ele nos causou com essa vantagem foi muito grande, porque navegando com vento em popa para sudoeste quando soprava nordeste, e para o norte e nordeste quando reinavam sueste e sul (são os que dominam naquela costa alternativamente de seis em seis meses), chegavam em poucas horas aos portos que por terra não podíamos socorrer em muitos dias, já pelas distâncias, já pelos muitos rios que neste país demoram a marcha.

Por sua vez, Bagnuolo, ao constatar que "o modo de guerra que fazem hoje é para destruir todos os engenhos que estão perto do mar, pois fazem correrias em todas as águas vivas", calculava que a diferença entre a rapidez do deslocamento por terra e por mar era de, pelo menos, quatro para um.

Como a utilização da força naval tática pressupunha o domínio naval estratégico, o exército de resistência estava impedido de empregá-la, embora cogitasse em fazê-lo. Em 1632, Filipe IV solicitou ao governo de Portugal que se adotassem no Brasil os "navios de remo que se usam na Índia", isto é, as fustas ou sanguicéis, embarcações chatas dispondo de falconetes e de duas dezenas de soldados. Aprovado o projeto por uma junta de peritos, resolveu-se armar duas esquadras de navios de remo, num total de dezesseis embarcações. Mas compreensivelmente a medida restringiu-se à Bahia, onde o governador-geral Pedro da Silva estendeu a obrigação de armá-las aos senhores de engenho e lavradores de cana do Recôncavo. Quando da sua estada em Salvador, a armada do conde da Torre as requisitará, embora suas instruções houvessem previsto unidades adicionais, inclusive canoas grandes, à moda do Rio de Janeiro.

Do ponto de vista da WIC, a contraguerrilha não poderia ser empregada a fundo sob pena de destruir o sistema produtivo, mas somada às excursões campanhistas luso-brasileiras a partir de 1635, fê-lo de maneira substancial. Ademais, ela habilitou o comando neerlandês a retomar, dessa vez com êxito, a estratégia original de assédio das praças-fortes, selando a sorte do domínio lusitano. Em dezembro de 1634, com a capitulação da Paraíba, o exército batavo pôde avançar desimpedidamente pela capitania de Itamaracá e pelo norte de Pernambuco para completar o cerco dos principais baluartes, o Arraial e o Cabo. Em meados de 1635, só restava ao exército de resistência recuar para o sul de modo a garantir em Alagoas a cabeça de ponte em que acolher o socorro a ser trazido por Rojas y Borja; a manter-se em território alagoano entre a derrota da Mata Redonda (1637) e a conquista de Porto Calvo por Nassau (1637); e finalmente, com a retirada para a margem meridional do São Francisco, a recorrer à tática da terra arrasada, despachando contra o Brasil holandês os contingentes de campanhistas encarregados de abrasar canaviais e engenhos. As posições tinham se invertido.

Mais do que o resultado dos reforços enviados da metrópole, como supôs Oliveira Lima, o colapso luso-brasileiro foi o triunfo da contraguerrilha. Não houve acréscimo líquido de efetivos neerlandeses durante a guerra de resistência, pois os reforços destinavam-se via de regra a preencher as baixas causadas pelas refregas e pela expiração dos contratos. No final de 1631, a WIC mantinha 4477 soldados e 2240 marinheiros; três anos depois, 4136 soldados e 1528 marinheiros. Ao partir contra a Bahia (1638), Nassau recenseou 4400 soldados, dos quais mil eram índios; em 1639, ao preparar a defesa contra a armada do conde da Torre, o exército de terra montava a 4320 homens. A partir de 1641, com o tratado de trégua luso-neerlandês, ocorrerão reduções substanciais por motivo de economia.

Por outro lado, a chegada de tropas frescas da metrópole não era necessariamente vantajosa, dada a dificuldade da sua adaptação aos trópicos. Soldados vigorosos do norte da Europa tornavam-se muitas vezes aquelas "sombras vivas" a que se referiu Waerdenburch. Pierre Moreau os descreverá: fracos, descarnados, incapazes de esforço físico, caindo pelas ruas ou morrendo no hospital, vítimas do escorbuto, da disenteria e dos vermes. Donde o empenho das autoridades em persuadir os aclimatados a renovarem os contratos, no que tiveram certo êxito, pois muitos deles já tinham em 1638 cinco, seis ou sete anos de terra. Um veterano destes valia mais do que três recém-chegados, ademais da conveniência de permanecerem como colonos depois da desmobilização.

Ao contrário da guerra de resistência, a da restauração logrou manter uma frente estável. Seu prólogo, a insurreição luso-brasileira de 1645, foi originalmente planejado como uma fulminante operação contra o Brasil holandês, mas seu êxito parcial desembocou num conflito de nove anos. Apoiados por contingentes do antigo exército de resistência que, vindos de Salvador por terra e mar, ocuparam o Cabo de Santo Agostinho, de modo a contar com um porto marítimo para as comunicações com Portugal, os insurretos deveriam sitiar o Recife e as guarnições litorâneas, rendendo-as uma a uma, simultaneamente com o bloqueio naval pelos galeões da Coroa que, sob o comando de Salvador Correia de Sá e Benevides, comboiavam a frota do açúcar do Rio e da Bahia com destino ao Reino. Tratava-se, como advertiu C. R. Boxer, de um conjunto complexo de operações a exigirem "um timing perfeito", difícil de conseguir "em termos das ligações marítimas e terrestres entre Pernambuco e a Bahia". No final das contas, o projeto ficou comprometido pela recusa de Salvador Correia em desincumbir-se do papel que lhe fora atribuído.

Em junho de 1645, Fernandes Vieira deflagrou o levante na Várzea, a que se seguiram semanas de indecisão, uma vez que os insurretos, à espera dos contingentes da Bahia, evitaram inicialmente o exército holandês que saíra no seu encalço. Em agosto, porém, os acontecimentos precipitaram-se com as vitórias de Tabocas e da Casa Forte, que encurralaram os batavos no Recife; com a chegada das tropas de Henrique Dias e de Camarão, que marcharam pelo interior; com o desembarque em Sirinhaém dos terços de André Vidal de Negreiros e de Martim Soares Moreno; e com o suborno da guarnição do Cabo, que lhes entregou a praça-forte. Quando, porém, a frota de Salvador de Sá apresentou-se diante da capital, o governo holandês cominou-a a partir. Tendo seu conselho de guerra reforçado suas dúvidas acerca da viabilidade do bloqueio em pleno inverno, Salvador de Sá seguiu viagem rumo a Portugal, enquanto a força-transporte de Serrão de Paiva era destruída por Lichthart em Tamandaré. Em setembro, o levante da Paraíba também isolou os holandeses na cidade homônima, ao passo que em Alagoas rendiam-se os presídios de Penedo e Porto Calvo.

Ao cabo do primeiro trimestre de insurreição, os luso-brasileiros controlavam o interior, havendo reduzido o poder holandês ao Recife, ilha de Itamaracá, Fernando de Noronha e às fortificações costeiras da Paraíba e Rio Grande. Na síntese de J. A. Gonsalves de Mello,

> um episódio que se esperava fosse de desfecho rápido — o ataque por terra sincronizado com o bloqueio marítimo da esquadra — ia transformar-se numa luta cuja

duração não se podia prever e cujo resultado era mais incerto, pois ia pôr frente à frente, ainda uma vez, o enorme poder econômico e militar da Holanda contra o de Portugal e dos moradores do Brasil, no período de crise em que ainda se achava o mundo português, depois da ascensão ao trono do duque de Bragança.

O exército restaurador teve de recriar, portanto, o impasse dos primeiros anos da resistência. Mas doravante a frente militar não passará por modificações de monta, embora substancialmente reduzida em 1646, diante da chegada de reforços holandeses, ao proceder o comando luso-brasileiro à evacuação de toda a população das capitanias do Rio Grande, Paraíba, Itamaracá e do distrito de Igaraçu, vale dizer, todo o território ao norte de Olinda, transferindo-a para o sul de Pernambuco, de modo a diminuir drasticamente o perímetro de defesa e a concentrar efetivos no sítio do Recife. Assim, a guerra da restauração desenrolar-se-á quase toda ao longo dos poucos quilômetros da linha de estâncias que, apoiada agora pelo Arraial Novo, permitia como outrora isolar a capital. Para a chefia neerlandesa, o problema voltou a ser o de romper um cerco implacável. E a tentativa de fazê-lo deu origem aos dois principais episódios bélicos do período, as batalhas dos Guararapes em 1648 e 1649. Fracassando também os ataques navais a Itaparica (1647), ao Recôncavo baiano (1648) e ao Rio de Janeiro (1649), e privados de meios para nova ofensiva, os holandeses adotaram uma postura defensiva até a capitulação final em 1654.

Ao reencontrar-se com o problema estratégico de 1630-2, o governo do Recife achava-se em circunstâncias bem diversas. Em parecer a Nassau, ao receber-se nas Províncias Unidas a notícia da insurreição pernambucana, Gaspar Dias Ferreira esboçou as opções da WIC. A primeira, negociar um perdão geral, com indenização dos danos e restituição dos bens sequestrados pelos insurretos, com a volta dos religiosos expulsos e a plena liberdade do culto católico. A anistia revelando-se improdutiva, restavam os meios da força. A guerra terrestre requereria um exército de 10 mil homens, sem que houvesse ao menos garantia de êxito, pois "com a longa experiência da guerra passada, todos [os luso-brasileiros] são soldados e todos hão-de pelejar até morrer". Por sua vez, sua derrota seria contraproducente, pois em retaliação eles abrasariam canaviais e engenhos, retirando-se com os escravos para a Bahia — "e este dano é irreparável e sem remédio algum". O Brasil holandês ficaria devastado por muitos anos e a WIC, reduzida às presas marítimas. Mesmo se reconstruído, o sistema produtivo continuaria à mercê dos ataques campanhistas, como bem sabia Nassau, que só os pudera finalmente debelar graças à trégua de 1641. Sem a cooperação dos colonos luso-brasileiros, que contavam agora com uma importante motivação para a luta como fosse a ascensão de rei natural ao trono português, seria inviável reerguer a economia açucareira, tanto mais que os holandeses nunca haviam dominado suas técnicas de produção. Concluía Gaspar Dias Ferreira que a guerra devia ser limitadamente naval, bloqueando-se os portos e estorvando-se a navegação e o comércio dos insurretos, não na expectativa de levá-los à capitulação, mas tão somente no objetivo de coagir Portugal a restituir o Nordeste por via diplomática. Na hipótese de não se alcançar esse propósito, só restaria à WIC negociar sua cessão em troca de indenização financeira.

Diante da eficácia com que a insurreição segregou os neerlandeses no Recife e praças-fortes costeiras, o alemão Sigismund von Schkoppe, que militara outrora sob as ordens de Waerdenburch, recorreu à lição do antigo chefe. Mas os efetivos eram insuficientes até mesmo para operações de contraguerrilha. Confiada no tratado de trégua de 1641 entre Portugal e os Países Baixos, a WIC, por economia, reduzira seus efetivos no Brasil, medida cuja imprudência Nassau denunciara em vão. Ao rebentar o levante restaurador, o governo do Recife contava apenas com 2 mil soldados, oitocentos milicianos, seiscentos a setecentos marinheiros e a gente do trem de artilharia. Descontadas as guarnições, sobravam apenas trezentos homens e duzentos índios. A força trazida por Schkoppe em 1646 não modificou a situação de maneira apreciável. Ele estimava que, sem contar os presídios, seriam necessários 2 mil soldados para romper o sítio a que fora submetido o Recife. Cálculo aliás conservador, uma vez que, como referido, Nassau estimava um mínimo de 7 mil homens para guarnecer as fortalezas e um exército de campanha entre 2 mil e 3 mil efetivos.

A direção da WIC não estava em condições de atender à reivindicação de Schkoppe, o qual, depois de várias tentativas de reeditar a contraguerrilha, concluiu pela impossibilidade de fazê-lo. É certo que em toda a área evacuada ao norte de Olinda, suas tropas podiam excursionar por dez ou doze léguas de profundidade a partir do forte de Orange. Eram, porém, operações destituídas de utilidade em vista do deserto em que a zona se transformara. Contra a região povoada, do Recife para o sul, a contraguerrilha tornara-se ineficaz, pois, como referia Schkoppe,

> logo que marchamos, o que sucede muitas vezes, para ver se lhes podemos tirar alguma vantagem, eles [os luso-brasileiros] saem também, mas quando percebem que somos mais fortes, regressam imediatamente às passagens estreitas e às matas, onde os nossos devem inevitavelmente chegar e onde nada podemos esperar, salvo ver nossas tropas dizimadas à direita e à esquerda. Nos matos, não podemos obter vantagem alguma sobre eles, e muito menos desalojá-los das suas posições, de maneira que nada há a fazer, exceto ao preço de grandes riscos e da perda de muitos homens.

Só restava ao comando neerlandês o recurso à diversão naval, com suas variantes. A primeira, limitada ao Brasil holandês, visando forçar os luso-brasileiros a despacharem parte da tropa em socorro dos pontos atacados, de modo a aliviar o sítio do Recife e abrir caminho a novas tentativas contra o interior. A segunda, de escopo mais amplo, prevendo represálias contra a Bahia ou o Rio de Janeiro, a fim de induzir o governo-geral a retirar contingentes de Pernambuco. Uma ofensiva contra Salvador, a exemplo da que tentara Nassau em 1638, tornara-se impossível devido à limitação dos efetivos. Por fim, havia a alternativa final de um ataque frontal contra o exército insurreto, o qual, dependendo da reação, poderia provocar uma batalha campal em que a superioridade militar batava terminasse por se impor.

De 1646 a 1649, o comando neerlandês testou essas alternativas. O governo do Recife favorecia o ataque frontal enquanto a chefia militar preferia as ações diversionistas ao longo do litoral. A argumentação do oficialato contra a tentativa de romper o cerco da capital era idêntica à usada outrora. Vencidos, os inimigos se dispersariam pelas matas em pequenos contingentes, sem que a força neerlandesa, curta de víveres, pudesse alcançá-los ou impedir que se reunissem. Schkoppe também pensava assim, consciente de que, caso a cartada pretendidamente definitiva fosse vitoriosa, ele ainda teria de se instalar numa posição interior, como Muribeca, para dali, de volta à estaca zero, recomeçar a contraguerrilha. Schkoppe acabou, porém, cedendo às autoridades civis. Somente no decurso do debate que teve lugar depois da primeira derrota nos Guararapes é que ele se alinhou com o ponto de vista dos comandados, propondo a conquista do Rio de Janeiro ou a devastação do Recôncavo baiano, sugestões descartadas pelo governo do Recife. O descontentamento com o imobilismo do exército era particularmente vivo entre os habitantes da capital, favoráveis também ao ataque frontal por acreditarem que pretender triunfar mediante excursões diversionistas era o mesmo que fazer como o mosquito, "voar em torno do fogo e queimar-se", nas palavras do *Diário de Arnhem*.

Em ambas as batalhas dos Guararapes, o exército da WIC retrocedeu com perdas maciças. As expedições marítimas ao sul de Pernambuco resultaram infrutíferas. Mesmo a poderosa armada que o governo neerlandês confiou a um dos seus mais célebres almirantes, Witte de With, nada realizou de militarmente relevante na Bahia ou no Rio de Janeiro, embora o saque do Recôncavo resultasse no incêndio de 23 engenhos e no butim de 1,5 mil caixas de açúcar. Não contando o governo do Recife com recursos para mantê-la no grau de preparação exigido pelo profissionalismo de De With, este regressou à pátria, abandonando o Brasil holandês à própria sorte. Considerando desconsoladamente a situação, Moreau não via saída. Do Ceará a Olinda, o interior achava-se completamente deserto, nada havendo o que fazer a partir das praças-fortes das capitanias do Rio Grande, Paraíba e Itamaracá. Os portugueses eram senhores de todo o campo habitado e de todas as posições, da latitude do Recife até o Rio de Janeiro.

O envio da armada de De With denotava, aliás, o estado a que em poucos anos ficara reduzido o poderio naval da WIC. Para o reforço de 1646, ela teve de recorrer ao empréstimo de navios do almirantado da Zelândia e a um subsídio dos Estados Gerais. À chegada do almirante em 1648, o Brasil holandês dispunha apenas de cinco embarcações velhas e de alguns iates. O corso, que dera outrora vultosos benefícios, fora terceirizado a uma organização zelandesa cujas embarcações haviam ficado ociosas em virtude da capitulação de Dunquerque (1646). Em vão, o governo do Recife solicitava navios de pequeno porte. Revendo a ideia consagrada segundo a qual a paz hispano-neerlandesa de Munster (1648), privando-a dos lucros do corso, constituíra a causa do declínio naval da WIC, W. J. van Hoboken demonstrou que ela já se fazia sentir desde 1640, portanto bem antes do fim do conflito na Europa, como indica igualmente o despreparo da defesa marítima do Brasil holandês por ocasião do ataque da armada do conde da Torre. Examinando os elementos reunidos por Irene A. Wright sobre o Caribe no período 1621-48, Hoboken concluiu que se até 1640 a WIC utilizava ali grandes frotas, elas tinham desaparecido desde então, ao passo que, no tocante às atividades corsárias da Companhia, as fontes espanholas silenciam a partir de 1644.

À deterioração do poderio da WIC não esteve evidentemente alheia a crise do preço do açúcar em Amsterdam, que, iniciada em 1638 nessa cidade, se agravou com efeitos críticos para o Brasil holandês a partir de 1642. A trégua luso-neerlandesa de 1641 também aumentou os embaraços financeiros da Companhia ao sustar a guerra de corso contra a navegação portuguesa, que só recomeçará em 1647, quando a insurreição pernambucana zerou a receita brasileira da WIC. Quanto aos "fatores políticos" que, na interpretação de Hoboken, determinaram sua ruína, em especial a sistemática hostilidade de Amsterdam, não teriam porventura conseguido destruí-la caso ela já não estivesse financeiramente fragilizada.

Diante das derrotas dos Guararapes e da deserção da armada de De With, os Estados Gerais optaram por uma estratégia defensiva no Brasil e ofensiva na Europa, mediante o bloqueio da barra do Tejo. Mas ao longo do período 1649-54, eles ficaram paralisados primeiro pela crise entre a província da Holanda e o *stathouder*, depois pela guerra anglo-neerlandesa. Com o inesperado falecimento de Guilherme II, a Holanda tomou as rédeas da Confederação, reestruturando as instituições políticas de acordo com suas concepções políticas. Resolvido o problema interno, sobreveio o conflito externo, decorrente das disputas comerciais com a Inglaterra. No mar do

Norte e no Báltico, as Províncias Unidas sofreram sérios reveses nas mãos da marinha inglesa. Em 1654, assinou-se o tratado de Westminster, que pôs fim à luta, porém nesse ínterim, aproveitando-se da conjuntura favorável, a terceira armada da Companhia Geral de Comércio do Brasil e o exército restaurador haviam levado o Brasil holandês à capitulação.

5
Guerra de Flandres e guerra do Brasil*

Guerra de posições e guerrilha. Eis os modelos entre os quais oscilam as guerras de resistência e de restauração, sem nunca serem completamente uma ou outra. Eis, lado a lado, em exótica convivência, a guerra europeia e a guerra brasílica, o veterano de Flandres e o capitão de emboscadas, o soldado do Reino e o soldado da terra. A luta contra as tropas da WIC consistiu numa combinação das técnicas da arte militar e da guerrilha. Aquela, produto de uma ecologia, de uma sociedade e de uma economia bem distintas da ecologia, da sociedade e da economia coloniais, achou-se, uma vez transplantada para o Brasil, obrigada a compactuar com circunstâncias bem diversas das do Velho Mundo. Aliás, aos portugueses não doeria demasiado tal esforço de acomodação, em vista da marginalização em que se encontravam relativamente à tecnologia militar. Marginalização que os predispunha a um inconvencionalismo saudável; e que não era só lusitana, pois dela compartilhavam, por diferentes motivos e em diversos graus, outras nações europeias.

Pois o que se entendia por guerra de Flandres, isto é, a guerra travada nos Países Baixos entre a Espanha e as Províncias Unidas, não esgotava as formas de conflito bélico na primeira metade de Seiscentos. A guerra de sí-

---

* Capítulo VII de *Olinda restaurada*, op. cit.

tio das posições estratégicas constituía o privilégio das áreas mais desenvolvidas, como os mesmos Países Baixos, ou então a Lombardia, que eram os pontos quentes do equilíbrio continental. Representando seu mais sofisticado figurino, a guerra de Flandres foi uma guerra de sítio pelo controle das praças-fortes ao longo dos eixos fluviais que sulcam a região; e sua arma fundamental, a artilharia e a minagem. As batalhas campais não ocorriam com frequência, verificando-se via de regra quando o exército inimigo corria em ajuda à praça sitiada para forçar o adversário a levantar o cerco que havia posto.

A guerra de Flandres só podia ser empregada, portanto, naquelas áreas dotadas da competente infraestrutura de fortificações construídas segundo a "traça italiana", ou seja, o estilo de engenharia militar que se viera impondo a partir do final do século xv e início do xvi. A novidade consistia em substituir a função eminentemente logística das antigas praças-fortes (como depósito de armas e munições e alojamento de soldados) pela sua utilização defensiva, de modo a torná-la infensa ao desenvolvimento da artilharia. Destarte, a guerra de Flandres, guerra de ricos, limitou-se praticamente àquelas zonas que eram também o centro da economia europeia. Por exemplo, na Alemanha, que, com exceção da Renânia, carecia de um sistema denso de fortificações, a Guerra dos Trinta Anos não assumiu o feitio da sua vizinha dos Países Baixos, caracterizando-se também por cruentas batalhas campais e pela estratégia de terra devastada.

É evidente que o domínio espanhol em Portugal teve interesse em impedir, como salientou Antônio de Souza Júnior, que "as forças armadas lusitanas acompanhassem a evolução da arte militar e se mantivessem sempre bem instruídas e aparelhadas". Na realidade, o atraso português era mais antigo. Da paz das Alcáçovas (1479), que liquidou as veleidades castelhanas de d. Afonso v, à guerra da Restauração (1640-68), que sepultou a união dinástica com Castela, o Reino nem conhecera guerra civil nem participara dos conflitos europeus. A invasão castelhana de 1580, que pôs a coroa na cabeça de Filipe II, foi antes um desfile militar dos terços do duque de Alba, e, salvo nos Açores, um cruzeiro da armada de d. Álvaro de Bazán. A imunidade portuguesa à conflitividade europeia é tanto mais excepcional quanto o século XVI gerou penosos deslocamentos econômicos, políticos e sociais, com seu cortejo de guerras internas e externas. Embora também passasse por tais dificuldades, Portugal ficou isento da violência. Mesmo ao que J. H. Elliott chamou "a crise geral da década de 1560" (conflitos religiosos na França, revoltas nos Países Baixos, na Escócia e na Inglaterra, levante mourisco na Espanha), Portugal permaneceu indene. A concentração de esforços na exploração e defesa do império colonial permitiu-lhe abrandar as tensões que, na metrópole, tendiam a desafiar a ordem estabelecida, se bem as guerras ultramarinas tenham cobrado um alto preço.

Consoante d. Francisco Manuel de Melo, os portugueses teriam sido os últimos a aderir às inovações da arte militar, inclusive "aquele louvável costume de repartir em determinadas porções toda a infantaria do exército", ou seja, a criação dos terços de piqueiros e mosqueteiros que desde o início de Quinhentos explicava o sucesso das armas castelhanas na Itália e alhures. Somente no reinado de Filipe II é que tais regimentos introduziram-se em Portugal, assim mesmo esporadicamente, "de maneira que jamais podíamos conservar nem capitães nem soldados velhos", isto é, experientes. Para a guerra colonial, o modelo da guerra europeia era irrelevante, pois "nas guerras particulares da nossa gente, que se reduziram a conquistas da Índia e praças da África, não parecia de grande conveniência mudar a forma primeira com a qual elas se ganharam e foram conservadas". No entanto, a rivalidade ultramarina com os holandeses e ingleses mudou radicalmente a situação, pois havendo eles levado para o Oriente "as ordens e rigorosa disciplina da Europa", em vão os portugueses tentaram opor "nosso valor, regulado pelos antigos preceitos e esses, mal observados".

A Restauração de 1640 surpreendeu Portugal num estado de despreparo militar que só não resultou de imediato em consequências graves devido a que, nesse primeiro decênio, o governo de Madri optou por sufocar a insurreição da Catalunha, que vulnerava seriamente a fronteira com a França, sua grande inimiga, adiando assim a tarefa de esmagar a secessão lusitana, estrategicamente menos ameaçadora. Diante do desmazelo em que se achava o sistema defensivo português, tornou-se estimável o traquejo dos oficiais e soldados que haviam participado da resistência no Brasil ou da guerra de Flandres e da Catalunha, na sua condição de ex-súditos do Rei Católico. Um papel intitulado *Males que Deus permitiu para bem de Portugal*, redigido nos anos do conflito com a Espanha, menciona "a guerra dos holandeses no Brasil", a qual formou "capitães e soldados práticos neste Reino". E do fundo da sua masmorra italiana, o infante d. Duarte, que militara no exército austríaco durante a Guerra dos Trinta Anos, aconselhava d. João IV a aproveitar os veteranos luso-brasileiros como capitães de infantaria, reservando os de Flandres à cavalaria.

Já em 1641 El Rei oferecia aos soldados que houvessem regressado ao Reino depois da sua aclamação "paga e meia do seu soldo conforme ao último posto que haviam servido". Seu embaixador em Haia esforçou-se por recrutar não só os veteranos portugueses do exército espanhol dos Países Baixos como também os soldados que, feitos prisioneiros no Nordeste, eram mandados à Holanda. Quando, depois da capitulação do Brasil holandês em 1654, se reduziram os efetivos do exército luso-brasileiro, o Conselho Ultramarino encaminhou uma sugestão do governador de Pernambuco no sentido de se incentivar os desmobilizados a militarem no Alentejo. Um deles, João Soares de Albuquerque, depois de distinguir-se ali, regressou à terra como mestre de campo do terço de Olinda. E em algumas das táticas empregadas por Matias de Albuquerque nas campanhas alentejanas, Belisário Pimenta vislumbrou "reflexos da luta contra os holandeses no Brasil, em que Albuquerque, com poucas forças, manteve em constante alerta um inimigo forte, bem instalado e com bases marítimas livres".

Uma das dificuldades de estudar o desempenho bélico dos lusitanos no ultramar reside na pobreza da literatura militar no Portugal de Quinhentos e Seiscentos. Em 1631, o *Abecedário militar*, de João de Brito de Lemos, tentou preencher a grave lacuna que consistia na falta de compêndios atualizados. Só existia até então a obra de Luís Mendes de Vasconcelos, intitulada *Arte militar*, publicada em 1614. Lacuna que, por lhe parecer motivo de justificado espanto num país que produzira "muitos e valorosos soldados da Índia, Flandres, Brasil e de outras conquistas", estimulou as pretensões teóricas de um mero alferes como Brito de Lemos. Parte da explicação deve encontrar-se na noção generalizada segundo a qual a experiência dispensava o estudo da doutrina, se é que esta era realmente possível, noção reforçada pelo pragmatismo lusitano. El Rei d. Sebastião, por exemplo, fora dos que acreditavam na impossibilidade de reduzir a guerra a um corpo de regras, convicção para a qual não terá sido irrelevante o desastre de Alcácer El Kebir.

Brito de Lemos insurgia-se contra tal concepção, sustentando que "o militar não é arte que com a continuação de andar na guerra se sabe, antes é arte que consta de regras e preceitos que ensinam a fazer a guerra ordenadamente". Daí que, malgrado a epopeia colonial, não se deva a um português mas a um castelhano a autoria do "primeiro manual de guerra de guerrilha jamais publicado", a já aludida *Milícia y descripción de las Indias*, de Bernardo de Vargas Machuca, impresso em Madri em

1599. Contudo, tal preconceito antiteórico não era especialidade lusitana, originando-se também numa ética aristocrática que tinha interesse corporativo em fazer da vocação bélica um dom do sangue e da bravura pessoal; e do conhecimento militar algo essencialmente prático que se aprendia no campo de batalha e não nas aulas. Basta lembrar o ceticismo com que foram recebidas na Europa as primeiras academias militares, como, entre outras, a célebre escola de Siegen, na Alemanha, fundada pelo pai do conde de Nassau.

Em vão procurar-se-á nos escritos lusitanos a descrição de modelos que não os estritamente europeus, assim mesmo ilustrados não em função da experiência nacional mas à luz dos autores, antigos e modernos, que haviam versado sobre o tema. O desinteresse de Mendes de Vasconcelos pelos estilos ultramarinos de guerra derivava não só da sua militância nas guerras italianas do tempo, mas também da convicção acerca da sua irredutibilidade à formulação teórica, pois, como afirmava,

> as emboscadas e os melhoramentos de sítios são coisas tocantes à especulativa, a qual nesta arte [militar] tem tão pouca probabilidade que se lhe não podem dar regras certas e infalíveis como aos preceitos da prática, porque ainda que se tenha muito especulado [sobre] a emboscada e o estratagema, pode o sucesso ser diferente do que se esperava.

Daí o convencimento, expresso em outra obra de Mendes de Vasconcelos, de que a expansão portuguesa na Ásia não acarretara qualquer benefício à milícia do Reino, a tal ponto divergia a guerra europeia das guerras do Oriente. Essa escassa utilidade pedagógica devia-se a que, nelas, "o desordenado acometer tem dado muitas vezes grandes vitórias; e cá só prevalece a disciplina e ordem militar". Os ardis eram também encarados com suspicácia, uma vez que não manifestariam a bravura do soldado, apenas uma esperteza incompatível com a honra militar e própria só de pícaros e de gente popular. É, aliás, significativo que a primeira obra portuguesa a reconhecer que os tais ardis não são apenas "úteis mas ainda honrosos", a *Doutrina política, civil e militar*, de Luís Marinho de Azevedo (1644), date do período consecutivo à perda do Nordeste e tenha sido dedicada precisamente a Matias de Albuquerque.

A noção do condicionamento da atividade bélica pelo meio ambiente brasileiro, que recorre com frequência em textos do século XVII, pode ser examinada sob dois ângulos. O primeiro limita-se à adaptação das armas europeias e, portanto, ao emprego, em condições físicas dessemelhantes, da cavalaria, da infantaria, da artilharia e da engenharia militar. O segundo ângulo, mais vasto, é o da adoção pura e simples do estilo de guerra brasílico.

Na guerra holandesa, a cavalaria só foi utilizada em escala anódina, mas não devido à carência de animais. "Aqui não faltarão cavalos", escrevia de Porto Calvo um oficial espanhol. Segundo os *Diálogos das grandezas do Brasil*, sua quantidade superaria mesmo a dos rebanhos do Prata (afirmação que no início do século XVII talvez ainda não fosse exagerada), caso os africanos não apreciassem tanto a carne do animal que o abatiam onde quer que o encontrassem, inclusive os animais finos das estrebarias dos engenhos. O mesmo autor calculava que em 1618 Pernambuco poderia pôr em campo oitocentos cavalarianos. O serviço das lavouras e fábricas bem como o sistema de transporte absorviam um número considerável de equinos, além da exportação regular para Angola, a qual, incentivada pelas autoridades portuguesas por motivos de segurança, recomeçará depois da restauração pernambucana.

Se a utilização da cavalaria nas guerras holandesas timbrou pela modéstia, é que outras considerações entraram em jogo. Elas, porém, não teriam tido a ver com a qualidade das montarias, reputadas tão boas quanto as espanholas, isto é, os célebres corcéis andaluzes de origem árabe. Segundo Gabriel Soares de Souza, as éguas baianas comparar-se-iam às "melhores da Espanha", parindo "formosos cavalos e grandes corredores", sendo muito vendidas para Pernambuco, por ser consideradas mais fortes e resistentes do que as peninsulares e mais longevas do que as portuguesas, com a vantagem de dispensarem ferradura, "por serem mais duras dos cascos ou por a terra ser menos pedregosa". Nassau, oficial de cavalaria, apreciava especialmente os equinos de Sirinhaém, que fez representar no escudo de armas dado à vila e dos quais levou vários consigo ao voltar aos Países Baixos.

Mas não é crível que, embora ágil, o cavalo do Nordeste possuísse a resistência e o vigor físico do europeu, tanto mais que sua alimentação baseava-se não na aveia mas no capim, no melaço e no milho. Na Paraíba, que se gabava de possuir "os melhores cavalos de sela do Brasil", o milho era a principal ração graças à abundância do produto. E em Pernambuco já se generalizara o uso do melaço, a cuja predominância se atribuíram as características físicas do animal. Ademais, eles foram "aristocratizados" ou transformados em símbolos senhoriais, como observou Gilberto Freyre, passando assim por um processo de seleção. Processo que acentuava as qualidades antes estéticas e lúdicas, de cavalo de sela, do que as utilitárias e práticas de força de tração, requeridas pelas moendas em cujas fainas os bovinos foram exclusivamente utilizados pelo menos até o final do período holandês. O provável é que se o cavalo do Nordeste tivesse sido militarmente prestante, Portugal não teria se dado ao trabalho, durante o conflito com a Espanha, de mandar adquirir animais nas Províncias Unidas. Nem é crível que se o cavalo andaluz também o tivesse sido, a mesma Espanha buscasse cavalos dinamarqueses.

Há que ter em vista o emprego do animal em tarefas como o transporte da artilharia, do trem de guerra e de oficiais. Como advertiu Geoffrey Parker, "a cavalaria desempenha um papel desigual na conduta da guerra, segundo as épocas e os teatros de operação". Desde o último quartel de Quinhentos, sua função fora enormemente reduzida na Europa devido especialmente à introdução das armas de fogo e à substituição da cavalaria pesada pela ligeira, o que diminuiu os efetivos da arma, agora teoricamente equivalentes a um quarto ou a um quinto dos efetivos de um exército. O que ainda assim resultava oneroso, uma vez que, em tempo de guerra, o cavalariano, em média, podia montar até três animais, para não falar no problema da forragem. Outros custos eram também desencorajantes. Em Pernambuco, o animal da terra era caro, girando seu preço em torno de duzentos a trezentos cruzados e podendo chegar a quinhentos, o que explica aliás o interesse da soldadesca luso-brasileira em capturá-los para revenda, à maneira do que faziam aos escravos. Brito Freyre lamentará não haver se lançado mão do que, a seu ver, seria "a única vantagem em que então poderíamos preferir os holandeses, aos quais ainda não era menos impossível fazer cavalaria na América do que conduzi-la na Europa". A verdade é que, entre nós, pesavam decisivamente as características físicas da zona açucareira, em particular a precariedade dos caminhos, a inexistência de grandes espaços abertos e o solo de massapê. Por outro lado, os campanhistas luso-brasileiros preenchiam menos dispendiosamente várias das funções militares que, exigindo mobilidade, eram asseguradas na Europa pela cavalaria, da mesma maneira pela qual a celeridade do mameluco desincentivou o uso do cavalo nas bandeiras paulistas. Tem aliás sua ironia, se for autêntico, o episódio em que um guerrilheiro célebre, em perseguição a uma unidade de cavalarianos neerlandeses, "degolou 28, salvando-se os outros, que seriam quarenta". Ademais, para os serviços de tração havia os índios, os africanos e os bois.

As companhias de ordenanças montadas entraram em ação quando do desembarque holandês em 1630. Uns poucos cavalarianos participaram também das escaramuças ao longo do istmo entre Olinda e o Recife. Em 1632, contavam-se cinco dessas unidades, perfazendo quinhentos homens e operando por turnos em esquadrões de quarenta a cinquenta soldados, quase todos "filhos dos grandes senhores e demais gente rica". Indivíduos a quem Calado refere-se depreciativamente como "ricaços e de inchadas barrigas", que acompanhavam a luta "não para pelejar senão para ver touros de palanque". Por constituírem um estorvo, tais unidades foram extintas em 1633, embora ainda houvesse colonos que servissem a cavalo por conta própria, como os homens principais de Porto Calvo que se reuniram ao exército de resistência em 1635. A decisão de enquadrá-los em companhia regular tampouco teve êxito por falta de dinheiro. Contudo, as patentes de capitão e de comissário da cavalaria continuaram a ser concedidas a título honorífico, mesmo quando a tropa não dispusesse sequer de vinte animais. Tais cavalarianos, inclusive os que participaram da segunda batalha dos Guararapes, não se serviam necessariamente de armas de fogo como na Europa, mas de adargas e lanças à moda da guerra do Marrocos.

A cavalaria holandesa tampouco teve papel de relevo, embora usasse pistolas, carabinas e até arcabuzes, como a tropa de arcabuzeiros montados que acompanhou Nassau na conquista de Porto Calvo. Ao ser dissolvida ao final da guerra de resistência, ela se compunha de oitenta efetivos sob o comando do *ritmeester* Gaspar van der Ley. Ao tempo do governo nassoviano, os únicos cavalarianos pertenciam à milícia urbana, que, como nas Províncias Unidas, se destinava à manutenção da ordem pública. Durante a guerra de restauração, a cavalaria batava foi recriada sem, contudo, ter desempenho marcante. Depois da rendição do Recife, encontraram-se pelos armazéns da

WIC "pistolas francesas de cavalgar", uns poucos arreios, "estribeiras flamengas" e uma centena de esporas.

O exército restaurador tampouco foi além da utilização limitadíssima da cavalaria. Entre os colonos que se envolveram na insurreição de 1645, achava-se Antônio da Silva, capitão de cavalarianos, em torno de quem se formou uma pequena companhia encarregada de vigiar Olinda e que também surge vadeando o Capibaribe ou escaramuçando junto ao forte dos Afogados. Eram, porém, bem poucos, tanto assim que, ao se ocupar da resenha de abril de 1648, Diogo Lopes de Santiago nem sequer se dá ao trabalho de contá-los, mencionando apenas "alguma gente de cavalaria" às ordens do seu capitão e do seu tenente. Ao narrar a primeira Guararapes, ele alude à "pouca cavalaria" que não tinha mais que vinte homens, pois se em fevereiro do ano seguinte já os havia em número de quarenta, é que nesse ínterim agrupara-se-lhe outra companhia. Foram estes os contingentes que, na segunda Guararapes, teriam realizado "maravilhas", rompendo um esquadrão da infantaria holandesa e cavalgando no encalço do inimigo que batia em retirada. Tal performance levou a cogitar-se da formação de quatro novas unidades, sem despesa para a Coroa ou inconveniente para os colonos. Como fosse impossível atender tais requisitos, ao fim da guerra existiam apenas as duas companhias anteriores.

O regimento espanhol de 1609 distinguia a artilharia de campanha, como as colubrinas, da artilharia de sítio, compreendendo os canhões ou "peças de bater", e as peças curtas, de boca larga, que disparavam projéteis de pedra, ou "canhões pedreiros". A artilharia empregada nas guerras holandesas foi quase exclusivamente a pesada, de maior alcance, uma vez que na Europa a artilharia ligeira, de campanha, ainda engatinhava tecnologicamente. Diante da agilidade do soldado luso-brasileiro, ela se tornava ineficaz, dada a dificuldade de alvejar bandos que atacavam em ordem dispersa. Prevaleciam igualmente os obstáculos relativos à tração, naturalmente maiores em meio tropical. Embora mais dispendiosos, preferiam-se os cavalos por gastarem metade do tempo dos bois, reservados à carga de mantimentos e que eventualmente podiam ser abatidos. Condenados pela supremacia naval holandesa às linhas interiores ou terrestres, nem na guerra da resistência nem na da restauração os luso-brasileiros se puderam valer do mar. O boi, o índio e, em menor grau, o africano é que constituíram a força de transporte terrestre.

A artilharia trazida pela armada de Oquendo levou sessenta dias para percorrer as quarenta léguas que separavam a Barra Grande do Arraial do Bom Jesus. Matias de Albuquerque opinou em vão contra o desembarque das peças vindas com Lope de Hoces, pois só causariam embaraços. E, com efeito, elas tiveram de ser abandonadas na Alagoa do Norte, com o resultado de que se tornou imprescindível empatar na sua guarda nada menos que setecentos soldados que poderiam ter sido decisivos durante a batalha da Mata Redonda. Posteriormente, Bagnuolo mandou levá-las para Porto Calvo, por via marítima e fluvial, malgrado o risco de serem apresadas pelos cruzadores inimigos. A artilharia transformara-se assim em sério estorvo. Ao desistir do ataque à ilha de Itamaracá, Bagnuolo teve de deixar ali os canhões de bronze com que planejara bater o forte de Orange. E a decisão de manter o Arraial Velho quando já se tornara uma posição condenada deveu-se em parte ao imperativo de impedir que os holandeses se apossassem da sua artilharia, para cujo transporte não se dispunha de meios, perda que, com a capitulação da praça, não pôde ser evitada.

Os exércitos d'El Rei, quase tanto como os da WIC, equipavam-se sobretudo com peças de ferro. Embora as fontes holandesas possam indicar certa paridade entre elas e as de bronze, a artilharia batava, no tempo da capitulação do Recife, compunha-se especialmente das de ferro, tanto mais que muitas haviam sido tomadas durante a guerra da resistência na esteira da rendição das praças-fortes. Quanto à artilharia luso-brasileira, enquanto era notável, nas demais capitanias, a desproporção entre ambas as categorias, em Pernambuco o Arraial Velho e o Cabo estavam guarnecidos de número superior de canhões de bronze. Desproporção que, aliás, datava do período *ante bellum*, se bem já se alertasse então para o fato de que "só [os] de bronze lá servem", devido ao clima tropical. Ocorria, porém, que as peças de ferro, apesar de mais vulneráveis à corrosão, eram mais baratas, sendo portanto as preferencialmente usadas na guerra colonial. Por sua vez, o exército restaurador achava-se falto de artilharia de grosso calibre, razão pela qual iniciou o assédio final do Recife com apenas nove peças, embora desde 1648 tivesse tomado ao inimigo "setenta e tantas peças [...] em que entraram muitas de bronze".

Como indicou Ulysses Pernambucano de Mello, a artilharia pesada só foi empregada entre nós nas suas versões maneiras: o meio canhão ou brecante, o quarto de canhão ou perseguidor, e o oitavo de canhão, mas não o dobre, o quebranta-muro ou o comum ou bate-muro. Os holandeses usaram preferencialmente os meios canhões, possuindo também, muito mais do que os inimigos, artilharia de campanha, como a que desembarcou em Pau Amarelo em 1630 ou a que foi arrastada até Mata Redonda em 1636, "canhõezinhos leves de bronze, de nova invenção" ou "de novo formato", como os usados na Paraíba e em Alagoas. Para os iates que cruzavam o litoral, usavam-se os canhões pedreiros municiados com metralha. No tocante ao suprimento de morrão para as mechas indispensáveis ao disparo das peças e na falta do similar europeu, feito de linho e designado por "morrão de Flandres", recorreu-se ao fabricado de embira, que, sendo de qualidade inferior, se apagava facilmente.

O emprego da artilharia pressupunha a abertura de trilhas e veredas na vegetação tropical, não se podendo lançar mão das vias fluviais, uma vez que elas drenam a zona canavieira em sentido oeste-leste, ao passo que as operações militares requeriam comunicações norte-sul. Daí que "ordinariamente, por ser a terra tão coberta, se fazem quase todas as estradas do Brasil das praias do mar", conforme afirmou Brito Freyre. Ao partir de Jaraguá, o exército de Rojas y Borja marchou pela beira-mar por quatro ou cinco léguas (o que só pôde fazer devido a que os holandeses haviam se retirado de Peripueira), para só então se internar pelo campo. Ao evacuarem a região, os habitantes de Porto Calvo seguiram também pelo terraço marítimo, "por ser mais fácil para carros", esclarece o donatário. Mas a segurança era duvidosa em face dos cruzeiros neerlandeses que logravam obstar o deslocamento das forças luso-brasileiras através do litoral, relegando-as aos caminhos interiores. As tropas da WIC tinham assim a vantagem de movimentar-se desimpedidamente ao longo da marinha, ocupando à vontade os pontos de onde inibir os movimentos dos contrários.

Em teoria, a marcha da infantaria armada de piques exigiria fileiras separadas por espaços de vinte a 24 pés, enquanto entre cada soldado da mesma fileira devia ser mantida a distância de quatro a seis pés, de modo a manejar a arma comodamente. Era impossível cingir-se a tal regra, exceção talvez dos distritos populosos, onde existiam caminhos para carros de boi. Mesmo nestes, a noção de estrada larga era naturalmente limitada. A que ligava o forte do Cabedelo à cidade da Paraíba permitia apenas dois cavaleiros trotando lado a lado; e a que saía dali na direção de Pernambuco só dava passagem a dois carros de boi em sentido oposto. O caminho de Olinda a Igaraçu, que, segundo se dizia, comportava alas de quatro soldados, na realidade, consoante fontes holandesas, somente deixava passar dois homens e, em muitos pontos, apenas um. Em condições tais, não surpreende que os soldados de Francisco de Bittencourt e Sá gastassem três meses para percorrer as 48 léguas entre o porto dos Franceses na Alagoa do sul e o Arraial Velho. Por outro lado, tal estreiteza era valiosa para a guerrilha, pois permitia obstaculizar o avanço do inimigo mediante a derrubada das árvores próximas, tática que aliás também se praticou nos pequenos rios contra os iates e chalupas neerlandesas.

Era constante a necessidade de desbravar novos caminhos, embora os campanhistas luso-brasileiros, operando a oeste da zona canavieira, pudessem limitar-se a golpear as picadas na vegetação menos densa do agreste. Por ocasião da grande marcha de 1635, a tropa luso-brasileira e a multidão de retirados que a acompanhava viram-se forçados a passar por Porto Calvo, uma vez que se encontrava aí "o caminho próprio para carros". Depois, elas tiveram de abrir um prolongamento acima de São Miguel até Coruripe, estrada que Bagnuolo estenderá até a margem do São Francisco, bem mais comprida, aliás, do que o trecho registrado na cartografia holandesa como "o caminho do conde".

A travessia dos rios representava outro grande empecilho ao deslocamento das tropas, sendo, além da pluviosidade, razão poderosa a desaconselhar as operações militares no inverno. Da Paraíba, quem seguisse pela praia até a baía da Traição tinha de cruzar inicialmente dois cursos d'água, o primeiro pela cintura, o outro em bote. O Mamanguape, contudo, de "tão largo", tornava "impossível avisar a gente na outra margem por gritos", tendo-se de acender fogueiras. Nas cercanias de Olinda, o Paratibe, embora mais ancho, "estreita-se e fica água morta com cinco palmos ou mais de fundo". Na mata úmida, a situação era ainda mais complexa. Um roteiro do percurso entre o Recife e Penedo deixa entrever o que significava o deslocamento por terra, mesmo nas circunstâncias de relativa tranquilidade da paz nassoviana. Ali se lista a travessia de cinquenta cursos d'água, dos quais apenas quinze dispunham de toscos pontilhões de madeira, enquanto os restantes eram cruzados a vau, em jangadas e balsas ou na baixa-mar.

Eis o mesmo trajeto segundo a descrição de uma autoridade holandesa que o percorreu. As condições ainda eram razoáveis até Ipojuca, embora nos arredores do Recife o conselheiro Bullestrate topasse com "caminhos em mau estado e que precisam de consertos". A partir de Sirinhaém, começaram os percalços. Ali, ele dispôs apenas de "uma péssima canoa", não havendo serviço regular mesmo em freguesia tão rica. Foi necessário cruzar o Una em jangada. A ponte sobre o rio das Pedras desmoronara. De Porto Calvo ao São Francisco, a jornada se fez por mar, porém o regresso à vila foi por terra. No Pitauí, teve-se de construir uma canoa; as alimárias passaram a nado. No Coruripe e no Poxim, esperou-se a vazante. No São Miguel, usaram-se "uma péssima canoa e uma embarcação minúscula". Mais ao norte, "as pontes sobre os rios que levavam à povoação [da Alagoa] do sul estavam destruídas ou arruinadas". Certa ocasião meteram-se os cavalos ao rio e Sua Senhoria e comitiva atravessaram-no com água pelo pescoço, para não mencionar o fato de que, mesmo na região mais povoada dos engenhos alagoanos, os caminhos haviam sido engolidos pelo mato.

Quando, em tempos calmos, o deslocamento de uma autoridade governamental passava por tais peripécias, pode-se imaginar o que seria o transporte de tropas, armas e víveres em tempos de guerra. No ataque a Olinda em 1630, a tropa da WIC cruzou o rio Doce a vau, mas muitos cursos d'água, mesmo na estação seca, requeriam barcos ou soldados que soubessem nadar, a menos que fossem carregados nas costas dos índios, como era comum, mas com dano para a munição. No célebre ataque a Igaraçu, Waerdenburch e seus homens vadearam os córregos de Paratibe com água pela cintura, a ponte das cercanias da vila só dava passagem em fila indiana. Era comum empregarem-se pinguelas feitas de troncos. No rio Jaboatão, os batavos de estatura elevada puderam atravessar a pé, os demais tiveram de fazê-lo a nado. Havia também o perigo dos jacarés, embora os do rio Peripueira se mostrassem inofensivos quando comparados às terríveis piranhas são-franciscanas, pesadelo da virilidade colonial. O exército de resistência em retirada para a Bahia cruzou o São Francisco em jangadas improvisadas.

A engenharia militar oferece outro exemplo expressivo da interação entre a tecnologia militar europeia e as condições regionais. A "traça italiana", triunfante na Europa, buscara anular a eficácia da artilharia inimiga mediante a expansão horizontal das fortalezas, dotando-as de espessos muros, extensas esplanadas e dispositivos como bastiões e salientes, flancos duplos ou triplos, revelins, meias-luas e tenalhas, de modo a permitir a defesa oblíqua e o fogo cruzado. Quando o progresso da artilharia tornou mortífero o assalto às praças-fortes, procurou-se reduzi-las pelo sítio, pela fome, pelo bombardeio e pela minagem. Ao tempo da ocupação do Nordeste, os holandeses eram os mestres incontestáveis da engenharia militar. Ao importarem a "traça italiana", eles a haviam adaptado à ecologia das Províncias Unidas, tirando partido da topografia caracterizada pelas enormes extensões de terras baixas e rios deltaicos.

Da segurança do Recife, a Coroa só começara a cogitar depois do ataque de James Lancaster em 1593. Até então, refere o relatório de Ambrósio de Siqueira, o porto só possuíra "uma casa terreira sem taipas, que servia de cobrir as peças de artilharia que o senhor da terra tinha ali plantadas". Construíram-se então o forte de São Jorge sobre o istmo entre a vila e a povoação; e posteriormente, o forte da Lage sobre o arrecife. Para a defesa de Olinda, levantaram-se trincheiras ao longo da praia, com seus postos e baluartes, mantidos à custa dos colonos mas incapazes de oferecer resistência prolongada apesar de dotados de peças de artilharia que, contudo, se enferrujavam rapidamente. A barra de Pau Amarelo, que, como já se previa, constituiria o ponto natural de desembarque de uma força estrangeira, achava-se permanentemente vigiada por gente de pé emboscada atrás dos matos; e por ordenanças de cavalaria, que percorriam a praia dali até Olinda. Em caso de ataque, pressupunha-se que seria possível resistir com o auxílio dos distritos rurais. Concluía sarcasticamente o sargento-mor do Estado do Brasil, "com estas imagens, que sem dúvida hoje não pode haver outras, se persuadem [os colonos] que todas as coisas lhe ficam bem defendidas".

O assunto só voltou à baila ao final da trégua dos Doze Anos, no primeiro governo de Matias de Albuquerque (1621-7). As fortificações continuaram, porém, impotentes para resistirem à artilharia. Admitia o Conselho de Estado não terem elas sido construídas "para defender-se dos inimigos da Europa e modo de guerra que agora se há; e é sem dúvida que em todas as praças daquela costa não há nenhuma que se possa defender quinze dias", asserção que o padre Antônio Vieira estenderá às fortalezas portuguesas do Oriente. A exceção a confirmar a regra seria o forte dos Reis Magos na foz do Potengi, projetado pelo jesuíta Gaspar de Samperes e tido na conta de o mais bem traçado do Brasil. As demais influências italianizantes detectadas na engenharia militar reportam-se todas às fortificações posteriores à invasão holandesa: o castelo do Mar e o forte de Nossa Senhora de Nazaré, erguidos pelos luso-brasileiros no Cabo de Santo Agostinho, cuja traça atribuiu-se a Bagnuolo; e o forte de Santo Antônio na Paraíba, segundo fonte neerlandesa edificado "com muita arte e à moda moderna".

A função das fortificações *ante bellum*, com seus altos muros e torres, fora a de impedir a investida e a escalada por índios ágeis. De tão elevadas, as paredes do São Jorge tornaram as escadas holandesas insuficientes. O Arraial, erguido depois da invasão, impressionou os batavos pela altura das muralhas. No campo, diante dos ataques da indiada, bastavam as edificações civis levantadas à época do povoamento, como certa vivenda do médio Capibaribe, que tinha no topo quatro guaritas com seteiras, "por estarem só na fronteira dos tapuias". Rara e cara, a pedra vinda do Reino havia sido empregada apenas nos fortes do Mar, no do Cabedelo e no dos Reis Magos; e a pedra dos arrecifes costeiros não dava garantia de solidez. Quanto ao uso generalizado do tijolo, ele data em Pernambuco do período holandês.

Ao construir o sistema defensivo do Recife, Waerdenburch observou que "o maior obstáculo que nos apresenta é que há pouca cal e pouca pedra aqui, e nada mais senão areia e molhos de lenha". Até o final do século XVII, quando a pedra passou a dominar a engenharia militar da colônia, a taipa, mercê da edificação rápida, fácil e barata, era de regra. Assim como as fortificações erguidas pelos portugueses, as dos holandeses, os fortes do Brum, do Buraco, das Cinco Pontas, o Ernesto, foram de taipa. Desta eram a fortiori os edifícios internos, como no Arraial Velho a capela, a casa de farinha, o paiol, as cavas, o quartel dos soldados e os depósitos; e também os redutos levantados durante o assédio das praças-fortes e em outras ocasiões. As defesas externas, esplanadas e paliçadas, eram de pau a pique. Mas o massapê da zona canavieira proporcionava material bem precário. O forte dos Afogados só faltava desmanchar-se na estação das chuvas, embora endurecesse como pedra nos meses de estio. A "chuva contínua", o "calor excessivo", as "grandes enchentes", as "marés altas" dificultavam seriamente as obras de defesa. De tão pluvioso, o inverno de 1633 ameaçou desmantelar as fortalezas; e o forte erguido às margens do São Francisco ruiria depois de cinco ou seis dias de chuvas torrenciais.

Entre os luso-brasileiros, escasseavam peritos em engenharia militar. O Arraial Velho foi levantado por um mestre de obras, Cristóvão Álvares, que não tinha conhecimento da técnica, assim que, devendo acabá-lo com brevidade, nem fez o levantamento do terreno nem traçou planta. Daí que uma fonte holandesa o descrevesse como "grosseiramente feito e irregular do ponto de vista da arte, mas obra de extraordinária solidez", como eram via de regra as construções dos pedreiros lusitanos. Com a chegada do socorro de Oquendo, passou-se a contar com o engenheiro Juan del Olmo e com o capitão de engenharia Diogo Pais. De partida para o Brasil, Rojas y Borja, alegando a falta de técnicos, obteve a designação de Bartolomé de Rojas, seu ajudante.

Durante a guerra da restauração, o problema teve menos acuidade, graças à estabilização da frente militar. O Arraial Novo foi projetado por Diederick van Hooghstraten, oficial batavo que se bandeara para os luso-brasileiros depois de vender-lhes o Pontal; e por um mestre de obras também estrangeiro. Uma vez expulso o contingente de mercenários trazido por Hooghstraten, restaram "dois mancebos mestres de obras". Na ocasião do ataque final ao Recife, havia dois engenheiros, "um português que sabia pouco e um estrangeiro que entendia melhor", certo Pedro Garcin, que, embarcado no Reino num dos navios da Companhia Geral do Comércio do Brasil, ficou retido em Pernambuco, de ordem de Francisco Barreto, que o nomeou engenheiro do exército. Escusado aduzir que os neerlandeses achavam-se melhor assessorados.

Dessa carência de pessoal qualificado decorriam as deficiências técnicas. Ao primitivo Cabedelo não se podia dar o nome de fortaleza, "porque nem forma nem semelhança tem de fortificação", sendo apenas "uma pouca de faxina, terra e areia amontoadas, que ainda para se defender das flechas dos índios será milagre". No Bom Sucesso, em Porto Calvo, o fosso era raso, havendo "canhões sem reparos nem abustes nem esplanadas necessárias", defeitos que os holandeses corrigiriam. Embora Brito Freyre refira-se a Bagnuolo como "muito prático na fortificação", o forte de Nazaré era duramente criticado. Sua ermida seria o único prédio a recomendá-lo, pois ele fora edificado em terreno arenoso e em local que não defendia nem a entrada da barra nem o Pontal. Mesmo o forte dos Reis Magos, malgrado ser o *dernier cri* em matéria de engenharia militar, tinha cortinas e bastiões exíguos, além de estar prejudicado pelas dunas que cresciam nas proximidades e de onde se descortinavam as passagens da muralha, problema que também os holandeses procuraram resolver. Estes, aliás, também cometeram deslizes. Em Porto Calvo, tiveram de interromper a construção de um fortim situado à distância de um tiro de mosquete das colinas circundantes.

Muito se debateu acerca das armas mais apropriadas ao Brasil. O regimento de Gaspar de Souza (1612) previra o arsenal das guarnições e das milícias: falcões, berços, meios-berços, arcabuzes, bestas, lanças, chuços e espadas. Certa especialização já se esboçava: o pesado mosquete ao soldado, o leve arcabuz ao colono. Nos anos 1620, calculando que apenas um oitavo dos habitantes estaria adequadamente apetrechado, Matias de Albuquerque solicitava à Coroa 2 mil arcabuzes a fim de serem vendidos a particulares. As armas brancas preferidas dos luso-brasileiros eram a espada, o espadim e o estoque. Consoante um memorial de 1647,

> entre todos os soldados, os mais deles não têm espada; e sendo esta falta tão grande em todas as partes donde se guerreia, é no Brasil de muito maior consideração, porque como a mais continuada guerra se faz por assaltos, em que de ordinário se vem às mãos com o inimigo, ficam os homens sem espada incapazes de ganharem grande honra e reputação.

Tal preferência explica por que muitos soldados se desfaziam das suas armas de fogo, as quais, na falta de metal, vendiam por bom preço a ferreiros e serralheiros.

Na guerrilha, o predomínio do combate pessoal sobre a arregimentação explica igualmente a predileção pelos piques curtos ou meios-piques em detrimento dos longos, que podiam chegar a quatro metros mas que só se mostravam úteis em operações convencionais em campo aberto. Embora não se possa dar resposta taxativa, é provável que o exército luso-brasileiro tanto na guerra de resistência como na de restauração tenha satisfeito com madeira da terra sua reduzidíssima demanda por esse tipo de armamento. O componente metálico podia ser encontrado pelas oficinas dos engenhos, tostando-se alternativamente sua extremidade. Consultado no começo do século sobre a possibilidade de lavrar piques no Brasil, Ambrósio Fernandes Brandão respondera afirmativamente, mandando fazer alguns que, a título de exemplo, enviou a Lisboa, onde, contudo, não se voltou a cogitar do assunto. Na Bahia, em fins de Quinhentos, fabricavam-se de ubiratinga hastes de lança, arremessões e dardos, "mais pesados que os de Biscaia" (que eram de ferro), e se produziam com a copaíba paveses e rodelas de escudo, tão bons quanto os de couro procedentes do Reino.

Como esclarece Luiz Felipe de Alencastro,

> diversos tipos de armas de fogo manuais eram usados no Atlântico português em meados de Seiscentos: o arcabuz, arma de boca larga; o mosquete, arma de boca estreita, com maior alcance e precisão que o arcabuz, mas pesando cerca de onze quilos e por isso necessitando de forquilha de apoio; a espingarda (designação que também inclui a carabina e a clavina), de boca estreita como o mosquete, mas com um cano mais curto, mais leve e uma coronha mais longa, dispensando a forquilha; a escopeta, de cano curto, usada para atirar de perto, assim como a pistola.

As armas de fogo utilizadas pelos luso-brasileiros foram majoritariamente os arcabuzes e as espingardas de pederneira, mais leves do que os mosquetes com que se armavam índios e africanos. Segundo Cuthbert Pudsey, que louva a pontaria dos campanhistas, tal especialização induziu os invasores a reforçar e treinar suas companhias de carabineiros, "de tal modo que em pouco tempo nos vingamos deles"; e a dotar seus homens de "cutelos curtos, fáceis de manejar no mato". Contudo, os arcabuzes (reservados na Europa aos soldados menos sólidos) e os mosquetes (que se aqueciam rapidamente, tornando-se insustentáveis) eram tidos por inconvenientes em face da necessidade de mecha, que devia ser trazida do Reino, uma vez que seu sucedâneo colonial, feito de embira, exigia ser aceso a cada disparo, além de que o clarão denunciava o atirador no recesso do mato.

A espingarda de pederneira dispensava a mecha graças ao mecanismo de percussão. Este tinha ademais a vantagem de habilitar o soldado a empunhar a arma com as duas mãos, aumentando a precisão do tiro e obviando outras desvantagens da mecha decorrentes do mofo e especialmente da chuva, que podia frustrar as emboscadas, como as que Matias de Albuquerque planejara para surpreender os contingentes holandeses que haviam incendiado Olinda. Os invasores obviamente também experimentaram os inconvenientes desses aguaceiros. Refere Ambrósio Richshoffer como a escolta que acompanhava o almirante Loncq ao Recife foi surpreendida a meio do caminho "por uma forte chuva que, molhando aos mosqueteiros as armas e morrões, os impossibilitou de usá-las", o que, percebido pelos luso-brasileiros "emboscado[s] no mato e na maioria armados de arcos e flechas", deram "sobre eles com cruel fúria"; e "como os piqueiros não sustentassem o choque, os demais tiveram de acompanhá-los na fuga".

Além da adaga, o guerrilheiro pintado por Eckhout carrega o espadim e a espingarda de pederneira com seu saquitel de pólvora. Ambas as armas correspondem a modelos ibéricos dos anos 1620 e 1630. É certo que também a espingarda podia arrebentar em função do calor excessivo e quebrar a pedra do fecho. Além de espadas, estoques, facões, dardos e sobretudo paus tostados, armas inconvencionais que permitiram equipar o maior número de efetivos, a vitória das Tabocas foi alcançada por uma tropa que dispunha apenas de trezentas espingardas. O fato não chega a ser surpreendente, pois nem mesmo o exército espanhol de Flandres, considerado o mais poderoso do seu tempo, lograva armar todos os seus homens. Quando Francisco Barreto assumiu em 1648 o comando do exército restaurador, Fernandes Vieira e Vidal de Negreiros podiam se gabar de que o interior do Brasil holandês fora reconquistado "sem artilharia, que a não havia [então], senão com espingardas, arcabuzes, paus tostados e à espada".

Já em 1630 examinou-se no Conselho de Estado o envio de espingardas de pederneira para uso dos cavalarianos. Ao desembarcar em Jaraguá, Rojas y Borja, embora opinasse ser o arcabuz "a arma mais a propósito nesta guerra", pedia a remessa urgente de trezentas ou quatrocentas espingardas, "muito importantes devido aos muitos aguaceiros" e de extrema utilidade nas emboscadas, tanto mais que os holandeses se valiam da arma, "do que recebe nossa gente grande dano". A modéstia da quantidade solicitada leva a crer que se tinha em vista o emprego exclusivo da arma pelos soldados luso-brasileiros.

Dez anos depois, Francisco Barreto requeria arcabuzes, piques e espingardas.

> E estas [aduzia] são de muita utilidade ali, por escusarem o gasto de morrão como por serem mais cômodas para as emboscadas, mais reparadas das chuvas e menos sujeitas aos desconsertos que, de ordinário, têm os arcabuzes, marchando por entre os matos [...] sem haver quem os conserte,

pois, como já acentuara havia anos o donatário de Pernambuco, faltavam serralheiros. Certo memorial dos primeiros anos da guerra da restauração insistia no envio de 2 mil armas de fogo, "as mais delas boas espingardas, o resto arcabuzes". Nenhuma palavra sobre mosquetes, julgados inúteis na guerra volante, e cujo porte ficou associado seja às tropas europeias, seja aos índios e africanos. A opção pela espingarda como arma de fogo mais adequada à guerra do Brasil explica o desinteresse dos consumidores por mosquetes, arcabuzes e pistolas despachados do Reino, o que, no caso destas últimas, ainda poderia ser imputado em parte à modéstia da cavalaria. O Conselho Ultramarino não conseguia, porém, compreender o repúdio pelos mosquetes e arcabuzes, a menos que se tratasse de armas defeituosas ou rejeitadas em Portugal, como costumavam ser as reservadas às guerras coloniais. A irregularidade dos calibres, numa época de precária estandardização do material bélico, constituía outro motivo de desapreço, devido à perda preciosa de tempo que causava ao obrigar o soldado a limar os projéteis a fim de ajustá-los aos canos. A escassez de balas levou mesmo a situações em que se teve de confiscar aos pescadores o chumbo das suas redes. Mas era a conservação dos mosquetes e arcabuzes que criava os maiores problemas, por se fenderem com frequência, os arcabuzes de Flandres podendo mesmo se estilhaçar como se feitos de vidro. Calculava-se, aliás, que devido ao clima as armas não durassem a metade da sua vida útil na Europa.

Os holandeses empregaram granadas na expugnação das praças-fortes. O jesuíta Leonardo Mercúrio assistiu ao seu lançamento contra o Arraial Velho, descrevendo

> um gênero de artifício de fogo [...] a que chamam trabuco, coisa medonha e espantosa, porque arrebentava com tanta fúria caindo no chão que levava uma casa pelos ares; e para nos inquietar mais os deitavam muitas vezes de noite para que assim não víssemos onde caíam.

Tais granadas exalavam "fumo tão hediondo que ninguém podia chegar no parapeito ou lugar onde caía". Embora confirmem o pavor que elas causavam aos luso-brasileiros, as autoridades neerlandesas decepcionaram-se com sua eficácia, pois demoravam a explodir, dando tempo aos contrários de se precaverem. No sítio da Bahia em 1638, Nassau fez-se acompanhar de vinte granadeiros.

Entre os luso-brasileiros, há menção ao arremesso de granadas quando de assalto ao Recife em 1634; e à existência delas, grandes e de mão, em Porto Calvo. Cabe mencionar também os brulotes ou archotes alcatroados, próprios da guerra naval, confeccionados com feixes de madeira seca, bagaço e palha de cana, untados de piche e salpicados de pólvora que, uma vez acesos, eram atirados à distância. Na batalha da Casa Forte, eles foram decisivos para a rendição da tropa batava encurralada no andar superior da casa de vivenda do engenho.

O arco e a flecha foram empregados subsidiariamente, inclusive pelo exército da WIC, que nos primeiros tempos da guerra formou uma companhia de africanos dotados de tais armas, além de escudos, espadas e "grandes porretes de madeira rija". Estes constituíam precisamente os paus tostados luso-brasileiros que Richshoffer compara "na forma aos esgaravatadores de ouvidos na Boêmia". Ao iniciar-se a guerra de resistência, a tropa de Camarão utilizava exclusivamente o arco e a flecha, seja devido à proibição pela Coroa do fornecimento de armas de fogo à indiada, seja à sua inexperiência no trato destas ou simplesmente à falta delas. Mas já em 1632, em trezentos camarões, cem dispunham de mosquetes, como faziam também os índios a serviço dos holandeses. Durante a guerra de restauração, tanto os camarões quanto os henriques surgem munidos dos pesados mosquetes biscainhos, assim designados pela sua fabricação no País Vasco. A essa altura, os índios aldeados já haviam perdido sua antiga perícia no apresto e no emprego do arco e da flecha, fenômeno cultural que foi generalizado na América para regozijo, e não só por motivos comerciais, do colonizador espanhol.

A superioridade da arma de fogo ainda parecera duvidosa na própria Europa quinhentista, quando da progressiva substituição das bestas e arbaletas por arcabuzes e mosquetes. A precisão e a rapidez do arqueiro levou praticamente a melhor até a segunda metade do século XVI. No Novo Mundo, como salientou Georg Friederici, "até a descoberta da espingarda de agulha, um bom arco indígena nas mãos de um arqueiro americano em pleno vigor primitivo era superior, como arma de ataque à distância, ao arcabuz, ao mosquete ou à espingarda de pederneira". Jean de Léry havia observado que os índios da baía da Guanabara podiam disparar entre cinco e seis flechas durante o tempo necessário à recarga de um arcabuz, assinalando também sua superioridade sobre o arqueiro inglês, reputado então o mais eficiente. A observação é igualmente válida para a azagaia e o tacape. Os dardos e cacetes, incrustados de dentes ou ossos agudos, que constituíam o arsenal dos tapuias aliados dos holandeses (os quais recusavam as armas de fogo por considerá-las invenção diabólica), revelavam-se mortíferos se atirados com precisão à cabeça do inimigo.

Os colonos luso-brasileiros também apelaram para o armamento não convencional. Havendo o governo holandês recolhido as armas de fogo em seu poder, os insurretos de 1645 viram-se na contingência de fabricar facões, dardos e chuços. Inclusive os escravos de Fernandes Vieira portavam "arcos, flechas, zagunchos e facões". Narra Calado que, por ocasião do levante em Porto Calvo, onde só existiam "doze espingardas e quatro mosquetes ferrugentos", usaram-se "paus tostados, dardos, espadas velhas e facões, foices e alguns arcos e flechas". Os volantes de Domingos Fagundes só manejavam cinco armas de fogo e quatro dardos, os mais levando "bordões tostados". Outros saíram em campo "com um bordão ferrado e uma foice roçadoura". Somente a partir das vitórias de Tabocas e da Casa Forte é que os luso-brasileiros puderam dispor de maior número de armas de fogo, graças às que foram apreendidas aos holandeses, cerca de 1,5 mil no total.

À raiz da capitulação holandesa no Recife em 1654, encontrava-se em Lisboa o engenheiro Cristóvão Álvares, que vivera em Pernambuco o quarto de século de domínio batavo. Ali, em memorial a d. João IV, ele resumia a lição teórica que tirara de tantos anos de luta. "As guerras destas nossas partes da Europa são em campinas mui rasas e descobertas, e as do Brasil e toda a América são por entre matos, donde se não guarda ordem nenhuma das que cá se usam; e é força que donde varia o objeto, varia a ciência." Ademais, "a experiência nos mostrou que os mais práticos que desta parte foram, se perderam, por quererem seguir o estilo de cá, desprezando o parecer dos práticos daquelas partes".

O que se designava então por "guerra brasílica", "guerra volante" ou "guerra do mato" constituía, na realidade, uma assimilação e adaptação de práticas indígenas. Processo tal não ocorrera da noite para o dia. A acreditar-se em Gândavo, nos anos 1570 os colonos ainda subestimavam, em dano próprio, o exemplo dos primeiros habitantes do Brasil, razão pela qual ele alertava contra a imprudência do seu etnocentrismo. Aprendida dos índios no convívio e no conflito ao longo da marinha, a guerra brasílica já tinha se incorporado no início do século XVII ao cotidiano dos desbravadores e até dos soldados das capitanias de cima, como os que haviam expulsado os franceses do Maranhão em 1614. Foi apenas no século XVIII que ela tendeu a se tornar um arcaísmo vergonhoso, identificado com o sertanismo, com o banditismo e com a autodefesa da gente mais miserável da colônia, negros aquilombados ou índios remotos.

Gândavo descreveu também o estilo de guerra das tribos litorâneas. Impressionava-o sobretudo a ausência de disciplina. "Não andam todos juntos [informava], derramam-se por muitas partes, e quando se querem ajuntar assobiam como pássaros ou como bugios." Era, com efeito, "coisa estranha de ver 2 mil, 3 mil homens nus de uma parte e de outra, com grandes assobios e grita, flechando uns aos outros". Especialmente inusitada parecia-lhe a falta de batalhas campais, pois "não pelejam em campo nem têm ânimo para isso", mas punham-se "entre o mato junto de algum caminho e tanto que passa alguém, atiram-lhe ao coração ou a parte onde o matem e não despedem flecha que não a empreguem", isto é, que não acerte o alvo. Igualmente insólita parecia-lhe a mobilidade dos contendores, uma vez que "enquanto dura esta peleja, nunca estão com os corpos quedos, meneando-se de uma parte para outra com muita ligeireza para que não possam apontar nem fazer tiro em pessoa certa".

O cronista adverte, porém, que os riscos da indisciplina ("pelejam desordenadamente e desmandam-se muito uns e outros em semelhantes brigas, porque não têm capitão que os governe nem outros oficiais de guerra a quem hajam de obedecer") eram compensados pela "grande manha", ou astúcia militar. Como acentuou Georg Friederici, a guerra indígena não passava de um somatório de duelos, no decurso dos quais "cada combatente atendia em primeiro lugar à sua própria pessoa e à do seu contrário", a quem procurava "obstar por meio de negaças e de saltos desencontrados que acertassem no alvo, e mesmo quando os adversários eram muitos [...], o constante movimento dificultava-lhes a pontaria". Ainda segundo o historiador alemão, "os descobridores europeus geralmente compreenderam logo a significação desses saltos singulares e, por vezes, queixam-se de que os impediam de apontar e de acertar".

A influência militar do indígena nas guerras holandesas exerceu-se basicamente através da assimilação das suas táticas. Já no período *ante bellum*, durante a conquista do Maranhão (1614), realizada pelo contingente dos 280 soldados de Diogo de Campos Moreno e dos duzentos índios flecheiros do segundo Jerônimo de Albuquerque, pretendera-se existir uma arte ou estilo próprio da terra, mais adequado portanto às suas condições físicas. O mameluco pernambucano rejeitou de entrada as opiniões do traquejado sargento-mor do Estado do Brasil, advertindo-o solenemente contra sua experiência limitadamente europeia, adquirida na guerra dos Países Baixos: "Senhor, isto não é guerra de Flandres. Vosmecê me deixe com os índios por me fazer mercê, que eu sei como me haver com eles". Quando Albuquerque, no seu descaso sertanista pela posição fortificada, resolveu abandonar o Perejá, foi a vez de Campos Moreno admoestá-lo severamente com o argumento da honra militar: "olhasse que aquilo não era jornada do sertão senão de Sua Majestade, e que já agora tinham obrigação de lha sustentarem".

A controvérsia continuou acesa. Na ocasião em que se edificava o forte de Guaxenduba,

> teve Jerônimo de Albuquerque alguns debates com o engenheiro Francisco de Frias, querendo que se fizesse entre o mato uma casa, como fazem os índios no sertão, que é uma cerca de mato cortado com a rama para fora, com folha e tudo, como quem cerca o gado, dizendo que bastava aquilo, que cá nestas partes não se usavam outras fortalezas.

O forte foi finalmente construído de acordo com o projeto de Francisco de Frias, a quem seguramente irritou o desprezo do interlocutor pela engenharia militar. Desprezo que Jerônimo de Albuquerque voltou a manifestar, tanto assim que, depois da conquista do Maranhão, será acusado de negligenciar os reparos da fortaleza de São Felipe e a conservação de outras posições construídas pelos franceses.

Que tais concepções já eram compartilhadas pelas autoridades e por gente principal da terra durante o período *ante bellum* é o que indicam as observações do autor coevo de uma história da Paraíba, o qual recomendava tirar-se partido da vegetação tropical. Segundo assinalava, "o melhor meio para fortificar a pouco custo estas capitanias [de cima] é mandar poupar os mangues, que lá são árvores quase como salgueiros mas de pau muito duro". Propunha também que elas fossem plantadas ali onde faltassem, pois em dois ou três anos proporcionariam baluarte detrás do qual "as espingardas e flechadas seguramente defenderão os moradores".

Por sua vez, o ex-capitão-mor de Pernambuco, Alexandre de Moura, que também participara da luta contra La Ravardière e governara posteriormente o Maranhão, duvidava da utilidade de fortificar a nova conquista, onde "tudo são braços de mar" pelos quais os inimigos "podem entrar e sair por onde quiserem e assim são de pouco efeito as fortalezas". Para Moura, as melhores fortificações "são os grandes matos e o estar bem com os naturais". E em 1654, o padre Antônio Vieira afirmava a d. João IV: "este estado [do Maranhão], tendo tantas léguas de costa e de ilhas e de rios abertos, não se há-de defender nem pode com fortalezas nem com exércitos, senão com assaltos, com canoas e principalmente com índios e muitos índios". Guerra tal só a saberiam "fazer os moradores que conquistaram isto, e não os que vêm de Portugal", como indicavam os precedentes de Bento Maciel Parente, que "perdeu o Maranhão, e [de] um capitão-mor, Antônio Teixeira, que cá se elegeu, [e] o restaurou, e isto sem socorro do Reino".

É no âmbito da estratégia de guerra lenta, examinada anteriormente, que cumpre entender o sistema de defesa adotado por Matias de Albuquerque de 1630 a 1633 e o papel que nele se atribuiu à guerra volante. Segundo o irmão donatário, Matias, entre as providências iniciais, ordenou que as quinze freguesias existentes em Pernambuco fornecessem seus contingentes de milicianos por turnos de quarenta dias no Arraial do Bom Jesus. O experimento fracassou, pois "como isto lhes era grande incômodo, acudiam pouco e demoravam-se menos"; e, somado ao comportamento desses efetivos quando do desembarque holandês e da conquista de Olinda e do Recife, liquidou as ilusões sobre a utilidade da força auxiliar organizada em moldes convencionais.

Ao encetar-se a guerra de resistência e na inexistência de exército profissional e de efetivos treinados, a guerrilha constituía o único meio de luta, uma vez que ela permitia utilizar a camada marginal da população da colônia. Recrutaram-se assim aqueles desocupados que as fontes luso-brasileiras referem frequentemente como "mancebos". Tratava-se de mestiços, índios desaculturados, malfeitores, foragidos da justiça d'El Rei, como foi o próprio Calabar, gente inadaptada à disciplina da guerra europeia do mesmo modo pelo qual já tinha se revelado refratária à rotina da produção açucareira. Acenando-lhe com os despojos inimigos, Matias de Albuquerque os persuadiu a formarem bandos que corressem continuamente os mangues ao longo do istmo entre Olinda e o Recife. Em breve, juntaram-se 264 paisanos em 22 esquadras de doze, havendo até mesmo casos em que tais unidades compunham-se de grupos de parentesco. A elas reuniram-se os índios aldeados trazidos pelo padre Manuel de Morais e por Martim Soares Moreno. Foi esse *lumpenproletariat* colonial que ironicamente se revelou, senão mais fiel, ao menos mais útil ao serviço d'El Rei do que a gente principal que enquadrava as milícias, cujos vazios foi ocupando quando elas se afastaram da contenda.

Aplicou-se à guerra de resistência um regime misto. A fim de impedir o acesso do inimigo ao interior da capitania, mantendo-o encurralado entre Olinda e o Recife e, depois do incêndio da vila, reduzido ao Recife, empregaram-se, de um lado, as forças convencionais, sobretudo os efetivos castelhanos, portugueses e napolitanos enviados por Filipe IV em 1631, reunidas numa praça-forte, o Arraial Velho ou do Bom Jesus, que, guarnecido pela artilharia, preenchia função estratégica. De outro lado, atuavam os contingentes de irregulares que ocupavam a linha de estâncias ou postos avançados (estendida, em forma de meia-lua, de Olinda ao sul do Recife); e que vagavam nos espaços intermediários, repelindo com suas emboscadas e assaltos as sortidas holandesas.

O passado militar de Matias de Albuquerque era de molde a encorajá-lo a recorrer a tais expedientes. Não tendo militado em quaisquer dos teatros da Guerra dos Trinta Anos, sua formação fizera-se na guarda costeira, patrulhando o Mediterrâneo ocidental contra o corso barbaresco; e em Ceuta e Tânger, guarnições do norte da África, rechaçando os ataques dos mouros, numa rotina de escaramuças contínuas e inglórias. Como governador de Pernambuco em nome do irmão donatário (1620-7), coubera-lhe, com a responsabilidade do governo-geral do Brasil, a organização da ajuda militar à Bahia e a canalização dos socorros bélicos enviados do Reino.

Agora, no comando da resistência, ele achava-se novamente às voltas com as vicissitudes da guerra colonial: usura das fortificações, dificuldades de aprovisionamento, falta de armas e de munições, escassez de efetivos. Quando da invasão, Matias de Albuquerque tinha para coadjuvá-lo veteranos do norte da África, como André Dias da Franca; da conquista da costa leste-oeste, como Antônio de Albuquerque e Martim Soares Moreno; da restauração de Salvador em 1625; e por fim da campanha contra a armada batava que naquele ano aportara à baía da Traição na Paraíba, como André Vidal de Negreiros e o inaciano paulista Manuel de Morais. Martim Soares Moreno, sobrinho e protegido de Diogo de Campos Moreno, o antigo sargento-mor do Estado do Brasil, militara nas guerras com o gentio do Ceará contra os franceses, em que, narraria, "me despia nu e me raspava a barba, tingido de negro com um arco e flechas, ajudando-me dos índios, falando-lhes de contínuo a língua e pregando-lhes o que já sabia bem fazer".

Informado do traquejo bélico do padre Manuel de Morais, Matias de Albuquerque intercedeu junto ao reitor do colégio da Companhia de Jesus para que o autorizasse a ocupar uma das estâncias que sitiavam o Recife, em que pelejou "com tão notável zelo e ardis como se fora sua profissão a guerra e milícia". À época, não se era paulista em vão. Os êxitos do jesuíta como capitão geral dos índios (entre cujos comandados encontrava-se o futuro herói Antônio Felipe Camarão, que o serviu como lugar-tenente) valeram-lhe grandes invejas e animosidades tanto de eclesiásticos quanto de oficiais do exército e de capitães da terra, razão pela qual foi afastado do comando. De regresso à Paraíba, ele continuou a exercer, segundo fonte holandesa, "a maior autoridade sobre todos os selvagens daquela região", graças a um "grande talento" combinado a um "juízo e prudência mediana", embora prejudicado por uma "compleição colérica", segundo o perfil traçado por um colega de roupeta.

A eficácia da guerra volante revelou-se desde o sítio do Recife entre 1631 e 1633, anos nos quais, reporta frei Calado,

> muitos e valorosos mancebos [...] tinham encurralado o holandês, que não era senhor nem de sair a buscar água para beber, nem faxina para suas fortificações, porque em saindo das suas trincheiras, logo davam sobre eles e os matavam, e nem senhores eram de sair da vila [de Olinda] para o Recife nem do Recife para a vila, senão em grandes tropas, porque os nossos se deitavam a nado e era ocasião de maré vazia, passavam o rio; e postos em emboscadas, cada dia lhe faziam tanto dano que andavam assombrados.

Nestes primeiros tempos, quando as guerrilhas atreviam-se a atacar os arrabaldes de Olinda, cujos pomares ofereciam cobertura propícia à surpresa das operações, as perdas incorridas pelos batavos foram notáveis e as baixas luso-brasileiras, mínimas. De modo geral, as vidas ceifadas pela guerra do mato afiguram-se bem mais numerosas do que as baixas sofridas nos sítios de praças-fortes ou em batalhas campais, exceto nas duas Guararapes, em que se registraram perdas significativas da parte dos holandeses.

A reação dos soldados da WIC à guerra volante foi inicialmente de perplexidade. Ao coronel Arciszewski atribuiu-se a confissão de que "só um índio brasiliano [isto é, Camarão] tivera poder para o fazer retirar, desonrando-o e fazendo-lhe perder a reputação e nome que tinha ganhado e conservado por tantos anos [na Europa]". Um mercenário inglês a serviço da Companhia reconheceu que, "no começo, esta guerra do mato era algo estranha para nossos homens, devido às emboscadas que o inimigo propositadamente nos armava nas matas, invenção assassina que nos matava muitos soldados", embora, quando se conseguia guardar o sangue-frio e pôr-se em ordem de combate, ainda fosse possível repeli-las.

Somente a adoção pelo comando neerlandês desses métodos permitiu atenuar a vantagem dos contrários, pois, ainda consoante Pudsey, "tendo pago um alto preço, reforçamos nossas companhias com espingardas, tornando nossos homens peritos no uso delas, de modo que em breve tempo nos pudemos vingar do inimigo, dispondo ademais de negros que conheciam bem o interior e que guiavam nossos passos". Já em outubro de 1632, os holandeses armaram uma emboscada mortífera na Tacaruna, entre o Recife e Olinda, a primeira, segundo o donatário de Pernambuco. Este lamentava, aliás, que "já o tempo os ensinava a imitar nosso modo de fazer-lhe a guerra até então, aprendendo tanto à sua custa que se tornaram mui bons mestres como depois o experimentamos". A essa altura

(1633), um oficial lusitano admitia que "há morto bastante gente nossa como nós a eles e nos hão tomado, nestas saídas e em outras emboscadas que hão feito".

Contudo, longe do Recife ou das fortificações costeiras, o conhecimento do terreno (matas, oiteiros, veredas, camboas e várzeas como também o espaço organizado dos engenhos) que faltava aos soldados da WIC, ou porque estivessem há pouco na terra ou por estarem isolados nas guarnições, não os habilitava a usar da guerrilha. De pouco lhes valeriam as bússolas de que se muniam, como se infere de um trecho de Moreau. Era sobretudo penoso orientar-se entre os canaviais, sítio ideal para assaltos de surpresa mercê da sua densidade e da altura dos pés de cana. Ainda durante a guerra de restauração, depois de tantos anos de Brasil, os holandeses não desembarcavam na terra firme de Itamaracá sem caírem em alguma emboscada. E uma das suas fontes relata como foi trucidado no São Francisco o contingente de La Fleur. O autor anônimo do chamado *Diário de Arnhem* imputava, aliás, os êxitos inimigos ao fato de os luso-brasileiros residirem "nos matos como lobisomens", ao contrário dos seus adversários citadinos.

O protagonismo de Domingos Fernandes, o Calabar, ascendendo de obscuro campanhista luso-brasileiro a capitão do exército da WIC, deveu-se a seu inigualável conhecimento da região litorânea do Nordeste, adquirido como piloto de pequenas embarcações costeiras. Sabe-se que ele serviu o exército de resistência de 1630 a 1632 como renegado a fim de escapar à punição de um crime, seja, segundo Pudsey, o de estuprar "uma mulher na região de Camaragibe [Porto Calvo] e para que depois ela não contasse quem havia feito isto, cortou-lhe a língua"; seja, conforme o donatário, o de "alguns furtos graves que havia feito na fazenda d'El Rei". Ser mareante era gênero de vida fronteiriço da ilegalidade. Em linguagem seiscentista e em termos da posição social de Calabar, o segundo delito, apurado pelo provedor da fazenda real, só pode significar contrabando.

As fontes luso-brasileiras e holandesas são unânimes em lhe creditar inestimáveis serviços à contraguerrilha desencadeada a partir do ataque a Igaraçu, donde a pensão que em 1636 o governo do Recife resolveu conferir à sua viúva e filhos. Duarte de Albuquerque Coelho era enfático: "de quase todas as sortidas que [os holandeses] efetuaram [...] foi Calabar o motor principal". Que sortidas foram essas? De 1632 a 1634, o donatário lista a participação de Calabar nos ataques a Igaraçu, Rio Formoso, Porto de Pedras, vila da Conceição, Goiana, as duas Alagoas, Cabo, Barra Grande, Porto Calvo, Mamanguape e Paraíba, sítios quase todos litorâneos. Refere Calado que o almirante Lichthart trazia Calabar "em sua companhia para que lhe ensinasse as bocas dos rios navegáveis e as paragens onde podia deitar gente em terra". Segundo Pudsey, seu conhecimento náutico o habilitava a embarcar um contingente holandês num "pequeno navio" e desembarcá-lo em plena noite "em território inimigo". Contrariamente, Calabar não é jamais mencionado no contexto de outro tipo de sortidas, as terrestres, que desde 1633 passaram a ser efetuadas contra os engenhos do interior.

A seu enforcamento de ordem de Matias de Albuquerque, sem que precedesse qualquer procedimento judicial, pôde estar associada uma queima de arquivo. Devido à sua atuação como intérprete, Calabar estava a par dos contatos comprometedores de gente da terra com as autoridades neerlandesas. Calado, que o ouviu em confissão no momento final em Porto Calvo, afirma que ele "muito sabia e tinha visto nesta matéria, e que não eram os mais abatidos do povo os culpados". Na crônica, o frade absteve-se prudentemente de dar nomes aos bois, embora informe haver transmitido a Albuquerque "algumas coisas pesadas" que escutara ao trânsfuga. Na verdade, tão pesadas que o general "mandou que não se falasse mais nesta matéria, por não se levantar alguma poeira, da qual se originassem muitos desgostos e trabalhos". Calabar foi, ademais, executado com uma pressa suspeita, pois "nem lugar lhe deram a se despedir e pedir perdão aos circunstantes, como queria" (e como era de praxe em tais casos), em face do receio de que abrisse a boca, "o que ele não tinha intenção de fazer, segundo o havia prometido ao padre".

O acordo sobre concessão de quartel assinado em 1633 reconheceu a legalidade da emboscada ao prever que, à maneira do soldado de linha, o guerrilheiro preso tivesse a vida poupada. Ele perderia, contudo, as armas e tudo o mais que portasse, salvo o vestuário. O convênio foi firmado com base no precedente do que vigia em Flandres e adaptado de modo a interditarem-se "balas envenenadas, mastigadas, entrançadas ou encadeadas", bem como o disparo de "pedaços de ferro ou chumbo". Acordou-se também que índios e africanos aprisionados pagassem metade do resgate de um soldado, a menos que tivessem feito uso de armas proibidas que, porém, não se definiu quais fossem. Apenas se consagrou o uso das armas de fogo, silenciando-se acerca das armas brancas, também essenciais à guerra volante. O enforcamento de Calabar deu margem, aliás, a um protesto neerlandês contra a violação do acordo, mas Matias de Albuquerque alegou que, sem a ratificação por El Rei, ele não tinha validade.

A oposição ao acerto não partiu dos holandeses, mas da própria Coroa, que o vetou em consequência da opinião do Conselho de Guerra, para quem dar quartel ao inimigo no Brasil, mesmo na base da reciprocidade, encorajaria suas intrusões no ultramar. Além de dar pretexto a contatos nocivos, convinha abster-se de medida que domesticaria um conflito que cumpria tornar ainda mais feroz para que os soldados, vendendo caro as vidas, não se rendessem facilmente como estaria ocorrendo em Flandres. Sustentava o marquês de Leganés ser o quartel a causa da longa duração da guerra nos Países Baixos, onde os terços castelhanos já não lutavam com o som e a fúria que os celebrizara no tempo do duque de Alba. O Conselho de Guerra recomendou que se repreendesse Matias de Albuquerque; e Filipe IV ordenou-lhe que rompesse o trato, estranhando-lhe que em negócio de tanta monta houvesse agido sem autorização prévia da Coroa.

A oposição entre a guerra de Flandres e a guerra do Brasil não impediu a impregnação de um modelo pelo outro, como indica a função da emboscada nas operações convencionais. Graças a ela, a resistência logrou frustrar as primeiras tentativas holandesas de assediar o Arraial do Bom Jesus. Enquanto a tropa de linha permanecia no interior da fortaleza, as companhias volantes corriam as áreas circunvizinhas, estorvando a marcha do inimigo e o transporte da artilharia, já através de canaviais e de matos, já Capibaribe acima, pois "como o rio era estreito e [os barcos] não iam à vela [mas a remo], qualquer oposição lhes servia de embaraço e impedimento". Só na terceira tentativa (1635) é que os holandeses conseguiram, mediante a ocupação do passo do Fidalgo (no atual bairro recifense da Jaqueira), conduzir o material bélico necessário ao sítio da fortificação. Por sua vez, a batalha das Tabocas (1645), mata, explica Calado, de "canas bravas, grossas e todas cheias de rígidos e agudos espinhos, que aonde chegam não há vestido que possa resistir a seus gadanhos e puas", dá a impressão de uma megaoperação de guerra volante. Ela envolveu, da parte dos luso-brasileiros, a escolha de local indicado pelos moradores da vizinhança e a disposição de uma série de emboscadas, "cobrindo umas a outras", entre a margem do rio Tapacurá e o alto do monte.

Não se deve tomar à risca a generalização de fonte luso-brasileira ao assegurar que já em Mata Redonda (1636) "a ordem e o modo de fazer a guerra" no Brasil impuseram-se ao "próprio inimigo [o qual] deixou o que usa em Flandres e tomou o que os nossos haviam deduzido". Uma coisa é a prática da emboscada; outra, bem mais abrangente, a concepção estratégica. Cabe duvidar de que a formação do soldado europeu e especialmente do soldado das Províncias Unidas, adestrado segundo os modelos de quadrados e linhas de fogo que fizeram do seu exército o mais bem treinado do Ocidente, o predispusesse a outro modelo de luta. É o que demonstra a avaliação feita pelo comando batavo quando das derrotas sofridas nos Guararapes. Na primeira refrega, os soldados luso-brasileiros pareceram-lhe "homens bárbaros e desesperados", não "soldados que professam a guerra política". E na segunda, "duas particularidades" prenderam a atenção do conselheiro Michiel van Goch. Escondidos no mato e nos mangues, os luso-brasileiros "atacavam sem ordem e em completa dispersão", anulando a vantagem da artilharia de campanha. Destarte, conseguiram romper e pôr em fuga os batalhões da WIC, estes sim "formados como se usa na mãe pátria", com o que perecia "maior número de soldados na perseguição" que lhe moveram os contrários "do que teriam feito no combate mesmo".

A outra particularidade notada por Van Goch dizia respeito à composição das tropas luso-brasileiras, uma mistura racial que destoava da homogeneidade europeia, compreendendo "brasilianos, tapuias, negros, mulatos, mamelucos, nações todas da região, e também de portugueses e italianos, que têm muita analogia com os naturais da terra quanto à sua constituição". Ao contrário dos "nossos homens [que] são indolentes e fracos, nada afeitos à constituição do país", os inimigos "atravessam e cruzam os matos e brejos, sobem e descem os morros tão numerosos aqui, tudo isso com uma rapidez e agilidade verdadeiramente notáveis". Donde ponderar Van Goch a necessidade de o exército da WIC "seguir no futuro um processo de combate igual ao deles", para tanto servindo-se de "armas e tropas semelhantes às deles, ao menos em parte e na quantidade possível de obter".

Paralelamente ao antagonismo entre os soldados europeus e os luso-brasileiros da guerra de resistência, manifestou-se o conflito entre os partidários da guerra convencional e os da guerra volante. Sustentavam os primeiros que, não se possuindo efetivos suficientes para a defesa da região, a guerra volante acarretaria baixas intoleráveis que cumpria evitar de maneira a contar com uma força irresistível que, pelo lado de terra, investisse o Recife, coadjuvando seu bloqueio pela esperada armada luso-espanhola. A esse argumento, retorquiam os adeptos da guerrilha que ela oferecia o único meio disponível de encurralar os invasores no Recife e de transformar colonos inexperientes em soldados práticos. A divergência subiu de tom a partir de 1631, com a chegada dos contingentes portugueses, castelhanos e napolitanos e com os êxitos iniciais das armas holandesas. Para os capitães da terra, a resposta à ofensiva batava deveria consistir em transformar a guerrilha de tática em estratégica, descentralizando as operações, de modo a atender à segurança do interior que passara a ser o alvo do exército da WIC.

Tal opinião acha-se longamente exposta na *Carta ou papel em que um capitão desta guerra responde a outro o que lhe parece do estado presente desta capitania, discursando a matéria com algumas razões em ordem ao remédio dela*. O texto é datado do Cabo de Santo Agostinho, 25 de abril de 1633, altura em que a recente capitulação do forte dos Afogados abrira a Várzea e os distritos centrais às incursões inimigas. Como "a maior substância desta guerra consiste na velocidade da nossa gente" e na sua capacidade de desfechar ataques de surpresa que desgastavam o moral dos contrários, o autor propunha dispersar os efetivos imobilizados nas praças-fortes em contingentes móveis destinados a repelir as entradas holandesas.

Com a perda dos Afogados, o Arraial do Bom Jesus já não podia desempenhar papel estratégico. Quanto ao argumento de que da sua manutenção dependia a "reputação" das armas d'El Rei, ele não colhia de vez que a guerra volante não tinha relação com a honra na sua acepção militar, tanto assim que muitas vezes a vitória residia na fuga ou em evitar confrontações decisivas como batalhas e sítios. Manter no Arraial o grosso do exército proporcionaria aos invasores a oportunidade de desferir um golpe definitivo na resistência. O autor abstinha-se, contudo, de propor o abandono puro e simples do Arraial, sugerindo a redução dos seus efetivos a trezentos homens que, somados aos vivandeiros, bastariam para guardar a artilharia, caso fosse impossível conduzi-la para o Cabo, o que implicitamente ele considerava a melhor solução.

Destarte, liberar-se-iam quinhentos ou seiscentos homens que, reunidos a quinhentos campanhistas, a serem recrutados e pagos mediante rateio entre os distritos rurais, permitiria formar um contingente de mil ou 1,1 mil soldados. Uma vez divididos em esquadrões, eles responderiam pela defesa dos engenhos de açúcar e portos de mar e também pelas fortificações do Cabo, cruciais às comunicações com o Reino. Este seria "o nosso infalível remédio". Opinião compartilhada por oficiais com longa experiência do Brasil, como era o caso de Vicente Campelo, o qual, havendo sido outrora provedor da fazenda real e capitão de uma das fortalezas do Recife, sustentava que se deviam levantar doze ou quinze companhias de soldados locais. Com tais homens "contentes e bem pagos", dando-se aos capitães o soldo de alferes e a promessa de patente mais alta, "certo será que nunca o inimigo entra pela nossa terra adentro".

Entre a chegada das tropas de Filipe IV (1631) e a retirada do exército de resistência para a Bahia (1637), o comando delas esteve nas mãos de veteranos de Flandres e da Itália, principalmente de Giovanni Vicenzo de San Felice, conde de Bagnuolo, que militara como capitão de infantaria nos Países Baixos, sob as ordens de Spínola, o triunfador de Breda. Promovido a sargento-mor da Calábria, seguira para a Espanha, participando da restauração de Salvador (1625) e sendo promovido a mestre de campo no seu regresso à Europa. Por sua vez, Rojas y Borja, que se iniciara sob a proteção do seu parente, o duque de Lerma, poderoso valido de Filipe III, podia gabar--se de 36 anos de serviço em Nápoles, Milão e Flandres.

Há outras reveladoras folhas de serviço. O mestre de campo Juan de Ortiz militara em Flandres trinta anos contínuos; o capitão Alonso Jiménez de Almirón, vinte anos, dos quais quinze em Flandres e o restante na Armada Real e na Lombardia; Miguel Giberton, quarenta anos na França, Itália e Flandres, havendo encetado a carreira ainda no reinado de Filipe II; o sargento-mor Francisco Serrano participara do sítio de Antuérpia, sob o duque de Parma (1585); o sargento-mor Ettore de la Calce lutara na Itália e na Catalunha. Oficiais portugueses eram também veteranos dos Países Baixos, da Espanha ou da Itália, como o sargento-mor Martim Ferreira ou o capitão Francisco de Almeida ou ainda Pedro Correia da Gama, sargento-mor do Estado do Brasil, "soldado mui antigo na guerra e mui prático nas coisas dela, e sobretudo inteligente na matéria de fortificações e bem afortunado em muitas ocasiões em que se achou por espaço de sessenta anos que servira a El Rei em diversas partes", no dizer de Calado.

Aos olhos desses veteranos de tantas campanhas ilustres do Velho Mundo, a guerra volante só era boa para selvagens e colonos. Ninguém exprimiu melhor tal repúdio do que Rojas y Borja, se é que realmente proferiu a frase, que lhe atribuirá um documento setecentista, segundo a qual "não era macaco para andar pelo mato". Não se poderia esperar desses indivíduos que concordassem com a redução em nível ínfimo das tropas que presidiavam as fortalezas e que, na opinião dos entendidos, deveriam corresponder no mínimo à metade dos efetivos. Nem que elas fossem empregadas em esquadrões volantes que necessariamente passariam a operar de forma descentralizada, escapando ao controle do comando, o que redundaria na marginalização da elite de oficiais europeus e comprometeria suas oportunidades profissionais.

Há que também levar em conta a vigência de valores de uma ética militar, ainda imbuída do seu passado feudal, a qual repelia uma prática, como a guerra volante, estigmatizada pela deslealdade. Tratava-se, no fundo, da mesma atitude que explica a prevenção inicial reinante outrora na Europa não só contra a arma de fogo, mas também contra o arco e a arbaleta, que tinham em comum a característica de ferir e matar à distância. A guerra do mato, o que era pior, feria e matava à traição, sendo própria, por conseguinte, de delinquentes. Os soldados batavos costumavam, aliás, desafiar os luso-brasileiros a saírem em campo, acusando-os de só pelejarem dentro do mato. Como proclamava certo holandês a respeito de um capitão da terra: "Não diga ninguém que [ele] é valente, porque é um covarde e não sabe brigar senão no mato e de emboscada como ladrão", injúria que lhe custou a vida às mãos do injuriado, que o confrontou, dessa vez, de peito aberto.

A correspondência de Bagnuolo é bem elucidativa. Na sua atitude como na de outros oficiais, pesava igualmente a frustração decorrente do serviço em obscura guerra colonial. Ainda a bordo do galeão que o levava a Pernambuco, o napolitano já se lamuriava: "Sei que vou a uma jornada que de nenhuma maneira me estava bem de ir, porque vou a um lugar onde se pode ganhar pouca reputação, a um clima tão destemperado e em ocasião em que é mister gastar o que não tenho, com incerteza de quando será a volta", a qual, aliás, não ocorreu, pois Bagnuolo falecerá em Salvador. Suas cartas transpiram o mais feroz derrotismo. Decorrido um ano de Brasil, ele já dava a situação por perdida, não fazendo mistério do seu desprezo pela guerra brasílica, que, ainda em Lisboa mas de malas feitas para Pernambuco, asseverava ser contrária ao interesse régio, pois "não defender as praças e retirar-se para os matos é contra a reputação das armas de Vossa Majestade". Como no começo os próprios holandeses, ele sempre concebeu a luta no Brasil à maneira de Flandres, como uma guerra de sítio pela posse das fortificações, cujo reforço era vital, uma vez que "são corpos sem alma, que sem gente não se defendem".

O debate estratégico alcançou um ponto crítico em 1635. Tendo conquistado a Paraíba, o exército neerlandês avançou sobre as capitanias de Itamaracá e Pernambuco. Se a *Carta ou papel* ainda admitira a preservação do Arraial do Bom Jesus, propôs-se agora o abandono puro e simples das praças-fortes, de modo a utilizar todos os efetivos na guerra volante. Era uma ideia altamente não convencional em termos das concepções militares predominantes e que ademais podia resultar em punição exemplar para o chefe que tomasse a correspondente decisão. Assim, nem mesmo a iminência do revés logrou demover o comando, para indignação dos partidários da guerra brasílica.

Segundo propunham, a tropa recolhida no Arraial deveria ser lançada juntamente com duzentos campanhistas sobre as trinta léguas entre a Paraíba e a Várzea do Capibaribe, tanto mais que o percurso era na sua "maior parte [de] matas e arvoredos, donde se lhes [aos holandeses] podiam fazer muitas emboscadas". Na sua história da guerra brasílica, Brito Freyre criticará a resolução de manter o Arraial contra ventos e marés, a qual atribuía equivocadamente ao apego de Matias de Albuquerque à praça-forte que fundara e defendera por tanto tempo, podendo mais com ele "a saudade inútil do que a razão evidente". Contudo, mesmo que quisesse, o que provavelmente não era o caso, Matias não teria podido sobrepor-se à opinião de Bagnuolo e dos demais oficiais d'El Rei.

A gente da terra não enxergava nessa atitude do comando um caso de ortodoxia militar mas de descaso, quando não de traição pura e simples, donde as acusações contra

Bagnuolo. Embora elas pareçam fundadas no tocante à sua cobiça e improbidade, é indicativo da hostilidade que se lhe votava em Pernambuco o interpretar-se como indícios de conluio com o inimigo as missivas e gentilezas protocolares da guerra barroca. Houve quem jurasse haver lido carta sua por ocasião da queda da Paraíba, na qual Bagnuolo declarava aos destinatários holandeses: "Bom proveito faça a terra a Vossas Senhorias. Aí vão cinco prisioneiros. Parto para o Cabo de Santo Agostinho. Guarde Deus a Vossas Senhorias". Eram meras gentilezas cultivadas no âmbito da internacional de chefes militares da Guerra dos Trinta Anos. Assim concluirá, com seu bom senso habitual, o próprio Filipe IV: "Se tudo que há contra o conde de Bagnuolo é o que diz este homem, seria grande leviandade mandá-lo voltar". É certo que El Rei terminará por ordenar uma devassa acerca das acusações de peculato e prevaricação, mas o procedimento inatacável de Bagnuolo quando do sítio de Salvador por Nassau terá posto uma pá de cal sobre o assunto, uma vez que, à altura do seu falecimento, ele recebia o título de príncipe na Itália e um feudo vitalício em Nápoles.

O comando da resistência manteve-se aferrado à sua concepção da guerra, com os sediços argumentos da reputação e da impossibilidade de transportar para lugar seguro a artilharia das praças-fortes, que urgia preservar para a chegada da armada luso-espanhola. Sitiados o Arraial e o Cabo, Matias de Albuquerque marchou, com parte da tropa, para Sirinhaém, de onde esperava socorrê-las, enquanto Bagnuolo ocupou Porto Calvo, de modo a garantir os víveres locais e anular a vantagem obtida pelos holandeses com a fortificação da Barra Grande. Depois da capitulação das duas principais fortalezas e em face da superioridade inimiga e da obstinação dos chefes em jogar segundo as regras do seu jogo, a resistência reduziu-se à tentativa de assegurar nas Alagoas uma cabeça de ponte para o desembarque da esperada força naval.

Ocasião em que se reacendeu a controvérsia. Sob a pressão de um punhado de capitães da terra, o mestre de campo Manuel Dias de Andrade, oficial português de maior graduação, propusera que, ao longo do trajeto entre a Barra Grande e Porto Calvo, onde o exército da resistência detivera-se, se improvisassem estacadas

> e viéssemos fazendo emboscadas por todo o caminho [...] e retirando-nos de uma em outra, e que deste modo o [inimigo] desbarataríamos; e que de nenhum modo o deixássemos chegar à vista da povoação e da nossa fortaleza, porque se [a] via com os olhos, a havia de tomar e render sem remédio.

Reporta Calado que Bagnuolo rejeitou a proposta, preferindo opor-se-lhes por detrás das fortificações da vila, o que deu ensejo a uma conjura para depô-lo, a qual só não prosperou devido à recusa do mestre de campo lusitano em substituí-lo no comando.

O donatário de Pernambuco, que apoiou a opinião desfavorável ao confronto direto em condições de marcada inferioridade numérica, refere sua própria sugestão, tampouco aceita. Ela consistiria em reduzir a guarnição de Porto Calvo para concentrar efetivos na passagem do rio Una, caso o exército neerlandês surgisse por terra pelo lado do norte; e caso ele desembarcasse a leste, para atacar sua retaguarda, de modo a obrigá-lo a desistir do assédio a que planejava submeter a vila. Mesmo quando a posição foi perdida em 1637, Bagnuolo voltou a descartar o parecer de Duarte de Albuquerque Coelho no sentido de manter-se uma cabeça de ponte no sul de Alagoas. Apoiado pela maioria do conselho de guerra, Bagnuolo optará também por abandonar Sergipe, de onde se recolheu com o exército a Salvador.

Visivelmente, Duarte de Albuquerque Coelho, que permaneceu em Pernambuco depois da partida do irmão, estava acorde com vários dos pontos de vista expressados pelos capitães da terra. Nas *Memórias diárias*, redigidas no exílio castelhano que se impôs depois da restauração da independência lusitana, ele compreensivelmente tratou de precaver-se, escamoteando a conflitividade das relações entre lusitanos e espanhóis e poupando da crítica algumas decisões tomadas pelos chefes militares, tanto mais que Matias de Albuquerque fora o principal deles. Nas entrelinhas, porém, reponta sua inconformidade. Assim, ao encampar as reservas locais feita a Rojas y Borja, a quem faltariam o conhecimento do país e o modo de fazer a guerra nele; ao lamentar a imobilização da infantaria nas praças-fortes; ou ao reprochar a Bagnuolo o haver aguardado o inimigo em Porto Calvo no momento em que os campanhistas haviam recobrado "mais de dezesseis léguas de terreno" ao norte da vila.

A posição de Matias de Albuquerque é que foi sempre uma incógnita. No começo da guerra de resistência, ele organizou, como aludido, o sistema de companhias volantes. Contudo, com a mudança na relação de forças no âmbito do comando militar, decorrente da incorporação dos contingentes espanhóis e napolitanos, sua tarefa passou a consistir em acomodar as divergências, inclusive suas próprias diferenças com Bagnuolo, de acordo com o feitio contemporizador que se lhe reconhecia. Pode-se supor que Matias tenha acreditado na eficácia da guerra volante nos termos da estratégia vigente até 1633, isto é, como subsidiária da guerra de posições. Contudo, ao aguçar-se a controvérsia, não se podia esperar que optasse pelo abandono das praças-fortes e se convertesse à guerra *à outrance*, que teria aniquilado o controle régio e a própria autoridade da sua família na capitania.

A estratégia luso-brasileira da guerra da restauração foi a mesma do período 1630-3, mas que desta vez deu certo, isto é, a contenção dos holandeses no Recife e nas fortificações costeiras, a partir do Arraial Novo e da linha de estâncias que lhes cerrava o passo. Há, porém, uma diferença significativa. A função do Arraial Novo é ancilar à operação dos redutos e não o oposto, como anteriormente. As primeiras providências tomadas pelo comando da insurreição em 1645-6 previam somente a linha de estâncias, consoante proposta de Fernandes Vieira, que se opôs à reconstrução do Arraial do Bom Jesus ou à edificação de nova praça-forte, com o mesmo argumento de que não se devia imobilizar a infantaria, usado outrora pelo autor da *Carta ou papel*. Se finalmente se resolveu erguer o Arraial Novo, foi no entendimento de que serviria apenas de "fortificação onde nos recolhêssemos no tempo de alguma opressão e onde estivesse segura a pólvora e as mais munições de guerra", como assegura Calado; e não como a base de um sistema de defesa cuja queda eventual devesse obrigatoriamente definir o futuro da empresa restauradora.

O comando luso-brasileiro carecia, aliás, do cosmopolitismo que caracterizara seu predecessor. A experiência dos seus oficiais era limitadamente brasileira. Apenas Felipe Bandeira de Melo militara em Flandres. A começar por Vidal de Negreiros, Camarão e Henrique Dias, tratava-se quase todos de veteranos da guerra de resistência, inclusive Fernandes Vieira, cuja experiência militar foi posta em dúvida desde a publicação da obra de Varnhagen. Mesmo quem era originário do Reino, como Antônio Dias Cardoso, que, na sua condição de sargento-mor do terço de Vieira, não só definiu o projeto estratégico de Tabocas como também influiu decisivamente no planejamento de ambas batalhas dos Guararapes, formara-se localmente sob as ordens de Sebastião do Souto, segundo Gonsalves de Mello, "o mais extraordinário mestre da guerra de emboscada e do ataque de surpresa". O próprio Vieira, que não era indivíduo chegado a reconhecer o mérito alheio, confessaria que à "militar doutrina" de Dias Cardoso é que se devera a vitória das Tabocas.

Embora a designação de Francisco Barreto como mestre de campo general fosse criticada pela sua falta de prática da guerra local, a verdade é que não se tratava de indivíduo inteiramente destituído de tal experiência, pois encetara sua carreira na armada do conde da Torre, tomando parte na famosa marcha do Rio Grande a Salvador, sob o comando de Luís Barbalho. Quanto ao mestre de campo Francisco de Figueiroa, que iniciara a vida militar em Portugal, na infantaria da armada da costa que operava contra o corso argelino, servira no Brasil desde os anos 1630, sendo em 1653 "o mais antigo soldado que há na campanha de Pernambuco". Em nível subalterno, a homogeneidade profissional era ainda maior. Quase todos os capitães da guerra da restauração haviam feito a resistência.

Entre a partida do exército para Salvador (1637) e o acordo de quartel negociado por Nassau com o governo-geral da Bahia (1641), a guerra volante constituiu o único gênero de hostilidade terrestre ao alcance da Coroa. Esses foram os anos dourados dos campanhistas luso-brasileiros. Deles escreveu Brito Freyre que "só o ombro e a mochila eram o alforje e carruagem com que em marchas tão largas penetravam [...] o sertão da América, com maravilhosa diferença do estilo da Europa, onde as grandes bagagens de pequenos exércitos parecem transmigrações de povos e cidades portáteis". Visando desencorajar o colaboracionismo dos proprietários rurais, ao menos desde 1634 o comando da resistência recebera ordem régia no sentido de se queimarem sem demora "todos os canaviais, sem ficar nenhum" naqueles distritos ocupados pelo inimigo. Matias de Albuquerque fê-la executar na capitania de Itamaracá em 1635, à raiz da capitulação da Paraíba. Nesse mesmo ano, El Rei voltou a recomendar a medida. Com a derrota da Mata Redonda em janeiro de 1636, as entradas começaram para valer.

A primeira, em abril de 1636, sob o comando do famoso Rebelinho, contou com 450 campanhistas, dos quais duzentos índios, destinados em sua maioria ao transporte de víveres, pólvora e munições. Em maio, outra excursão levava 350, sendo 150 índios. Em junho, verificou-se a correria de Camarão até Goiana, com trezentos homens, gastando três meses e meio para percorrer sessenta léguas, devido a que no regresso tiveram de comboiar os emigrados do distrito. Outra excursão de Rebelinho à frente de duzentos homens durou dezenove dias, marchando oitenta léguas. Foi para contrarrestar os empecilhos à mobilidade e ao suprimento de contingentes dessas dimensões que Sebastião do Souto inaugurou a prática de atacar com efetivos de apenas trinta soldados e dez índios.

Com a rendição de Porto Calvo em 1637, encetou-se nova fase que pôs a ferro e a fogo as capitanias de cima e comprometeu gravemente a estabilidade da colônia recém-conquistada pela WIC. As operações desencadeadas a partir de Sergipe e da Bahia congregavam inicialmente boa quantidade de campanhistas, que, contudo, ao pisarem a margem esquerda do São Francisco, se dispersavam em pequenas unidades que seguiam diferentes rumos. Em 1638, uma entrada, encarregada de incendiar os canaviais entre Sirinhaém e a Várzea do Capibaribe, compreendia cinco pelotões de trinta homens cada, com seu próprio capitão. A unidade que atacou o alvo mais próximo, Sirinhaém, compunha-se exclusivamente de luso-brasileiros. Os demais incluíam negros e mestiços, cujo número aumentava proporcionalmente à distância. Assim é que na tropa enviada contra a Várzea e Muribeca marchavam apenas sete luso-brasileiros. Tais diferenças tinham provavelmente a ver com a disponibilidade de indivíduos que conhecessem na palma da mão as áreas das operações e com a necessidade de transportar maior carga.

O imperativo de adentrar o Brasil holandês a oeste da região povoada, de modo a garantir a surpresa dos ataques e a decorrente necessidade de abrir "novos caminhos entre as matas virgens", explica a duração dessas correrias. Cruzava-se o São Francisco a vinte léguas a oeste de Penedo, atravessando-se os rios a nado e utilizando-se jangadas e balsas que os campanhistas construíam apenas para transportar roupas, víveres e petrechos bélicos. Os pelotões de vinte a trinta soldados podiam cumprir sua missão em menor tempo, evitando facilmente a tropa holandesa, pois mudavam "cada dia de sítio e alojamento, o qual era os pés das árvores". Rebelinho e seus homens tinham "por hábito marchar um dia e descansar no outro junto a uma aguada"; e os de Paulo da Cunha Souto Maior eram tão "fragueiros" e "acostumados a andar pelos matos" que se tornava impossível apanhá-los, "porquanto amanheciam em uma parte e anoiteciam dali seis ou sete léguas, e quando os holandeses tivessem novas deles, já estavam posto em salvo no meio dos matos". De um desses capitães de guerrilha contava-se que, ferido gravemente, se escondera dois dias no campo, "não comendo outra coisa senão as postas do seu mesmo sangue, que pelo buraco da ferida lhe saía".

A penetração pelos campanhistas da área designada por "sertão" e na capitania de Itamaracá, por "terra nova", escassamente povoada em comparação com os distritos açucareiros, já induzira em 1635 as autoridades neerlandesas a evacuá-la. Tratou-se de obrigar os habitantes a passarem para a marinha com seus bens móveis e animais no prazo de quinze dias. Em outubro, devastou-se o setor norte, de São Lourenço a Goiana; e no mês seguinte, os roçados e currais da bacia do Capibaribe. Já não tendo os colonos para aprovisioná-los, os campanhistas teriam de reduzir sua mobilidade ou mesmo, acossados pela fome, surgir nas bagaceiras dos engenhos, onde seriam mais facilmente capturados. A ferocidade desses assaltos era notável. "Matavam-se muitos holandeses que, não esperando nossa entrada, divagavam de engenho em engenho, supondo-se seguros", como em Sirinhaém. No ataque de Rebelinho ao engenho Velho do Cabo, trinta batavos morreram e outros quarenta entregaram-se. O próprio diretor, ou seja, governador, da Paraíba, Ippo Eyssens, surpreendido quando punha a moer o engenho do Espírito Santo, sucumbiu na companhia de quarenta soldados e dezenove índios, ao passo que os campanhistas tiveram baixas de seis mortos e dezesseis feridos.

As derradeiras excursões foram realizadas em conexão com as operações da armada do conde da Torre em 1640 e posteriormente por iniciativa do governador-geral, marquês de Montalvão. Via de regra, incendiavam-se apenas os canaviais e as casas de purgar onde se estocava o açúcar dos engenhos pertencentes a neerlandeses e a colaboracionistas notórios, evitando-se excesso de danos para o dia em que a sorte do conflito favorecesse os luso-brasileiros. A Paraíba parece ter sido mais duramente castigada. Em 1637, Sebastião do Souto queimou "todas as canas, dizendo que nem para semente ficavam", além de 20 mil pães de açúcar e cerca de 50 mil quintais de pau-brasil. Em 1640, a entrada de Vidal de Negreiros arrasou dois armazéns e sete oitavos da safra a ser colhida.

A queima podia ser seletiva. Na Várzea do Capibaribe, Henrique Dias limitou-se a abrasar a cana já cortada para a moenda, deixando "algumas plantas novas". O fogo era posto ou de dia, aproveitando o calor, ou ao anoitecer, a fim de estorvar as medidas de resgate, que podiam durar toda a noite, mesmo quando o orvalho e a umidade favoreciam a tarefa. Contudo, subornaram-se muitos campanhistas, com o que, "por este caminho, ficaram muitos [canaviais] intactos e [a] outros lhes punham fogo de contravento e fugiam, [e] acudindo os lavradores com seus escravos o apagavam em breve". Os escravos também podiam ser tomados e os bois mansos, jarreteados.

As entradas alienaram boa parte da comunidade luso-brasileira do Brasil holandês, donde a atitude nada cooperativa de muitos colonos quando das excursões sincronizadas com a armada do conde da Torre. Como se não bastassem os ataques dos *boschneggers*, os campanhistas extorquiam "muita soma de dinheiro e fazendas"; e "dando de noite nas casas roubavam quanto achavam; e depois, vindo os flamengos, acabavam de esbulhar o que ficava". Na descrição de Calado, era "grande [a] perturbação" ao verem "arder suas fazendas" sem saberem "o intento desta obra"; e também entre os holandeses,

> porque se viam perdidos de remate sem ter [o] que levar de Pernambuco, e que se lhes acaba[va]m suas ganâncias: se acudiam a uma parte para impedir este mal, viam que não somente não achavam os malfeitores, mas antes se ateava o fogo em dez e vinte partes, e que não lhe podiam dar remédio humano, e assim andavam pasmados.

A eficácia das entradas, que perturbou durante cinco anos a normalização da atividade produtiva, constituiu o motivo da convocação da Assembleia de 1640, mediante a qual Nassau buscou obter o apoio dos senhores de engenho no combate aos incendiários.

As entradas fizeram compreender às autoridades luso-brasileiras a vulnerabilidade do Brasil holandês e a vantagem estratégica desse gênero de operações, avaliação crucial na futura decisão da Coroa de promover a insurreição luso-brasileira de 1645. Segundo o marquês de Montalvão, "maior dano [...] pode receber Pernambuco do que se pode recear na Bahia", por ser viável meter ali "sem custo nem risco as tropas que me parecerem". Opinião em que Nassau concorria ao alertar seus sucessores no governo do Recife sobre

> a vantagem que ele [governo-geral] tem sobre este Estado; quão inclinados se mostram seus soldados para correrias e pilhagens nestas capitanias; quão grande é o seu poder e que em um momento e com uma palavra

pode formar com nossos moradores [luso-brasileiros] um exército ao qual não faltarão nem a necessária munição nem o sustento.

Quando, em ocasiões críticas da guerra de restauração, Portugal cogitou de livrar-se dos ônus internacionais do conflito que ele mesmo havia atiçado, ainda lhe restou a hipótese de devastar e abandonar as capitanias de cima. Por então, era o que Gaspar Dias Ferreira procurou demonstrar aos seus interlocutores neerlandeses. A vitória militar da WIC seria contraproducente, pois o incêndio de um partido de cana destruía socas e ressocas, "de maneira que os canaviais de um engenho se podem extinguir num ano e não tornar a plantar-se em seis". Ademais, "como os matos do Brasil são tão largos e a terra tão fácil de mantimentos, não há impedimento para que [...] [os campanhistas] se conservem, sem os poderem extinguir por guerra, retirando-se dela quando os buscarem, como se tem visto e sempre fizeram em muitas ocasiões".

As excursões serviram subsidiariamente como fonte de informação para o exército da resistência e também para resgatar bens valiosos escondidos pelos proprietários que haviam se retirado, inclusive as ordens religiosas. Estêvão de Távora, por exemplo, transportaria em 1637 a prata e as alfaias dos conventos do Brasil holandês que, por motivo de segurança, tinham se ajuntado na casa franciscana de Ipojuca. No engenho de certo colaboracionista, Sebastião do Souto "achou muita prata do Colégio [da Companhia de Jesus] e dando numa emboscada do inimigo a perdeu e se salvou um cofre de prata com a relíquia de Santa Úrsula e dois cálices dourados e um vaso dourado em que se expõe o Santíssimo Sacramento no sacrário". Relíquias que seriam recebidas no acampamento luso-brasileiro com procissão e missa.

Malgrado o governo do Recife ter despachado inúmeros pelotões assistidos por contingentes indígenas e incumbidos de guardar os engenhos e partidos de cana, só excepcionalmente a tropa holandesa conseguia alcançar os campanhistas. Outra providência consistiu em multiplicar os aceiros, evitando a propagação do fogo, que "em canaviais é como se fora em estopas", e facilitando o deslocamento das patrulhas. Nassau também encorajou as deserções com a ameaça de queimar vivos "todos aqueles que, de qualquer qualidade, classe ou patente" botassem fogo às escondidas. Era, segundo ele, comportamento de vagabundos e ladrões; e não de "um verdadeiro soldado". A este, só era lícito abrasar os bens alheios "de acordo com as regras da guerra", ou seja, da prática europeia do *brandschatting* que legitimava o ataque da tropa contra comunidades localizadas em território inimigo.

Entrado o século XVIII, formularam-se novamente os princípios da "ciência experimental dos naturais da terra" em certo memorial posterior a 1710, pois alude à presença francesa no Rio de Janeiro. O autor anônimo, que diz haver conquistado aos índios o interior do Rio Grande do Norte na chamada "guerra dos bárbaros", expõe a d. João V "a diferença que vai da guerra da Europa à da América", tanto mais lógica quanto "esse Novo Mundo, assim como é o antípoda do Velho no sítio e calculação, assim também o é em tudo o mais". Na Europa, "segundo a natureza do terreno, se peleja em campanha rasa e a peito descoberto", mas na América, "por ser toda coberta de mato, se deve fazer de detrás dos paus, como fazendo deles trincheira". Na Europa o resguardo da população eram as praças-fortes, no Brasil o refúgio no interior. "E se lá, andando exércitos em campanha, se costuma recolher o precioso às praças por serem fechadas e seguras, cá se há-de observar o contrário, mandando-o retirar para fora, por serem abertas e ficar assim mais seguro no asilo dos matos."

Donde a conveniência "de fazer logo evacuar as praças de todos os bens que nela houver" para que aos inimigos não aproveite o saque, como ocorrera com os holandeses, que "com nossa mesma fazenda nos fizeram a guerra". Mas as autoridades reinóis não atinavam com tais diferenças, já que não possuíam "a ciência experimental que eu e os naturais da terra temos". Por não se ouvir o parecer dos "expertos na guerra brasílica" é que teriam ocorrido a derrota de Mata Redonda, a retirada do exército de resistência e o desastre da incursão contra a tropa holandesa em Itaparica (1646), determinada pelo governador-geral Antônio Teles da Silva contra a opinião de Rebelinho e de outros capitães da terra, que, aliás, perderam a vida nessa ocasião.

A afirmação da irredutibilidade brasileira aos modelos europeus, a que corresponde essa recusa da aplicabilidade da arte militar às nossas circunstâncias, exprime aliás uma faceta da mentalidade brasileira e do seu arraigado conservadorismo. Contra mudanças corriqueiras ou transformações radicais, sempre se utilizou o argumento da sua inadequação às realidades do país, que as condenavam como artificiais e postiças. O viço dessa concepção, que pode ser rastreada em muitas áreas da existência colonial e depois nacional, justificava-se na época pela defesa que ela proporcionava aos naturais da terra frente aos reinóis, na competição pelas oportunidades econômicas e sociais, inclusive no tocante a atividades urbanas, ralas por definição numa sociedade agrária, tais como a burocracia, a carreira militar, as profissões liberais, o ensino laico.

Invocando o clima tropical, consoante aquelas noções paradisíacas associadas à mitologia da conquista e da colonização, já pretendiam os "empíricos" do século XVII não existirem regras universalmente válidas para o tratamento das enfermidades. Escrevendo nos anos 1670, o dr. Simão Pinheiro Morão, médico reinol em Pernambuco, insurgia-se contra esse ponto de vista, ao observar que o clima "não faz variar o método geral da cura das doenças", pois a medicina é uma só. Ora, "sendo a verdadeira ciência da medicina composta da razão e da experiência", a gente da terra fiava-se mais nesta do que naquela, ou seja, antes nos "experimentados empíricos" do que nos "cientes experimentados". Ele próprio tivera ocasião de ler em cartas de pró-homens da capitania o conselho de que "nas tábuas e nos pains [isto é, no câncer do estômago e no do fígado], se não curassem com médicos nem cirurgiões" mas com curandeiros e mezinheiros, como aliás recomendavam até mesmo alguns doutores.

No final do século XVII e durante o XVIII, a guerra volante arcaizou-se, mercê paradoxalmente, segundo Pedro Puntoni, do "processo de formalização [...] que a enquadrava em sua especificidade no sistema militar do império português". Ela como que se tornou aceitável em se tratando de sertanistas e de expedições sertanejas em áreas remotas, afastadas da marinha e das praças-fortes litorâneas e visando reduzir bugres insubmissos ou negros aquilombados; ou então nas guerras de Angola, de que participaram veteranos da guerra do Brasil. No Maranhão de final do século XVII, ainda se asseverava que suas guerras eram "muito diferentes das da Europa, porque se não briga com formatura, e só cada um o faz como lhe parece, detrás das árvores de umas em outras".

Contra "o gentio bravo de cima", isto é, do sertão, e contra "o negro fugido de baixo", ou seja, das áreas canavieiras, a solução consistiu, em Pernambuco como na Bahia, em recorrer aos sertanistas de São Paulo, como Domingos Jorge Velho. Fixar os paulistas nas capitanias de cima mediante a concessão de sesmarias era a melhor garantia de proteção, pois permitiria, segundo ele, levantar um muro "mais forte e permanente que aquele tão afamado de entre a Tartária e a China, o qual, apesar da sua muita fortaleza, está sujeito às ruínas do tempo, e este, pelo contrário, o mesmo tempo o acrescentará e o fará cada dia mais forte e permanente". Em Lisboa, concordou-se com essa retórica inesperada da parte de gente lacônica. No Conselho Ultramarino, insistia-se havia tempos serem eles a única defesa, pois suportavam provações já intoleráveis para os colonos do Recôncavo baiano e da mata pernambucana, como se estas houvessem se tornado pérfidas Cápuas tropicais. Em Pernambuco, tampouco se duvidava do valor dos homens de São Paulo. Apenas se temia que essa nova muralha da China resultasse ainda mais prejudicial, pois sendo eles "gente bárbara e indômita que vive do que rouba", já causavam maiores danos do que os infligidos pelos próprios índios e pelos mesmos quilombolas.

Os obstáculos enfrentados pelas expedições contra os Palmares na segunda metade de Seiscentos, duas das quais comandadas por veteranos da guerra holandesa, são ironicamente os mesmos de que haviam se queixado outrora os batavos frente aos luso-brasileiros. Um papel atribuído ao sertanista Fernão Carrilho indagava o motivo pelo qual um exército que "pôde domar o orgulho de Holanda naquele tempo já formidável a todo o mundo" fracassara repetidamente diante do grande quilombo. As razões apontadas poderiam ter constado de um antigo relatório militar neerlandês. Enquanto na guerra holandesa "pelejava-se contra homens", nos Palmares a luta era contra "o sofrimento", "a fome do sertão", "o inacessível dos montes", "o impenetrável dos bosques", "os brutos que os habitam".

No começo do século XVIII, a especialização impôs-se definitivamente. Para conter índios e africanos, a guerra do mato; para repelir estrangeiros, as "regras militares científicas". Uma vez pacificadas as regiões adjacentes aos principais núcleos populacionais e insuladas as tribos bravias no sertão, a clivagem aprofundou-se devido à composição majoritariamente reinol do oficialato colonial, recrutado nos anos da participação portuguesa na guerra de sucessão da Espanha, que obrigara o Reino a certo esforço de modernização da sua defesa. Veja-se, por exemplo, o tratamento dispensado à história militar da colônia por José de Mirales. Segundo pensava, ela não existira anteriormente à restauração de Salvador em 1625, pois nem as tropas eram profissionais nem praticavam a arte militar "científica". Aos olhos dos colonos de São Paulo ou de Minas, a guerra dos emboabas terá demonstrado a superioridade de tais regras sobre "a ciência experimental dos naturais da terra". Malgrado a espessura dos matos, de onde, escondidos, disparavam suas escopetas, os paulistas foram derrotados por reinóis alinhados em formação militar, com a infantaria no centro e a cavalaria nas alas, como por ocasião da refrega com a tropa do governador Fernando Martins Mascarenhas.

No fim da vida, da Bahia, em carta a Brito Freyre, o padre Antônio Vieira observava melancolicamente que "todos os que Vossa Senhoria na sua história canonizou de heróis acabaram, e também não existem já as memórias daquela arte ou desconcerto militar com que defendemos esta praça [de Salvador] e restauramos tantas de Pernambuco". Velhos e estropiados, os raros remanescentes da luta estavam reduzidos à condição de relíquias gloriosas e inúteis. Deles, informava em 1685 um governador de Pernambuco que "o mais do tempo estão numa cama, por se acharem mui carregados de anos e achaques causados na guerra e defesa deste Estado, em que foram passados de balas e outras feridas".

6

Tudesco tudo e tóxico*

*Tudesco tudo e tóxico
à lusa louçania nossa.*
MILTON TORRES DA SILVA

A ironia intrínseca à reabilitação do domínio holandês levada a cabo pelo nativismo oitocentista, ao atirar à face do imigrante português o exemplo de uma colonização de tipo superior que teria feito o progresso moral e material de Pernambuco, reside precisamente em que, pelo contrário, os ascendentes luso-brasileiros dos pernambucanos do século XIX timbraram em manter uma atitude de intransigente rejeição de tudo o que fosse batavo. A noção segundo a qual caberia detectar na restauração pernambucana os pródromos da consciência nacional brasileira é descabida. Se então ocorreu manifestação da consciência nacional, tratou-se da consciência nacional portuguesa dos colonos do Brasil holandês, sobre a qual atuaram o convívio com estrangeiros, que eram também heréticos e republicanos, e a recente independência readquirida pelo Reino frente a Castela. Já é impossível, aliás, distinguir o que foi propriamente nacional do que foi especificamente religioso. Consumado o fim do Brasil holandês é que se passou a interpretar o episódio não em termos de sentimento nacional brasileiro, que não existia, mas de sentimento local.

O quarto de século de guerra e ocupação batavas rematou o processo de ruralização da existência pernambucana,

* Capítulo 2 de *A ferida de Narciso: Ensaio de história regional*. São Paulo: Senac, 2001.

que a expansão da fronteira agrícola a norte e a sul havia deflagrado no período *ante bellum*. Ao incendiar Olinda, que aglutinara outrora os grandes proprietários rurais e o comércio reinol, o domínio neerlandês como que consagraria a segregação da zona da mata. O Recife, ao contrário da vila fundada por Duarte Coelho, só serviu de centro governamental e comercial, não de residência da açucarocracia, que só viria a habitá-lo já entrado o século XIX. Arruinada ao longo da guerra, desfalcada pela emigração e crescentemente endividada, ela não podia se dar ao luxo de viver na cidade, onde o custo de vida tornara-se proibitivo até mesmo para os dominadores estrangeiros.

Tudo indica, aliás, que tampouco o desejou. Em primeiro lugar, porque as estreitezas do tempo exigiam um empenho integral do tempo na gestão dos engenhos e lavouras. Por outro lado, e já com anterioridade à invasão neerlandesa, obliterara-se o setor da antiga camada senhorial de comerciantes-senhores de engenho. Confrontada pela crise dos anos 1620, ela liquidara seus negócios ou trocara definitivamente a loja pela fábrica de açúcar. Os judeus que se fizeram proprietários rurais sob o domínio holandês eram indivíduos procedentes da comunidade sefardita de Amsterdam. Ademais, os "homens da governação", que outrora dividiam sua existência entre a política municipal e a gestão dos engenhos, tinham visto sua influência reduzida pelo governo holandês, que substituíra os antigos conselhos municipais pelas câmaras de escabinos, cujos poderes eles se viam na contingência de partilhar com os invasores.

Por fim, não menos importante, talvez até mais, a ruralização da açucarocracia correspondeu ao triplo propósito (em que é impossível destrinçar o papel de cada um desses motivos) de preservar a fé católica, o sentimento português e a fidelidade monárquica relativamente à contaminação por valores exóticos, inerente à convivência com hereges, a que todo católico tinha a obrigação de se furtar, com estrangeiros, que como tais eram gente de hábitos distintos, e com homens sem rei, pois que as Províncias Unidas dos Países Baixos viviam sob regime republicano. É bem conhecido o fenômeno pelo qual, sob a dominação estranha, o sentimento nacional tende a proteger-se sob a carapaça do exclusivismo religioso (Irlanda, Polônia). Quando Nassau tentou promover a vida citadina a que os holandeses eram afeitos na metrópole, só teve êxito junto à população adventícia. Os colonos lusitanos só se desvencilharam do aparteísmo que haviam se imposto naquelas ocasiões que tocavam sua fibra mais profunda, como as festividades pela restauração da independência portuguesa.

Desarticulado o tipo de relação cidade-campo que prevalecera no período *ante bellum*, o Recife especializou-se em urbe comercial e financeira. Nele campeavam o administrador da Companhia das Índias Ocidentais e o negociante holandês e judeu, enquanto as freguesias da mata, palco da atividade agrária e fabril, contraíam-se em *sanctum sanctorum* do casticismo lusitano. Daí que os contatos entre dominadores e dominados fossem mais frequentes no interior do que na capital. A comunidade luso-brasileira encarava sistematicamente suas relações com os neerlandeses através das lentes de uma incompatibilidade radical. Foi em vão que o conde João Maurício acenou na Assembleia Legislativa de 1640 com o ideal de "um só povo".

Ele mesmo não alimentou ilusões a respeito. Quase três anos antes do levante restaurador, ele informava o governo dos Países Baixos que, malgrado toda a sua política de conciliação, estar persuadido da iminência de uma insurreição, de vez que "os habitantes portugueses já tomaram no fundo do coração a resolução de recorrer a esta extremidade". Entre os motivos para tal, ele mencionava a grande aversão cultural entre luso-brasileiros e batavos e a consequente impossibilidade de confiança mútua. Por sua vez, ao articular o movimento de 1645, André Vidal de Negreiros utilizará o mesmo argumento das diferenças de religião, de costumes, de leis, de língua e de temperamento. A troica que sucedeu Nassau reconhecia também a grande repugnância dos luso-brasileiros "à nossa religião e aos nossos costumes"; nesse particular não se devia "esperar nada de bom". E deflagrada a rebelião, houve quem sustentasse que a razão da empresa fora menos a fidelidade ao rei de Portugal do que o desejo de reconquistar a liberdade religiosa, atirando a responsabilidade pelo acontecimento sobre a política adotada pela administração holandesa sem levar em conta a superioridade demográfica luso-brasileira. Na realidade, nunca houve, de ambos os lados, propósito autêntico de assimilação do que tanto um como outro reputava inassimilável. Ademais, nem sequer a população católica dos Países Baixos, a qual, em meados do século XVII, ainda representava cerca de metade da nação, demonstrou o menor interesse em emigrar para uma região de população maciçamente correligionária como era Pernambuco, malgrado o fato de que poderia gozar ali de maior grau de liberdade religiosa do que na própria metrópole.

Enquanto no Brasil holandês permitira-se a prática limitada da religião católica, nos Países Baixos tolerava-se apenas a liberdade de consciência, salvo nas cidades onde a menor influência da Igreja calvinista habilitava a administração municipal a fazer vistas grossas às transgressões. No cotidiano, especialmente do governo nassoviano, a liberdade religiosa de facto foi bem maior do que a reconhecida de jure, não passando de um favor do conde. Salvo no Recife, cujas igrejas foram transformadas em templos reformados, o poder civil não se importava com as cerimônias papistas que tinham lugar pelo interior, onde vivia o grosso da população luso-brasileira. Embora os bens das ordens religiosas fossem transferidos ao clero reformado, como outrora na metrópole, padres e frades podiam permanecer na terra, a não ser os jesuítas, reputados inimigos do Estado, e os religiosos que se manifestassem, por palavras ou atos, contra o domínio neerlandês. Mesmo assim, a população católica do Brasil holandês gozou de "um grau de liberdade como em nenhum outro lugar do mundo ocidental naquela época", segundo Charles R. Boxer.

Separando neerlandeses e luso-brasileiros, erguia-se também a barreira linguística. Entre os colonos portugueses, contar-se-iam nos dedos de uma mão quem falasse holandês, ao passo que ninguém redigia no idioma. Embora Calabar tivesse servido de intérprete, os colaboracionistas mais convictos não se deram ao trabalho de aprendê-lo, mesmo se sua sorte dependesse da proteção do invasor. Consequentemente, verificou-se em Pernambuco o inusitado de os dominadores mostrarem-se mais versáteis na língua dos dominados do que estes na daqueles. É certo que um quarto de século de presença batava parece um prazo exíguo para passar julgamento definitivo acerca da resistência linguística de uma comunidade subjugada, como aliás menos ainda para passar sentença enfática, como hoje se costuma fazer, da possibilidade de sobrevivência do Brasil holandês.

Nassau entendia português, embora se atrapalhasse para falá-lo, preferindo o latim nos contatos com os luso-brasileiros que o falavam ou entendiam. Dos membros do Alto Governo de 1646-54, sabe-se que conheciam o latim e as principais línguas da Europa. Veterano da guerra dos Trinta Anos, Waerdenburch era versado em vários idiomas. A maioria dos altos funcionários compreendia, quando não falava, o português, graças à prática cotidiana mas também ao ensino das célebres escolas latinas existentes em quase todas as cidades neerlandesas. Por fim, havia quem houvesse aprendido português por ter vivido em Portugal. Mesmo entre os predicantes calvinistas, poucos expressavam-se em português de modo a poderem usá-lo nas suas prédicas, como exigia seu proselitismo confessional. Quanto à escrita, os batavos eram acusados de se mostrarem bem deficientes, mas é preciso levar-se em conta que se esperava deles que dominassem, na expressão de Calado, "os trocadozinhos das palavras", isto é, o estilo literário de gosto barroco. Eles deviam ademais adaptar-se ao cursivo latino quando no seu país o tipo de letra dominante ainda era o gótico.

O francês também podia ajudá-los, pois, como se sabe, o século XVII foi, por excelência, o da sua hegemonia na República, mercê inclusive das escolas fundadas por refugiados huguenotes, as quais exerceram grande atração sobre as classes superiores. Isto explica que, no governo nassoviano, se encenassem comédias em francês, que aparentemente só não eram entendidas pelos eventuais espectadores luso-brasileiros. E havia por fim o castelhano, com que os militares tinham se familiarizado no decurso das guerra de Flandres. Sabe-se que os religiosos calvinistas utilizaram-se de livros em castelhano para ensinar a doutrina no Brasil. Nas camadas subalternas, as ofensas assacadas pelos neerlandeses contra a gente da terra eram-no frequentemente em português ou castelhano estropiados. Poucos índios e negros falavam holandês, embora os primeiros fossem alvo dos esforços dos ministros da Igreja reformada. Escusado aduzir que, como ocorrerá ao inglês no Brasil oitocentista, se ridicularizavam os holandeses pela propensão a evitar as flexões verbais do português mediante o emprego do infinitivo.

Para os luso-brasileiros, falar holandês era meio caminho andado para a apostasia. As autoridades do Recife exprimiam-se sem meios-termos: eles não se dispunham a aprender a língua e menos ainda a receber instrução religiosa. Tampouco se podia esperar nada dos indígenas e dos africanos enquanto o idioma português dominasse, o que continuaria a acontecer se não houvesse emigração maciça de batavos para Pernambuco. Os predicantes calvinistas tinham de reconhecer a ineficácia das suas prédicas, e, portanto, de se resignarem à falta de progresso da religião reformada. Resistência que atribuíam ao temor dos luso-brasileiros à excomunhão de que os ameaçava o clero católico, sendo por conseguinte impossível despertar interesse pelo estudo da língua holandesa. Mesmo quando se dispusesse de pregadores que atuassem em português, o que não era o caso, nada se teria podido fazer contra a pertinácia católica, o horror ao herege, o repúdio cultural. Decorridos dezesseis anos da conquista, não se avançara sequer no tocante à instrução da juventude luso-brasileira, profilaticamente ensinada nas suas casas pelos padres, já que não existia mais o Colégio dos jesuítas.

Coube ao clero católico, com efeito, o papel de liderar a estratégia aparteísta, em especial aos capelães de engenho, a quem, mais do que em nenhuma outra época, coube velar pela pureza da fé e do idioma lusitano. O domínio do português foi também ajudado pela especialização econômica e espacial que segregou o meio rural, onde os engenhos eram majoritariamente propriedade de senhores luso-brasileiros, do meio urbano, onde a maioria da população era de origem estrangeira. O obstáculo linguístico operou assim em favor da religião católica, e, por trás dela, em favor do que hoje se chamaria os estilos de vida da comunidade luso-brasileira. Para tanto, o campo dispunha das suas inércias, a funcionarem como outros tantos baluartes do purismo lusitano. Ali, o clero calvinista não contava com os meios para enfrentar a influência dos rivais. Basta dizer que o culto reformado não se praticava sequer nos engenhos cujos senhores eram neerlandeses, embora fosse possível assisti-lo a quem residisse nas proximidades das vilas.

A fronteira linguística só a atravessaram, e facilmente, os judeus de origem portuguesa, que se transformaram assim nos intermediários de todo tipo de contato. E isto desde o primeiro dia da guerra, quando um dos seus servira de "língua", ou intérprete, ao exército invasor. A seu conhecimento do português atribuíam os mercadores holandeses a concorrência atroz que sofriam. Apenas desembarcados, ei-los que se tornavam os preferidos dos senhores de engenho e lavradores de cana como corretores e agentes comerciais, graças ao que concentravam nas suas mãos o negócio do açúcar, o tráfico africano, as operações de crédito, a arrematação dos contratos de impostos, até mesmo a venda de farinha da terra. Em vão o comércio neerlandês pressionou a administração no sentido de submeter os judeus às mesmas restrições que sofriam na mãe pátria, onde não se lhes consentia manter loja aberta ou comerciar a varejo.

Nassau preferia fazer ouvidos moucos às reclamações, da mesma maneira pela qual ignorava os protestos do clero calvinista contra a liberdade reconhecida às práticas católicas, limitando-se a proibir as injúrias, por palavras ou gestos, entre pessoas de diferente religião ou por intermédio dos seus escravos. Destarte, os judeus portugueses haviam restabelecido, debaixo da fachada da Companhia das Índias Ocidentais, o mesmo domínio econômico de que haviam gozado na Nova Lusitânia. A liberdade religiosa que lhes era reconhecida só servia, na queixa dos predicantes calvinistas, para que os luso-brasileiros tomassem os holandeses por "meio judeus".

Sem encorajar o uso da língua e a conversão ao calvinismo e aos costumes batavos, não seria possível consolidar a conquista, mas o recurso a uma política assimilacionista, como a pretendida pelo clero reformado, era o mesmo que abrir a porta ao desastre. Nassau viveu esse dilema melhor do que ninguém; e em arras da segurança do Brasil holandês preferiu contemporizar. Uma política de força, dizia ele, teria de começar pela prisão de todo o clero católico, o que daria o sinal para uma insurreição geral. Seria inconveniente, ao menos por algum tempo, tentar introduzir o calvinismo entre os luso-brasileiros e muitos menos suprimir "seus ritos e cerimônias, pois nada há que mais os exaspere". O governo tampouco se devia intrometer na gestão da Igreja romana. Na sua história do governo nassoviano, Barléus, ao gabar a preocupação do conde com a fundação de escolas, apressava-se em esclarecer que seu zelo não decorrera do objetivo de assimilar coercitivamente os luso-brasileiros mas de habilitá-los a se cultivarem, conforme os padrões dos Países Baixos.

Os costumes luso-brasileiros, como o trabalho de moagem nos domingos, sobreviveram ao patrulhamento dos predicantes, como no passado sobrevivera ao das autoridades católicas, que haviam optado pragmaticamente por ignorarem a prática, que permitia concluir o trabalho dos engenhos antes do fim do estio. Decisão que Domingos do Loreto Couto justificará teologicamente em meados do século XVIII. A proibição do governo holandês do Recife, adotada por pressão calvinista, passou em brancas nuvens, falando mais alto os interesses dos proprietários rurais bem como os da própria Companhia das Índias Ocidentais. O mesmo verificou-se no tocante a outro controvertido uso local, a bênção no dia da "botada", isto é, ao se iniciarem os trabalhos anuais de fabricação do açúcar.

Ao clero reformado indignava o fato de que até mesmo os senhores de engenho neerlandeses tolerassem a presença de sacerdotes católicos, a fim de celebrar tais "benzeduras, cerimônias e rezas supersticiosas, tanto dentro como fora das suas casas, com aspergimento de água benta", na falta das quais a mão de obra luso-brasileira recusava-se a trabalhar por temor ao castigo divino. Não passaram do papel as diretrizes governamentais no sentido de que o ofício também fosse celebrado por ministros calvinistas, como tantas outras ordens que eles arrancavam às autoridades civis. Estas não se dispunham a apoiá-los energicamente, malgrado a Igreja reformada ser a religião do Estado neerlandês, e a Companhia das Índias Ocidentais, uma empresa criada e controlada pela ortodoxia contrarremonstrante, que fizera da simbiose entre o integrismo calvinista e o poder público a pedra de toque da independência da República.

Previsivelmente, a resistência cultural também se manifestou com igual veemência no tocante à família. D. Ana Pais, senhora de engenho casada por duas vezes com batavos depois de enviuvar de um português, foi posta na rua da amargura pelos conterrâneos, que julgavam seu comportamento mais condizente com uma mulher pública. Como revelam as pesquisas idôneas, os matrimônios mistos foram poucos, ocorrendo sobretudo entre holandeses e luso-brasileiras, não entre luso-brasileiros e holandesas, pois no dizer de Calado os homens da terra não se interessavam pelas batavas nem sequer para suas atividades extraconjugais. O modelo ibérico ou mediterrânico das relações entre os sexos foi estritamente preservado das novidades estrangeiras. Havendo Nassau convidado para o almoço um grupo de senhoras da terra, que haviam se incorporado para solicitar-lhe a libertação de uma amiga, foi-lhe respondido que "haviam por recebida a mercê, porém que não era uso nem costume entre os portugueses comerem as mulheres senão com seus maridos, e ainda com estes era quando não havia hóspedes em casa (não sendo pai ou irmão), porque nesses casos não se vinham assentar na mesa".

A liberdade de que desfrutavam as neerlandesas era olhada com horror. É sabido que nos Países Baixos, para admiração dos viajantes estrangeiros, a mulher gozava de um estatuto especialmente liberal em termos da Europa seiscentista. Como na metrópole, no Recife elas continuavam a concorrer com seus compatriotas no gosto pelas bebidas alcoólicas e pela frequentação dos lugares públicos, como as casas de diversão existentes nas alamedas do palácio nassoviano de Vrijburg, onde homens e mulheres passavam os dias de verão em torno das mesas de jogo ou merendando ao som de música, como era costume na mãe pátria. Quando dos três dias de festividades e torneios promovidos por Nassau para festejar a aclamação de d. João IV, as damas não só haviam se excedido no beber como também, impressionadas pelo estilo airoso de cavalgar dos portugueses, isto é, à gineta, haviam chegado ao ponto de tirarem os anéis dos dedos para enviá-los como prêmio aos cavaleiros mais garbosos.

Especialmente malvista pelos luso-brasileiros foi a dipsomania batava, que, combinada ao tabagismo, levaria Diderot a descrever os neerlandeses como "alambiques vivos que se destilam a si mesmos". Conhecida e criticada em toda a Europa, ela provocava entre portugueses e espanhóis aversão tanto mais aguda quanto estes eram universalmente tidos na conta de incorrigíveis abstêmios. Ao alcoolismo daqueles "bebedores de cerveja" a que se referia depreciativamente André Vidal de Negreiros, juntavam-se os excessos de mesa. Por ocasião do falecimento do irmão de Nassau, o conde João Ernesto, os luso-brasileiros ficaram particularmente chocados com a comezaina e a beberagem que tiveram lugar em palácio, como já ocorrera por motivo da reunião da Assembleia Legislativa de 1640 e das festas comemorativas da independência portuguesa. A gente da terra não escondia seu espanto pela quantidade de brindes que se levantavam, inclusive o que consistia numa espécie de jogo no qual o perdedor era punido com a obrigação de tomar três goles seguidos. Tais banquetes à hora do almoço costumavam prolongar-se até a noite; e se na hora do jantar, até de madrugada.

Daí que os luso-brasileiros que tinham seus próprios motivos, sobretudo o endividamento, para desejarem insinuar-se nas boas graças das autoridades batavas, buscassem fazê-lo através do estômago, promovendo eles também tais rega-bofes. Assim procedeu Fernandes Vieira, que alegará no seu testamento haver gastado a substancial quantia de 100 mil cruzados em "peitas e dádivas a todos os governadores e seus ministros, com grandiosos banquetes que ordinariamente lhes dava para os trazer contentes". Seu plano original de insurreição consistiu precisamente em atrair para um desses convescotes toda a hierarquia neerlandesa, que, uma vez embriagada, seria assassinada.

A frugalidade da mesa luso-brasileira era favoravelmente contrastada pelos relatórios neerlandeses com as demasias gastronômicas da população batava, num sentido, aliás, surpreendente em termos da associação convencional entre protestantismo e sobriedade. Nessa diferença, pretendiam as mesmas fontes achar-se a causa de que, enquanto os luso-brasileiros poupavam, os batavos se arruinavam. Nem o calvinismo militante nem os manuais de boas maneiras puderam agir, seja na metrópole, seja no Brasil, contra a inclinação enraizada em tradição cultural que vinha da Idade Média, a do *overvloed*, ou excesso alimentar.

Contudo, era a avareza que, a olhos luso-brasileiros, constituía o traço definidor por excelência do temperamento holandês, razão pela qual manipular sua cobiça era um método ainda mais eficaz do que explorar seu apetite. A *auri sacra fames* vigiria até mesmo entre as autoridades militares, socialmente encaradas como a encarnação do pundonor e da honra, a começar pelo próprio Nassau, de quem se pretendia que, embora alemão de nascimento, tivera a personalidade moldada pela sua longa estadia nos Países Baixos. Semelhante caracterização do feitio batavo, que constitui um dos principais tópicos das fontes luso-brasileiras do período, nada tinha de original, prevalecendo igualmente na percepção europeia, inclusive na de outros países protestantes, como a Inglaterra.

Nassau mesmo partilhava tal julgamento. Aos seus sucessores no governo, ele advertiu para que não tocassem nos bens dos neerlandeses, que "sentem nisso maior dano do que o da própria vida e facilmente esquecem por isso o respeito para com todo o mundo". Ao passo que sabia por experiência que os portugueses eram "um povo que faz mais caso de bom acolhimento e cortesia do que de bens". Antes disto, o conde já propusera sem êxito ao governo da metrópole a concessão de honrarias aos pró-homens luso-brasileiros, maneira mais eficiente de adquirir sua fidelidade à Companhia das Índias Ocidentais do que o ouro ou a prata, que não tinham em que gastar.

A aceitação que Nassau desfrutou entre a gente da terra deveu-se sobretudo à sua condição aristocrática de membro da Casa de Orange, mesmo se administrava o Brasil holandês em nome de uma companhia de reles mercadores. João Maurício, por sua vez, incentivou, por cálculo político e também por vaidade pessoal, o desvanecimento dos luso-brasileiros com serem governados por um fidalgo de alta estirpe, muito superior ao dos capitães-mores que no período *ante bellum* haviam dirigido a capitania por indicação do donatário. Não possuindo ainda o título de príncipe, que só lhe será conferido pelo Sacro Império Romano ao tempo do seu governo de Cleves, apreciava ser assim chamado, no objetivo de impressionar a comunidade a gente da terra, embora a magnificência do seu trato se visse comprometida a toda hora pela sovinice da Companhia das Índias Ocidentais, que lhe podava as mordomias, expondo-o ao ridículo e ao desprezo. Calado fez ver certa vez ao conde que servir a uma realeza era algo muito mais dignificante do que servir a um governo de comerciantes, motivo pelo qual Nassau não podia ter, na sua correspondência com o governador-geral na Bahia, reciprocidade de tratamento.

O fim da administração nassoviana, despindo o domínio holandês do verniz aristocrático, tinha de ser traumático para os luso-brasileiros. Nassau o compreendeu, pois recomendou aos membros da junta que o sucedeu no governo que, não descendendo "de troncos ilustres, a que são inerentes o respeito e a veneração, devem, pois, suprir essa falta pelas suas ações". E, com efeito, o espetáculo de um governo composto de um comerciante, de um ourives e de um carpinteiro parecia tão escandaloso quanto, cinquenta anos depois, a pretensão dos mercadores recifenses de ingressarem na Câmara de Olinda. Segundo um autor coevo, os pernambucanos não podiam suportar ver-se subordinados a indivíduos dessa laia, que "se fora a outro rei e príncipe não sentiriam tanto sua servidão". Argumento usado por Fernandes Vieira para pôr em brios os pró-homens que ainda hesitavam em apoiar o movimento restaurador.

Estereótipos europeus enxergavam nos Países Baixos uma nação parasitária, que vivia de comprar e vender os produtos de terceiros países, por serem eles mesmos destituídos de riquezas naturais. Noção tanto mais falsa quanto a Holanda achava-se então na vanguarda da revolução agrícola que substituía a cultura extensiva de grãos pela horticultura e pela criação intensiva. Como teria ocorrido aos judeus, a especialização mercantil e financeira teria criado uma indisposição de caráter para o trabalho agrícola, donde sua incompetência no tocante ao cultivo da cana e à fabricação do açúcar. A dominação do Estado por uma classe de mercadores tornava-se ainda mais preocupante devido à posição de poder e prestígio a que as Províncias Unidas haviam ascendido internacionalmente graças à vitoriosa guerra de independência que sustentara oitenta anos contra a Espanha.

Ora, ao invés da Espanha ou de Portugal, engajados na defesa da religião católica, ou da França, absorvida na glória dinástica, objetivos tradicionais ambos, o alvo dos Países Baixos era descaradamente o enriquecimento e a prosperidade material. Na época, não podia haver algo de mais insólito em termos de objetivos nacionais. Barléus gabava-se, aliás, de que a diferença entre os batavos, de um lado, e dos gregos e romanos, de outro, consistiria nisto, que enquanto os antigos tinham se contentado com a ambição de glória, os neerlandeses haviam lhe acrescentado o gosto do proveito material, com o que os comerciantes não só sustentavam o Estado como participavam diretamente das suas deliberações.

Um dos tópicos mais tenazes da historiografia nativista pretenderá que a precocidade do republicanismo pernambucano fora legado do domínio batavo. A hipótese, originalmente sugerida por Robert Southey e repetida em livros de viajantes estrangeiros, será retomada pelo historiador alemão H. Handelmann, na sua *História do Brasil* (1864). Nada obsta a que um lugar-comum seja também veraz, mas será o caso deste? A verdade é que na Holanda, e assim mesmo em nível doutrinário, o republicanismo foi fenômeno tardio e sui generis. Ao invés do republicanismo italiano, a tônica do parente neerlandês recaía, por um lado, na liberdade de consciência, como seria previsível num movimento, como o da independência dos Países Baixos, inspirado na Reforma; e, por outro, na preservação das antigas instituições representativas locais. Doutrina rigorosamente republicana só veio a ser articulada na segunda metade do século XVII, na obra dos De la Court e sobretudo de Spinoza, altura em que o Brasil holandês já se tornara o *verzuimd Brazilie*, isto é, o Brasil perdido pela incúria, da lamentação do poema.

Republicanismo pragmático este, de consumo doméstico, infenso à exportação, não se podendo esperar que uma companhia de comércio colonial se prestasse a propagandear tais valores em territórios conquistados. Não foi diferente, aliás, a experiência da Nova Holanda, isto é, da colônia estabelecida nas margens do rio Hudson. A Companhia das Índias Ocidentais, assinala Oliver A. Rink, "não tinha experiência e possuía pouca inclinação a permitir a participação pública em empresa considerada como uma aventura comercial pelos seus diretores e acionistas. Ademais, os colonos eram uma gente heterogênea, que não partilhavam de uma comum tradição política". Quando a Companhia concedeu forais, fê-lo inicialmente por pressão dos colonos de origem inglesa de Long Island; e as cartas de "franquias e isenções" concedidas às vilas e povoações habitadas por neerlandeses atribuíam-lhes competências mais restritas.

Como ali, o governo implantado entre nós pelos batavos nada conteve de especificamente republicano, havendo mesmo quem, como Mário Neme, pretendesse que ele representou um retrocesso quando comparado à administração portuguesa. Tese que cai na tentação oposta de idealizar o regime municipal lusitano, descrevendo-o não em função da sua prática mas consoante a letra das *Ordenações*. A verdade é que as instituições do Brasil holandês não causaram espécie aos luso-brasileiros. A posição de Nassau como governador, capitão e almirante general, portanto detentor do supremo poder político e militar, podia ser assimilada por eles à do governador-geral da Bahia, que a capitania habituara-se a ver em Olinda nas primeiras décadas de Seiscentos. Tampouco estranharam a forma de governo colegiado que antecedera e sucedera o de João Maurício, uma vez que, na ausência do soberano em Madri, Portugal fora governado por juntas no decurso do primeiro terço do século.

Quanto à *vroedschap*, ou câmara municipal, encarregada na metrópole da gestão urbana, da representação citadina na assembleia provincial e de competências de primeira instância, só parcialmente foi implantada no Brasil como câmara de escabinos, órgão exclusivamente judiciário. Na tradição constitucional dos Países Baixos, os conselhos municipais eram o depositário último da soberania popular, soberania que, no caso do Brasil, se achava delegada pelo governo confederal na Companhia das Índias Ocidentais. Nem os batavos são criticados em fontes portuguesas por introduzirem novidades republicanas nem o descontentamento luso-brasileiro teve a ver com o republicanismo, mas com o aparelho burocrático que eles haviam trazido, de complexidade desconhecida em capitania até então donatarial e habituada ao exercício remoto e frouxo do poder do monarca. Restaurado o domínio lusitano no Nordeste e uma vez Pernambuco transformado em capitania régia, a insatisfação com os representantes d'El Rei não será menor do que havia sido com os agentes da Companhia.

A única novidade institucional que parece ter calado no espírito dos colonos foi a assembleia realizada no Recife em 1640, "a modo de concílio ou Cortes, para se assentarem e decretarem estatutos e leis", como a descreveu Calado. Traduzidas para a língua portuguesa, suas atas ficaram conservadas nas câmaras ou em poder de particulares muito tempo decorrido depois da restauração pernambucana. O conclave, porém, incorporou tão somente representantes luso-brasileiros, mas foi quanto bastou para que a historiografia nativista o assimilasse apressadamente às instituições representativas de que nos teriam dotado os batavos.

O fato de a assembleia haver sido convocada visando à aprovação de medidas do interesse das autoridades com vistas à segurança da colônia não é, contudo, motivo para impugnar a importância da iniciativa. Nem as cortes portuguesas nem os Estados provinciais neerlandeses nem os mesmos Estados Gerais eram órgãos representativos na acepção atual da palavra. As restrições processuais estabelecidas pelo governo batavo às deliberações da Assembleia de 1640 não foram certamente maiores do que as impostas pela monarquia lusitana às suas próprias cortes. Ou, em geral, às impostas por outros governos europeus a seus parlamentos, onde, para usar a tipologia de Otto Hintze, prevaleceu o sistema das "três cúrias" (clero, nobreza e povo) sobre o bicameral adotado pelos ingleses.

PARTE 3
Uma capitania como ela só

7

À custa de nosso sangue, vidas e fazendas*

Foi na segunda metade do século XVII, na esteira da restauração pernambucana, que se articulou nossa primeira representação ideológica visando definir as relações políticas da capitania com a Coroa portuguesa. Cabe reconstituí-la mediante os topoi fundamentais, suas conexões internas e seus deslocamentos de ênfase no decurso do período entre a rendição dos holandeses em 1654 e o Segundo Reinado. Dada a feição crítica do poder colonial, tal representação não se pôde beneficiar de exposição sistemática, e é por isso mesmo que se deve aludir à reconstituição. Para captá-la integralmente, há que se proceder mediante recurso a pronunciamentos fragmentários e esporádicos, de modo a obter uma montagem que restitua sua amputada totalidade. Para esse fim, ter-se-á inclusive de utilizar o discurso antagônico das autoridades reinóis e das fontes portuguesas, que a registraram no propósito de denunciar sua periculosidade para o domínio da metrópole.

Como afirmou Georges Duby, "as formações ideológicas se revelam ao olhar do historiador nos períodos de mutação tumultuosa. Nesses momentos graves, os detentores da palavra não param de falar". Com efeito, é principalmente no decurso da guerra civil de 1710-1 que se deixa surpreender o imaginário político da nobreza da terra.

* Capítulo III de *Rubro veio*, op. cit.

Aquilo que nas épocas de tranquilidade ficara implícito ou velado, era proclamado agora em alto e bom som, mesmo que, por prudência, mantinha-se tal argumentação fora do registro escrito. Desde cedo, a açucarocracia confiscou a restauração. Invocada no começo como justificação de reivindicações de natureza fiscal ou da reserva dos cargos da Coroa para os colonos da capitania, o triunfo bélico passou a representar, à proporção que se aguçava o conflito entre mazombos e reinóis, a justificação do direito que os chamados "homens principais" se arrogavam para dominar a terra. Destarte, os vínculos entre Pernambuco e Portugal foram reformulados a partir do papel exercido por eles na liquidação do domínio holandês, realização eminentemente sua, como alegava a Câmara de Olinda desde 1651. É especialmente a essa instituição que caberá formular o discurso político do nativismo, particularmente durante os conflitos civis de 1710-1.

Já ao tempo da guerra, ao pleitear a reserva de cargos para os "filhos e moradores da terra", "os oficiais da Câmara de Pernambuco [isto é, de Olinda] e povos das capitanias do norte do Estado do Brasil" haviam enviado um memorial a d. João IV, fundando sua pretensão em que "à custa do nosso sangue, vidas e despesas das nossas fazendas, pugnamos há mais de cinco anos por as libertar da possessão injusta do holandês". A dupla menção a "filhos e moradores da terra" é, aliás, reveladora, pois ela ainda equipara os mazombos e os reinóis, associados que se achavam então na mesma empresa libertadora, equiparação que, trinta ou quarenta anos depois, seria impensável. Linguagem idêntica usava em 1656 o procurador da Câmara de Olinda em Lisboa, em representação sobre a propriedade dos engenhos que haviam sido confiscados e revendidos durante o período holandês: a restauração fora lograda "à custa do sangue, vidas e fazendas" dos moradores, que alcançaram "por suas próprias mãos e com seu invencível valor a expulsão dos seus inimigos".

Posteriormente, a Câmara de Olinda, interessada na abolição ou ao menos no escalonamento da cobrança do imposto para o dote de d. Catarina de Bragança e para a indenização aos Países Baixos pela perda do Brasil holandês, apressava-se em recordar que, ao longo da dominação estrangeira, os colonos haviam sustentado "uma guerra viva com suas pessoas e fazendas". À raiz da vitória, também surgira a reivindicação da reserva dos cargos públicos para eles. Aliás, nas cortes de Lisboa de 1668, o procurador do Estado do Brasil aproveitava a ocasião para solicitar oportunisticamente a extensão desse princípio aos habitantes de toda a América portuguesa, sob o pretexto de que "a maior parte deles se assinalaram em muitas ocasiões com singular valor e com grande despesa das suas fazendas [...] despendendo seus avós e seus pais as fazendas, derramando seu sangue e perdendo muitas vidas". Nos quinze anos consecutivos à restauração, a fórmula transformou-se no tópos fundador das alegações nativistas.

O antagonismo entre mazombos e reinóis reforçou-o, produzindo corolários contestatários da ordem colonial. A representação da "nobreza da terra" de 1704 proclamava que os pernambucanos haviam realizado

> a mais ilustre ação e digna de imortal fama, não só porque com invicto sofrimento suportaram o duro peso de toda a guerra [...], mas ostentando-se ainda mais generosos, nem um privilégio procuraram impetrar por serviço tão relevante, havendo despendido por consegui-lo todos os seus bens e ficado pobres.

O mesmo diziam as fontes de 1710-1. Uma narrativa pró-olindense assinalava que a gente da terra recuperara "sua pátria à custa de muito sangue, de muitas vidas e destruição das suas fazendas e famílias". E o manifesto dos homens principais afirmava haverem os mazombos herdado com o sangue os serviços dos pais e avós, de quem "publica a fama largamente que, pelo valor deles, sem ajuda nem despesas da Real Fazenda, venderam as vidas em restauração de Pernambuco, que ao mesmo rei, generosos, tributaram".

Que se atente nesta última fórmula: "sem ajuda nem despesas da Real Fazenda", pois ela remete à que já empregara Diogo Lopes de Santiago: "sem serem assistidos do braço real", "faltando-lhes o que de Portugal esperavam". De início, contudo, não se tiravam conclusões inamistosas para as suscetibilidades da Coroa, embora o citado memorial do procurador da Câmara de Olinda houvesse assinalado que, enquanto a Bahia e Angola haviam sido recuperadas por armadas régias especialmente enviadas a esse fim, Pernambuco fora restaurado sem elas. Distinção, na verdade, especiosa, uma vez que a capitulação do Recife só se tornara possível mediante seu bloqueio pela frota da Companhia Geral de Comércio. Daí por diante, porém, já não se hesitará em frisar a pretendida ausência da Coroa. Consoante o padre Gonçalves Leitão, a capitania, resgatada "pelos braços e sangue dos seus filhos", fora esquecida da metrópole "quando nessa luta sanguinolenta e desigual implorava socorros". A Câmara de Olinda era mais categórica:

> Em nenhuma parte do mundo libertaram praças os vassalos da Coroa de Portugal como os pernambucanos, pois sem despesa da fazenda real e sem ordem do seu rei, que julgava a restauração impossível, se levantaram contra o inimigo, e com perdas consideráveis das suas fazendas e copiosas efusões de sangue, descalços, sem abrigo, ao rigor do tempo e mortos à fome, restauraram ao seu rei estas capitanias.

Ao aderir à revolução de 1817, o cabido da sé de Olinda repetia: "Conseguida pelos nossos próprios esforços a restauração deste belo país do poder batavo e tendo nós a generosidade de o entregar a d. João IV [...], este se não atreveu a defendê-lo e menos a restaurá-lo". E monsenhor Muniz Tavares na sua história do movimento lembrará a

> sanguinolenta luta que, por longo decurso de anos, desprovido de meios, abandonado a si só, Pernambuco valorosamente sustentara contra uma das mais poderosas nações marítimas da Europa, defendendo sua honra, seu território, a despeito das reiteradas ordens do tímido Bragança.

E em 1824, o chefe da Confederação do Equador, Manuel de Carvalho Pais de Andrade, indagara retoricamente: "Quem em 1654 [sic] nos quis sacrificar aos batavos? Os portugueses".

A restauração fora assim alcançada não apenas sem ajuda do rei mas contra sua vontade, desobediência que, contudo, não se considerava incompatível com a lealdade monárquica. Ela representava, pelo contrário, prova eloquente da sua fidelidade, que, não devendo ser uma qualidade passiva do vassalo, comportava, da sua parte, certa margem de avaliação do que constituía o interesse régio, podendo, em caso-limite, justificar a rebeldia. Aliás, o lema de resistir ao rei para melhor servi-lo tinha precedente ilustre, o dos puritanos ingleses que o haviam invocado na rebelião contra Carlos I. Ao desacatar as ordens de d. João IV para que cessasse o levante contra os holandeses recolhendo-se à Bahia (1646), os insurretos haviam restituído Pernambuco ao patrimônio da Coroa. Tratara-se, por conseguinte, de "resistir ao rei para melhor servir ao rei", segundo a defesa que o marquês de Olinda fará, no Senado do Império, dos seus correligionários conservadores da província, em oposição ao situacionismo liberal dos anos 1840. Noção que será glosada por Luís Barbalho Muniz Fiúza, presidente de Pernambuco por ocasião da visita imperial, ao referir-se à "fiel desobediência" que assegurara à casa de Bragança "território tão vasto como a mais vasta potência europeia"; e por João Alfredo Correia de Oliveira na biografia do terceiro barão de Goiana.

A ideia de que a restauração constituíra a gesta da nobreza da terra, primando por conseguinte sobre a própria obra de colonização da capitania, como asseverava Jaboatão, podia até ser aceita pelos funcionários régios e negociantes do Recife, embora eles se negassem a considerá-la título de legitimidade das pretensões açucarocráticas a monopolizar o poder local. Assim é que o reinol dr. Manuel dos Santos reconhecia que a expulsão dos holandeses só fora possível graças a Fernandes Vieira e a Vidal de Negreiros, "ajudados da nobreza e nacionais de todo Pernambuco". Outro texto mascatal, as *Sublevações de Pernambuco*, do padre Luís Correia, admitia que os pró-homens, à custa dos seus esforços e dos seus bens, haviam restituído Pernambuco à Coroa, muito embora lamentasse que seus descendentes viessem agora lembrar o fato em abono dos seus estreitos fins.

À Coroa convinha por vezes dar endosso público à pretensão que, formulada dentro de certos limites, a habilitava a manipular a vaidade e predispor os ânimos de uma categoria de súditos reputados insofridos e soberbos. Argumento explorado pela Coroa já no século XVII no seu litígio com o conde de Vimieiro em torno da propriedade da capitania. E também pelo governador Henrique Luís Pereira Freire, que, na lápide afixada ao arco de Santo Antônio no Recife (1743), proclamava dever-se a restauração à liberalidade e à bravura das três ordens da capitania. E pelo seu sucessor, José César de Menezes, que na cartela do painel da igreja da Conceição dos Militares creditava aos pernambucanos terem se libertado do domínio holandês só a fim de reassumirem sua condição de vassalos d'El Rei. É certo, contudo, que já no começo de Oitocentos disputava-se a veracidade de semelhante versão. Segundo Antônio Rodrigues da Costa, membro do Conselho Ultramarino, a nobreza de Pernambuco considerava-se dona da terra, "como se eles a houvessem conquistado e depois restaurado do poder dos holandeses só por si e sem forças, cabedais e empenhos deste Reino". Os autores do século XVIII persistiram em descrever a restauração como empresa exclusivamente local, embora despojando a afirmação de contundência antilusitana. Borges da Fonseca é bem representativo da moderação com que o nativismo setecentista encarou as relações da capitania com o Reino. Para tanto, ele diluiu o velho tópos numa periodização asséptica que subentende, não obstante, a eliminação do papel da Coroa:

> Vinte e quatro anos tiranizaram os belgas a Pernambuco, cujos naturais puderam ainda oito anos disputar o absoluto domínio que pretenderam os holandeses e vieram a conseguir pacífico pelo diuturno e calamitoso tempo do seguinte setênio, ao qual se seguiram os últimos anos de guerra com que os pernambucanos restauraram a pátria.

A tática de Jaboatão foi também subliminar. Havendo o *Lucideno* e o *Castrioto* acentuado que, em Tabocas, devido à carência de armas de fogo, os insurretos haviam lutado com paus tostados, a estes coube a função de simbolizar o heroísmo da gente da terra. Já a cartela do painel de Tabocas no tríptico da Câmara de Olinda a equiparara às batalhas dos Guararapes, aduzindo que a execução da pintura fora encomendada "para maior honra, louvor, glória de Deus e nossa", mas não, omissão sintomática, da Coroa. Por sua vez, um cronista olindense da guerra civil de 1710-1 asseverara que os restauradores "fizeram de paus agudos armas que, do mato tirando, cada um no fogo a seu modo preparava". Destarte, Jaboatão fará dos paus tostados a metáfora de "uma guerra ou vitória em que [os pernambucanos] triunfaram desarmados", pois desprovidos do armamento convencional da época. "Jacte-se o mundo todo que pode vencer ferro com ferro, que Pernambuco só deve gloriar que com pau soube triunfar do ferro e bronze." Para bom entendedor, meia palavra bastava: vencera-se o ferro e o bronze da Holanda sem o ferro e o bronze de Portugal.

Na época de Jaboatão, o cacete tornara-se, aliás, o instrumento por excelência da violência contra o português. Quando da sedição da nobreza em 1710, ao "corregedor", isto é, o porrete dos olindenses, vingara "nosso pé-rapado" do "Recife ousado". "Ferva o bordão, minha gente", incitavam umas décimas coevas. A um dos chefes do partido de Olinda atribuiu-se a recomendação feita aos parentes sediciosos: "não corteis um só quiri das matas; tratai de poupá-los para em tempo oportuno quebrarem-se nas costas dos *marinheiros*". Insígnia senhorial, o cacete reduzia o reinol à mesma condição das camadas subalternas. Contudo, não foram só os paus tostados a oferecerem ao ressentimento dos mazombos a ocasião de conferir valor positivo ao que era convencionalmente percebido como carência. Suspeitos de ascendência indígena quando não de africana, eles fizeram do sangue caboclo a marca da legitimidade da dominação que lhes cabia exercer sobre os naturais do Reino. Apodados por estes de *pés-rapados*, transformaram a expressão injuriosa num orgulhoso apelativo. O tríptico da Câmara de Olinda timbrou em representar descalços os soldados luso-brasileiros em Tabocas e Guararapes, no que será imitado pelos painéis da igreja da Conceição dos Militares e da de Nossa Senhora dos Prazeres.

"Abaixo de Deus, deve Pernambuco tudo que hoje é a si próprio", ou seja, não devia nada a Portugal. Essa sentença de Loreto Couto é a repetição quase ipsis litteris de outra do padre Gonçalves Leitão, com a diferença de ter sido arrancada ao contexto antilusitano em que a inserira o cronista olindense da guerra civil de 1710-1. Em outro passo, Loreto Couto afirmava que os pernambucanos haviam triunfado sobre uma potência militar, a Holanda, julgada invencível. E o haviam feito "sem preceito que os obrigasse, sem príncipe que obedecessem, nus, descalços, famintos, despidos, desarmados, faltos de socorros e sem alguma esperança de prêmio". Nos *Desagravos do Brasil*, os únicos protagonistas da restauração são os pernambucanos, coletivo que tinha a conveniência de evitar expressões já então politizadas como "nobreza da terra" ou "naturais". "Pernambucanos", vocábulo empregado ao menos desde o começo do século XVII, abrangia todos os moradores da capitania, fossem mazombos ou reinóis. Que esta era a intenção de Loreto Couto indica o lapso linguístico em que caiu quando, historiando o levante restaurador na Paraíba, aludiu "[a]os de Olinda e Recife", deferência correspondente à distinção da segunda metade de Seiscentos, mas anacrônica quando aplicada ao período holandês.

Ao recapitular as condições desfavoráveis do começo da insurreição restauradora, Loreto Couto endossava obliquamente a falta de apoio d'El Rei. Achavam-se os pernambucanos destituídos de meios, só dispondo dos seus bordões e das espadas e clavinas escondidas pelo mato; e de qualquer perspectiva de ajuda, uma vez que Portugal os via como vassalos de uma nação estrangeira. Frontalmente, o autor só se atreveu a acusar a Coroa no tocante à despreparação militar em que se encontrava a capitania às vésperas do ataque neerlandês. Mas nesse caso o julgamento não atingia a dinastia bragantina, e sim os depostos Habsburgo madrilenos. Ademais, Loreto Couto empenhou-se em defender os restauradores do labéu de desobedientes à decisão régia que lhes havia ordenado recolherem-se à Bahia, defesa a que reservou nada menos que duas páginas e meia.

Os *Desagravos do Brasil* são a obra mais representativa do nativismo de transação. Escreveu-a Loreto Couto "pela justa mágoa de ver o grande descuido que teve Pernambuco em perpetuar as virtudes dos seus filhos" e de constatar que "insensivelmente ia o tempo consumindo a notícia de tantos esclarecidos heróis". O livro filia-se ao gênero literário de que a América hispânica mostrou-se pródiga no século XVIII no fito de provar, frente à suspeita de inferioridade moral e intelectual dos descendentes de espanhóis no Novo Mundo, que eles eram tão talentosos, tão corajosos ou tão virtuosos quanto os nascidos na metrópole, razão pela qual estariam habilitados para os mais altos cargos da monarquia na colônia ou na metrópole. No espírito de Loreto Couto, a celebração das glórias locais proporcionava um denominador comum tanto aos netos dos restauradores quanto aos descendentes dos reinóis, estes atraídos menos pelas atividades mercantis dos pais do que pelas carreiras socialmente valorizadas da burocracia e do clero.

Como Borges da Fonseca, Loreto Couto foi filho de militar reinol casado em família da terra que invocava a ascendência de restauradores, de fidalgos da Casa Real e de cavaleiros da Ordem de Cristo. Havendo vivido longo tempo em Portugal, onde se ordenara franciscano, demonstrara desde então a inquietação que o levaria a transferir-se para a ordem beneditina e que o envolveria em questões de disciplina claustral, de que resultaria mesmo sua prisão. Graças, contudo, a proteções poderosas, pôde levar uma existência eminentemente secular e ativa, dedicada aos estudos das antiguidades locais, à administração dos bens de uma irmã, viúva e rica, à educação dos sobrinhos, ao cargo de visitador-geral da diocese e à pregação nos púlpitos do Recife e de Olinda.

O espírito conciliador dos *Desagravos do Brasil* torna-se nítido ao versar a guerra civil de 1710-1. Na sua condição de genealogista, Borges da Fonseca não tinha por que se manifestar a respeito. Tampouco Jaboatão, que, a pretexto de não lhe caber averiguar as razões da contenda, se limitou a observar salomonicamente que ambas as facções haviam cometido excessos, e a sublinhar o papel apaziguador dos franciscanos. Mas que suas simpatias se dirigiam à causa da nobreza é o que indica o fato de remeter o leitor à obra de Rocha Pita, calcada nas narrativas olindenses. Bosquejando a história da capitania, Loreto Couto não tinha como se furtar ao melindroso assunto. A defesa pública do partido de Olinda ainda era então inaceitável, tanto assim que sua reabilitação terá de esperar pela revolução de 1817 e, em especial, pela obra do padre Dias Martins. Até então, o assunto permanecerá tabu na palavra impressa, os textos de uma e outra parcialidade só circulando em manuscrito.

Loreto Couto procurou esvaziar a querela. Os partidários de Olinda, como Gonçalves Leitão, ou do Recife, como Manuel dos Santos, haviam coincidido em encará-la como produto do antagonismo entre a açucarocracia e os comerciantes reinóis. Loreto Couto, ao contrário, reduziu o episódio a seus termos mais simples, ou seja, à rivalidade entre os representantes da Coroa, o governador Sebastião de Castro e Caldas e o ouvidor-geral, José Inácio de Arouche. Dada a insuperável inimizade de indivíduos que eram "antípodas um do outro", ocorrera que "este funesto princípio se uniu coligado e formou uma cadeia que, com os fuzis da vingança, ira e ódio, compuseram uma corrente de absurdos, que se foram seguindo uns aos outros, imitando sempre as mesmas desordens e metendo os súditos numa guerra doméstica, em bandos perniciosos e em contendas cruentas". Embora expressasse compreensão pela causa dos mascates, Loreto Couto não calou os desmandos de Castro e Caldas, criticou a severidade da repressão no governo de Félix Machado e até travestiu o levante olindense de manifestação de lealdade à Coroa devido ao falso rumor de que o governador tencionava entregar Pernambuco aos franceses.

Da restauração alcançada "à custa do nosso sangue, vidas e fazendas", derivou-se o tópos da fidelidade particular dos pernambucanos, a que se apegaram as autoridades coloniais em momentos críticos. Originalmente, o levante contra os holandeses fora visto como um desdobramento da Restauração portuguesa. Calado abrira o livro segundo do *Lucideno*, que trata das origens da insurreição, com um extenso capítulo sobre a reconquista da independência em relação aos castelhanos, prólogo e contexto do movimento pernambucano. Diogo Lopes de Santiago comparara Fernandes Vieira libertando a Nova Lusitânia ao próprio d. João IV restaurando a antiga. Assim como a nobreza do Reino pusera termo a sessenta anos de domínio espanhol, a nobreza da terra liquidara o quarto de século de ocupação neerlandesa, agindo pelo mesmo motivo exaltante, a apetência de rei natural. Um manifesto olindense da guerra civil de 1710-1 pretendia que os restauradores haviam sido exclusivamente induzidos pela aspiração de restituírem à Coroa os territórios usurpados pelos inimigos para devolvê-los a El Rei, subentenda-se, quando podiam ter guardado para si a soberania sobre o ex-Brasil holandês, ou se abrigado sob a suserania de príncipe estrangeiro, como aliás haviam ameaçado fazer ao tempo da guerra, ou, enfim, aceitado as vantagens que lhe oferecia a Holanda. Os naturais de Pernambuco haviam sido tão generosos que, obtendo a um alto preço sua emancipação, a restituíram ao monarca "em obsequioso penhor da sua liberdade".

Recorrendo ao *Castrioto*, Loreto Couto aponta o episódio a que se reporta a alegação. Não se tratava, como pareceria à primeira vista, da capitulação holandesa no Recife (1654), mas da transmissão, seis anos antes, do comando do exército restaurador a Francisco Barreto de Menezes, enviado pela Coroa para sobrepor-se aos chefes locais da insurreição, Fernandes Vieira e Vidal de Negreiros, originalmente aclamados "governadores da guerra da Liberdade Divina". No comentário de Rafael de Jesus,

> bem se pode dizer que, na entrega que fizeram [...] deram à Coroa terras e vassalos que pudesse governar e

não só o governo de vassalos e terras, pois é certo que sem dispêndio da fazenda real, das suas mãos recebeu a Coroa e o governador em seu nome uma e outra coisa; e a seu príncipe deram a glória de o ser de vassalos tão obedientes e leais, que podem ser para todos os súditos doutrina e para todas as idades, exemplo.

O imaginário nativista representava o triênio entre o início do levante restaurador e a transmissão do comando a Francisco Barreto (1645-8) como uma fase de independência local, devido a que a presença holandesa ficara reduzida ao Recife e às praças-fortes litorâneas, sem falar em que a Coroa portuguesa, que promovera a insurreição mas retirara seu apoio à raiz do malogro do bloqueio do Recife em 1645, ainda não exercia qualquer controle sobre o movimento. Para reimpor o domínio lusitano em Pernambuco, não lhe bastavam as tropas vindas da Bahia, recrutadas entre os exilados pernambucanos, nem os efetivos do Reino, que só começaram a chegar a partir de 1648. A impotência de Portugal no triênio 1645-8 tornara-se visível ao recusar-se o exército luso-brasileiro, incentivado por Fernandes Vieira e Vidal de Negreiros, a obedecer à ordem régia que o mandara recolher-se à Bahia. Ou ainda quando da missão do prior dos capuchinhos franceses em Pernambuco, que viajou a Lisboa e Paris com o objetivo de estabelecer relações diretas com Saint Malo (Bretanha), de modo a obter material de guerra em troca de açúcar e pau-brasil. Só a partir da posse de Francisco Barreto é que a Coroa passou a gerir a situação. Na avaliação de Diogo Lopes de Santiago, "Pernambuco", contudo, "não tomou isto a bem".

À lealdade pernambucana, o *Castrioto* dedicou a página ditirâmbica que levará à reemergência do tópos durante a guerra civil de 1710-1. E o tom encomiástico da representação de 1704, dirigida a El Rei pela "nobreza de Pernambuco", nada ficou a dever ao elogio de Rafael de Jesus. Ao mesmo tempo que se empenhavam na expansão do seu império ultramarino, os portugueses haviam permanecido os vassalos mais fiéis dos seus monarcas, fidelidade em que haviam se extremado os pernambucanos em comparação a todos os demais. Quanto mais oprimidos do poder holandês e desamparados de qualquer auxílio exterior, eles não vacilaram em rejeitar um domínio que, ao longo do tempo, se lhes teria podido tornar aceitável. Destarte, "intentaram e conseguiram a mais ilustre ação e digna de imortal fama", suportando sozinhos o peso da guerra, e, recuperada sua pátria, restituindo-a à Coroa e à fé católica.

Em 1710-1, o tópos voltava a ser proclamado pela Câmara de Olinda, ao opor-se à transformação do Recife em vila: "em nenhuma das quatro [partes] do mundo" tinha El Rei "mais leais vassalos do que os pernambucanos". Estes, segundo manifesto da nobreza, eram "os que, entre todos os portugueses, se podem jactar de jubilados na fé e lealdade para com seu rei, como dos seus pais e avós, cujas ações, que com o sangue herdaram, o publica a fama largamente que pelo valor deles, sem ajuda nem despesas da Real Fazenda, venderam as vidas em restauração de Pernambuco". Ao bispo governador, d. Manuel Álvares da Costa, declararam a Câmara e a nobreza haverem sido sempre "os mais leais vassalos [...] por si e pelos seus antepassados, que à sua custa tiraram estas capitanias do poder do holandês e a restituíram à Coroa de Portugal".

Depois da derrota do partido de Olinda, a proclamação desses sentimentos visou também isentar a nobreza de qualquer comprometimento com sua facção radical e minoritária, que propusera a ruptura com a metrópole. A imputação de ânimo sedicioso feita pelos mascates e pelas autoridades régias era suficientemente grave para acarretar, como acarretou, um castigo exemplar a vários pró-homens. Com a atitude de pundonor ferido que convém a fidalgos atingidos em sua honra pela insolência de homens que reputam vis, a nobreza defendia-se da "calúnia que quiseram impor, de inconfidentes aos pernambucanos" e do ataque ao que constituía, por definição, seu bem mais precioso.

Que os mercadores do Recife, que vieram lograr o sossego da paz em que os pernambucanos puseram Pernambuco [graças à expulsão dos holandeses], não se contentassem com lográ-lo e que, tomando-lhes também as fazendas, os postos e os lugares, não ficassem satisfeitos! Mas tirarem-lhes o crédito e a honra e quererem tirar-lhes as vidas?

Que direito assistia aos "moradores do Recife", que, "por serem homens de negócio e estranhos" à terra, ignoravam o que fosse lealdade? Uma vez conhecida a decisão régia em favor da mascataria, o tema da fidelidade pernambucana foi utilizado para atenuar o rigor da repressão, acenando-se com que os serviços prestados na guerra holandesa poderiam voltar a sê-lo no caso de outro ataque estrangeiro, como o que os franceses acabavam de desferir contra o Rio de Janeiro.

Por sua vez, o tópos também se prestava ao reforço dos vínculos coloniais, como perceberam as autoridades régias que o usaram deliberadamente, a começar pelo vice-rei, conde de Óbidos, quando da deposição do governador Jerônimo de Mendonça Furtado em 1666. Em 1710, o capitão-mor da Paraíba procurou persuadir os olindenses à submissão, lembrando-lhes serem "filhos e netos daqueles pais que com seu sangue se livraram do jugo holandês, sujeitando à obediência do seu rei natural o que lhe tinham usurpado". A traça torna-se óbvia numa consulta do Conselho Ultramarino. Entre as medidas para devolver a tranquilidade à capitania, recomendava-se a El Rei que desse a entender à nobreza o papel principal que devia exercer na manutenção da ordem, comportando-se

com toda a fidelidade e obediência e zelo igual ao que

se viu nos seus pais e avós, que tanto souberam acreditar-se de verdadeiros e leais portugueses, defendendo tão heroicamente os domínios desta Coroa na restauração daquela capitania do poder dos holandeses, dando seu sangue, executando ações de tanto valor que deram o maior brado no mundo.

No século XVIII, o tópos foi largamente utilizado nos festejos públicos pela ascensão ao trono dos reis de Portugal ou pelo restabelecimento da sua saúde, servindo até mesmo para justificar o aumento da carga fiscal. Em 1796, El Rei exigiu de Pernambuco e capitanias anexas o empréstimo de 1,5 milhão de cruzados para a defesa do Reino, às voltas com a difícil situação europeia. Às Câmaras, o ouvidor, Antônio Luís Pereira da Cunha, futuro marquês de Inhambupe, trouxe "unicamente à memória que esta mesma terra que pisamos é um padrão glorioso da fidelidade brasileira", pois "aqui mesmo se votaram à fé devida a nossos reis e naturais senhores, as fazendas, o sangue, as vidas dos pernambucanos contra os holandeses, nossos poderosos inimigos".

Por ocasião da chegada da Família Real ao Rio de Janeiro, a Câmara do Recife enviou um dos seus membros para congratular o príncipe regente. Na sua oração, Francisco de Brito Cavalcanti de Albuquerque hipotecou o apoio dos pernambucanos ao "grande Império" que d. João declarara vir fundar na América:

> Meus compatriotas mostrarão sempre a Vossa Alteza o que já mostraram nossos progenitores com sua restauração do poder de Holanda a seu quarto e ilustre avô, o senhor rei d. João IV [...] as cinzas dos nossos maiores ainda fecundam aquele feliz terreno, seu sangue circula nas nossas veias e os sentimentos mais enérgicos de patriotismo e fidelidade são a herança que ali se transmite de pais a filhos, como um vínculo inalienável.

Mudara apenas a natureza do serviço prestado. Para um letrado do início de Oitocentos, como era o emissário da Câmara do Recife, a Coroa precisava menos da espada dos antepassados restauradores do que da pena dos netos burocratas, salvados do naufrágio açucareiro nas funções públicas. Anos antes, como ajudante do procurador da fazenda, Francisco de Brito fora encarregado da compilação das ordens régias existentes no arquivo da provedoria de Pernambuco. Da tarefa, ele se desincumbira sem ônus para o erário e em prazo exíguo, em "aturado trabalho e meditação", movido apenas, explicava ao regente, "daquele espírito de fidelidade e de amor ao Real Serviço que com o sangue herdei dos meus maiores que na restauração desta capitania fizeram à Coroa de Vossa Alteza sinalados serviços".

Como virá demonstrar a revolução de 1817, não era assim tão sólida a lealdade dos netos. A adesão ao movimento foi grande, razão pela qual praticamente não ocorreram mudanças nos cargos públicos. Criou-se, aliás, a ocasião para reiterar a retórica oficial, dessa vez com vistas a legitimar a repressão. Liquidada a insurreição, o tópico reapareceu na pena do dicionarista Morais Silva, que, tendo sido designado, a contragosto, conselheiro do novo regime, retirara-se prudentemente para seu engenho Novo da Muribeca ao ver as coisas malparadas, a esperar pela restauração monárquica. Numa descrição das festas realizadas no Recife para comemorar a aclamação de d. João VI (1818), ele lamentava que a lealdade pernambucana tivesse sido manchada pelos "crimes execrandos perpetrados no sempre infausto dia 6 de março de 1817".

Mais relevante, contudo, é o fato de a vitória sobre os holandeses haver gerado, já na segunda metade do século XVII, uma concepção contratual das relações entre Pernambuco e a Coroa. Da vitória alcançada "à custa de nosso sangue, vidas e fazendas", tirava-se o corolário da existência de um pacto entre a Coroa e a nobreza da terra, o qual teria produzido em favor desta última um tratamento preferencial, um estatuto privilegiado ou um espaço de franquias, destinados a pô-la ao abrigo de ingerências reinóis e a legitimar seu poder sobre os outros estratos sociais da capitania, inclusive o comércio português nela estabelecido. Depois da guerra civil de 1710-1, uma informação redigida pelo secretário do governo, Antônio Barbosa de Lima, constatava achar-se há "muitos anos [...] introduzida em Pernambuco uma proposição temerária, mas abusória" segundo a qual "os naturais daquela conquista são vassalos desta Coroa mais políticos do que naturais, por haverem restaurado seus pais e avós aquele Estado da tirânica potência de Holanda".

Destarte, a gente da terra deveria a El Rei não a vassalagem natural a que estavam obrigados os habitantes do Reino e os demais colonos da América portuguesa, mas uma dependência de cunho contratual, uma vez que, tendo restaurado a capitania, haviam-na espontaneamente restituído à suserania portuguesa. Um porta-voz do partido de Olinda também alude a essa concepção quando sustenta o direito de Pernambuco a ser mantido nos seus foros, e quando, em outro passo, acusa os negociantes lusitanos de desejarem "abater e aniquilar a nobreza do país para só eles gozarem das honras e isenções adquiridas com o sangue pernambucano". À mesma noção referia-se Antônio Rodrigues da Costa. "A maior parte da nobreza de Pernambuco", denunciava no Conselho Ultramarino, tinha-se na conta de "únicos conquistadores daquelas capitanias", julgando que, resgatadas do domínio batavo, elas lhe haviam ficado pertencendo "por direito de conquista"; e que, consequentemente, "por aquelas terras que possuem não devem nada, nem ao Reino nem ao rei". A nobreza, repetia o padre Luís Correia, nutria

> não pequena dose de soberba, enfeitando-se os descendentes dos libertadores com as penas dos seus maiores;

seus pais, diziam eles, com os próprios esforços e à própria custa haviam restituído Pernambuco à Coroa portuguesa, pelo que mereciam agora os filhos, com preferência a todos os outros, a gratidão do governo, que nenhum direito tinha à capitania senão o que deles derivava; e dizendo isto, assaz inteligivelmente davam a entender que, se lhes não respeitassem os merecimentos hereditários, tão fácil lhes seria sacudir um jugo como outro.

A tal concepção não era estranha a justificação jurídica da própria Restauração portuguesa. Em meados do século XVII, a doutrina contratual da origem do poder público, herança da escolástica tardia, havia ressurgido com força em Portugal sob o estímulo do movimento que liquidara o jugo castelhano, como indicam a *Justa aclamação*, de Francisco Velasco de Gouveia, e outras obras que sustentaram os direitos de d. João IV ao trono. As Cortes de Lisboa de 1641 haviam mesmo proclamado que o poder régio residia em última análise no povo, e que, mesmo quando ele o transferia ao monarca, retinha o direito de reivindicá-lo caso sua conservação viesse a ser posta em risco.

A alegação do estatuto especial de Pernambuco carecia de fundamento. Até a ocupação holandesa, a capitania donatarial gozara de um grau de autonomia em relação à Coroa e ao governo-geral zelosamente preservado desde os dias do primeiro donatário e consideravelmente reforçado durante o governo de Matias de Albuquerque (1620--7), em reação inclusive à frequente presença em Olinda dos governadores-gerais. Durante os anos da guerra, Pernambuco continuara livre de subordinação ao governo-geral. Atestam a vitalidade da tradição autonomista não só o conflito de jurisdição entre Francisco Barreto, já governador-geral, e Vidal de Negreiros, seu substituto à frente da capitania, como também o episódio da deposição do governador Jerônimo de Mendonça Furtado pela Câmara de Olinda. Depois da restauração, Pernambuco foi incorporado ao patrimônio da Coroa, recebendo da administração régia, menos receptiva aos interesses locais do que a gestão donatarial, o tratamento dispensado às demais capitanias.

Julgando-se merecedores da gratidão imorredoura da Coroa, os restauradores acreditavam que a capitania reataria com sua tradição autonomista, transformando-se numa espécie de donataria em que o papel do donatário fosse desempenhado pela Câmara de Olinda e pelo governador escolhido por El Rei entre gente da terra. Mas no Reino como no Brasil *post bellum*, os tempos eram outros. O refluxo do império português no Oriente o induzia a entrincheirar-se no Atlântico sul, transformando-o num bastião ciosamente defendido. Nem era crível que, por mais reconhecida que fosse, a Coroa confiscasse o patrimônio de família aristocrática do Reino para transferi-lo de mão beijada a um punhado de colonos. Os pró-homens compreenderam por fim que não se lhes dispensaria trato privilegiado e que seriam relegados à uniformidade niveladora da mesma política colonial. Dessa ferida narcisística, nasceu o nativismo nobiliárquico.

De início, a Coroa mostrou-se disposta a escolher os governadores da capitania entre os restauradores. No período *ante bellum*, o cargo fora de indicação dos Albuquerque Coelho, sendo exercido por parentes e aderentes seus domiciliados na terra, consoante a prática nas capitanias donatariais, onde três quartos dos governadores da segunda metade de Seiscentos eram residentes. Embora no primeiro decênio *post bellum* se houvesse sucessivamente nomeado Francisco Barreto, Vidal de Negreiros e Francisco de Brito Freyre, a prática cessou nos anos 1660, quando se passou a premiar oficiais reinóis que tinham se distinguido na luta pela independência da Espanha. Havendo participado da guerra holandesa, ocupado altos postos e até sido nobilitados, quando já não pertenciam, como d. João de Souza, a família de nobreza hereditária do Reino, os pró-homens julgavam-se com maiores direitos ao cargo do que os governadores mandados de Lisboa. Há algo de pungente e patético na frustração de Fernandes Vieira ao ver desatendida sua mais cara ambição, a de governar Pernambuco, malgrado o pedido unânime das Câmaras e o apoio do Conselho Ultramarino, tendo de contentar-se com a administração de capitanias menores, como a Paraíba ou Angola.

Nessa perspectiva, é reveladora, como pressentiu Rodolfo Garcia, a deposição do primeiro dos governadores estranhos à terra, Jerônimo de Mendonça Furtado (1666). Mendonça Furtado acusará dois desses preteridos, Fernandes Vieira e d. João de Souza, pelos manejos que culminaram na sua destituição, aduzindo que os promotores do golpe não escondiam o propósito de condicionar a certas condições a designação dos futuros ocupantes do cargo. Já no governo anterior, o de Brito Freyre (restaurador da undécima hora, pois partilhara apenas o momento culminante, a capitulação do Recife, de uma empresa vitoriosa levada a cabo por outros), manifestara-se o descontentamento de certos pró-homens. Em carta ao vice-rei, conde de Óbidos, Brito Freyre comunicava a existência de certo intento sedicioso que Óbidos preferiu ignorar, na esperança de que tudo não passasse de palavras, pois o contrário seria incompatível com a "fidelidade de uns vassalos que por tão vários modos a têm acreditado". Em outra ocasião, Óbidos reclamava de que "essa capitania se imagina hoje república livre".

A explosão verificou-se no governo do sucessor de Brito Freyre, com a deposição de Mendonça Furtado por uma cabala de pró-homens discretamente incentivada, aliás, pelo próprio Óbidos, irritado com a resistência do governador a ordens suas. O próprio Mendonça Furtado contribuíra para o episódio ao emprestar os poderes de governador para que mercadores reinóis promovessem a cobrança de dívidas de senhores de engenho, ingerência descabida nas atribuições judiciárias. É significativo que, depois da derrota do partido de Olinda na guerra civil de 1710-1, a Coroa, atendendo a uma sugestão do Conselho Ultramarino, começasse a designar governadores oriundos das grandes casas aristocráticas do Reino, ao passo que nos anos 1680 a nomeação de um título como o marquês de Montebelo constituíra exceção à regra. Já observara então Gregório Varela de Berredo Pereira a conveniência de só se nomear para Pernambuco "governador de muito respeito e grande qualidade".

Os veteranos da guerra holandesa também se queixavam da tacanhice dos Bragança quando comparada à liberalidade dos Habsburgo no tocante à premiação dos serviços. O descontentamento compreendia desde os chefes militares, melhor aquinhoados, aos simples soldados, a quem d. João IV mandara recompensar com terras remotas e modestas gratificações, que, contudo, não se pagaram nos primeiros oito anos, por falta de recursos. Causa adicional de ressentimento dizia respeito aos hábitos das ordens militares, em especial da mais disputada, a de Cristo. Dos 71 hábitos pleiteados no período 1644--58, apenas 21 haviam sido conferidos. Se posteriormente eles foram dados com menos parcimônia devia-se a que a revogação da isenção do dízimo para os senhores de engenho pusera o erário a salvo do ônus correspondente. A insatisfação cresceu ao constatar-se que El Rei galardoara indivíduos que haviam se escudado em documentos falsos. A Câmara de Olinda protestou, tanto mais que alguns deles eram reinóis de extração subalterna, domiciliados em Pernambuco depois da guerra, mas que com a cumplicidade de mazombos pobres haviam se feito passar pelos seus parentes. Relativamente às comendas das ordens militares, bem mais rentáveis do que os hábitos, a Coroa prometeu 31 no total de 77 solicitações. E quanto à concessão do foro de fidalgo da Casa Real, dos 51 vassalos que o pleitearam, somente onze obtiveram-no.

Em que teria consistido o alegado estatuto pernambucano? Gonçalves Leitão referiu-se a "foros", "honras", "isenções", conceitos do direito público do Antigo Regime que descreviam formas de limitação do poder régio frente às ordens, como a nobreza e o clero, e a entidades territoriais, como os municípios. E em que a Coroa ter-se-ia limitado relativamente a seus vassalos pernambucanos? Para esclarecer o ponto, cumpre recorrer a fontes de início do século XIX, o que, de passagem, permite constatar a vitalidade do imaginário nativista, ao abrir-se o ciclo revolucionário pernambucano. A primeira é a carta pastoral em que o cabido da sé proclamava sua adesão à república de 1817, "a vil pastoral" do "imoral deão de Olinda", como a intitulava um autor monarquista.

Da lavra do dr. Bernardo Luís Ferreira Portugal, ela justificava o movimento em termos da violação pela Coroa de compromissos assumidos por d. João IV e por d. Afonso VI como contrapartida da restituição da capitania à suserania portuguesa em 1654. Os privilégios pactados teriam sido fiscais, como a interdição de novos impostos, e administrativos, como a reserva das funções públicas locais para os naturais da terra. O deão de Olinda alegava ademais que, havendo sido a capitania colonizada por portugueses, seus descendentes eram parte também do contrato, este mais antigo e abrangente, de que se beneficiavam os habitantes do Reino e das demais possessões ultramarinas, vale dizer, as leis das Cortes de Lamego, pretensamente constituintes da monarquia e que os sucessores de d. Afonso Henriques haviam desrespeitado impunemente ao longo da união com a Espanha e dos reinados da Casa de Bragança. Dupla violação, por conseguinte, a do estatuto reconhecido a Pernambuco à raiz da expulsão dos holandeses e do pacto fundador da nação portuguesa. E a pastoral concluía: "Tendo, pois, os encarregados dos direitos do povo faltado ao contrato a que se ligaram com juramento solene, não só se tornaram perjuros, porém pelos seus mesmos atos nos reintegraram nos nossos primitivos direitos, dos quais haviam desapiedadamente abusado".

Sob a linguagem da modernidade revolucionária, o deão de Portugal exprimira, sem lhes fazer violência, todos os antigos topoi do nosso mito constitucional: a restauração como esforço local, sem apoio régio, a restituição espontânea à Coroa, a contrapartida do estatuto especial da capitania. Arrancada às hesitações dos cônegos, a pastoral, segundo Dias Martins, buscara "desabusar as almas escrupulosas [...] mostrando aos timoratos, aferrados religiosamente ao realismo, que estavam desligados das primitivas obrigações dos seus maiores". Tratava-se de "luminosos princípios que [...] foram axiomas para as cortes gerais, extraordinárias e constituintes de Lisboa, e base fundamental da independência imperial do Brasil". Havendo causado "universal regozijo", a pastoral fora remetida aos párocos, "com ordem de a lerem à estação e afixá-la nas portas das suas igrejas". Daí que um autor anônimo se referisse ao cabido de Olinda como "corporação brilhantíssima mas quase sempre agitada com o maligno vapor pernambucano", vivendo "em todos os tempos em desarmonia com seus bispos" e se aproveitando das "frequentíssimas vacâncias pelas quais esta sé tem passado sem a morte ser culpada" para governar a diocese a seu bel-prazer, agindo como "uma oligarquia aristocrática, famosa unicamente pelas suas desordens e animosidades". Mais "nacionalizado" que o clero regular, o secular já se tornara então um dos focos de contestação colonial.

Que a noção de pacto entre a Coroa e a capitania constituiu uma das ideias básicas da revolução de 1817, é o encarregado da devassa, o desembargador João Osório de Castro Souza Falcão, quem o diz. Ao inventariar as causas da sedição, ele mencionava "o ódio geral, antigo e entranhável dos filhos do Brasil contra os europeus", isto é, contra os portugueses. Ódio atiçado pelos revolucionários que inverteram "os fatos da história da restauração passada sobre os holandeses, deduzindo daí direitos de propriedade, doação a Sua Majestade com exclusão de quaisquer impostos". Os insurretos haviam incutido

> aos seus chamados patrícios, ignorantes da história, que esta terra, sendo conquistada pelos seus antepassados aos holandeses, ficou sendo propriedade sua e que a doaram a El Rei Nosso Senhor debaixo de condições que ele não tem cumprido pela imposição de novos tributos; e que os europeus que têm vindo aqui se estabelecer têm enriquecido à custa deles, patrícios, e se têm feito senhores do país e eles, escravos.

Não surpreende assim que o movimento se houvesse proclamado a "segunda restauração de Pernambuco" e que a junta revolucionária datasse os impressos oficiais do que chamava "a segunda era da liberdade pernambucana". Tollenare equivocava-se, supondo que a primeira corresponderia ao período batavo, denotando influência do antigo regime republicano nos Países Baixos. Na realidade, como demonstrou Alfredo de Carvalho, a revolução de 1817 imaginava regressar, mediante a liquidação do domínio português, à independência desfrutada à raiz da insurreição de 1645. Tollenare atribuía, aliás, a ideia de segunda restauração ao padre João Ribeiro, que ordenara que os documentos e proclamações oficiais fossem impressos com a indicação: "Na oficina tipográfica da República de Pernambuco, segunda vez restaurado"; ou: "na oficina tipográfica da segunda restauração de Pernambuco"; ou ainda: "na tipografia da República de Pernambuco, segunda vez restaurado". Assim, os chefes de 1817 haviam pressentido no imaginário político da capitania uma força mobilizadora superior à das doutrinas das revoluções francesa ou norte-americana, apenas inteligíveis a uma minoria letrada. Os contrarrevolucionários também buscaram explorar a conotação emocional da palavra "restauração", posta ademais em moda pelo regresso dos Bourbon ao trono de França. Não desdenharam, portanto, mencionar a volta de Pernambuco ao seio da monarquia como "a feliz restauração desta capitania", "a feliz restauração da Coroa de Sua Majestade" ou "a restauração dos reais direitos". O mesmo fará o morgado do Cabo, Francisco Pais Barreto, ao aplaudir a derrota da Confederação do Equador (1824), que também julgara dar início à "época da terceira restauração de Pernambuco".

O imaginário nativista preservou ao longo de Oitocentos a nostalgia da oportunidade perdida, a frustração histórica de uma restauração que não se desdobrara em independência. Veja-se, por exemplo, o depoimento de Antônio Joaquim de Melo, revolucionário de 1817 e 1824: "As gerações que se sucederam à da expulsão dos holandeses em geral não comemoravam os sacrifícios dos seus pais e avós nessa prolongada guerra quase absolutamente desajudados e sós, não se entretinham e praticavam dessa arrojada empresa e seu resultado feliz e glorioso, sem a ideia associada de que Pernambuco e as províncias consortes na luta deveriam ter ficado livres e não mais colônias de Portugal". Ele mesmo ainda ouvira

> aqueles sentimentos e ideias de independência a pessoas muito idosas, desde nossa mais tenra mocidade; e algumas, ou por tradição fundamentada, ou por ilusão divinatória, parto do último senso e vontade, avançavam até que aos nossos libertadores avós não escapara a ideia e intenções da independência, mas que os cálculos falharam.

O mesmo autor estabelece a conexão entre tais aspirações e a transformação em província da custódia franciscana do Brasil (1659), separada da província de Portugal depois de uma campanha de dez anos, iniciada ainda no decorrer da guerra de restauração e capitaneada pelos conventos da Ordem em Pernambuco, que venceram a oposição dos irmãos portugueses. Melo via no episódio "as primeiras manifestações de independência do Brasil", supondo-as induzidas por pressões ou estímulos "do século para o claustro", pois não seria crível que no estado deplorável em que se encontravam os frades tivessem podido sustentar sozinhos litígio tão demorado e oneroso, sem contar com o apoio financeiro de gente da terra. Conquistada a autonomia dos franciscanos, foi a vez de os beneditinos se mobilizarem, sob a liderança de um militante da guerra holandesa, frei João da Ressurreição, sem, contudo, lograrem o intento.

Fernandes Gama era outro que respirava pela ferida:

> Se os pernambucanos do século XVII, em vez de reconquistarem seu país para entregá-lo ao rei português que os desamparou, o tivessem reconquistado para si, escolhendo um príncipe para ser seu monarca, que não sacrificasse aos interesses dos áulicos da corte a liberdade, a honra e foros de um povo heroico, hoje não estaríamos nós constituídos em nação independente? Certamente.

A restauração hipotecara a sorte da capitania à antiga metrópole, e, ao fazê-lo, também ao Império do Brasil, que o nativismo radical considerava herdeiro daquela. Trocara-se apenas o despotismo de Lisboa pelo do Rio, "a escravidão do despótico ministério de Portugal, o orgulho da sua nobreza, as injustiças dos seus becas" (isto é, dos seus magistrados) pelos "grilhões forjados por uns paulistas e quatro peões fidalgos do Rio", como previra frei Caneca. O tema ainda fará parte do arsenal ideológico da revolução praieira.

Como Abreu e Lima, Fernandes Gama referia-se à restauração como "guerra de independência", e aos chefes e tropas locais como "os independentes", designações que serão usadas tanto por Varnhagen quanto por d. Pedro II nas suas notas de viagem, sem se darem conta da conotação com que o termo fora empregado. Pereira da Costa, que encerrou o ciclo da historiografia nativista, fez o inventário das ocasiões perdidas, embora sem incluir o momento considerado decisivo por Loreto Couto, a transmissão do comando do exército restaurador a Francisco Barreto em 1648. Elas teriam sido: a exoneração de Matias de Albuquerque da chefia do exército de resistência (1635), por desejar, segundo suspeita do conde duque de Olivares, expulsar os holandeses para formar estado independente; a demissão de João Maurício de Nassau (1644), governador do Brasil holandês, o qual teria alimentado desígnios autonomistas; e o conflito entre Francisco Barreto e Vidal de Negreiros (1657-60).

O motivo da dispensa de Matias de Albuquerque, foi buscá-lo Pereira da Costa em asseveração de Muniz Tavares, que não citou sua fonte e que, aliás, tinha a alegação na conta de caluniosa, ao passo que Pereira da Costa a endossou sem hesitação. O propósito atribuído a Nassau era igualmente infundado. Sua dispensa devera-se a uma série de divergências com a direção da Companhia das Índias Ocidentais, que se aproveitou da trégua entre os Países Baixos e Portugal (1641) para dispensar seus serviços. De Salvador, o vice-rei, marquês de Montalvão, procurou aliciar Nassau para o projeto de restituir o Nordeste à Coroa portuguesa em troca da sua nomeação para o comando do exército que, no Reino, fazia guerra a Castela, e de vantagens de natureza pecuniária. Nassau, porém, não se deixou envolver, embora no século XIX houvesse quem se enamorasse da hipótese de uma independência realizada contra a Holanda e contra Portugal por uma aliança do conde com os pró-homens locais, que tinham feito campanha a favor da sua permanência no Brasil contra a ordem da metrópole. Quanto à disputa entre Francisco Barreto e Vidal de Negreiros, nada indica que este último tivesse alimentado quaisquer veleidades independentistas. Ao contrário de Fernandes Vieira, tido sob suspeita, a Coroa nunca pôs em dúvida a fidelidade de Vidal, tanto assim que a ele recorreu o vice-rei, conde de Óbidos, confiando-lhe pela segunda vez o governo da capitania para acalmar os ânimos perturbados pela deposição de Mendonça Furtado.

Nem todos os nativistas de Oitocentos deixaram-se embalar pela oportunidade frustrada de uma independência alcançada já no século XVII. Afonso de Albuquerque Melo era um desses céticos, tanto mais que, consoante argumentava, ainda em 1822 o Brasil achava-se despreparado para a emancipação, pois, não dispondo de quadros dirigentes, tivera de utilizar na administração portugueses naturalizados. A restauração constituíra o objetivo factível a que poderiam aspirar seus conterrâneos de Seiscentos. Na mesma veia, Muniz Tavares servia-se da analogia familista segundo a qual "o filho quando em tenra idade abandona a casa paterna, quase sempre se extravia: o Brasil ainda não havia chegado à virilidade, não podia ainda dispensar a tutela". A reinserção no colonialismo lusitano afigurava-se assim a forma necessária da independência futura, sendo em todo caso preferível à outra alternativa de subordinação, o domínio batavo. Havia consenso, porém, em que a preservação do Brasil holandês teria proporcionado condições mais favoráveis ao desenvolvimento material da colônia em decorrência da superioridade da civilização dos Países Baixos. Uma de duas opções, a restauração teria sido a melhor?

Que resta do imaginário nativista quando submetido à crítica histórica? É certo que a guerra de resistência e, sobretudo, a da restauração acarretaram a utilização crescente dos recursos locais, sejam humanos, sejam materiais. A partir da insurreição de 1645, o colapso do poderio holandês no interior das capitanias rebeladas permitiu que se restabelecessem as relações comerciais com Portugal, malgrado as vicissitudes que o indisputado predomínio naval do inimigo criara para a regularidade delas. Em 1646, o açúcar e o pau-brasil do Nordeste reapareciam no mercado de Lisboa e o comércio do Reino arriscava-se a enviar suas caravelas aos nossos portos meridionais, particularmente ao Cabo de Santo Agostinho. No biênio 1647-8, em que pese a ferocidade do corso neerlandês, a navegação com Portugal expandiu-se, sendo mesmo submetida, para sua maior proteção, a um regime de monopólio, inicialmente exercido por um punhado de comerciantes lisboetas e posteriormente pela Companhia Geral de Comércio do Brasil.

Graças à produção açucareira, a Coroa pôde transferir aos colonos uma parcela dos ônus do conflito, o que era tanto mais necessário em vista da guerra no Reino. As despesas locais com as tropas foram financiadas mediante impostos sobre a exportação de açúcar que chegaram a corresponder a 80% da receita fiscal da capitania, em especial o "donativo dos açúcares", equivalente a 36% dos rendimentos. Por outro lado, os contingentes recrutados na terra montavam a dois terços dos efetivos do exército restaurador, proporção que não leva em conta a chamada "infantaria de fora", a qual na realidade compreendia, além de soldados reinóis, grande número de veteranos da guerra de resistência de regresso da Bahia. Por fim, o comando compunha-se de oficiais de experiência castrense exclusiva ou preponderantemente brasileira. Aspectos que contrastavam com a guerra de resistência, que contara com a presença de regimentos portugueses, espanhóis e napolitanos e com chefes de formação exclusivamente europeia.

Contudo, carecia de base a alegação de que o regresso de Pernambuco à suserania portuguesa fizera-se em troca da concessão pela Coroa de privilégios fiscais e da reserva de cargos públicos aos naturais da terra. Nesse caso, não se compreende o silêncio do regimento dos governadores da capitania (1670), o qual lhes prescrevia competências administrativas no tocante à arrecadação de impostos e ao preenchimento de funções. A própria insistência com que o discurso nativista sustentou que a restituição de 1654 constituíra um ato de liberalidade representa a melhor admissão da inexistência de contrapartida régia. A representação da nobreza de 1704 é categórica ao assinalar que, terminada a restauração, os pernambucanos encontraram-se "sem mais prêmio que o interesse do glorioso nome de leais vassalos".

Quanto à isenção fiscal, ignora-se qualquer decisão régia a respeito. Pelo contrário, depois da restauração, a Coroa fez finca-pé e a Câmara de Olinda assentiu com mau humor na prorrogação dos tributos extraordinários estabelecidos para o custeio do esforço militar; El Rei concordou apenas com a redução do "donativo do açúcar". Ademais, uma vez a capitania reintegrada na posse do monarca, o erário régio passou a recolher os antigos impostos donatariais. Pernambuco tampouco ficou isento dos que foram lançados daí por diante, como a contribuição para o dote de d. Catarina de Bragança e para a indenização prevista no tratado de paz com os Países Baixos; ou ainda para a construção do cais de Viana. Se é certo que, por um lado, essas novas taxas poderiam ter constituído precisamente as alegadas violações de uma promessa régia, por outro, não é crível que, caso esta houvesse realmente existido, a Câmara de Olinda se tivesse abstido de invocá-la na correspondência com a metrópole e, em especial, na representação de 1664 em que solicitou o adiamento ou o reescalonamento da arrecadação do primeiro daqueles encargos. Nem os pró-homens teriam deixado de mencionar a questão no seu protesto de 1704.

Já no tocante à reserva de cargos, conhecem-se algumas decisões. Ainda ao tempo da guerra de resistência, a carta régia de 2 de novembro de 1633 ordenara que em todo o Brasil os cargos da milícia, da fazenda e da justiça fossem exclusivamente providos em quem participasse da luta ou se tivesse distinguido no seu decurso. Nada se sabe, contudo, acerca do grau de execução da ordem, pois houve pouco tempo para implementá-la em face do progresso das armas holandesas. Em 1651, quando a guerra de restauração aproximava-se do fim, a Câmara de Olinda pleiteou do Bragança a concessão que fizera o Habsburgo, de maneira a conter os abusos cometidos por funcionários régios vindos de fora; e como compensação pelos prejuízos incorridos pela gente da terra com o custeio da guerra. Outra medida é a provisão de 29 de abril de 1654 mediante a qual, em prêmio pela expulsão dos holandeses três meses antes, d. João IV mandou que se provessem nos restauradores todos os ofícios de guerra, fazenda e justiça que existissem nas capitanias libertadas. Aparentemente cumprida, a autorização continha, entretanto, duas importantes restrições. A preferência vigiria apenas "por esta vez", isto é, aplicar-se-ia somente ao primeiro preenchimento dos empregos, não devendo, por conseguinte, criar precedente, praxe ou expectativa de direito. Ademais, ela não se estenderia às funções que exigissem conhecimentos específicos.

Daí que, em breve, se voltasse à carga na tentativa de tornar permanente a provisão de 1654. Nas cortes de Lisboa de 1668, o procurador-geral do Estado do Brasil ampliou a reivindicação no sentido de, por um lado, acrescentar os benefícios de natureza eclesiástica, e, por outro, incluir, como na ordem régia de 1633, todos os colonos do Brasil, não apenas os do antigo Brasil holandês. O regente despachou o pedido aos seus ministros para que o tivessem "em lembrança". Tratou-se, portanto, como advertiu J. A. Gonsalves de Mello, de uma sugestão, não de uma decisão no sentido obrigatório do termo, como se interpretou interesseiramente em Pernambuco e como pretenderá Fernandes Gama. Este menciona igualmente o decreto de 6 de maio de 1673, o qual teria concedido aos naturais do Brasil a preferência na nomeação para os postos militares, civis e eclesiásticos, embora aduza que "estas disposições quase que não passaram de letra morta: de Portugal continuaram a vir despachos [isto é, despachados] para nossa terra até sargentos e meirinhos em manifesto desprezo dos brasileiros".

Naturalmente a Coroa não tinha a menor intenção de se despojar das oportunidades de manipulação clientelística dos cargos ultramarinos nem estava disposta a abrir precedente em favor de Pernambuco. Quando a nobreza da terra, na sua luta com os mascates, insistiu no assunto, El Rei mandou "observar a provisão que está passada sobre esta matéria", provavelmente alusão ao decreto de 1673, pois não há registro de ato posterior nem na compilação de ordens régias atinentes à capitania organizada durante o governo do conde dos Arcos (1749) nem no *Catálogo das reais ordens*, preparado em finais do século XVIII por Francisco de Brito Cavalcanti de Albuquerque. Por último, Pereira da Costa menciona uma provisão de 1724, que reiterava, a pedido da Câmara de Olinda, o decreto de 1673, devido a que precisamente ele não estava sendo respeitado. El Rei ordenou que fosse implementado "nos termos hábeis e não havendo inconveniente", mas o governador d. Manuel Rolim de Moura esclareceu que a concessão dos postos de milícia, fazenda e justiça a quem estivesse capacitado para servi-los beneficiava os colonos em geral e não apenas os naturais da terra.

Com não menor empenho, os mazombos pleitearam as dignidades eclesiásticas. Na primeira metade do século XVIII, o clero secular do bispado de Olinda, cuja jurisdição abrangia do Ceará ao São Francisco, já se achava substancialmente naturalizado no tocante aos párocos e coadjutores. Mas ainda lhes escapavam vantajosas prebendas, como as conezias e outros cargos de administração episcopal. Em meados de Setecentos, na ocasião do conflito entre o juiz de fora Antônio Teixeira da Mata e o bispo frei Luís de Santa Teresa, o magistrado será acusado de acaudilhar "uma parcialidade dos filhos da América, de onde ele é natural, contra os filhos de Portugal", com o argumento de que "o prelado desprezava os filhos da terra" e de que "não os provia nos benefícios".

Até mesmo a Câmara do Recife tomou o partido dos mazombos, protestando não serem os reinóis mais capazes do que eles. Na sé de Olinda havia apenas seis capitulares nascidos na terra num total de dezoito, que em sua maioria eram indivíduos sem serviços prestados à Igreja e sem domicílio suficientemente longo. O governador Correia de Sá confirmou a informação mas procurou justificar o bispo, assinalando, como fazia o cônego Veríssimo Roiz Rangel, um desses reinóis favorecidos, que dos 21 provimentos de vigário feitos pelo prelado, nada menos que dezessete haviam recaído em naturais do bispado; e que, dos dezesseis curatos, quinze lhes haviam sido atribuídos, malgrado "os pedidos e empenhos que lhe vêm de Portugal". Quanto às conezias, o dr. Roiz Rangel se queixava de que os candidatos pertencentes às famílias principais da terra consideravam-se ofendidos caso não fossem atendidas suas pretensões, promovendo no Reino uma verdadeira guerra ao cabido mediante certidões falsas ou caluniosas: "Alegam que são filhos do sol e netos das estrelas, que seus avós sustentaram a Coroa na cabeça d'El Rei na guerra de Pernambuco com os holandeses, que no levante [de 1710-1] fizeram maravilhas e obraram finezas e ponderam a grande injustiça dos prelados que só se lembram dos seus fâmulos e afilhados". Admitia o cônego a justiça de se aproveitarem os naturais do país nas funções eclesiásticas, como, aliás, dispunham o direito canônico e o civil, a legislação espanhola das Índias de Castela e a doutrina de Solórzano. Mas tal preferência devia ser entendida em igualdade de condições com os pretendentes reinóis. Se estes se avantajavam ao mazombo em letras e virtudes, o acidente da naturalidade tornar-se-ia irrelevante.

Ainda no que tange à outorga de regalias aos vassalos pernambucanos, nem sequer lhes foram concedidos os chamados "privilégios de cidadão do Porto", de que gozaram maranhenses, baianos e fluminenses. Tais privilégios, atribuídos aos indivíduos que haviam exercido cargos de gestão municipal, reconheciam-lhes certos direitos associados à condição de fidalgos, como o do porte de armas, o de prisão domiciliar ou nas fortalezas d'El Rei, a isenção da tortura etc. À raiz da restauração, d. João IV anunciara sua intenção de concedê-los em Pernambuco, solicitando o envio da lista das pessoas a serem beneficiadas. O assunto não foi adiante, provavelmente pelo mesmo motivo dado vinte anos depois quando a Câmara de Olinda voltou a pleitear a medida. O Conselho Ultramarino opôs-se ao pleito até que se concluísse o litígio entre a Coroa e o conde de Vimieiro acerca da propriedade da capitania, o qual só estará resolvido em 1716. A essa altura, no rescaldo da guerra civil de 1710-1, a Coroa não estaria pelos autos de conceder o privilégio a tão turbulentos vassalos.

Como não houvesse logrado chamar a si os cargos locais de nomeação régia, a nobreza entrincheirou-se na Câmara de Olinda, de onde daria a última e decisiva batalha visando bloquear o acesso de comerciantes reinóis, a despeito da interferência dos governadores e até mesmo de decisão da Coroa (1705) permitindo o ingresso de "mercadores de sobrado", isto é, dos atacadistas. A longo prazo, a obstinação em fazer da Câmara um bunker de classe revelou-se contraproducente, como indica a comparação com o que se passava em Salvador, onde a açucarocracia, aceitando partilhar a administração municipal com os homens de negócio, conseguiu por isso mesmo limitar-lhes a influência. Em Pernambuco, a mentalidade exclusivista terminou produzindo a fórmula salomônica de d. João V que transformou o Recife em vila, com sua própria Câmara dominada pelos mascates, ficando a de Olinda com a nobreza, solução a que sempre resistira d. Pedro II. Destarte, esvaía-se o poder dos vereadores olindenses.

Pelo regimento de 1730, a Coroa viria a reconhecer a prática da Câmara de Olinda de reservar os ofícios municipais à nobreza, mas isto só se verificou depois de reduzir-lhe os poderes, primeiro mediante o erguimento do Recife em vila, e em seguida, mediante ordem régia de 1727, retirando-lhe a antiga competência para arrematar os contratos de cobrança de impostos, transferida à provedoria da fazenda, isto é, aos funcionários da Coroa, embora certo grau de fiscalização régia houvesse sido introduzido em finais de Seiscentos. Herdada da guerra holandesa e ciosamente preservada contra ventos e marés, tal atribuição dera autoridade supramunicipal à Câmara com relação às congêneres da capitania. O fato é que, com uma mão, a Coroa dera muito menos do que tirara com a outra. Na segunda metade do século XVIII, a função de vereador olindense, limitada à gestão de uma cidade decrépita, conferia honra, mas não poder. Se os cargos camerários bem como o de provedor da Santa Casa de Misericórdia ainda eram estimados, devia-se a que só entravam neles os descendentes dos que haviam participado da luta contra os antigos invasores, ou seja, dos que denominavam "netos dos restauradores".

8
A metamorfose
da açucarocracia*

As limitações do conhecimento histórico não devem inibir a investigação ali onde ela pode produzir resultados, em primeiro lugar, no plano da luta pelo poder local e pela conquista e preservação de posições; e, em segundo, no tocante ao que se costuma designar por "representações coletivas" ou "imaginário social". O comportamento da açucarocracia pernambucana no decurso do seu conflito com o comércio português em particular e na história da capitania em geral seria de todo ininteligível sem a referência ao que então constituía seu passado recente, isto é, a experiência da ocupação holandesa e da guerra da restauração. A metamorfose da açucarocracia em "nobreza da terra" pode ser descrita em termos de três manifestações conexas. A primeira é o próprio uso generalizado da expressão; a segunda, o aparecimento de um discurso e de uma prática genealógicos; e a terceira, a ideia do caráter aristocrático da colonização do Pernambuco *ante bellum*, um dos mais caros topoi ideológicos da classe senhorial.

Ao longo da segunda metade de Seiscentos, a açucarocracia pernambucana passou a autodesignar-se da mesma maneira consagrada pelas oligarquias municipais do Reino. As mutações do vocabulário local da estratificação

---

* Capítulo v de *Rubro veio*, op. cit.

social permitem reconstituir tal processo. Da fundação da capitania ao início do século XVII, as palavras utilizadas para nomear os colonos reinóis e seus descendentes já nascidos na terra haviam sido as de "moradores" e "povoadores". Assim se exprimiam os documentos oficiais dos começos da conquista, como indica a correspondência do primeiro donatário, Duarte Coelho. Aos poucos, foi-se abandonando o segundo termo em favor do primeiro, ao menos naquelas áreas onde a ocupação lusitana já deitara raízes e onde, portanto, já não era questão de desbravar, mas de amanhar e granjear. Escusado reiterar que "moradores" referia-se apenas aos habitantes de condição livre e de origem lusitana, excluindo os africanos e o gentio da terra, congregado ou não nas suas aldeias.

No mesmo sentido de "moradores", empregou-se, com menos frequência, a palavra "povo", que ainda tinha a acepção de terceiro estado no esquema trifuncional da Idade Média (clero, nobreza e povo) e constitucionalmente encarnado em Portugal e nas monarquias europeias do Antigo Regime, nos três "braços" ou "ordens" reunidos em Cortes ou Parlamentos. "Moradores" era, com efeito, o vocábulo que englobava na colônia todas as "condições de gente" que formavam no Reino o braço popular. É o que se vê nas classificações calcadas nas *Ordenações* e em outros textos legais, para não mencionar as citadas cartas de Duarte Coelho ou textos do gênero dos *Diálogos das grandezas do Brasil*, que discriminam os mareantes, os mercadores, os artesãos, os assalariados e os lavradores, estes últimos, adaptando-se o elenco às condições locais, divididos em senhores de engenho, lavradores de cana e lavradores de mantimentos. Os colonizadores portugueses pertenciam assim à ordem popular, sua condição geral sendo a plebeia, o que, em face da presença rala e excepcional de pessoas nobres, geralmente ligadas à alta administração, obviava a necessidade de se lhes abrir uma categoria especial. Portanto, podia haver nobres na terra, mas não havia uma nobreza da terra, se entendermos a expressão no sentido de corpo social. A esse respeito, é reveladora a parcimônia com que o quarto donatário, nas suas *Memórias diárias*, baseadas em relações escritas no contato cotidiano com os moradores da capitania, emprega a palavra "nobre" ou "fidalgo", preferindo as perífrases.

No Reino, vigia o costume de designar por "homens principais" ou "homens da governança" os membros das oligarquias municipais, que votavam e eram votados para as funções camerárias. Denominação inicialmente adotada na capitania como adjetivo ou substantivo: "homens principais", "os principais moradores", "os principais de Pernambuco", "as famílias principais". Subsidiária ou alternativamente, recorria-se aos adjetivos herdados da Idade Média: "honrados", "bons", "graves", "melhores", "nobres", ou a expressões como "pessoas de mais respeito" ou "de mais consideração", "moradores de distinção" ou "de mais qualidades" ou "de mais grossas fazendas". Em Portugal como no Brasil, "principal" não era empregado de maneira unívoca. Denotava riqueza, afluência, grandes cabedais, mas aplicava-se também ao indivíduo que exercia poder local, seja por ocupar os cargos da "governança da terra", seja por dispor de clientela ou de séquito de homens livres ou de escravos, seja finalmente por achar-se em posição proeminente, donde "principal" ser usado também para nomear os chefes indígenas.

Ao listar as "pessoas principais" presentes na batalha das Tabocas, Diogo Lopes de Santiago incluiu dois sacerdotes e alguns capitães e não trepidou em acrescentar dois "criados" de Fernandes Vieira, "criados" evidentemente não no sentido de serviçais mas de agentes grados da sua casa ou de encarregados dos seus negócios. Por fim, "principal" assinalava o indivíduo de estirpe: "homem nobre e principal", "homem principal e fidalgo", e isto independentemente de possuir cabedais ou de deter poder político, havendo quem fosse exclusivamente definido pela sua condição de nobre, de "pessoa muito nobre", de "morador dos mais nobres", de "mulher das mais nobres de Pernambuco". Nas crônicas luso-brasileiras do período holandês, base desse inventário terminológico, encontram-se menções a "homens nobres e principais", "homens nobres", "pessoas nobres e ricas", mas bem raras alusões aos "nobres de Pernambuco" e aos "nobres da terra". Ademais, a primeira menção corporativa que se encontra à "nobreza da terra" consta provavelmente da denúncia anônima de 1646 contra Fernandes Vieira, a quem acusa de destratá-la e de humilhá-la.

Que nobreza e opulência não representavam categorias rigorosamente coextensivas, embora se sobrepusessem amplamente, é o que sugere a crônica de Calado ao narrar a prisão de certo proprietário de Porto Calvo, "um dos principais moradores daquele distrito, o qual por via de riqueza possuía dois engenhos de açúcar com as moendas d'água e canaviais próprios; e em diferentes partes, muitas terras e currais de gado e muitos escravos e largo cabedal; e por via de nobreza, a tinha suficientemente por si e pela sua mulher". O manifesto em que "o povo e nobreza e clero e gente de guerra de Pernambuco" confiou a Fernandes Vieira a direção do levante de 1645 corresponde ao abastardamento do esquema trifuncional (na realidade, uma tetrafuncionalidade), a começar pela subversão com que é enunciada, "o povo" sendo mencionado em primeiro lugar e o clero em terceiro, além de uma curiosa adição que indica a usura da concepção medieval. Estando esquecida ou preterida a função bélica da nobreza, tornara-se necessário acrescentar a referência à "gente de guerra", isto é, ao exército de colonos, negros e índios improvisado para combater o inimigo e transformado assim numa quarta força a cuja existência convinha reconhecer lugar à parte na ordenação sociopolítica da capitania.

As categorias segundo as quais os signatários apuseram suas firmas tampouco se ajustam à trifuncionalidade:

"oficiais da milícia", "oficiais da Câmara e da república do distrito da vila de Olinda", "eclesiásticos" e "pessoas principais de Pernambuco". Na América portuguesa colonizada havia apenas um século e onde posições e fortunas eram de aquisição recente, não se poderia exigir um rigor vocabular que, aliás, tampouco operava no Reino. O conceito de "povo", por exemplo, podia ocasionalmente incorporar os próprios nobres e não apenas os indivíduos cuja situação jurídica encontrava-se habitualmente registrada no terceiro termo da fórmula trifuncional. O costume consistia em invocar, como nas representações da Câmara de Olinda a El Rei, "a Câmara e o Povo", sem menção especial às duas outras ordens. O *Lucideno* refere-se ao manifesto de 1645 como "uma certidão que todo o povo de Pernambuco, altos e baixos, nobres e peões, ricos e pobres, juízes e vereadores e mais oficiais da Câmara, o secular e o clero, capitães e soldados deram a João Fernandes Vieira em como o tinham aclamado por governador da liberdade".

O domínio holandês terá contribuído para acentuar a coesão dos "homens principais", intermediários incontornáveis nas relações entre as autoridades batavas e a comunidade luso-brasileira. Foi política de Nassau estimular a teia de cumplicidades entre ele e os pró-homens que permitisse controlar a massa da população católica através da ação moderadora dos seus cabeças. Assim na Assembleia legislativa de 1640; ou por ocasião dos funerais do irmão, João Ernesto, quando Nassau timbrou em dar-lhes a precedência sobre os comerciantes e a força armada e "a outra turbamulta do povo"; e ainda durante as festividades que promoveu para comemorar a independência portuguesa, quando se encenaram torneios e cavalhadas. Nassau propôs mesmo ao governo dos Países Baixos a concessão de títulos honoríficos aos pró-homens. Ao articular a insurreição de 1645, Fernandes Vieira também procurou manipular tais pretensões sociais, fazendo da adesão ao movimento o teste da condição superior que eles se arrogavam, declarando-lhes que "se foram nobres, se forem quem dizem e quem se imaginavam", deveriam apoiá-lo no temerário intento.

Durante o período *ante bellum*, ao passo que o serviço da Coroa podia preceder o ingresso do indivíduo nos quadros açucarocráticos, como se observou no capítulo anterior, o acesso às funções municipais de relevo decorria da aquisição prévia do status de "homem principal" ou de "homem da governança". Ou seja, mediante seu ingresso no rol de votantes (que escolhiam os eleitores, que, por sua vez, organizavam as pautas trienais onde eram sorteados os oficiais da Câmara) e sua eleição para as funções de juiz ordinário, vereador e procurador. A posição de "homem da governança" era igualmente crucial na escolha dos alcaides-mores das vilas, dos comandos da milícia e dos membros da mesa da Misericórdia, em especial a dignidade de provedor da Santa Casa.

Em Portugal, o exercício de funções públicas tendia a criar o que Vitorino Magalhães-Godinho chamou de "camada superior do terceiro estado", a mesma categoria que o *Vocabulário* de Bluteau designará, no século XVIII, por "estado do meio". Carecendo dos meios de controle territorial, a Coroa, desde a Idade Média, delegava às elites municipais certos poderes, especialmente no tocante à administração da justiça, da fiscalidade e da defesa. A disputa em torno desses "ofícios de honra", isto é, não remunerados (embora rendessem "propinas" ou gratificações), gerava-se na busca do prestígio que lhes era intrínseco e também na sua instrumentalização a fim de obter vantagens econômicas informais. Os "homens bons" dos conselhos transformaram-se assim em "gente da governança" e em "nobreza da terra". Embora reforçando seu exclusivismo social mediante a prática da endogamia, tais categorias nunca se confundiram com a alta nobreza, representando uma categoria estritamente local, se bem houvesse individualmente quem conseguisse elevar-se aos patamares superiores.

Na colônia, à terminologia da metrópole, empregada com desleixo, veio sobrepor-se a classificação que distinguia os moradores já nascidos na capitania, os "naturais da terra", dos originários de Portugal e das ilhas, ou "naturais do Reino". A guerra holandesa conferiu particular relevo a essa dicotomia, fazendo vir à tona, com mais vigor do que seria o caso na rotina da vida colonial, as diferenças entre "mazombos" e "reinóis". Como se depreende das crônicas luso-brasileiras, foi sobretudo com referência à atividade bélica que tal bipartição se impôs: "capitães da terra", "infantaria da terra", "companhias da terra". "Da terra" não exprimia somente a origem de pessoas, coisas e animais, mas podia denotar também certas qualidades inatas. Assim como a farinha era "da terra" porque feita de raiz de mandioca e não de trigo, o "soldado da terra" dispunha de dotes específicos frente ao soldado reinol: adaptação ao clima tropical, maior resistência física, conhecimento do terreno e, em especial, das técnicas da "guerra brasílica" ou "volante", tida na conta de disciplina militar mais apropriada ao Brasil e às suas condições ecológicas.

Quando, uma vez encerrada a guerra da restauração, o historiador vê-se obrigado a aguardar os conflitos civis de 1710-1 para dispor novamente da base documental que lhe permita observar as transformações vocabulares produzidas na segunda metade do século XVII, ele constata que as variações tecidas com a palavra "principal" foram praticamente substituídas por "nobre" e "nobreza". Diante dos mascates e das autoridades da Coroa, a açucarocracia apresenta-se como "nobreza da terra", "nobreza do país", isto é, da região, e "nobreza de Pernambuco". "Nobreza" sem qualificação podia ser empregada quando significativamente se desejava frisar a solidariedade de interesses que, em ambos os lados do Atlântico, deveria reinar entre a "nobreza da terra" e a do Reino diante das outras categorias sociais. Ou então quando se visava obter a intermediação da aristocracia da Corte junto às autoridades da Coroa no sentido de fazer cessar ou de mitigar a repressão desencadeada contra o partido de Olinda.

"Nobreza da terra" tornara-se assim a designação adotada pelos descendentes dos "homens principais" de sessenta, setenta anos antes, precisamente no momento em que urgia legitimar seu domínio do poder local diante das reivindicações dos mercadores reinóis de ingresso nos cargos municipais e de comando das ordenanças. "Nobreza da terra" correspondia basicamente às famílias açucarocráticas, aos filhos e netos dos indivíduos que, embora destituídos da condição de nobres no Reino, haviam militado nas guerras holandesas e exercido as funções de gestão municipal, os mencionados "cargos honrados da república". Ao "povo", atribuía-se a função de sócio menor, com a diferença que "povo" neste contexto não tinha o sentido amplo de ignóbeis, pois os mercadores do Recife, que também o eram, não se achavam incluídos na categoria, como teria ocorrido em Portugal. "Povo" foi empregado, no final de Seiscentos, na acepção de "naturais da terra" ou de "naturais de Pernambuco", de origem portuguesa e de condição livre e subalterna, mas que, devido exatamente à comum condição de "filhos da terra", apoiavam ou deviam apoiar a nobreza em relação aos reinóis, isto é, os mercadores do Recife e seu aliado, igualmente lusitano, a "plebe mascatal".

Note-se, a respeito, o cuidado com que as representações da Câmara de Olinda e os manifestos e proclamações do partido da nobreza aludem sempre ao esquema binário "nobreza e povo", aliados tidos como naturais no momento em que se buscava forjar nossa primeira coalizão nativista. "A nobreza e os mais moradores", "os homens da nobreza, moradores e mais povo de Pernambuco", "a gente e os nobres da terra", "a nobreza e os moradores das freguesias de fora", "nobreza e populares"

— eis como se exprimiam os documentos de 1710-1. O conselho de um dos sectários da nobreza no sentido de que "não se impeçam os rigores que usar o povo [contra os mascates], [pois] em outra ocasião, não os há-de achar, que ainda nos falta outra", não poderia formular com mais clareza a tática que consistia em utilizar as camadas subalternas da população local contra o comércio português.

Opostos à parceria, real ou suposta, dos naturais da terra, nobres e plebeus, achavam-se os "naturais do Reino", os "filhos do Reino", os "homens do Recife", os "mercadores do Recife", os "mascates" enfim, que eles também acaudilhavam uma plebe toda sua, a que os associava a mesma procedência reinol: o "povo do Recife", a "plebe mascatal", que não se confundiam evidentemente com os naturais da terra. Como era de esperar, da fundação da Nova Lusitânia à guerra dos mascates, a nomenclatura registrou as transformações ocorridas nas percepções locais da estrutura social. Tais percepções subordinavam as demais distinções a uma dicotomia entre mazombos e reinóis. De cada lado dela é que se estabelecia a diferença entre os homens principais e o povo: a "nobreza e os mais moradores", de um lado; os "homens de negócio" e a "plebe mascatal", de outro. Distinção que emigrou dos estratos dominantes para os dominados. Os estatutos da irmandade de Nossa Senhora do Rosário de Olinda (1706), por exemplo, previam uma diretoria composta de seis pretos crioulos e seis africanos, prática idêntica sendo adotada por outras confrarias de escravos como a do Rosário de Ipojuca.

Na segunda metade do século XVII e começo do XVIII, a açucarocracia e o comércio português compartilhavam o vezo de só enxergarem o sistema social da terra em termos do antagonismo que os separava. Segundo o dr. Manuel dos Santos, "fidalgos" e "mercadores" constituíam "os dois polos em que toda a máquina destas capitanias se sustenta". A persistência dessa representação coletiva pode ser aferida ainda ao tempo da independência, na versão idealizada do padre Dias Martins acerca dos antecedentes do conflito de 1710-1. Segundo o oratoriano, a colônia naquela época "era habitada por duas classes de cidadãos, que sendo todos portugueses distavam entre si enormissimamente". Uma delas, "composta dos descendentes daqueles heróis ilustríssimos que se haviam imortalizado expulsando os holandeses [...] era criada e educada com um luxo asiático, seguido necessariamente de orgulhosa arrogância", contentando-se com a "posse mansa e pacífica das honras e dignidades políticas e militares [...] contente com agricultar os engenhos com seus numerosos escravos". A outra categoria, na qual "entravam os lusitanos aventureiros, que emigravam da pátria a buscar remédio contra a miséria e indigência [...] respirava sempre a abjeção e vileza da sua primitiva miséria", e, ocupando-se com os "mais sórdidos e mecânicos trabalhos, apenas deixava entrever a condição de homens livres", embora concentrassem nas suas mãos "todas as vantagens e operações do comércio".

A metamorfose da açucarocracia pressupunha também um discurso e uma prática genealógicos. Foi igualmente nessa segunda metade do século XVII que eles surgiram em Pernambuco. Enquanto para todo o período anterior desconhecem-se manuscritos de informação linhagística, nem sequer sob a forma sumária do catálogo genealógico, os textos do gênero aparecem agora, sete ou oito ao menos de que se tem notícia certa, graças às investigações de Borges da Fonseca, que em meados do século XVIII os utilizou como uma das fontes da sua *Nobiliarquia pernambucana*. Provavelmente houve outros mais que se perderam ou que se ignoram. A redação desses trabalhos situou-se entre a restauração de 1654 e a guerra civil de 1710-1. O mais antigo, de autoria de Jerônimo de Faria Figueiredo, data dos primeiros anos depois da expulsão dos holandeses e visava demonstrar a nobreza da família do sogro, Gonçalo Novo de Lira, o Ruivo, que fora senhor de engenho e colaboracionista notório.

Os compiladores desses escritos pertenciam obviamente à ordem açucarocrática, inclusive pelo casamento, como o citado Jerônimo de Faria Figueiredo, que chegara a Pernambuco para militar na guerra. Antônio Feijó de Melo, José de Sá e Albuquerque, seu filho Antônio de Sá e Albuquerque, "homem de pouco critério e que escrevia pelo que ouvia", haviam sido senhores de engenho. Francisco do Rego Barros, descendente de açucarocratas do século XVI, era fidalgo cavaleiro da Casa Real e herdeiro do ofício de provedor da fazenda da capitania. Fernão Fragoso de Albuquerque também descendia de colonos quinhentistas. Todos eles, filhos e netos de restauradores. Por fim, Luís de Almeida Correia de Albuquerque, apesar de haver vivido fora da terra, também se dedicara aos estudos genealógicos. Entre todos, destacava-se o citado José de Sá e Albuquerque, cujos trabalhos Borges da Fonseca reputava os primeiros a ser elaborados com alguma ordem e rigor metodológicos.

Sua obra principal, a *História genealógica dos descendentes de Jerônimo de Albuquerque até o ano de 1700*, foi revista e atualizada pelo filho, a cujo respeito Loreto Couto não compartilhava o severo juízo de Borges da Fonseca, pois lhe reconhecia "indagação e boa crítica". José de Sá escreveu ademais uma corografia, o *Tratado das povoações e coisas notáveis de Pernambuco*, infelizmente perdida. Sua existência quase centenária abrangeu os derradeiros anos do período *ante bellum*, as guerras holandesas, o exílio e o regresso, a segunda metade de Seiscentos e a guerra civil de 1710-1, quando o vemos de todo entregue à tarefa de preservar a unidade da nobreza da terra frente aos mercadores do Recife. Seu avô paterno, Duarte de Sá da Maia, fixara-se na capitania no último quartel do século XVI. Natural de Barcelos (Minho), onde o pai fora tabelião do público e judicial, Duarte, meio cristão-novo, tornara-se senhor de engenho em Muribeca. Seus filhos casarão com descendentes legítimos de Jerônimo de Albuquerque. Por ocasião da invasão holandesa, o pai do linhagista possuía dois dos melhores engenhos de Pernambuco e uma fortuna superior a 200 mil cruzados.

Lado a lado com a genealogia escrita, medrou, bem mais vivaz, a genealogia oral, repudiada pela genealogia "científica" (como ele mesmo definia) de Borges da Fonseca. Este, aliás, criticava com veemência os que chamava de "genealógicos de orelha", admirando-se de que

> sendo tão rara [...] a curiosidade que houve em Pernambuco de escrever das famílias nobres que nele tem havido, faz pasmar o grande número de homens que se julgam genealógicos. Em tom decisivo, resolvem com notável facilidade dúvidas que pedem largas diligências e averiguações, sem mais trabalho do que o de consultar o ponto com alguma parenta velha, de cuja ociosa conversação nos mostra a experiência que só [em branco no texto] aéreos elogios da própria família e sonhados opróbrios das alheias.

Da genealogia oral, encarregava-se, via de regra, um membro da família que, por orgulho nobiliárquico, por simples curiosidade ou por interesse clânico, dedicava-se à missão de reunir as informações disponíveis acerca da parentela, a história dos seus mortos e a sorte dos seus vivos.

Em vista da dispersão dos descendentes dos troncos primitivos pelo Brasil, pelo Reino e, mais perto de casa, pelos sertões da Paraíba, Rio Grande do Norte e Ceará, tal sistema de consultores atendia à necessidade de acudir às solicitações motivadas inclusive por questões patrimoniais. A genealogia de José de Sá e Albuquerque foi inicialmente elaborada para atender ao pedido de um fidalgo português que lhe solicitara notícia da ascendência brasileira do sogro. O texto de Antônio de Sá, por sua vez, deveu-se à bisbilhotice linhagística do governador Félix Machado (1711-5). E a despeito da sua crítica aos "genealógicos de orelha" e às "parentas velhas", a obra de Borges da Fonseca não teria sido possível sem a colaboração desses curiosos. Ele aliás os citou, nominalmente ou não, e em alguns casos incorporou os papéis que lhe haviam sido fornecidos e que correspondem à maior parte do segundo tomo da *Nobiliarquia pernambucana*.

Resíduos da genealogia oral permeiam a obra de Borges da Fonseca e o leitor ainda consegue identificá-los ali onde o autor tratou de retificá-los ou os registrou com as reservas de praxe, declinando responsabilidade por não haver podido confirmá-los no curso das suas investigações. Caso significativo são as versões que recolheu sobre a origem dos Lins, a quem se concedia ora ascendência francesa, ora naturalidade florentina, pois teriam sido primos do grão-duque da Toscana, asserção que Borges encampou ao encontrá-la tanto na crônica de Calado quanto no trabalho de José de Sá e Albuquerque, que por sua vez tê-la-ão provavelmente colhido na tradição familiar. Na verdade, todo mundo enganara-se, inclusive os Lins, ingênua ou deliberadamente. Os documentos da visita inquisitorial de 1593-5 indicam que os Lins eram de origem alemã (Augsburg), reduzindo-se o parentesco exaltante com o grão-duque à mera filiação em linhagem do patriciado urbano, se é que Sibaldo Lins contou a verdade ao Santo Ofício. Da Suábia, um dos seus ramos emigrara para Antuérpia no começo do século XVI, passando a Lisboa e depois a Pernambuco.

À genealogia oral não moviam apenas intenções apologéticas, como pretendia Borges da Fonseca, uma vez que ela podia excepcionalmente constituir uma antigenealogia destinada a escarnecer pretensões linhagísticas. É o caso de certa poesia satírica, composta em castelhano e relativa a episódios da guerra holandesa e na qual se ridicularizara o desempenho bélico de gente da terra. Originadas nas querelas da guerra de resistência entre os contingentes locais e as tropas vindas do Reino, essas décimas transformaram-se, na segunda metade do século XVII, em fonte a que recorria quem quer que tivesse contas nobiliárquicas a ajustar. Segundo Borges, "não há pessoa nesta capitania, das mais nobres e principais, que não conserve cópia da dita sátira, que anda muito em memória", circulando oralmente, donde as incorreções da língua castelhana com que foram reproduzidas pelo genealogista. Tais versos foram inclusive objeto de glosas, como as redigidas por Jerônimo César de Melo, genro de Fernandes Vieira, o qual identificou as pessoas citadas e os episódios versados.

O certo é que as décimas gozaram de autoridade indisputada, como indica a alegação de mestiçagem feita aos Rego Barros, imputação que resistia obstinadamente aos melhores contra-argumentos, inclusive o relativo à origem minhota de Domingos da Silveira. A antigenealogia, nascida de rixas de família e de propósitos difamatórios, produziu uma compilação atribuída a Francisco Berenguer de Andrade, cunhado de Fernandes Vieira: "um livro de ascendências dos homens nobres que viviam no seu tempo". Trabalho, aliás, destruído por um parente do autor, ato louvado por Borges da Fonseca, para quem esse gênero de investigação resultava em dano da sociedade e subversão da ordem. Tratava-se certamente de um daqueles "livros verdes" que proliferavam na península Ibérica e que se compraziam em desvendar os parentescos judaicos da nobreza, as bastardias e outras irregularidades domésticas.

Quanto à noção do caráter aristocrático da colonização duartina, ela datou igualmente da segunda metade do século XVII. Não a alegou o próprio Duarte Coelho, embora não desdenhasse citar, em abono da sua gestão, os mestres de fazer engenho e de fazer açúcar e outros artesãos que mandava buscar ao Reino, à Galiza e às Canárias. É certo que, numa das suas cartas, referiu-se a "pessoas nobres e honradas" que, juntamente com "o povo", haviam feito conselho para protestar contra certa medida do fisco régio. Mas noutro passo informava que tais indivíduos, residentes em Portugal, mandavam povoar Pernambuco por intermédio de agentes ou feitores, o que, sem eliminar a fixação de um outro fidalgo pobre (como era o mesmo cunhado do donatário, o velho Jerônimo de Albuquerque), resignado a correr a aventura da terra nova, dista consideravelmente da noção que o imaginário local se fazia da fase inaugural da Nova Lusitânia. Em vão, procurar-se-á nas fontes anteriores à ocupação holandesa e nas que a narraram, reportando-se, como Brito Freyre e Rafael de Jesus, à fundação da capitania, a alusão a uma arribada de fidalgos do Reino, quer na companhia do primeiro donatário, quer nos tempos iniciais da conquista.

Tampouco a registraram o padre Fernão Cardim ou o jesuíta anônimo que historiou a fundação do colégio de Olinda ou os cronistas como Gabriel Soares de Souza ou Vicente do Salvador; nem sequer o fez o poeta Bento Teixeira, malgrado sua adulação do terceiro donatário, a quem dedicou a *Prosopopeia*. Ao prever o futuro da Nova Lusitânia, Proteu enxerga

a opulenta Olinda florescente
chegar ao cume do supremo estado,

mas seu distrito será povoado não por fidalgos, e sim por uma "fera e belicosa gente" (versos 203-6), descrição que já não correspondia à ideia quinhentista de nobreza, que se queria cortesã e polida. Não há motivos para acreditar que a açucarocracia do período donatarial houvesse incluído numerosos nobres reconhecidos como tal no Reino, embora pretensões tais surgissem na Bahia e até em São Paulo, cuja situação de *backwater* colonial as tornava particularmente risíveis. No Pernambuco de finais de

Quinhentos, aquelas pessoas a quem a tradição genealógica viria a atribuir extração nobre não a alegaram ao se identificarem perante a mesa do Santo Ofício, embora tivessem todo interesse em fazê-lo, inclusive Felipe Cavalcanti, vale dizer, um dos colonos cuja origem ilustre constituirá artigo de fé para nossos futuros linhagistas. Bastava a tais depoentes mencionar a circunstância de pertencerem à governança da terra ou de serem filhos de pessoas associadas no Reino à gestão da sua vila ou cidade, isto é, precisamente os cargos correspondentes em Portugal à citada "camada superior do terceiro Estado".

Ademais, são raros os senhores de engenho que se declararam "fidalgo de linhagem" ou "de geração" ou "de solar"; ou mesmo "fidalgo de Sua Majestade", ou seja, os chamados "fidalgos rasos", a quem o monarca mandara matricular nos livros da Casa Real. Até onde o historiador consegue enxergar, libertando-se das lentes de aumento da genealogia local, os troncos nobres esporadicamente estabelecidos na terra eram rebentos da pequena nobreza provincial do norte de Portugal, marginalizados pelos morgadios, pela crise da economia senhorial e pela furiosa competição em torno das posições no Paço, no serviço público ou militar no Reino e no ultramar. Por outro lado, até o fim da guerra holandesa, os hábitos das Ordens militares brilharam pela ausência. O único açucarocrata pertencente à alta aristocracia do Reino foi inequivocamente d. Luís de Souza, dono do engenho Jurissaca, filho de ex-governador-geral do Brasil, primo homônimo de outro e genro de João Pais Barreto, o Velho.

A açucarocracia *ante bellum* compôs-se assim de gente de extração popular. Do próprio donatário, já se pôs em dúvida a origem nobre, vendo-se nele um soldado bem-sucedido, filho de pais obscuros; e que, ao fim da sua militância no Oriente e no Atlântico, ganhou o título de fidalgo da Casa Real, o casamento em família nobre mas empobrecida e a doação de Pernambuco. Os *Diálogos das grandezas do Brasil* pretenderão mesmo que a presença de nobres na América portuguesa teria consistido em adição tardia ao estoque primitivo de colonos, que Brandônio apresenta como gente de origem plebeia que se elevara socialmente graças à afluência adquirida na terra. A concepção segundo a qual a açucarocracia *ante bellum* procedia de troncos aristocráticos não tem mais fundamento do que a noção, igualmente gerada em outra sociedade colonial baseada no trabalho escravo, segundo a qual os fazendeiros de fumo e de algodão do "velho sul" dos Estados Unidos eram *cavaliers* ou descendentes de *cavaliers*, isto é, dos nobres ingleses que, havendo permanecido fiéis a Carlos I durante a guerra civil contra o Parlamento, se viram constrangidos pela derrota dos Stuart a tentar a sorte na Virgínia ou nas Carolinas.

Ao que parece, a primeira referência a uma nobreza de origem duartina encontra-se na certidão que em 1673 o cronista-mor do Estado do Brasil, Diogo Gomes Carneiro (por sinal o primeiro brasileiro a publicar em letra de forma), forneceu à família donatarial de Pernambuco em conexão com seu interminável litígio com a Coroa em torno da propriedade da capitania. Ao pôr em relevo o esforço colonizador do primeiro donatário, Gomes Carneiro afirmava que, na armada em que viera povoar suas terras, Duarte Coelho trouxera consigo "casais de gente nobre e muitos homens aventureiros de conhecidas gerações [isto é, linhagens], onde entraram os Cavalcanti, os Holanda, os Moura e outros muitos, cuja descendência e família se conservam ainda hoje em Pernambuco". Os exemplos que o cronista-mor do Brasil menciona são manifestamente falsos no tocante aos Cavalcanti e aos Moura, cujos troncos, segundo os linhagistas da terra, estabeleceram-se na Nova Lusitânia depois do falecimento de Duarte Coelho (1554), ao passo que a data da chegada de Arnau de Holanda é desconhecida, embora essas mesmas fontes a façam contemporânea da fundação da capitania.

Destarte, a nobreza dos colonos duartinos tornou-se, na segunda metade de Seiscentos, um dos mais glosados tópicos do imaginário senhorial. Quando, num tom de "sabe com quem está falando", a Câmara de Olinda admoestou o capitão-mor da Paraíba a não se imiscuir no conflito entre mazombos e reinóis, lembrou-lhe que "os naturais de Pernambuco trazem sua origem de nobreza mui qualificada, que vieram [sic] povoar esta terra". Pela mesma época, Gonçalves Leitão, cronista do partido olindense na guerra civil de 1710-1, assegurava que "foi esta terra em seu princípio, quando descoberta, povoada de pessoas mui qualificadas na nobreza dos seus ascendentes, de que ainda hoje há grandes famílias e donde procedem as que pelas mais partes da América [portuguesa] se espalharam, e nelas há de melhor nome".

Na obra de Rocha Pita, as origens aristocráticas de Pernambuco receberam foros de verdade histórica. Duarte Coelho, segundo afiançava, levara para a capitania "sua casa [isto é, família e serviçais], muitos parentes e famílias nobilíssimas". Era sabido que o primeiro donatário trouxera consigo a parentela da sua mulher, inclusive o irmão desta, Jerônimo de Albuquerque, fato que Gabriel Soares de Souza já registrara em 1587. Dada a condição nobre atribuída a Duarte e a d. Brites de Albuquerque (a dele, duvidosa, a dela, inegável), deduzia-se daí a fidalguia dos primeiros colonos. Aduzia Rocha Pita que, uma vez consolidada a conquista, "muitos sujeitos do Reino, de distinção e qualidades, foram em vários tempos habitar em Pernambuco", procriando "nobilíssimos descendentes, em cujo valor e generosidade consistiu depois a liberdade da pátria", vale dizer, a restauração pernambucana.

Os autores de meados de Setecentos não foram menos enfáticos. Segundo Loreto Couto, Duarte Coelho chegara do Reino "numa armada de cinco navios [...], trazendo em sua companhia a senhora d. Brites de Albuquerque, muitos fidalgos seus parentes e amigos; e outra muita e nobre gente, de que procederam muitas famílias ilustres desta capitania". Consoante Borges da Fonseca,

> é notório que Duarte Coelho trouxe em sua companhia sua mulher, d. Brites de Albuquerque, seu cunhado Jerônimo de Albuquerque [...] e muitas outras pessoas nobres que, convencidas das conveniências que lhes prometeu, o quiseram acompanhar nesta nova conquista e povoação, do que procedeu ser a de Pernambuco a mais famigerada e distinta entre todas as do Brasil.

Nem sequer a demolição rancorosa a que procedeu Fernandes Gama do que fosse português no passado da província atingiu o mito do caráter aristocrático da colonização duartina. De entrada, ele adverte contra a confusão entre "os ilustres e virtuosos fidalgos, povoadores de Pernambuco"; e a massa de reinóis que posteriormente imigrou, "escória da nação, cuja maior parte era derramada pelo Brasil em consequência dos seus vícios". O autor imaginava a transplantação dos fidalgos em três levas sucessivas. A primeira, vinda com o donatário, compunha-se de "vários nobres cavaleiros"; a segunda instalara-se no decurso do seu governo, pois, graças à sua sábia gestão, Duarte Coelho tivera "a felicidade de ver afluir o número considerável de famílias nobres que povoaram Pernambuco"; a terceira aportara na companhia do segundo donatário, que também trouxera de Portugal "várias famílias nobres". Posteriormente, no início do século XVII, enquanto "os descendentes dos companheiros de Duarte Coelho, tendo afugentado os índios, conservavam ainda intactas todas as virtudes dos seus pais", arribara, "por desgraça nossa", uma vaga de colonos plebeus que enriqueceram na terra, explorando-a e tiranizando-a. A estes, imputa Fernandes Gama a corrupção generalizada que teria precedido a ocupação holandesa. Tal idealização dos colonos duartinos soa tanto mais desinteressada quanto o próprio historiador declara descender de tronco radicado em Pernambuco por volta de 1618.

A Coroa virá a reconhecer a existência da nobreza da terra mediante o regimento que concedeu à Câmara de Olinda (1730). Por ele, reservaram-se seus ofícios às pessoas "limpas de sangue e de geração verdadeira, nobres, infanções, fidalgos da Casa Real e descendentes dos conquistadores e povoadores da terra, que ocuparam cargos civis e militares e os perpetuaram nas suas famílias". A nobreza da terra abrangia, portanto, duas categorias principais: os colonos que desfrutavam de qualidade nobre no Reino e os moradores procedentes dos troncos primitivos, desde que socialmente depurados pelo exercício dos cargos honrados da república.

Numa ampla faixa, ambos os critérios coincidiam. Os descendentes de um colono, mesmo de extração plebeia mas estabelecido anteriormente à ocupação holandesa, podiam ingressar na nobreza da terra, seja por ato da Coroa mediante a concessão do foro de fidalgo da Casa Real ou de hábito das ordens militares em recompensa de serviços prestados durante a guerra; seja pelo exercício dos cargos honrados da república; seja, enfim, pelos dois motivos. Contudo, se os primeiros casos eram excepcionais e os segundos, frequentes, a verdade é que, tomados separadamente, cada um deles bastava para justificar o acesso do indivíduo à nobreza da terra, desde que, por trás desses princípios, atuasse, ao menos inicialmente, a fortuna familiar e a posse de cabedais capazes de legitimar sua ascensão às posições de prestígio locais. Quem, mesmo tendo por ancestral um fidalgo reinol ou um povoador da Nova Lusitânia, não houvesse logrado enraizar-se em engenho de açúcar ou em alto cargo de nomeação régia, tendia a ser excluído da memória genealógica. No final das contas, família nobre e açucarocracia eram, pela maior parte, a mesma coisa.

O que não significa que os "homens da governação",

aqueles que, fazendo parte do colégio eleitoral, cooptavam-se nos cargos municipais, fossem todos egressos da açucarocracia. Nem podiam sê-lo à proporção que se consumou, especialmente a partir do período batavo, a ruralização da família senhorial. Se na mata pernambucana esse processo redundou na fundação de novas câmaras e de novos quadros municipais, por outro ela desestimulou, em particular no tocante à mais importante delas, a Câmara de Olinda, o gosto pelo arremedo de vida pública que elas podiam oferecer aos senhores de engenho. Nem sempre eles se podiam dar ao luxo de abandonar a gestão dos seus engenhos ou desejavam viver em Olinda pelo prazo anual de exercício da sua função. Destarte, um estrato urbano médio reforçou sua participação nos mecanismos de decisão municipal, como aquele que se pressente ao percorrer os róis do donativo para o casamento de d. Catarina de Bragança.

Já não se dispondo das atas da Câmara de Olinda para esse período, é impossível confirmar estatisticamente tal tendência, mas o que se passava a poucos metros de lá, ou seja, na Santa Casa da Misericórdia, é altamente sugestivo. Ao tempo do governo de Castro e Caldas (1707-1), a Misericórdia, instituição açucarocrática que proporcionava a seus membros uma fonte de financiamento alternativo e mais atraente quando comparada aos empréstimos oferecidos pelos mercadores do Recife (razão pela qual o patrimônio da Santa Casa achava-se então gravemente onerado), era governada no dia a dia por uma mesa que, na ausência dos irmãos laicos de primeira condição, que se deixavam ficar pelos seus engenhos, se compunha quase exclusivamente de membros do numeroso e turbulento clero secular do bispado. Outro não deve ter sido o significado da representação da Câmara de Olinda ao governador d. Manuel Rolim de Moura (1725) contra a prática de não se escolherem pessoas nobres e capazes para dirigir a Santa Casa.

Os critérios definidos pela Coroa no regimento da Câmara de Olinda são os mesmos que subjazem à seleção das linhagens operada pela *Nobiliarquia pernambucana*, que Borges da Fonseca compilou em meados do século XVIII e confiou à guarda do mosteiro de São Bento. Obra que passou a gozar de autoridade jurídica, a ponto de se requererem ao dom abade a expedição de certidões de fidalguia e de se arrancarem ou substituírem folhas do original. A primeira categoria selecionada pelo linhagista compreendia a progênie dos companheiros de Duarte Coelho, que se viam destarte automaticamente nobilitados, mesmo quando não se dispunha de informação corroboradora. Em seguida, achavam-se os rebentos da "gente honrada e principal" desta ou daquela vila do Reino, de homem tido na conta de "muito nobre". Minoritários eram os filhos da nobreza de toga, agregando-se-lhes alguns estrangeiros acorridos a Portugal.

O problema era que aos linhagistas não se apresentavam uniformemente sólidas as ascendências invocadas. No tocante à nobreza da Corte, eles se mostravam seguros mercê dos nobiliários dos séculos XVII e XVIII. A coisa mudava de figura quando se tratava de nobreza provincial, de verificação duvidosa, para a qual Borges da Fonseca recorria ao que chama de "memórias antigas" e às crônicas do período holandês que, de raspão, esclareciam a condição social de muitos colonos luso-brasileiros. Alternativamente, aceitavam-se as alegações da genealogia oral e da tradição doméstica, que acriticamente endossadas pelos primeiros genealogistas da terra, tampouco, como mencionado, foram refugadas de todo por Borges. Em vista dessas dificuldades de averiguação, eram as famílias de origem estrangeira que se prestavam à manipulação linhagística destinada a engambelar mazombos ingênuos e desinformados, equiparando à nobreza da terra aventureiros plebeus e soldados de fortuna.

Aludiu-se ao caso dos Lins. Em face das suspeitas

locais, as famílias tomavam suas precauções. Foi o que fizeram os Cavalcanti e os Van der Ley. Em 1683, os Cavalcanti obtiveram em Florença uma cópia de certidão, datada de 1559, declaratória da nobreza de Felipe Cavalcanti e assinada pelo grão-duque da Toscana. Transcreveram-na com fanfarra Borges da Fonseca e Jaboatão, mas, a despeito de terem-na na conta de documento irretorquível, houve quem a impugnasse com o argumento de que Cosme de Médici não iria emiti-la em favor de indivíduo que, havendo participado da conjura de Pandolfo Pucci para derrubá-lo, refugiara-se em Lisboa e posteriormente no Brasil. Na verdade, como indicou Sérgio Buarque de Holanda, a conspiração datara de 1576, quando havia muito Felipe Cavalcanti já se fixara entre nós, o que confirmaria a autenticidade do documento original. Quanto a Gaspar van der Ley, seus filhos obtiveram em 1668 um atestado de Nassau, que então governava Kleve em nome do Grande Eleitor de Brandemburgo, atestado de cuja veracidade também se duvidou. De maneira geral, porém, as alegações de ambas as famílias foram aceitas pela gente da terra. Somente nos anos 1840, ao tempo da agitação praieira, é que a irreverência do padre Lopes Gama ousará pôr em causa a fidalguia dos Cavalcanti e dos Van der Ley, numa verrina tingida, aliás, de sectarismo político.

A nobreza atribuída à segunda categoria de colonos decorria, como ficou dito, da antiguidade na capitania, aferida pela sua presença durante o período *ante bellum*. A vários troncos, chegados na segunda metade de Quinhentos e no primeiro terço de Seiscentos, Borges da Fonseca não imputava categoricamente condição fidalga, limitando-se a mencionar o se haverem transplantado "antes dos holandeses", "antes da entrada dos holandeses", "muito antes da invasão dos holandeses", "muito antes de o holandês vir a Pernambuco", ou "antes da guerra dos holandeses". Na grande maioria dos casos, Borges ignorava praticamente tudo sobre a origem social e a ascendência desses povoadores, conhecendo-lhes apenas, na melhor das hipóteses, a naturalidade. Essa camada de colonos era objeto também de outra distinção entre as famílias "antigas" e "modernas", distinção que Borges formulou com base na tradição genealógica que datava do período *ante bellum* tudo o que indicasse ancianidade.

A qualificação de "antigas" procedia quer da escassez de informações genealógicas, quer do sistema de estima social dominante. De certos troncos, graças às raras fontes notariais que haviam escapado ao incêndio de Olinda (1631), podia-se datar a fixação em Pernambuco, o que, contudo, não era o caso da maioria. A esta, a invasão holandesa oferecia um cômodo ponto de referência cronológica, na medida em que as crônicas da guerra continham menções a seu respeito ou a respeito de descendentes seus. Assim, a classificação de "antigas" aplicava-se a todos os troncos transplantados antes de 1630 e não apenas aos colonizadores propriamente duartinos, o que dava lugar à diferenciação secundária entre os povoadores do tempo de Duarte Coelho e os que haviam aportado posteriormente. À categoria de "antigas" contrapunham-se as linhagens "modernas", cujos fundadores haviam se domiciliado depois da ocupação neerlandesa, embora sob esse aspecto a colheita se revelasse vasqueira, pois Borges da Fonseca incluiu tão somente três ou quatro famílias. Entre ambas, existiam ainda os descendentes dos que tinham se estabelecido ao tempo da guerra, que o genealogista absteve-se de etiquetar.

O nativismo nobiliárquico tendeu a reforçar o critério de antiguidade na capitania em detrimento do de nobreza reinol, de modo que antes se estimava o descender-se de colono duartino, de oficial da guerra holandesa, de membro da Câmara de Olinda ou de provedor da Misericórdia do que de morgado minhoto ou de fidalgo da Casa Real. É que, no final das contas, a despeito de serem poucos, já havia no século XVIII negociantes enobrecidos pela Coroa, de forma a incentivar a prática e os valores da mercancia. Destarte, a nobreza da terra será levada a frisar sua própria antiguidade, que faria dela algo bem diverso de uma camada de reinóis enriquecidos, que ela aliás acusava de ingratidão para com a capitania que os acolhera e em que prosperavam, ao fazerem garbo da sua origem lusitana.

Além da invocação do papel desempenhado no povoamento e na conquista de Pernambuco e na vitória sobre os holandeses, a nobreza da terra autoconferiu-se também a glória de possuir sangue indígena. Frei Caneca datava da lei pombalina sobre a liberdade dos índios (1755) a moda de se alegar tal ascendência. Com efeito, Borges da Fonseca citara o alvará régio para asseverar que "nada tem de impura a qualidade dos índios do país", sendo notória a existência de muitas famílias "autorizadas" e "algumas de ilustríssima ascendência que tiveram alianças da terra". E ao enviar sua obra ao marquês de Pombal, ocasião em que lhe recorda sua ascendência pernambucana pelo costado materno, Loreto Couto procede à reabilitação do gentio da terra, rebatendo demoradamente as calúnias que pesavam sobre ele, devido às opiniões etnocêntricas do "vulgo da nossa nação portuguesa". No século XIX, Abreu e Lima assegurará, aliás, ter sido a ascendência indígena de Pombal o verdadeiro motivo pelo qual, não se contentando em dar liberdade aos índios, os isentara de qualquer estigma, da mesma maneira pela qual no Reino se imputará a lei pombalina que aboliu a distinção entre cristãos-velhos e novos à ascendência sefardita do marquês.

Descender dos antigos senhores do Brasil servia de legitimação adicional da nobreza da terra na sua contenda com os reinóis, não só ignóbeis como lusitanamente castiços, e, por conseguinte, sempre prontos a assacarem contra as grandes famílias sua condição de mestiças e a reivindicarem sua branquidade. A história de Jerônimo de Albuquerque e de d. Maria do Espírito Santo, filha do cacique Arcoverde, funcionou no duplo papel de mito fundador de Pernambuco e de mito integrador da nobreza da terra. Mito fundador, na medida em que se fez dos seus descendentes a estirpe povoadora por excelência, ao passo que a linhagem donatarial estava impedida de aspirar ao título devido a seu absenteísmo e sua extinção já na segunda metade do século XVII. Mito integrador, ao criar a noção de uma descendência comum que reforçava a coesão das famílias principais, tanto horizontalmente, no sentido interclânico, como verticalmente, entre ricos e pobres. Mercê da prole numerosa do fidalgote português e da índia tabajara, prole cuja posição começara a deteriorar-se ainda no período *ante bellum*, e mercê também do seu intenso cruzamento com os colonos fixados na capitania, inclusive cristãos-novos e mascates bem-sucedidos, todo mundo ou quase todo mundo podia vangloriar-se de descender do "Adão pernambucano", todos ou quase todos os mazombos podiam-se reputar nobres ou se tratarem por parentes.

Numa das suas melhores páginas entre as que dedicou à Revolução praieira, Nabuco referiu-se à "democracia de fidalgos" que, a seu ver, constituiria o Pernambuco oitocentista. Uma democracia de fidalgos, pode-se aduzir, arruinados pelo longo período de estagnação e declínio da economia açucareira e pelo crescimento demográfico, seguramente mais pujante na família açucarocrática do que nas demais, o que condenava seus filhos a procurarem em outras atividades a sobrevivência socioeconômica que lhes regateava a capitania e depois província. Nos anos 1830, o padre Lopes Gama, filho de um médico lusitano, observava que "muitos que se apavonam de nobres são uns desgraçados pobretões, alguns até pouco distam de mendigos, muitos receberam a mais desleixada e grosseira educação", o que, seja dito de passagem, se poderia afirmar também de muito aristocrata europeu da época.

Em finais de Quinhentos, Bento Teixeira cantara a progênie do "branco cisne venerando", de "Jerônimo sublime de Albuquerque", de quem,

*como de tronco florescente
nascerão muitos ramos que esperança
prometerão a todos geralmente
de nos berços do sol pregar a lança.*
(versos 265-8)

O imaginário local transformará os mamelucos bastardos tidos por Jerônimo em d. Maria do Espírito Santo (e não os brancarrões legítimos havidos na sua mulher lusitana, d. Felipa de Melo) nos filhos diletos do povoador. A preferência era explicada em termos da veneração que Jerônimo votara à memória da índia, a quem devera a vida e a conquista de Pernambuco, sem falar em que eles haviam sido também seus primeiros rebentos, engendrados ademais numa "princesa da sua terra", pois filha de morubixaba. Traçando o perfil de um desses Albuquerque, acentuava Jaboatão tratar-se de bisneto de d. Maria do Espírito Santo, "princesa dos tabajaras, gentio do mais alto e principal de Pernambuco", enobrecendo assim a própria tribo como se fosse a aristocracia da indiada. A paixão nobiliárquica chegou, aliás, ao ponto de sustentar que Jerônimo não casara com d. Felipa de Melo e que, por conseguinte, os filhos da portuguesa é que seriam os verdadeiros bastardos, não os nascidos da união com a índia, que viriam a ser legitimados pela Coroa.

Redigida no terceiro quartel do século XVIII, a obra de Borges da Fonseca representa a culminação de prática genealógica mais que secular, embora infletida na direção "científica" dos métodos que começavam a vingar na investigação nobiliárquica do Reino. As genealogias dos genealogistas são sempre relevantes para compreender seu interesse por tão monótona e trabalhosa atividade. Pelo lado paterno, Borges descendia da obscura e prolífica pequena nobreza de província. Seu pai era oriundo da Beira Alta e, havendo militado na guerra de sucessão da Espanha (1704-13), vira-se premiado com a patente de mestre de campo do terço da infantaria de Olinda quando, à raiz da guerra dos mascates, a Coroa tratou de reforçar sua autoridade. A serviço da repressão régia, o velho Borges seguramente não decepcionou, haja vista o elogio que lhe fizeram os recifenses, ao recomendá-lo como "sujeito benemérito pela sua boa índole e capacidade de maiores cargos", os quais veio a exercer, inclusive como governador da Paraíba. Pelo lado materno, o genealogista, recifense de nascimento, tinha raízes pernambucanas. Sua carreira militar foi toda local (exceto pela participação em socorro enviado à Colônia do Sacramento em 1736), alcançando os postos de sargento-mor, tenente-coronel e governador do Ceará durante dezessete anos. Aparentado pelo casamento à burguesia reinol, foi familiar do Santo Ofício (aspiração antes de mercador do Recife do que de pró-homem rural), cavaleiro da Ordem de Cristo, escrivão da Misericórdia de Olinda e alcaide-mor de Goiana.

Os métodos científicos de que ele se jactava aprendera--os nos grandes genealogistas espanhóis e portugueses da época. Tais métodos visavam depurar a investigação linhagística da ganga das falsificações, graças a um esforço abrangente nos arquivos da terra, inclusive os notariais, superior ao de Jaboatão e, de muito, ao de Loreto Couto. Borges da Fonseca propunha-se substituir os contos de "tia velha" ou de "genealógicos de orelha" pela reconstituição precisa da sucessão biológica, repudiando, por um lado, a utilização apócrifa, e, por outro, a genealogia maledicente, embora conhecesse maior êxito sob o segundo que sob o primeiro aspecto. É bem revelador seu silêncio sistemático acerca das numerosas conexões marranas das famílias locais, numa atitude ilustrada que convinha a um contemporâneo do marquês de Pombal. Apenas no tocante a dois indivíduos permitiu-se aludir pudicamente ao assunto, saindo aliás em defesa de ambos contra os "malévolos e faltos de critério".

Consoante essa discrição cúmplice de linhagista "responsável", Borges da Fonseca não demonstrou interesse nem pelas irregularidades domésticas nem pelas uniões mistas, salvo, e também como contemporâneo ilustrado de Pombal, no tocante à aliança de troncos reinóis com mulheres indígenas. Obviamente, o racionalismo de métodos não poderia excluir o elemento ideológico inerente ao gênero nobiliárquico. Ele mesmo confessa sua motivação nostálgica de salvar mediante o registro escrito todo um grupo social por cuja sorte teme. Não escrevia "por lisonja" nem para afagar a vaidade das famílias da capitania, mas "por servir à pátria" (pátria, na acepção do Antigo Regime, de terra de que se é natural), "compadecido do esquecimento em que a decadência dos engenhos em que consiste a opulência do Brasil vai arruinando as casas principais". No decurso das suas pesquisas, ele convencera-se, aliás, de ser a nobreza de Pernambuco (termo que parece preferir ao de nobreza da terra, desgastado pela sua exclusão dos mercadores reinóis nobilitados pela Coroa) "a mais famigerada e distinta, entre todas as do Brasil".

Filho do seu século, o nativismo oitocentista renegou a nobiliarquia. Fê-lo não só o nativismo radical de frei Caneca, mas também o de cariz moderado, triunfante desde o 7 de abril, nos artigos do padre Lopes Gama. Frei Caneca tratou de liquidar as aspirações à dominação política que se baseassem no espírito clânico e na goga linhagística, investindo contra a "pueril vaidade" das grandes famílias. Noutros momentos de aguda confrontação partidária como os anos 1840, Lopes Gama pôs em dúvida a origem aristocrática dos Cavalcanti, Albuquerque e Van der Ley, lembrando a ligação "desonesta" de Jerônimo de Albuquerque com a índia Arcoverde. As pretensões nobiliárquicas começavam a não ser levadas muito a sério, segundo a noção, sustentada inclusive por frei Caneca, de acordo com a qual, não tendo o Brasil conhecido uma sociedade de ordens à maneira europeia, seu arremedo de nobreza não constituía uma aristocracia de sangue nem formava corpo institucional cuja existência fosse juridicamente reconhecida. Aos olhos do grande carmelita, os fumos açucarocráticos pareciam tão infantis quanto a preferência dos cônegos sobre os párocos ou a da confraria do Sacramento sobre a de São José da Penha.

9
Atribulações do marquês de Montebelo*

Em meados do século XVIII, d. Domingos do Loreto Couto compilava uma relação dos governadores de Pernambuco, registrando, à maneira de julgamento histórico, a recordação que ficara de cada um deles na terra e que o frade cronista terá ouvido às pessoas mais velhas e noticiosas. A respeito do 11º da lista, João da Cunha Souto Maior, fidalgo da Casa de Sua Majestade e comendador de São Mamede de Trovisco, ele averbou as seguintes linhas: "as sem-razões com que governou o fizeram entre os súditos tão mal opinado que até as virtudes lhe notaram [de] vícios".

A gestão de João da Cunha coincidiu com uma epidemia, o primeiro surto conhecido de febre amarela no Brasil. Em novembro de 1685, ela desembarcou no Recife de um navio francês, o *Oriflamme*, procedente de São Tomé, vitimando sobretudo a população branca dos núcleos urbanos. O mal, informa um cronista anônimo, dera "com tanta força e rigor que a ninguém ficou que perdoasse e despovoasse a maior parte das casas e famílias", prosseguindo por vários anos de forma endêmica e fazendo "tanto estrago em todas estas partes que as pôs quase no princípio do seu primeiro povoamento". O Recife, particularmente afetado, perdeu um quinto dos habitantes. O triênio de João da

---

* Capítulo 11 de *A fronda dos mazombos: Nobres contra mascates, Pernambuco, 1666-1715*. 3. ed. São Paulo: Ed. 34, 2012.

Cunha coincidiu também com os mais baixos preços para o açúcar brasileiro em todo o período colonial, inferiores inclusive aos dos decênios críticos de 1620 e 1730; e com o levante dos tapuias do Açu no Rio Grande do Norte, que deu início à longa e cruel "guerra dos bárbaros". Não faltaram tampouco as costumeiras excursões dos quilombolas dos Palmares pelos distritos da mata, e nem sequer os ataques de piratas que desciam em portos remotos para fazer aguada, apresando as embarcações de cabotagem do Recife, carregadas de açúcar, sal ou pescado.

A acreditar-se, porém, num autor coevo, a praga mais atroz que se abatera sobre Pernambuco fora a violência, inclusive a violência dos poderosos. Legado dos anos de guerra e de desorganização socioeconômica da capitania, a criminalidade atingiu seu paroxismo nos anos 1680. O panegirista do governador Câmara Coutinho exagerou seguramente a eficácia das medidas tomadas para coibi--la; e, contudo, o quadro que pintou da administração de João da Cunha é corroborado por outras fontes da época. João da Cunha deixara a terra em "estado miserável",

> tão cheia de calamidades, tão abundante de soberbas e violentas mortes, com desaforo, à espingarda, adonde se não conhecia El Rei mais que pelo nome, vivendo cada um à eleição da sua vontade, sem haver quem desse castigo aos malefícios nem repreendesse violências, as quais se continuavam com soltura por falta de governo.

Ainda segundo Gregório Varela de Berredo Pereira, "a primeira coisa que faziam os que intentavam mandar matar era primeiro procurar o dinheiro para salário das devassas que se tiravam, que muitas ficavam no esquecimento do tempo", a ponto de os malfeitores passearem impunemente pelo Recife, "fazendo séquitos de espingardas, metendo terror e assoberbando aqueles que os não tinham ou, por temerosos do Rei e da consciência, os não queriam fazer". Nas próprias Câmaras, serviam criminosos, pois "a tudo se dava passagem, ostentando-se alguns na opinião de régulos".

O cronista, que conheceu por dentro o que se passava no palácio do governo, onde serviu como ajudante de ordens e oficial da guarda, refere os excessos que ali se cometiam, embora pessoalmente João da Cunha fosse "homem tão honrado e soldado de tão grande nome". É que os desmandos procediam do rebento, Paulo da Cunha, que trouxera consigo para Pernambuco, pois "o amor do pai não dava lugar a corrigir os desenfreados apetites do filho, porque de quase todos não era sabedor [...] porque tudo se lhe encobria; e de alguns que sabia os dissimulava [...] e desta sorte, um por velho se perdeu de todo e outro por moço se arruinou". Paulo da Cunha vivia cercado de indivíduos duvidosos, entre os quais se destacava certo padre carioca, degredado pelo seu bispo para Angola e refugiado no Recife. A tais influências sucumbira o governador, que "todos faziam o que queriam e ele queria o que queriam todos".

O conflito com o ouvidor, o dr. Dionísio de Ávila Vareiro, não se fez esperar. Em decorrência da epidemia que atingira muita gente de cabedal da praça, a provedoria dos defuntos e ausentes detinha recursos da ordem de 100 mil cruzados, o que a tornava especialmente cobiçada. João da Cunha substituiu o tesoureiro por um criado seu, que, induzido por Paulo da Cunha, praticou várias fraudes. De praxe, o ouvidor exercia também o cargo de provedor, o que fez até a criação do de juiz de fora (1701), motivo pelo qual intimou o acusado a explicar-se. Sendo também beneficiário de tais irregularidades, segundo alegava o magistrado, o governador tomou a mal a citação, prendendo o meirinho que a executara e suspendendo o escrivão da provedoria, que corria com a contabilidade. A essa altura, já o ouvidor, "obrigado das insolências e desacatos" à sua jurisdição, homiziara-se no mosteiro de

São Bento de Olinda, onde tinha um parente frade. A ele foi se juntar o escrivão.

João da Cunha contava com o apoio da oligarquia municipal, que tinha contas a ajustar com os beneditinos. A pedido da Câmara de Olinda, ele mandou cercar o convento pela tropa para prender o escrivão. Mas como este tivesse entregado os livros de conta ao ouvidor, suspendeu-o da provedoria. O magistrado capitulou, pois já os funcionários da justiça não lhe obedeciam e a corriola de Paulo da Cunha movia-lhe uma campanha de desmoralização, fazendo circular pasquins e sátiras contra sua pessoa. Ávila Vareiro fugiu para a Bahia na companhia do escrivão, que era seu aparentado, como o meirinho havia sido seu criado, pois o clientelismo dos magistrados nada ficava a dever ao dos governadores e ao dos bispos. João da Cunha achou-se, portanto, com as mãos livres. Na ausência de ouvidor, a repartição estava sob a responsabilidade do juiz ordinário da Câmara, o mesmo que depusera o Xumbergas vinte anos antes e de quem se dizia que, desafeto de Ávila Vareiro, fomentara toda a discórdia para assumir a ouvidoria e embolsar os emolumentos. Para escrivão da provedoria, João da Cunha nomeou um dos pró-homens, seu parente ou que passava por tal. De Salvador, o governador-geral, marquês das Minas, interveio para advertir o governador.

Em Lisboa, já se conheciam outras tropelias, como a perseguição a um velho capitão de infantaria que defendera a filha do assédio de Paulo da Cunha; ou o caso do piloto obrigado a embarcar-se à força em navio que João da Cunha fretara para Viana do Lima, mas que caiu em poder do corso barbaresco. Havia também as acusações do provedor da fazenda real em Itamaracá, que fugira para o Reino reclamando das intromissões governamentais. A Coroa apoiou Ávila Vareiro, embora permitisse que João da Cunha concluísse o triênio. Ao novo ouvidor, foi passada ordem para apurar as contas da provedoria dos defuntos e ausentes, readmitir os funcionários destituídos e recambiar Paulo da Cunha para a metrópole. A "residência" de Ávila Vareiro (ou seja, a sindicância que se tornara pro forma a que eram submetidos os funcionários da Coroa ao encerrarem suas funções) foi confiada ao desembargador da Relação da Bahia; e sua judicatura, reabilitada com a nomeação para o tribunal de Salvador. Das sátiras com que o haviam escarnecido em Pernambuco, ter-se-á dado por bem pago pelo poema laudatório que lhe dedicou outra língua ferina, a de Gregório de Matos. Quanto a João da Cunha, sofreria, como ocorrera a alguns dos seus antecessores, o vexame e o prejuízo do sequestro dos seus bens para ressarcimento dos danos à fazenda real e a terceiros.

O governador tivera também de haver-se com as alterações de Penedo, que dizia instigadas pelo ouvidor. Disputas entre a Câmara da vila e o capitão-mor do distrito levaram à invasão da cadeia, soltando-se os presos, alguns deles réus de crimes de morte. João da Cunha despachou uma tropa para recapturá-los, a qual praticou excessos tais que sobreveio um novo motim, que a obrigou a retirar-se. As autoridades locais apelaram ao governador-geral, marquês das Minas, que lhes ordenou não acatarem ordens vindas de Pernambuco, ao passo que recomendava a João da Cunha não castigar os levantados, "porque poderá ser mais perigosa a desesperação do que foi justificada a queixa". O conselho funcionou, pois João da Cunha recorreu ao expediente que restava nesses casos de impotência governamental, perdoando os moradores do Penedo para que se recolhessem às suas casas e terras sem temor de punição, salvo os cabeças, que responderiam na justiça.

O governador-geral, d. Matias da Cunha, congratulou o novo governador, Fernão Cabral, senhor de Azurara, alcaide de Belmonte e descendente do descobridor do Brasil, fazendo notar que Cabral, desembarcando no dia de são

João (1688), assumira no de são Pedro, signo evidente de êxito futuro. Contudo, poucos meses depois faleciam de febre amarela o governador e o filho que o acompanhara. Dada a inexistência de regra sucessória, Cabral designara para substituí-lo uma junta composta do bispo que, com a criação da diocese de Olinda (1676), passara a integrar o sistema de poder local; do mestre de campo mais antigo; e do primeiro juiz ordinário da Câmara de Olinda, segundo a fórmula improvisada na Bahia pelo governador-geral Afonso Furtado, ao se achar também com o pé na cova. Mas a Câmara de Olinda recusou-se a aceitar a designação, "por dizer lhe tocava este governo nas vacantes por ser regalia sua [e] fez eleição do bispo, excluindo aos mais". Quando da deposição de Mendonça Furtado em 1666, a capitania fora entregue a uma junta composta pelos mestres de campo da guarnição e pelo juiz mais velho, que funcionava como presidente da Câmara. Anos depois, por ocasião do desaparecimento do governador Fernão de Souza Coutinho, seguira-se o precedente, o que dera margem a discórdias. Em 1688, a solução acordada depois de dias de impasse parecia uma vitória para os que sustentavam o direito da municipalidade a decidir o assunto.

Na realidade, o que acontecerá na época da enfermidade do marquês de Montebelo fortalece a suspeita de que a pretensão camerária encontrara fortes resistências e de que o prelado só foi aceito em vista da impossibilidade de vencê-las. O governador-geral, d. Matias da Cunha, confirmou a indicação do bispo d. Matias de Figueiredo e Melo, mas criticou a Câmara de Olinda por não haver recorrido a Salvador, o que teria acarretado o interregno de algumas semanas, no decurso do qual a capitania ficaria acéfala. Embora d. Matias pensasse que a fórmula de Afonso Furtado só se aplicava à Bahia, não havia alternativa à junta de autoridades civis, militares e eclesiásticas, a menos que se quisesse entregar o poder à Câmara. Aliás, quando o episódio foi conhecido em Lisboa, o Conselho Ultramarino instou por decisão régia que fixasse as vias sucessórias no Brasil, como existia para a Índia. El Rei, contudo, nada decidirá até as vésperas das alterações de 1710-1, visando talvez não ofender frontalmente os brios da municipalidade.

Ao cabo da interinidade do bispo, o estado da terra continuava o mesmo do tempo de João da Cunha, embora não faltasse energia a d. Matias de Figueiredo e Melo, como indica sua atitude para com os jesuítas, culpados de acoitarem certo pró-homem que havia desafiado a proibição governamental de entrar armado em Olinda. Tendo o reitor do Colégio se recusado a entregá-lo, o prelado mandou cercar o edifício, retirando-o à força e prendendo os inacianos que haviam resistido à sua ordem. Da Bahia, o padre Antônio Vieira, visitador-geral do Brasil e Maranhão, teve de despachar o padre João Antônio Andreoni, o Antonil da *Cultura e opulência do Brasil*, com a incumbência de achar uma saída diplomática para a crise, que desse toda a satisfação a d. Matias.

Circunstância excepcionalíssima, Antônio Luís Gonçalves da Câmara Coutinho foi designado governador por d. Pedro II "sem consulta nem decreto", ao arrepio da praxe de selecioná-los em lista tríplice submetida pelo Conselho Ultramarino. Que o fato, justificável pela urgência de se enviar sucessor, inspirou-se também no régio desejo de pôr termo à instabilidade pernambucana através de medidas drásticas contra os homens principais é o que indica a nomeação simultânea de desembargador sindicante encarregado de investigar uma série de delitos impunes, desde a deposição do Xumbergas até as malfeitorias recentes de alguns poderosos. A missão foi confiada ao desembargador da Relação da Bahia, o dr. Melchior Ramires de Carvalho, a quem se transmitiram papéis e instruções, expedidos não pelo Desembargo do Paço, como seria a norma, mas pelo próprio secretário do monarca, como a significar que se tratava de assunto a que Sua Majestade atribuía grande importância.

É também revelador que El Rei tenha escolhido alguém que, como Câmara Coutinho, era alta personalidade da Corte, onde exercia o cargo de almotacé-mor do Reino, função palatina de caráter honorífico e por isso mesmo prestigiosa — condição que o recomendava para Pernambuco. Como observará seu panegirista, "por esta terra se não for a pessoa do governador de muito respeito e grande qualidade não fora muito respeitado, que parece estar o sangue esclarecido [isto é, ilustre] dominando o temor do súdito". Dizendo só buscar "o sossego dos pequenos e o respeito dos grandes", Câmara Coutinho atuou com rigor inédito por aquelas bandas, tomando providências a que, como cortesão, soube conferir o cunho cenográfico que impressionasse a imaginação colonial. Foi este o caso dos três tratos de polé que mandou dar a certo rábula que se referira depreciativamente ao desembargador sindicante e aos ministros da Coroa e cujo nome o cronista não registra, mas que se pode supor ter sido David de Albuquerque Saraiva, o inquieto causídico de Olinda que até as alterações de 1710-1 assessorou os homens da governança.

Na presença de grande quantidade de gente e da tropa que marchava ao som de caixas, o bispo e seu cabido, a Câmara de Olinda, os priores dos conventos, a irmandade da Misericórdia, enfim, toda a gente que contava em Olinda, foram incorporados interceder pelo dr. David. Câmara Coutinho manteve-se inabalável, mas cedeu finalmente aos rogos do próprio dr. Ramires de Carvalho, o grande ofendido, que se veio prostrar aos seus pés, ao mesmo tempo que d. Matias de Figueiredo dava-lhe a beijar o crucifixo. "Foi ação esta que deu grandíssimo terror a toda a terra", comenta o autor do panegírico. O régulo que mandava matar impunemente ou que desatendia a exigência de fornecer seus escravos para o reparo das fortalezas, os prepotentes que se apropriavam dos escravos dos moradores pobres, todos passaram a temer a mão de ferro do governador.

Tampouco a Câmara de Olinda foi poupada, uma vez que Câmara Coutinho tratou não só de tomar-lhe as contas como de reduzir suas ambições protocolares, substituindo as cadeiras de espaldar em que os vereadores se sentavam durante as cerimônias por meros bancos de encosto. Ademais, no objetivo todo pedagógico de imprimir na rudeza dos colonos a imagem da verdadeira ordem do mundo, o almotacé-mor timbrava em assistir às cerimônias religiosas "com toda soberania e pompa, com dois ou três ajudantes ao lado, de pé [...] e abaixo dele os mestres de campo, sargentos-mores e capitães e, do outro lado, os oficiais da Câmara; defronte o desembargador sindicante e abaixo do senhor governador o ouvidor-geral".

A tais exibições de autoridade juntavam-se manifestações igualmente espetaculosas de limpeza de mãos, magnanimidade e espírito cristão. Era costume enraizado o de adquirir, mediante presentes, a benevolência e as boas graças das autoridades régias. Brito Freyre reagira contra a prática, mandando entregar à fazenda real os fechos e caixas de açúcar com que se mimoseavam os governadores em ocasiões como a Páscoa, ainda festejada como o início do novo ano; e a João Fernandes Vieira e a André Vidal de Negreiros, mandara restituir as dádivas com que o tinham cumulado, importando em vários mil cruzados. Câmara Coutinho extremou-se nesse particular, recusando até mesmo os doces regalados pelo provincial da Companhia de Jesus ou ordenando a um criado seu a devolução de "uns cachos de uvas e outras frutas" que lhe enviara um amigo.

Entre outras qualidades, creditava-se-lhe a de ouvir paciente e interminavelmente as queixas das partes; e "com tanta severidade e brandura, que nunca se ouve da sua boca palavra áspera ou descomposta nem ainda ao mais pequeno negro". Distinguiu os pró-homens da terra acompanhando-os ao fim das audiências até o topo da escada principal de palácio, "cerimônias estas que fazem aos governadores ser amados dos povos e nem por isso falta com o castigo a quem o merece". Aos necessitados, fazia frequentes donativos e esmolas, "dando de comer a quantos pobres havia, que eram muitos os que, todos os dias, se juntavam à porta da cozinha, que mais parecia portaria de convento que não casa de palácio". Do seu bolso, pagava capelão que dizia missa e ministrava os sacramentos aos presos, a quem proporcionava também cuidados médicos. Pela Semana Santa, à maneira d'El Rei em Lisboa, foi lavar os pés dos humildes na nave da sé, demonstrando "tanta devoção e humildade que houve em todo o povo copioso mar de lágrimas, correndo dos olhos do dito senhor outras tantas".

Ao cabo de um ano, designado governador-geral, Câmara Coutinho passou o governo de Pernambuco. Sua popularidade, certamente exagerada pelo panegirista, não foi pura invenção de bajulador, uma vez que o padre Vieira também alude à boa opinião que o almotacé-mor granjeara na capitania. Quando o governador recém-empossado, o marquês de Montebelo, adoeceu da peste, pediu-se que reassumisse Câmara Coutinho, então à espera de nau para conduzi-lo à Bahia, a fim de evitar que a Câmara de Olinda tomasse conta do governo. Tal emergência não se concretizou, mas a controvérsia foi suficientemente acerba para induzir os vereadores a representarem a El Rei a necessidade de definir-se uma regra sucessória. Entre os pró-homens é que a imagem de Câmara Coutinho não parece assim tão favorável. Seu sucessor, o marquês de Montebelo, achou-os "sumamente queixosos"; e Loreto Couto comentará que o "notável desinteresse" com que o almotacé-mor administrara o Brasil e depois a Índia lhe teria valido "maiores aplausos [...] se não acompanhara sua retidão um impulso violento que, sendo talvez para rústicos necessário, para ânimos nobres é inútil".

Aliás, salvo os governadores do seu tempo, a quem Loreto Couto dedicava encômios suspeitos, o único dos capitães generais do passado a merecer seu elogio irrestrito foi d. João de Souza (1682-5). A simpatia que o cercou em Pernambuco afigura-se autêntica e geral. De outra maneira, não se explicaria a homenagem inaudita que lhe fez a Câmara de Olinda solicitando a El Rei a renovação do seu triênio e mandando-o retratar. Prática que, aliás, será proibida pela Coroa pelos seus "inconvenientes e ruins consequências", o retrato aposto em lugar público prestando-se a um culto da personalidade que devia ficar limitado aos monarcas e à real família. A "residência" tirada a d. João de Souza, a qual inquiriu oitenta testemunhas entre pessoas gradas e gente do povo, faz o elogio do "maravilhoso modo com que soube haver-se em tudo", apesar de ser ainda "fidalgo moço" e de haver assumido sob o receio de estar "cheio de caprichos da Corte". Prova da sua imparcialidade, mandara executar as sentenças contra o tio homônimo, mestre de campo e veterano da guerra holandesa; e da sua honestidade, o fato de ser "o governador que leva deste governo menos fazenda", entenda-se, que comerciou em menor escala ou com menos proveito.

Com a nomeação de Câmara Coutinho para a Bahia, incumbia a Montebelo dar continuidade ao programa da Coroa para a capitania. O marquês fracassará — e é a história desse malogro que cabe resumir. A escolha de Antônio Felix Machado da Silva e Castro não parece retrospectivamente das mais felizes quando se leva em conta que sua missão dependia de retaguarda sólida na Corte. Montebelo, contudo, pertencia a uma família de expatriados. Seu pai, o primeiro marquês, fora embaixador da Espanha em Roma nos últimos tempos da união peninsular, casando-se em Milão com uma italiana de origem espanhola, filha do marquês de Mortara, de quem recebera o título de Montebelo, derivado de senhorio na Lombardia. Quando Portugal restaurou a independência, o primeiro marquês deixou-se ficar em Castela, como tantos outros nobres que não aderiram à nova dinastia. Seus bens em Portugal, como as terras entre Homem e Cávado (Minho), foram confiscados; e ele sobreviveu em Madri dos seus dotes de medíocre pintor e homem de letras e de uma mesada concedida pelo Rei Católico, embora se dissesse que fazia jogo duplo, mandando avisos a d. João IV. Nascido no exílio, seu filho, o futuro governador de Pernambuco, fixou-se em Portugal, onde se casou, obtendo a devolução dos haveres ancestrais; a alcaidia-mor de Mourão, que pertencera ao irmão inconfidente de Mendonça Furtado; e a posição palatina que pertencera ao sogro, a vedoria da casa da rainha d. Maria Francisca de Saboia.

Ao partir para Pernambuco, El Rei recomendou-lhe prosseguir na linha encetada pelo antecessor, que, havendo permanecido no Recife cerca de três meses, à espera de monção favorável, teve tempo suficiente para pôr Montebelo a par dos negócios. O panegirista de Câmara Coutinho, que redigia seu texto precisamente nesse começo de nova administração, reconhecia estar o senhor marquês "governando admiravelmente, segundo os ditames do senhor general [isto é, de Câmara Coutinho], que se assim continuar se não poderá nunca errar". Montebelo partilhava esse otimismo inaugural, pintando um quadro róseo do estado da terra em carta ao filho, Félix José Machado, que permanecera em Portugal para cuidar da família, pois, como lhe escrevia, "os filhos mais velhos são os maridos das mães em ausência dos pais", frase pirateada a uma peça de Moreno que fazia sucesso nos *corrales* madrilenos. Aduzia Montebelo:

> Nem um só bando punitivo tenho lançado. Confirmei sim os que meu antecessor promulgou. Estes se observam com tal exação que têm cessado as mortes, ferimentos e desordens dos pequenos e as violências e tiranias dos poderosos. Nestes oito meses, tenho mandado para Angola e São Tomé quatro levas para aliviar a terra de criminosos, alguns de dez, quinze e mais anos.

A Roque Monteiro Paim, secretário d'El Rei, Montebelo informava: "meu antecessor havia de pôr isto na última perfeição, se a permuta do lugar se não tivesse antecipado; e assim que, por falta de tempo e de se lhe deferir as ordens que pedia, não teve para mais lugar que abrir os alicerces". Ele, marquês, seguia "o mesmo rascunho", esperando que, ao transmitir o cargo, deixaria "estabelecido este governo no político, civil e militar [...], os povos em regular observância das suas leis, a nobreza com respeito às justiças, os interesses da fazenda real em regular e boa distribuição". Montebelo encarecia, porém, a condição inarredável do seu êxito, o apoio da corte: que o Rei e seus ministros "me deem a mão, mandando ver atentamente minhas proposições e notícias, para excluir e desenganar-me das que não parecerem proporcionadas, e às que o parecerem, confirmá-las com as ordens e despachos necessários".

Nessa ocasião, já se manifestara a divergência entre Montebelo e o dr. Melchior Ramires de Carvalho, desembargador sindicante, a quem responsabilizará por boa parte das suas atribulações pernambucanas. Na monção de 1690, o governador denunciara a El Rei o comportamento do magistrado, que, esquecido das obrigações do cargo, "por medo ou por outra alguma razão que eu não alcanço", se afastara do convívio dos seus aliados naturais, ele, Montebelo; o ouvidor-geral, dr. José de Sá Mendonça; e o bispo d. Matias, para parcializar-se com gente da terra. E, o que era mais criticável, tinha "particular amizade com as mesmas pessoas de quem havia de sindicar", tais como os membros da Câmara de Olinda e o provedor da fazenda real, João do Rego Barros. Os inconvenientes de semelhante atitude não se fizeram esperar. Em prejuízo do serviço da Coroa e devido à indiscrição de indivíduos que admitira à intimidade, "pessoas pouco honradas de nenhum peso e procedimento", tinham se divulgado "os maiores segredos da alçada", como a ordem régia de prisão contra os pró-homens que haviam deposto

Mendonça Furtado, os quais, se retirando para o interior, convocavam seus parciais e promoviam reuniões, com risco de "levantamento e desobediência crassos".

Igualmente perniciosas pareciam a Montebelo as relações estreitas do dr. Ramires com o provedor Rego Barros, a ponto de frequentar-lhe a casa, onde se exibiam comédias, de aceitar pequenos presentes e de se entreter dos assuntos da sindicância. Apesar de se dizer convencido das culpas de Rego Barros, o sindicante adiara por quase um ano a abertura da devassa, dando tempo ao provedor para "se compor e amigar com os queixosos e prevenir na Corte os remédios da sua ruína". A tal fim, enviara um procurador, a pretexto de levar uma neta para o convento, ou para casar em Lisboa, onde "não faltaria um bacharel que a quisesse por algum dote que tenha", embora também se divulgasse na terra estar o matrimônio apalavrado com o próprio dr. Ramires. Malgrado a ordem para que Rego Barros se retirasse da capitania antes de proceder-se à investigação, o desembargador permitira-lhe instalar-se em Igaraçu e depois na sua residência de Santo Amaro das Salinas nos arredores do Recife, onde permanecera durante o tempo da sindicância. Por fim, dera-lhe sentença favorável sem ao menos verificar a contabilidade dos almoxarifes, autorizando-o a reassumir a função. Semelhante procedimento, enfatizava o governador, demonstrava não possuir o dr. Ramires a idoneidade e a autoridade necessárias à realização das demais diligências que se lhe confiara, inclusive a correição das câmaras de Pernambuco e capitanias vizinhas e a apuração do governo de João da Cunha Souto Maior.

Para desapontamento de Montebelo, a Coroa limitou-se a repreender o dr. Ramires, o qual, entrementes, abrira as baterias contra o governador, denunciando-o pelo conserto do paço nassoviano do Recife em que se hospedavam os governadores quando ali vinham, o qual acarretara prejuízo à fazenda régia, uma vez que o terreno era de escasso valor e o edifício não tinha préstimo. Acusação que, segundo o marquês, visava contentar a Câmara de Olinda, que sempre se opusera à residência das autoridades na praça e até propusera o abandono do palácio das Torres. É certo, confirmava Montebelo, que o edifício fora devidamente reparado, mas as despesas haviam corrido por conta dos homens de negócio, que tinham contribuído espontaneamente, cientes do embaraço em que se achavam os governadores, que, não podendo pagar aluguel do seu bolso nem dispondo de verba para a despesa, se viam obrigados, por ocasião da passagem das frotas, a se hospedar pelos conventos "profanando os claustros com a frequência dos negócios seculares e corrompendo o segredo destes pela incapacidade do domicílio".

O conflito de Montebelo com o dr. Ramires de Carvalho serviu de prólogo ao choque com a Câmara de Olinda em torno das contas municipais. Durante a guerra holandesa, a Câmara encarregara-se da gestão dos impostos extraordinários criados para financiar o esforço bélico, o que lhe conferira uma espécie de jurisdição supramunicipal, donde se lhe designar muitas vezes por Câmara de Pernambuco, primazia que não lhe disputava sequer Igaraçu, apesar de mais antiga. Tais impostos ou "fintas" tinham sido estabelecidos pela duração da refrega, mas dada a insuficiência dos impostos regulares arrecadados pela provedoria da fazenda real, continuaram a ser cobrados depois da vitória sobre os batavos, em face da necessidade de manter na capitania força armada bastante com que repelir novo ataque neerlandês, cuja ameaça só desapareceu de todo com a assinatura em 1669 do segundo tratado de Haia. O principal quinhão da receita era aplicado ao sustento da guarnição e a outros gastos de defesa, sendo as sobras administradas pela Câmara como fazia com as rendas municipais ordinárias.

O desejo da Coroa de aumentar seu controle sobre as finanças municipais dava sempre lugar a sérios conflitos, principalmente com a poderosa Câmara de Lisboa. Em Pernambuco, os representantes régios punham um olho comprido nos recursos da Câmara de Olinda, da ordem de 70 mil a 80 mil cruzados anuais, cuja gestão empenhavam-se em anexar à fazenda real. Por sua vez, a Câmara agarrava-se a eles com unhas e dentes no objetivo de preservar o clientelismo dos homens da governança, uma vez que a cobrança desses impostos era arrematada por particulares, que pagavam ao erário municipal o valor dos contratos, embolsando a diferença. Os pró-homens, que não desdenhavam de tais operações, ressentiam-se da concorrência dos mercadores recifenses, que dispunham não só de maior capacidade financeira mas também do apoio dos governadores, a quem a Coroa reconhecera o direito de receber comissão sobre o montante das avenças. Desse antagonismo de interesses nasciam as acusações de que a Câmara favorecia os amigos e dissipava escandalosamente a receita.

Nos seus usos e abusos, as despesas da Câmara de Olinda não diferiam da prática municipal no Reino e possessões ultramarinas: gratificações e ajudas de custo, sob diversos pretextos, aos vereadores, aos ouvidores, ao procurador em Lisboa, ao letrado que assessorava os juízes ordinários, ao cirurgião-mor dos soldados, ao médico, ao escrivão da municipalidade etc. Outras rubricas incluíam subsídio à Santa Casa, aquisição de cera para as celebrações religiosas promovidas pelo município, consertos no palácio do governador em Olinda e até o soldo pago à ordem franciscana pela proteção sobrenatural que santo Antônio dispensara à restauração pernambucana. Irregularidades que não consistiam na natureza desses dispêndios, ou "ninharias", como as designará o governador Caetano de Melo e Castro, mas no fato de alguns deles virem sendo feitos sem autorização régia ou ignorando as regras contábeis.

Já Francisco Barreto, reconhecendo que a guerra holandesa havia estorvado a adoção de normas que assegurassem a clareza das contas, mandara observar em Olinda os métodos da Câmara de Salvador, alvitre aprovado pela Coroa, que se contentava em impedir futuros descaminhos, já que a apuração dos passados seria dificultosa, "além de molestar a homens tão beneméritos" como os que haviam restaurado o Nordeste. A Câmara resistira a esta e outras tentativas, argumentando que "nem Vossa Majestade mandou lançar estes tributos nem seus ministros o ordenaram; a lealdade dos moradores sim, e desejos de serem livros do jugo de Holanda [e] governados por Senhor e Rei natural". No governo de João da Cunha Souto Maior, voltara-se a chamar a atenção da Coroa para o assunto, propondo-se o envio de um funcionário da Contadoria Geral do Reino que alocasse à Câmara apenas o indispensável às despesas autorizadas, recolhendo os sobejos aos cofres da fazenda régia.

Câmara Coutinho intimara a Câmara de Olinda a prestar contas aos governadores, sem cuja autorização não poderia incorrer em despesa alguma. Ademais, recomendou melhorar o controle sobre o pagamento da tropa, cessando-se o desembolso de soldos a praças já falecidos ou dados de baixa, mediante a aplicação do regimento de fronteiras vigente no Reino. Por sua vez, Montebelo, beneficiário de ordem régia que mandara à Câmara pagar-lhe mesada de modo a compensá-lo dos baixos vencimentos, alertava-a para que pusesse a contabilidade em dia. Mas como o escrivão e o tesoureiro do município resistissem à determinação, confiados na sua condição de proprietários dos cargos, o marquês, ao cabo de um ano sem que lhe houvessem apresentado a escrituração, cominou os vereadores a não empossarem a nova Câmara, medida manifestamente ilegal. Quando as contas lhe foram entregues, Montebelo devolveu-as, depois de constatar uma "notável confusão". Reapresentadas ainda em estado insatisfatório, ele e o ouvidor tiveram de organizá-las para a aprovação de Lisboa. O escrivão e o tesoureiro foram suspensos das funções.

A Câmara de 1691 pôde finalmente empossar-se, mas mostrou-se ainda menos disposta a cooperar, tanto mais que o pleito fora tumultuoso. "Para evitar os subornos que nelas costumam haver", comunicava Montebelo a El Rei, "lhes mandei pôr à porta do Senado uma companhia de infantaria, e com toda essa diligência e a esperteza do ouvidor-geral não faltaram conluios e subornos particulares". Vergonhosas manobras que visavam eleger elementos radicais ou, para usar as palavras do marquês, "sujeitos que merecem mais o nome de parlamentários do que de procuradores do povo", isto é, não como os dóceis representantes em cortes da concepção vigente em Portugal, mas como verdadeiros partidários de limitações substanciais das regalias monárquicas, conforme os modelos da Revolução Inglesa e da fronda francesa. Tais indivíduos pertenciam à facção dos que "sempre resistiram aos governadores e minoraram sua autoridade e prenderam a Jerônimo de Mendonça". No ultramar português, a intervenção governamental nas eleições camerárias, até mesmo em cidades da importância de Goa, era moeda corrente, pois o vice-rei tinha todo interesse em criar uma facção que lhe fosse afeta, inclusive mediante a manipulação das pautas.

Três dos novos vereadores eram parentes próximos dos pró-homens envolvidos na deposição do Xumbergas. Os pais de João de Barros Rego (não confundir com João do Rego Barros, o provedor da fazenda real, de quem era primo) e de Lourenço Cavalcanti Uchoa haviam sido membros da Câmara de 1666, André de Barros Rego fora o juiz ordinário que dera voz de prisão ao governador. O terceiro, Jerônimo César de Melo, era genro de João Fernandes Vieira, um dos promotores do golpe. Barros Rego e Lourenço Cavalcanti não faziam mistério da intenção de defender as competências municipais, desgastadas pela negligência dos antecessores, desafiando para tanto as ordens governamentais. Atitude que Montebelo atribuía não ao zelo pela autonomia municipal, outrora tão viçosa na península Ibérica, mas à recusa obstinada em submeter-se ao "intolerável freio" de autoridade superior. João de Barros Rego, Lourenço Cavalcanti Uchoa e Jerônimo César de Melo participarão, aliás, do levante contra Castro e Caldas em 1710.

Havendo Câmara Coutinho ordenado que os editais de arrematação dos contratos de impostos fossem submetidos à aprovação do governador, a Câmara de Olinda resolveu testar Montebelo. Como ela lhe informasse ter mandado afixar os correspondentes cartazes em lugares públicos da cidade e do Recife, estranhou-lhe o marquês a desobediência. Alegando que a exigência fora introduzida em detrimento dos seus privilégios, a Câmara deu o assunto por encerrado, mas Montebelo, avaliando tratar-se da escaramuça preparatória da próxima prestação de contas, resolveu atacar, mandando prender João de Barros Rego e Lourenço Cavalcanti Uchoa e instruindo a Câmara a submeter novos editais para sua aprovação. Enquanto isto, o ouvidor abriria devassa. Sob a ameaça de ser transferida a arrematação dos impostos à provedoria da fazenda real, a Câmara dispôs-se a obedecer.

Montebelo cogitou enviar Barros Rego e Lourenço Cavalcanti a Lisboa, a fim de serem punidos "para exemplo aos futuros e para quietação dos governadores", cortando de uma vez por todas "aquelas raízes que, sendo-o da mesma árvore, nunca dela se podem esperar diferentes frutos". Acabou soltando-os para atender as gestões do bispo, dos demais vereadores e de outras pessoas influentes. Lourenço Cavalcanti voltou às vereações, mas não Barros Rego. Destarte, a segunda batalha da prestação de contas não teve lugar. Nesse ínterim, tendo El Rei mandado examinar a proposta de Câmara Coutinho sobre a revisão do regimento dos governadores a fim de aumentar os poderes do cargo, dera carta branca a Montebelo para fazer o que lhe parecesse mais conveniente ao serviço da

Coroa, à espera da decisão final sobre a matéria. O marquês apressou-se em transmitir a missiva régia à Câmara de Olinda, "para que, lendo-a e tendo-a presente, [os vereadores] crescessem na obediência e minorassem o natural orgulho e independência que sempre afetaram ter contra os governadores e suas ordens".

A questão parecia bem encaminhada na Corte. Na realidade, o imobilismo arraigado da burocracia e as ciumeiras corporativas entre órgãos da administração favoreciam a posição da Câmara de Olinda. Ademais, o Conselho Ultramarino não apreciara ter sido curto-circuitado pela Secretaria de Estado. Em vez da reforma esperada, Montebelo recebeu uma censura régia no tocante à prestação de contas e à posse da Câmara: não lhe competia examiná-las, tão somente transmiti-las ao ouvidor, e muito menos impedir a transmissão do poder municipal. Já na gestão do sucessor de Montebelo, a Coroa reiterará o princípio de que não cabia aos governadores aprovar os editais de arrematação dos contratos, devendo a Câmara informá-lo apenas dos lanços apresentados, com anterioridade à assinatura destes.

Ademais, El Rei atendia o protesto da Câmara de Olinda contra a prisão dos seus membros, instruindo-a a que, em caso de novas violações da jurisdição municipal, advertisse o governador da ilegalidade, e, caso não conseguisse demovê-lo, trouxesse o assunto ao conhecimento da Coroa. Nem sequer se atendera o pedido de Montebelo para que Barros Rego e Lourenço Cavalcanti fossem admoestados por carta régia. O marquês atribuía essa derrota ao Conselho Ultramarino no propósito de tirar-lhe "a glória de poder no meu triênio deixar Pernambuco na justa e total vassalagem de Sua Majestade". O Conselho teria sido instrumentalizado pelo frade procurador da Câmara em Lisboa, que sabotara não apenas as reformas mas também o castigo dos sobreviventes da deposição de Mendonça Furtado, que "foi o mesmo que conservar estes homens na independência com que se desejam isentar do jugo de verdadeiros vassalos".

Tampouco prosperara em Lisboa a ideia de transferir à provedoria da fazenda real a gestão dos impostos cobrados pela Câmara de Olinda. A provedoria passaria a participar do pagamento da tropa consoante o "pé de lista", ou seja, o livro de matrícula de efetivos; e não mais com base na folha preparada pelo tesoureiro municipal. A Câmara também seria impedida de utilizar os sobejos da receita para saldar despesas que deviam correr por conta dos seus rendimentos ordinários, ao mesmo tempo que se reduziam ou aboliam várias gratificações. Em compensação, concedia-se um prazo mais longo para o envio da prestação de contas. Destarte, a disputa parecia transformar-se numa dessas questões de protocolo que tinham peso desproporcional no funcionamento das instituições do Antigo Regime. Doravante, ela giraria em torno da precedência do provedor e dos oficiais militares sobre os membros da Câmara na organização da mesa que, presidida pelo governador, efetuava a remuneração da tropa. A Câmara continuou, portanto, a deter o essencial das competências relativas à cobrança dos impostos da guerra holandesa.

A Roque Monteiro Paim, Montebelo queixou-se da atitude da Coroa, e, em especial, de "algumas asperezas que se me escreveram pelo Conselho Ultramarino", ao mesmo tempo que, pela Secretaria de Estado, Sua Majestade enviava-lhe missivas "mui abonadoras do meu procedimento e acerto". Era lamentável que, "sendo o rei um, façam os tribunais [isto é, os conselhos] as resoluções sobre a mesma matéria, várias". O desgosto do marquês parecerá excessivo, mas a perda de face afetou sua autoridade. Não se tratava apenas da guerrilha burocrática que comprometia a eficácia da ação governamental; ou da circunstância criticável de que, no Reino, "se não costuma fazer costas às resoluções dos governadores, como eu experimento". O problema maior consistia em que a indiscrição local divulgava o teor das cartas d'El Rei e "o agro ou doce delas", quando "a boa política" exigia que "nunca por queixas de súditos se deve repreender os superiores senão por meios ocultos". Havendo trilhado o caminho aberto por Câmara Coutinho, a este coubera "a promoção e o aplauso", enquanto os seus "eram passos de paixão e sentimento". Ao cabo desse desabafo epistolar, o marquês constatava só lhe restar concluir o triênio, cingindo-se ao ramerrão administrativo.

Em vista da oposição que sofria na Corte, Montebelo não se arriscava sequer a pôr no papel as medidas que julgava indispensáveis à consolidação da autoridade régia, reservando-se para propô-las de viva voz ao monarca no seu regresso a Lisboa. À sua decepção, não era certamente alheia a preterição do seu nome para suceder Câmara Coutinho na Bahia. De outra carta ao secretário d'El Rei, infere-se que, à sua partida do Reino, ficara combinada a nomeação para o governo-geral, que deveria ocorrer antes de terminado o governo em Pernambuco, a fim de poupá-lo a cruzar novamente o Atlântico. Mas em Salvador, os interesses do "parentesco e cortesania" já se mobilizavam em prol de outro candidato, seguramente o próprio d. João de Lancastre, que será o escolhido.

A essa altura, as relações de Montebelo com Câmara Coutinho já não eram as de antes. O regimento de 1670 consagrara a regra de que, na dependência de confirmação régia, o governador da capitania podia prover os cargos civis e militares por três meses e o governador-geral por um ano, a ser computado a partir da expiração do trimestre. Como as nomeações de Câmara Coutinho não mencionassem as do marquês, a prática era passível de criar conflitos de jurisdição quando ambas as autoridades designassem diferentes indivíduos. Atendendo a tal consideração, os atos de Câmara Coutinho passaram a aludir às indicações feitas por Montebelo, que, porém, continuou a objetar a outros aspectos formais, capazes, na sua opinião, de gerar problemas. Era o caso das patentes emanadas de Salvador restringindo a "únicos três meses" a validade das provisões feitas pelo marquês, o que o impediria e a seus sucessores de prorrogá-las em casos de força maior, como as vicissitudes marítimas que interrompiam as comunicações entre Salvador e o Recife.

Quando se resignara a administrar a rotina, Montebelo foi posto à prova pelas alterações de Itamaracá (1692). Ao perceberem que a Coroa o desautorizara, os adversários prepararam o revide. Uma deposição à maneira do Xumbergas ou a eliminação física do governador resultariam demasiado arriscadas, embora, vinte anos depois, ainda circulasse a versão de que Lourenço Cavalcanti Uchoa mandara fazer emboscadas para matar o marquês. Os pró-homens preferiram explorar a oportunidade que oferecia a ordem régia mandando reintegrar Itamaracá no patrimônio da antiga família donatarial, em decorrência de decisão judiciária do Desembargo do Paço em favor do marquês de Cascais.

A instabilidade crônica prevalecente entre a restauração de 1654 e as alterações de 1710-1 era mais pronunciada ali do que em qualquer outra parte. Capitania de donatário como fora Pernambuco, Itamaracá também se achara incorporada à Coroa à raiz da expulsão dos holandeses, com o argumento de que a desídia dos seus proprietários na defesa da terra e os gastos incorridos por El Rei a fim de reconquistá-la eram suficientes para legitimar a drástica medida. Na verdade, Itamaracá, originalmente concedida de "juro e herdade", vale dizer, por serviços já prestados à monarquia, não poderia ficar à mercê de ato puro e simples de confisco.

Ao longo de Quinhentos, o povoamento iniciara-se pela ilha, defesa natural contra os ataques da indiada. Na colina assente na extremidade sul, dominando a desembocadura do canal de Santa Cruz, erguera-se a vila da

Conceição, cabeça da donataria. Ao terminar a centúria, já se ocupara a franja costeira da "terra firme", ou seja, do continente, cujas várzeas eram mais aptas à lavoura da cana do que os tabuleiros interfluviais. Para Capibaribe, primeira denominação de Goiana, o governo holandês transferiu a sede da capitania. Depois da restauração, Conceição, como Olinda, tornou à sua antiga posição, malgrado só contar com a matriz, a casa da Câmara e cadeia e as residências do capitão-mor, do vigário e de dois ou três pró-homens — algo não muito diferente da vila acanhada que, mais de 140 anos depois, Henry Koster descreveria no livro de viagens mais perceptivo que se publicou sobre nossa sociedade colonial. O plano urbano era o mesmo, indício de que as coisas não haviam mudado. Como ao tempo da guerra restauradora, a população entre o Rio Grande e o norte de Olinda tivera de ser evacuada para o sul de Pernambuco, toda a região necessitara ser repovoada a partir de 1654, como se ela tivesse voltado ao século XVI. Mas nesses finais de Seiscentos, Itamaracá já contava com número de engenhos superior ao do período batavo.

O governo da capitania andara sempre à matroca. A Câmara de Conceição não se reunia por falta de quórum; os impostos não se arrematavam; a guarnição não recebia o soldo. Os vereadores poupavam-se aos percalços da viagem, que, em tempo de invernada, lhes podia custar quatro ou cinco dias e até naufrágio e afogamento no canal. Daí que requeressem a volta da Câmara para Goiana, que oferecia as comodidades de uma povoação de quinhentos fogos, dispondo de fácil acesso ao mar por meio do seu porto fluvial frequentado pela cabotagem recifense. Ao contrário da mudança de Olinda para o Recife, o abandono de Conceição por Goiana constituiu reivindicação açucarocrática; e o consentimento d'El Rei (1685) só provocou o protesto dos proprietários na ilha.

Ao desligar a Paraíba e o Rio Grande da sujeição a

Olinda (1663), o monarca não definira o status de Itamaracá, o que resultou em conflitos jurisdicionais entre o governador-geral e os governadores de Pernambuco. Bernardo de Miranda Henriques, por exemplo, mandou cercar a Câmara de Conceição, prender seus membros e trazê-los ao Recife, para obstar ao embargo de certa quantidade de pães de açúcar devidos à fazenda real, mas que ele reivindicava na qualidade de credor do proprietário. Era, aliás, habitual que no derradeiro ano de função os governadores se apressassem em liquidar seus negócios, cientes de que, depois de deixarem o cargo, já não teriam como se fazer reembolsar das quantias que haviam emprestado. Ocorreu, porém, dessa vez que, uma vez soltos, os vereadores fugiram para Salvador a queixar-se a um governador-geral que ansiava por interferir na contenda.

A disputa aguçou-se nos governos de Afonso Furtado na Bahia e de Fernão de Souza Coutinho em Pernambuco. Incentivado por sentença da Relação de Salvador, o capitão-mor de Itamaracá, Jerônimo da Veiga Cabral, negou subordinação a Souza Coutinho, ordenando às autoridades locais não cumprirem ordens emanadas de Olinda. O governador mandou trazer Veiga Cabral preso ao Recife, mas Afonso Furtado ordenou sua restituição ao cargo ou a entrega à Câmara de Conceição do governo interinamente exercido, de ordem de Souza Coutinho, pelo comandante da fortaleza local. A Câmara, porém, encolheu-se, recusando-se igualmente a empossar um *tertius* designado pelo governador-geral. A decisão régia foi favorável a Souza Coutinho. Itamaracá continuava sujeita a Pernambuco no relativo à defesa, permanecendo a justiça e a fazenda na dependência da Relação e do provedor--mor do Brasil.

Mas os problemas não haviam terminado. Veterano da guerra holandesa e protegido de João Fernandes Vieira, Agostinho César de Andrade foi nomeado para a capitania-mor de Itamaracá, sem, contudo, exercer a função, uma vez que seus inimigos em Lisboa obtiveram da autoridade judiciária sua destituição, prisão e confisco dos bens. A execução da ordem foi confiada ao novo governador de Pernambuco, d. Pedro de Almeida, que estava em luta aberta contra Fernandes Vieira, cujo cargo de superintendente das fortificações, especialmente criado para contentá-lo, reduzira os poderes governamentais e também seus ganhos ilícitos. O governador-geral, Afonso Furtado, voltou a intervir, reconduzindo Veiga Cabral contra a vontade da Câmara de Conceição, que apoiava Agostinho César. Da decorrente desmoralização da autoridade da Coroa, valeram-se os pró-homens de Itamaracá para impor um poder que seus parentes pernambucanos exerciam com menos arrogância.

Desde o começo do seu triênio, Montebelo preocupou-se com a situação da capitania, transformada em valhacouto dos delinquentes de Pernambuco e da Paraíba. Ao assumir o governo-geral, Câmara Coutinho delegara no marquês seus poderes em Itamaracá, sugerindo a El Rei que autorizasse o mesmo no tocante à Paraíba e ao Rio Grande. O capitão-mor Manuel de Mesquita da Silva temeu ver-se envolvido em conflitos entre Salvador e Olinda, explicando a Montebelo:

> vivo nesta vila deserta [Conceição], muito contente com os 8 mil-réis que me dá Sua Majestade cada mês, sustentando mulher e filhos, sem pensão de provimentos [e] menos conhecido deste povo pelo pouco que me hão mister; e com esta vida e quietação, me abraço muito com ela e me não tomara meter, sendo um soldado da fortuna, entre duas tão superiores esferas.

Quando o marquês o convocou para instruí-lo "em melhor inteligência da sua obrigação", ele escusou-se com "um achaque [...] que é tão terrível que até o calçar ceroulas me impede". Mas como as hemorroidas do capitão-mor fossem atribuídas a insubordinação, Montebelo mandou-o recolher ao Recife, só o restituindo ao posto depois que Câmara Coutinho, para quem Mesquita da Silva era apenas um "basbaque", recomendou sua libertação acoplada a "uma repreensão fraterna".

Tal se passou antes das desavenças de Montebelo com os vereadores de Olinda e com o desembargador sindicante. Agora, a situação era bem mais preocupante. A Câmara de Goiana vinha protestando contra as correições do dr. Diogo Rangel de Castelo Branco, ouvidor da Paraíba, destinadas a examinar as sentenças dos juízes municipais. Segundo a Câmara, elas violariam os privilégios de capitania real de que gozava Itamaracá desde a restauração, servindo apenas para perturbar a paz e extorquir os colonos, pois o corregedor prolongava as estadias, cobrando mordomias e custas excessivas. Protestos que o magistrado atribuía a seu empenho em apurar os abusos dos juízes ordinários, um dos quais, Jorge Cavalcanti de Albuquerque, "é tão apotentado que traz toda esta povoação intimidada e sua casa não serve mais do que de recolher criminosos [...] e ninguém se atreve a falar". Havendo um dos seus escravos cometido um assassinato, dando-se depois ao desplante de passear por Goiana à luz do dia, Montebelo ordenou sua detenção ao dr. Diogo Rangel, mas Jorge Cavalcanti, saindo à estrada à frente de um séquito de trinta homens de mão, soltou o preso.

Montebelo acolheu o pedido do magistrado solicitando auxílio de tropa e concitou-o a enquadrar os pró-homens, dizendo-se pronto às últimas consequências e até a pôr-se à frente dos soldados, para limpar a verdadeira cavalariça de Áugias em que se transformara Itamaracá. A Câmara de Goiana foi intimada a não interferir na ação do corregedor; e o dr. Diogo Rangel pôde encerrar a devassa, prendendo Jorge Cavalcanti, seu genro e seus capangas, a quem mandou para a cadeia de Olinda. Foi então que interveio o desembargador sindicante, o dr. Ramires de Carvalho, que os fez regressar em liberdade à Goiana e restituiu Jorge Cavalcanti à sua vara de juiz ordinário. Nessa interferência do arqui-inimigo, enxergará Montebelo a origem das alterações de Goiana.

Como mencionado, o pretexto consistiu na devolução de Itamaracá ao donatário, o marquês de Cascais, que a esse fim passara procuração a Montebelo, que a subestabelecera num dos pró-homens da capitania, Jerônimo Cavalcanti de Albuquerque Lacerda. Diogo Rangel regressava à Paraíba quando recebeu a ordem para proceder à reintegração de posse, que tinha para ele o efeito indesejável de acarretar a perda dos emolumentos do cargo. A Montebelo, ele se escusou com o argumento de que não convinha à autoridade da justiça régia que ele fosse visto na companhia do juiz ordinário, Jorge Cavalcanti, por ocasião da solenidade que devia ter lugar na vila da Conceição. Aprestando-se a Câmara de Goiana a seguir para a ilha, foi confrontada por um "copioso número" de indivíduos armados exigindo que fosse sobrestada a execução da ordem régia. Ademais de aclamar, com o título de procuradores, quatro dos homens principais da terra, os sublevados elegeram juiz do povo, função inexistente tanto em Itamaracá quanto em Pernambuco, mas cuja criação era reivindicada em ambas as capitanias. Um desses procuradores, Cosme Bezerra Monteiro, "o maior agressor" ou cabeça de motim, será um dos chefes da sedição da nobreza em 1710.

Reivindicavam os amotinados a permanência da capitania no patrimônio da Coroa, protestando não reconhecerem o marquês de Cascais por senhor de Itamaracá, uma vez que ela havia se restaurado da usurpação holandesa sem que os donatários concorressem para tanto. Alegavam-se também as desvantagens, fiscais e outras, que adviriam aos naturais da terra, que já não seriam premiados por El Rei com foros de fidalgo e hábitos das ordens militares, nem acederiam aos cargos locais, que seriam reservados à clientela reinol do donatário. Por fim, objetavam-se os prejuízos que a reincorporação causaria à honra e reputação dos colonos, que se achariam obrigados a falar de pé e descobertos ao lugar-tenente donatarial, ponto melindroso devido à origem subalterna dos capitães-mores. Tendo em vista que em Portugal o monarca vinha resgatando domínios e jurisdições aos senhorios nobres ou eclesiásticos, a restituição de Itamaracá ao marquês de Cascais representaria um retrocesso inaceitável.

Já estando com as barbas de molho, Montebelo reagiu com um comedimento que destoava das suas promessas de intervenção enérgica, propondo que se a ordem pública fosse restabelecida com brevidade, ele se absteria de dar conta do sucedido a El Rei e ao governador-geral. Noutra providência contemporizadora, o marquês adiou a cerimônia de reincorporação. Em Goiana, sua reação foi interpretada como sinal de fraqueza, e o tempo fechou-se de novo, pondo-se guarda à Câmara, onde os vereadores permaneceram "detidos" no curso dessa primeira quinzena de agosto de 1692. O dr. Diogo Rangel decidiu-se por fim a entrar em Goiana, uma vez que, estando a caminho da Paraíba, não podia decorosamente evitar a povoação, nem, uma vez ali, ignorar o tumulto. A Montebelo, ele confirmou a situação descrita pela Câmara: a detenção dos vereadores e do procurador do donatário "com sentinelas à vista" e a reunião de "mais de mil pessoas com armas, dispostas a pelejar formados [...] fazendo alaridos de que não querem conhecer outro senhor mais que a El Rei Nosso Senhor e estarem sujeitos a ele e aos senhores governadores de Pernambuco, que costumam governar os principais de Portugal, por cujo amparo estão hoje quietos [e] pacíficos e se lhes administra justiça com igualdade, havendo antes [isto é, ao tempo do donatário] experimentado muitas confusões na justiça e intermináveis delitos".

Era intenção de Diogo Rangel arrancar algo mais a Montebelo: o perdão aos sediciosos e o cancelamento da devolução da capitania à espera de nova decisão régia. A essa altura o governador já suspeitava que o corregedor era cúmplice tácito dos amotinados, ao exagerar o escopo do movimento a fim de intimidá-lo. Ordenou-lhe, portanto, efetuar por meios suasórios a reintegração de posse, permanecendo em Goiana até instrução em contrário. Diogo Rangel, porém, forçou-lhe a mão, negociando a anistia na dependência de confirmação régia e insistindo para que Montebelo suspendesse a transferência, pois "o desatino do povo não pedia mais demora, que Vossa Senhoria bem sabe o que é a fúria de um povo levantado". Caso essa sugestão não fosse aceita, que se lhe desse licença para recolher-se à Paraíba. O governador ainda tentou protelar, autorizando o atendimento das reivindicações que tivessem base legal, mas mesmo assim depois de ser consultado.

A El Rei, Montebelo confessará não haver tencionado empregar força armada, o que é bem revelador da modéstia dos poderes que detinha um capitão general. Ele não dispunha nem das milícias de Itamaracá, já empolgadas pela sedição, nem da guarnição sediada em Conceição, cujos efetivos escassos achavam-se, como mencionado, sob comando incompetente. Montebelo poderia ter recorrido à tropa pernambucana, como inicialmente ameaçara fazer, mas a decisão era demasiado arriscada, uma vez que as alterações de Goiana, segundo os avisos que lhe chegavam, inclusive da parte do corregedor, eram instigadas pelos homens da governança de Olinda ("parentes muito chegados" dos principais de Itamaracá), "cuidando que eu, usando do meio das armas, desocupasse Pernambuco da gente de guerra para que neste tempo pudessem usar nesta capitania do mesmo que se praticara naquela".

Diogo Rangel comunicou por fim que a sublevação fora debelada, já tendo se retirado de Goiana a gente das freguesias rurais, confiada no compromisso relativo ao perdão e ao adiamento da restituição. Feito o quê, o magistrado regressou à Paraíba, pois não era "santo Antônio que estivesse em dois lugares". Montebelo agastou-se. Não confiando os levantados na confirmação régia do indulto, Diogo Rangel adotara o recurso jurídico de emitir carta de seguro, ato suspensivo de procedimento judicial, o qual, salvo algumas exceções, como crime de morte, era passado pelos ouvidores. E o que parecia mais grave: ao contrário do que pretendera o corregedor, a situação não estava sob controle. Para indignação de Montebelo, a Câmara de Goiana comunicara-lhe que a cobrança do subsídio do açúcar e do fumo fora arrematada por Nicolau Bequimão a preços inferiores aos que haviam prevalecido nos últimos anos, fato tanto mais suspeito quanto os vereadores se encontrariam "sequestrados" pelos sublevados. O contrato fora a isca de que haviam se servido os cabeças do motim na sua aliança com o dr. Ramires de Carvalho, que aconselhara a redução do tributo. Montebelo ordenou a revogação da medida, mas a Câmara recusou-se a aceitá-la, sustentando que, tendo os colonos criado o imposto ao tempo da guerra holandesa, dele poderiam livremente dispor.

As alterações de Goiana foram fabricadas por Jorge Cavalcanti, pela Câmara e pelos carmelitas da povoação, que eram, como a Madre de Deus no Recife, os mentores da pequena comunidade mascatal que constituía ali a filial do comércio recifense. Em Itamaracá, como demonstrarão os acontecimentos de 1710-1, o antagonismo entre nobres e mascates nada ficava a dever, pela intensidade dos rancores, ao que dividia Pernambuco. A mascataria local opunha-se à reintegração da capitania no patrimônio do marquês de Cascais, uma vez que, por precária que fosse, a justiça d'El Rei lhes oferecia melhores garantias que um donatário ausente. Como assinalou o juiz do povo, "com a mudança de governo se variaria também da justiça, ficando os homens principais livres dela nas opressões que fizessem aos pobres e com independência para não satisfazerem suas dívidas".

Por sua vez, a açucarocracia local absteve-se de participar de um movimento que lhe era hostil, com exceção de Jorge Cavalcanti, em atitude puramente individual que se devia aos "entranháveis" e "inveterados ódios" que votava "a alguns seus vizinhos e ainda parentes, além do motivo principal que foi não pagar o que deve, que é muito mais do que possui, porque, com as revoluções do levante, se impediam as diligências". Malgrado sua arrogância senhorial, ele procurou não se envolver diretamente. Depois de combinar a desordem com frei João de São José durante um batizado na casa de certo negociante reinol, retirou-se para o engenho.

Nos últimos meses de 1692, ocorreu um novo sobressalto, motivado dessa vez pelo sal. Sendo o abastecimento do produto monopólio da Coroa, arrendado a contratadores que se comprometiam a entregar as cotas de cada capitania a preços fixos, proibira El Rei, dois anos antes, o consumo do similar que abundava no Ceará, no Rio Grande e na própria ilha de Itamaracá. Tratava-se de medida altamente impopular, uma vez que o arrendatário vendia o alqueire a preço superior ao que cobrava em Pernambuco. Diante do protesto da Câmara de Goiana, o governador-geral transferira o problema a Montebelo, a quem, como referido, delegara seus poderes em Itamaracá. Em novembro, a Câmara, com Jorge Cavalcanti à frente, na sua condição de juiz mais velho, dirigiu-lhe uma carta falsamente alarmista prenunciando o reinício das alterações. Sob pena de quebrar o monopólio, que não garantia o fornecimento de quantidade suficiente do gênero, o povo exigia solução satisfatória.

Montebelo obteve do contratador que regularizasse o abastecimento, mas em dezembro a Câmara de Goiana fez-lhe nova provocação, omitindo-se de proceder ao pagamento da guarnição da ilha. O capitão-mor dizia-se perplexo diante de tão insólito comportamento, não conseguindo entrever "o desenho destes sujeitos", que, contudo, parecia óbvio: promover uma quartelada. Não se conhece o desenlace do episódio, mas pelo Natal as coisas ainda não haviam voltado aos eixos, tanto assim que, havendo Matias Vidal de Negreiros, coronel das ordenanças, solicitado licença para viajar à Bahia, Montebelo indeferiu-lhe o pedido, explicando que o estado da terra pedia sua presença. A inquietação reinante já parecia, aliás, estender-se ao vizinho distrito de Igaraçu em Pernambuco. Tendo Montebelo ordenado a prisão do alcaide da vila por insubordinação, o juiz ordinário da Câmara tirou-o violentamente das mãos do oficial que executara o mandado, o qual foi recolhido à enxovia.

As alterações de Goiana puseram a pá de cal na política encetada por Câmara Coutinho. Montebelo fazia votos, ao cabo do seu governo, no sentido de que o sucessor trouxesse os poderes indispensáveis a reduzir uma "gente indômita e presumida [de] que restauraram sua terra só com seu sangue e fazenda", e habituada a "prender e capitular alguns governadores, matar a outros com peçonha e, finalmente, ameaçar a todos". Era evidente, porém, que El Rei descartara definitivamente a adoção de providências drásticas em Pernambuco. Se havia muito ele rejeitava as propostas avançadas pelos governadores da capitania para que se concedesse aos ouvidores a competência de condenar à morte os criminosos oriundos das camadas populares, não era previsível que viesse a concordar com determinação mais radical, como seja a de autorizar o governador a aplicar idêntica punição a pró-homens revéis.

Tal irresolução tornou-se outra vez visível no tratamento dispensado em Lisboa às alterações de Goiana. Ademais de solicitar o perdão real, a Câmara da capitania pediu a revogação da transferência jurisdicional de uma terra que os pais e avós dos colonos haviam reconquistado por amor e fidelidade ao monarca e não à família donatarial, a qual seria indenizada. A reivindicação foi acolhida simpaticamente pelo Conselho Ultramarino e pelos letrados da Coroa, sempre atentos à necessidade de podar ou eliminar os vestígios do antigo poder senhorial, recordando-se os precedentes de reaquisição de domínios mediante ressarcimento dos senhores e sugerindo-se que o soberano guardasse para si ao menos Goiana e seu distrito, a parte mais florescente de Itamaracá. Quanto ao indulto, não havia por que negá-lo a quem não cometera delito algum contra o serviço real, devendo-se fazer no máximo uma demonstração de severidade para que entendessem aqueles vassalos que Sua Majestade devia ser requerida com humildade e reverência.

Era impossível, porém, escamotear o fato de que a ordem de reintegração ficara inadimplente; que se ignorara a decisão do Desembargo do Paço em favor do marquês de Cascais; e que se descartara o precedente de certa vila do Alto Alentejo que ainda recentemente d. Pedro II mandara restituir ao senhorio contra o desejo dos habitantes amotinados. Calou provavelmente também o argumento *ad terrorem* esgrimido pelo donatário, ao antecipar as repercussões que o mau exemplo teria no Brasil, quando se visse que um punhado de indivíduos lograra pela força obstar a execução de ordem régia de tal alcance. El Rei decidiu, portanto, pela devolução de Itamaracá contra a promessa aos colonos de que os defenderia, caso não fossem tratados como mereciam seus passados serviços à Coroa.

Coube ao sucessor de Montebelo, Caetano de Melo e Castro, a tarefa de liquidar o passivo das alterações de Goiana. De acordo com as instruções recebidas em Lisboa, em vez de proclamar o perdão solicitado pela Câmara da capitania, o governador absteve-se de punir os cabeças, declarando-lhes contudo que, caso reincidissem, seriam implacavelmente castigados. Ao mesmo tempo que dava posse da terra ao procurador do donatário, Melo e Castro assegurou aos pró-homens que a munificência régia continuaria a dispensar-lhes as honras e mercês de que se fizessem credores; e que, na hipótese de o marquês de Cascais desrespeitar seus privilégios, El Rei reassumiria o senhorio direto. Em meados de 1693, o governador de Pernambuco dera inteiro cumprimento às ordens, sem encontrar maiores problemas. Malgrado a aparente tranquilidade, Melo e Castro não escondia certa preocupação, estimando ser do próprio interesse do marquês de Cascais limitar sua jurisdição, ampliando os poderes dos corregedores, pois de outro modo Itamaracá não se conservaria por muito tempo na sua posse: "couto de insolentes e banidos", outros levantes surgiriam à sombra das regalias donatariais, "porque", exclamava Melo e Castro, "a gente é terrível".

O alvitre ficou esquecido e a previsão não se realizou. A capitania permanecerá com os marqueses de Cascais até meados do século XVIII, quando, extinta a família, ela reverterá ao patrimônio da Coroa, sendo incorporada a Pernambuco. Não surpreende assim que Jorge Cavalcanti continuasse de fato a ser o verdadeiro donatário. Ao assumir o governo de Itamaracá, o novo capitão-mor, Manuel de Carvalho Fialho, queixava-se do "muito trabalho" que lhe custava

> domar alguns dos seus moradores, que feitos parciais de Jorge Cavalcanti de Albuquerque [...] não acabarão de despir os maus hábitos nem se hão-de emendar enquanto se lhe não corrigir seu cabeça, que é de sorte tão inquieto e de ânimo tão malévolo que enquanto Vossa Majestade o não tirar desta capitania, não é possível ter sossego esta terra.

Suas habilidades seriam tais que, a despeito de "motor de todas [as] revoluções, sabe tão destramente haver-se que nunca experimentou castigo algum e sempre teve meios de não se lhe formar culpa". Intrometendo-se nas competências do anterior capitão-mor, designava os oficiais de milícia a quem instruía de impedirem a entrada do corregedor; e nas do provedor da fazenda, estorvando a arrecadação dos impostos. Como juiz ordinário, intimidava os credores, os oficiais de justiça e os tabeliães. Graças ao embargo obtido da Relação da Bahia, tolheu durante três anos a renovação da Câmara de Goiana. Mandonismo tal embutia sua parte de sadismo; e Jorge Cavalcanti era objeto de histórias como a do ermitão a quem puxara pelas barbas, cortando-as à tesoura, sem respeito à caixinha de Nossa Senhora do Pilar que ele levava ao pescoço para guardar as esmolas.

Por então, as influências locais, inclusive seus parceiros nas alterações de Goiana, puseram as divergências de lado, orquestrando em Lisboa uma verdadeira campanha contra Jorge Cavalcanti. O prior dos carmelitas o acusava de querer desmoralizar seu convento; o pároco, de impedir a implementação de ordens régias, de desviar recursos municipais e de induzir os contratadores de impostos a arrematarem a preços vis. Até mesmo seus parentes diziam duvidar de que ele ainda reconhecesse El Rei por senhor. Um deles aduzia, meio zombeteiro, que "nem Vossa Majestade vive seguro [...] porque já houve muitas ocasiões em que disse que Vossa Majestade era tirano e que ainda eram vivos os holandeses".

Melo e Castro ordenou finalmente a prisão de Jorge Cavalcanti, à raiz do espancamento de um notário, à plena luz do dia, no adro do convento do Carmo de Goiana, por seis escravos sob o comando de filho seu, "os quais pegaram nele às mãos por detrás e lhe deram muitos coices e bofetadas, deitando-o no chão lhe tomaram a espada e adaga e lhe romperam o vestido e lhe ficaram as faces bem inchadas das bofetadas" — tudo isto na ocasião em que, poucos metros adiante, o capitão-mor passava revista à tropa. Jorge Cavalcanti falecerá no cárcere antes de viajar a Pernambuco o magistrado da Relação especialmente designado para apurar o caso, por não se poder esperar do corregedor que agisse com isenção, visto o poder do réu.

A desenvoltura com que se mandava espancar e assassinar, prática tacitamente aceita em todas as camadas sociais, é característica da violência que reinou em Pernambuco na segunda metade do século XVII, sem paralelo com outras fases tumultuosas da sua história. Classificar de violenta uma sociedade escravocrata pode parecer tautológico, uma vez que a compulsão inerente ao regime de trabalho permeia irresistivelmente toda a trama social: vida pública e vida privada, relações entre raças, sexos e idades. Mas o gosto e até a volúpia do uso da força afiguram-se ainda mais vivos neste do que em outros períodos — rescaldo do quarto de século de conflito e ocupação estrangeira e da desorganização econômica e social, para não mencionar outras guerras, a dos Palmares e a do Açu. Nos anos 1670, o governador Aires de Souza e Castro detectara uma verdadeira pedagogia da força bruta: "Nesta terra, se mata gente com uma facilidade que creio que os pais ensinam os filhos a isso como as maiores obrigações".

Das porteiras de engenho para dentro, o emprego da violência da parte dos poderosos estava implicitamente legitimado, a menos que atingisse extremos tais como no caso célebre de Fernão Barbalho Bezerra, que, com a coadjuvação dos filhos, massacrou a mulher, as filhas e um sobrinho, devido à imaginária questão de honra, sendo executado na Bahia. Das porteiras de engenho para fora, só esporadicamente o uso da força caía sob a alçada da justiça d'El Rei, muitas vezes impotente, até entrado o século XVIII, para reprimir com um mínimo de eficácia as demasias de indivíduos que os magistrados costumavam designar por régulos e em quem enxergavam o grande obstáculo à imposição do poder da metrópole. Daí que, ao soar a hora das alterações pernambucanas de 1710-1, os agentes da Coroa se apressem em atribuí-las à impunidade em que haviam ficado os autores da deposição de Mendonça Furtado, dos tumultos de Goiana e de outros excessos cometidos pelos homens principais.

Embora fosse frequente puxar-se a espada durante discussões acaloradas (que os governadores procuravam coibir por meio de providências rotineiras), a documentação oferece um único exemplo de duelo, o qual, porém, não deve ser confundido com a ocorrência de desafios armados, frequentemente envolvendo de cada lado grupos de três ou mais pessoas. No tocante às desavenças entre indivíduos de diferente posição social, a ética senhorial, fossilizada na península Ibérica, ou residual na França (como na surra mandada aplicar em Voltaire por marido ciumento), permitia ao superior desforrar-se de ofensa feita por gente subalterna por intermédio de outra pessoa da mesma condição. Atitude, aliás, consagrada no *Quixote* que, no capítulo XVIII da primeira parte, escusou-se de desagravar Sancho Pança das afrontas sofridas às mãos de gente vil como ele, com a justificação de que as leis da cavalaria proibiam-no de revidar em quem não fosse parte dela, exceto em defesa da própria vida.

Também no Reino era corriqueira a prática de mandar espancar ou matar, uma vez que a vendeta e outras formas de justiça clânica ou privada sobreviveriam por mais tempo na Europa meridional e católica, ao contrário das sociedades do norte da Europa, onde o duelo compaginava-se com a emergente ética individualista. Ainda no derradeiro quartel do século XVIII, Arthur William Costigan observava serem os portugueses refratários ao duelo, cuja moda, aliás, só vingará entre eles no século seguinte, assim mesmo restrita aos estratos superiores ou europeizados da população. Narrava o viajante inglês que, tendo certo oficial de Sua Majestade Britânica se desentendido com um militar lusitano acerca da venda de um cavalo, em vão tentara persuadi-lo a resolver a querela por aquele meio. O português não via motivo para comportar-se segundo os costumes de fora, achando preferível e, em todo caso, menos arriscado resolver o assunto da maneira comumente praticada no seu país, a qual consistia em empreitar a eliminação do desafeto.

Para referir apenas o episódio mais célebre, não foi outro o método utilizado pelos Távora para se despicarem das incursões amorosas d'El Rei d. José I na família. No Portugal setecentista, a alta nobreza podia recorrer eventualmente ao duelo, mas o espancamento por criados ou homens de mão (os *bravi* da Itália barroca) continuava a ser mais popular e até empregado por diplomatas estrangeiros, como na escandalosa briga entre o embaixador e o cônsul ingleses no reinado de d. João V.

Para fins de revide ou coação física, nossa sociedade escravocrata instrumentalizou o elemento servil, sob a forma dos cabras de bagaceira, verdadeiras tropas de choque que intervinham nos frequentes conflitos em torno de terras e de engenhos, como na disputa acerca do engenho do Meio, que, durante o governo de Montebelo, quase degenerou em batalha campal. A um sobrinho de André Vidal de Negreiros, Antônio Curado Vidal, acusava-se de ter sido mandante de onze mortes, inclusive a da madrasta, a de dois parentes dela e a do seu próprio genro. Afortunados haviam sido o cunhado, que escapara com vida de uns tiros que lhe mandara disparar, e certo letrado que sofrera cutiladas devido à redação de papéis desairosos contra seu ilustre tio. Antônio Curado ordenou ademais a mutilação de um escravo tocador de charamela. Todos esses delitos, que ficaram impunes nem impediram seu mandante de falecer no cargo de alcaide-mor de Olinda, haviam sido invariavelmente cometidos por escravos. A única atrocidade consumada pessoalmente por Antônio Curado consistiu em capar um mulato. Não se conclua, porém, tratar-se de personalidade aberrante. Outras figuras do mesmo estofo desfilam impávidas pela documentação, como em vida desfilaram pela capitania.

Ao invés da sociedade burguesa, que individualiza a desavença, as sociedades do Antigo Regime, ao metamorfoseá-la em questão de honra, tornavam-na apta a envolver a parentela inteira. Atitude válida inclusive entre aqueles grupos de que não se supunha encarnassem o pundonor, mas seu oposto, a diligência e a manha, como eram os homens de negócio. Quatro mercadores importantes do tempo de Montebelo encontram-se implicados numa pendência à espada. Uma questão de propriedade, por exemplo, raramente continuava sendo uma questão de propriedade. A mutação pode ser observada mercê do acaso arquivístico que, entre tantos acontecimentos do gênero, preservou a devassa sobre o assassinato de Roque Gomes Pais (1687).

Ele cavalgava pela estrada do seu engenho em Itamaracá, quando lhe dispararam uma espingarda. A tocaia fora bem planejada, pois na hipótese de errar-se o alvo, uma segunda cilada havia sido disposta mais adiante. Logo se espalhou o rumor de que o mandante fora Leão Falcão de Melo, a cujo sogro pertencera a propriedade. Como *"poderoso caballero es Don Dinero"*, o engenho, gravado de dívidas, fora arrematado por quem dera mais, vale dizer, Roque Gomes Pais, reinol e provavelmente mercador, razões adicionais para ofender os brios da família do antigo senhor. Desejando adquiri-lo por motivos sentimentais, Leão Falcão e sua mulher, Isabel de Moura, moveram-lhe processo, enquanto d. Isabel acomodava-se na casa-grande. Mas como Roque tivesse relações no Recife, obteve concurso de força armada a fim de expulsá-la. O despejo foi indecoroso, entoando-se cantigas debochativas e retirando-se d. Isabel sob apupos e descomposturas. Roque também compôs um soneto satírico em que, com a arrogância de novo-rico, chamava Leão de "fidalgo de borra", ou fidalgo de merda em português do século XVII.

O desacato levou a melhor sobre as hesitações de Leão Falcão de Melo, a quem a furibunda consorte pressionava: "enjoada, dizia que não havia de aparecer entre gente, assim afrontada", jurando ao marido que se Roque Gomes Pais não fosse eliminado, "não havia [de] meter mais o pé com ela na cama", eufemismo a que o magistrado preferiu a fórmula mais digna de que "se não havia de deitar com ele". Consoante a lógica do crime de honra, que exige a divulgação da autoria de modo a lavar a reputação do ofendido, Leão gabou-se publicamente do fato. Preso, o juiz municipal, devidamente subornado, acabou liberando-o, o que lhe deu a ocasião de praticar mais um desmando, ao reter em cárcere privado certo indivíduo que se recusava a casar com uma mulata de sua propriedade e particular estima.

Intimado a soltá-lo, Leão e seus homens reagiram à mão armada. Câmara Coutinho assumira recentemente o governo de Pernambuco e o incidente vinha a calhar a quem se propunha a dar lição definitiva nos régulos da terra. Leão Falcão de Melo terminou a existência numa enxovia, vítima da febre amarela. Graças à posição de Roque Gomes Pais, seu assassinato e a escamoteação judiciária haviam chegado ao conhecimento da metrópole. Confiada nova devassa ao dr. Ramires de Carvalho, ela indiciou os principais responsáveis. A d. Isabel, que voltara a casar-se, não foi difícil refugiar-se no interior, mas seu cunhado, Pedro Marinho Falcão, e um sobrinho, que tinham participado da empreitada, pagaram a fatura.

Questões de dívidas também se metamorfoseavam em questões de honra; e o credor que cometesse a imprudência de cobrá-las podia não regressar da perigosa jornada, mesmo quando munido de carta de seguro da autoridade judiciária. A um desses ousados, que fora a Penedo, derrubaram-lhe do cavalo a tiros e o acabaram a punhaladas. Daí que os mercadores preferissem ficar no Recife, recorrendo aos meios legais, apesar da sua ineficiência e lentidão, embora também ali ou em Olinda não se estivesse a salvo de vingança pessoal — mesmo quando se era o próprio bispo. O primeiro deles, d. Estêvão Brioso de Figueiredo, abandonou a diocese e regressou ao Reino depois de um tiro de espingarda disparado contra a janela do paço episcopal, onde à noite costumava espairecer.

Anteriormente, haviam atirado com bacamarte para o interior da residência do vigário-geral.

Certo advogado do Recife, residente na "outra banda", como era conhecido o bairro de Santo Antônio, foi assassinado quando dormia tranquilamente numa rede que armara, debaixo de umas parreiras, para aliviar-se do calor. Um dos primeiros atos oficiais dos governadores consistia em proibir o porte de arma na cidade e na praça, tal a frequência das rixas. Como houvesse a intenção de testar a disposição da autoridade recém-chegada, tais incidentes costumavam acontecer poucos dias transcorridos da portaria ritual, donde o conselho do secretário do governo no sentido de que o novo governador não titubeasse em castigar severamente o primeiro que desafiasse a interdição, pois de tal reação dependeriam o temor e o respeito que lhe mostrariam no decurso da sua gestão.

Da bagaceira dos engenhos, fulcro da violência senhorial (donde a expressão "cabra de bagaceira" para designar o indivíduo que servia de pau para toda obra), o uso e o abuso da força espalharam-se por todas as camadas, resultando no reforço circular da coação bruta. Na segunda metade de Seiscentos, a Coroa mostrou-se impotente para dominá-la, de onde quer que partisse, de modo que a própria casa-grande terminou tendo medo, malgrado guardar seu terreiro à ponta de punhal ou sob o cano da arma de fogo. Houve primeiro o medo dos Palmares, esses "holandeses de outra cor" a que aludia Brito Freyre, esmagados em 1695. Mas o fim da Troia negra não eliminou, antes terá incentivado, a ameaça cotidiana procedente da proliferação dos "mucambos", pequenos quilombos encravados nas matas da região açucareira, os quais sobreviveram até o século XIX, como no caso de Catucá, nas cercanias do Recife.

Tais mucambos haviam se disseminado durante o governo de Francisco Barreto, graças à desordem e à desolação legadas pela guerra. Como demonstrou Stuart

Schwartz, situados nas proximidades de povoações e engenhos, não se baseavam na autossuficiência de um modelo africano, mas, como seus congêneres baianos, parasitavam o setor dominante da economia local, assaltando viajantes, extorquindo moradores, roubando gados e víveres. Se Palmares, como se pretende, teve efetivamente a veleidade de romper com a ordem colonial e de regressar a um impossível passado cultural, os mucambos viviam dela.

Salvo no flanco oriental dos Palmares, imprensado entre eles e o mar, de Sirinhaém a Alagoas, o pavor gerado pelos mucambos é manifesto nos faits divers de escravos quintas-colunas, que regressavam a seus donos a fim de aliciarem ou coagirem os demais à fuga, promovendo toda a sorte de distúrbios. Na noite das senzalas, o que não poderiam aprontar? Os escravos restituídos ou capturados tornaram-se o objeto especial da paranoia da casa-grande, que desistiu muitas vezes de os reivindicar, como no caso dos palmarinos que mofaram na enxovia. Paranoia alimentada pelas surpreendentes conivências de que os mucambos dispunham na mata açucareira mediante o lucrativo comércio de armas, munições e ferramentas.

Muitos colonos exploraram o trabalho de fugitivos que escondiam, malgrado ordens governamentais sobre a revista de engenhos suspeitos de atraírem escravos de terceiros. Destarte, a aniquilação dos Palmares não tranquilizou a capitania, tanto mais que a resistência dos sobreviventes prosseguiu por alguns anos, levando à criação de um sistema de arraiais de paulistas e índios mansos, encarregados de esmagar as tentativas de reconstituição do quilombo e de atalhar correrias pela região meridional de Pernambuco.

Dos mucambos localizados na mata canavieira e até nos arredores do Recife, saíam bandos de assaltantes que atacavam e roubavam as casas dos moradores e os viajantes. Fenômeno conhecido na história do banditismo rural, muitos deles beneficiavam-se de importantes proteções.

Em meados dos anos 1680, a agressividade desses grupos tornou-se incontrolável, convergindo com a das maltas de criminosos, brancos ou mestiços livres que infestavam Pernambuco e Itamaracá. Não houve governador da época que não clamasse contra a alarmante criminalidade a que assistiam inermes. O procurador da Coroa pintava um quadro estarrecedor. Os sicários não respeitavam condição social alguma, nem sequer a dos eclesiásticos. Todos, já igualados pela morte, viam-se agora inadmissivelmente equiparados na maneira como morriam. Comparada à ocupação holandesa, a situação era "a paz que parece guerra e aquela foi guerra que parece paz". A um desses assassinos profissionais, ouvira-se a confissão de ser o seu o melhor negócio do mundo, pois comprava uma libra de pólvora por dois vinténs para praticar um crime que lhe rendia 4 mil-réis.

Na repressão às quadrilhas, os governadores abstiveram-se de utilizar a tropa de linha, reservada à defesa das praças-fortes da marinha e orgulhosa de um status que a impedia de dedicar-se a tarefas policiais. Embora esporadicamente eles permitissem o emprego de milícias rurais, tinham de levar em conta a impopularidade da sua convocação para missões externas às suas freguesias. Ao menos desde 1612, optara-se pelos capitães do campo, à frente de contingentes heteróclitos, subordinados ao capitão-mor de campo de toda a capitania. Peritas na guerra do mato, elas tinham o conhecimento do terreno. Durante a guerra holandesa, haviam sido empregadas na captura dos *boschneggers*, ou mucambeiros, e na *hot pursuit* aos campanhistas luso-brasileiros. De uma delas, de finais do século XVII, se entrevê a composição: 27 indivíduos aparentados com o capitão e isentos da obrigação de servir na milícia e da jurisdição dos capitães-mores. Paralelamente, surgiram agrupamentos ad hoc, recrutados por particulares a quem os governadores concediam poderes para desbaratar os ranchos de meliantes e africanos insubmissos. Criou-se assim o modelo institucional para os "tundacumbes" que o governador Félix Machado (1711-5) mobilizará não para reprimir mucambos mas para varejar as casas-grandes dos pró-homens implicados nas alterações pernambucanas.

O engenho como valhacouto de criminosos sempre existiu. A prestação desses serviços era a contrapartida da sua proteção pela grande propriedade. Negar patrocínio a um morador equivalia a uma violação grave do código tácito que regia suas relações com o senhor, cuja autoridade e capacidade de recrutar aderentes ficariam comprometidas. No propósito de acabar com a prática nefasta dos homízios, Montebelo ameaçou os pró-homens com a perda dos seus postos na milícia e com prisão e degredo para Angola, mandando vasculhar seus engenhos. Mas a medida surtia efeito apenas pontual. Um indivíduo da posição social de José de Sá e Albuquerque, morgado de Santo André, fidalgo da Casa Real, cavaleiro da Ordem de Cristo, capitão-mor da Muribeca, provedor da Misericórdia, várias vezes vereador e juiz ordinário da Câmara de Olinda, não hesitou em intimidar e subornar testemunhas para proteger o parente que capitaneava uma quadrilha de malfeitores. A ousadia deu com ele na cadeia, onde, contudo, receberia a cortesia da visita da autoridade judicial despachada por El Rei para reprimir os criminosos de Pernambuco.

A inação dos juízes municipais era escandalosa. Recrutados entre os senhores de engenho, seu interesse consistia em manter a isenção de fato das propriedades, embora no exercício daquelas funções fossem teoricamente os representantes da Coroa. Em vão, os governadores concitavam-nos a apurar e punir os crimes de morte, mas a inércia devia-se menos à condição de indivíduos destituídos de conhecimento jurídico (fenômeno comum à administração municipal no Reino e no ultramar) do que à de parentes e parceiros dos criminosos. Em 1671, ano para o qual existem dados estatísticos, a justiça puniu apenas um punhado de delinquentes em nada menos que 202 devassas concluídas. No triênio anterior ao governo de Montebelo, ocorreram mais de quinhentos assassinatos, quase todos de emboscada a mando de terceiros; mas "o poder e o cabedal" haviam dado sumiço aos correspondentes inquéritos. Um desses assassinos, o Casaca, faleceu pacatamente na cadeia do Recife por falta de provas relativas a cerca de catorze homicídios. Montebelo punha a culpa por essa situação no dispositivo do regimento dos ouvidores gerais da capitania que autorizava a concessão de alvarás de fiança, os quais, expedidos com pasmosa facilidade, deixavam os criminosos à solta afrontando os parentes da vítima. Os capitães-mores permitiam-se mesmo interceder por eles junto aos governadores, embora no tempo de Câmara Coutinho quem o fizesse se arriscava a levar tremenda bronca.

Praça vs. engenho*

As alterações de 1710-1 foram uma dessas pugnas sem transações a cuja vertigem, na história política do Brasil, sucumbiram apenas os pernambucanos e os gaúchos. A confrontação entre a praça e o engenho, que apenas se vislumbra na deposição do Xumbergas, nas alterações de Goiana ou na questão dos néris, assumiu a forma de uma contenda jurídico-institucional entre o Recife e Olinda. Contudo, essa ingênua fachada municipalista não demorou a ruir, revelando o que operava verdadeiramente por trás dela: a disputa pelo poder local entre o mercador reinol e o senhor de engenho mazombo, a qual se manifestou de modo mais intenso em Pernambuco do que em outras partes da América portuguesa. As fontes narrativas de uma e outra parcialidade não se deixaram enganar, fazendo ver sem rebuços que as alterações de 1710-1 constituíram de maneira nua e crua uma luta de classes.

Radical em Pernambuco, atual ou latente em outras áreas açucareiras da colônia, o conflito inexistiu nas ilhas, ecológica e economicamente aparentadas, de colonização inglesa do Caribe. Em Barbados, por exemplo, o *planter* era o negociante de si mesmo, seja diretamente, seja mediante seus comissários na Inglaterra, tanto mais que em sua grande maioria eles procediam de famílias mercantis

---

* Capítulo V de *A fronda dos mazombos*, op. cit.

especializadas no trato colonial. Por volta de 1660, cerca de 40% dos *planters* barbadianos descendiam de famílias que ali haviam se fixado na fase pré-açucareira, dominada pelo fumo e pelo algodão; e que haviam logrado realizar com êxito a transição para o novo gênero. Com o boom açucareiro, firmas comerciais inglesas investiram diretamente nas plantations, encarregando-se também de fornecer mão de obra africana à ilha, em concorrência com os holandeses, que haviam sido os fornecedores iniciais.

Várias razões foram alegadas para o fato de que, no Caribe açucareiro, os *planters*, livres do contrapeso de uma camada de homens de negócio domiciliada na terra, monopolizaram o poder local mediante grau de autogoverno desconhecido na América portuguesa: a existência prévia de uma classe de proprietários suficientemente capitalizados; o absenteísmo, que os habilitava a concentrar-se na etapa mercantil, entregando a agrícola a capatazes ou feitores; ou o fato de, desde meados do século XVII, o aprovisionamento das possessões antilhanas ter se tornado a *chasse gardée* dos núcleos setentrionais da costa leste da América do Norte, causando o desinteresse do comércio inglês pelo mercado das ilhas.

Russell B. Menard chamou recentemente a atenção para outra diferença fundamental entre Barbados e o Brasil. Inicialmente, a produção de açúcar barbadiano seguiu o modelo do sistema disperso pelo qual os lavradores de cana abasteciam as fábricas da matéria-prima indispensável à moagem. Contudo, com o êxito do açúcar, os mercadores ingleses detectaram a maior rentabilidade a ser obtida da integração da parte agrícola e da industrial, sistema que por volta de 1680 passou a dominar na ilha. No Brasil, pelo contrário, o sistema disperso continuou a operar até o século XIX e mesmo posteriormente, com a transformação do lavrador de engenho em fornecedor da usina. A diferença deveu-se à maior disponibilidade de crédito e de mão de obra africana em Barbados. Um sistema integrado exigia um investimento substancial que estava ao alcance do *planter* barbadiano mas não do senhor de engenho brasileiro, obrigado a dividir os ônus da inversão inicial com os lavradores de cana na aquisição de escravos, utensílios agrícolas, animais de serviço e, no caso dos lavradores livres, na compra da terra.

Mas não eram só as relações estreitas entre o *planter* e a comunidade inglesa que explicam a disparidade. Ela decorreu sobretudo do sistema jurídico que, na Inglaterra, favorecia o credor, mas que no Brasil beneficiava o devedor, tornando escassa, por conseguinte, a oferta de capitais. Trata-se da distinção entre o que Jacob M. Price rotulou de "regra anglo-saxônica" e de "regra latina". Graças à primeira, o credor podia apossar-se não só da safra mas de todos os meios de produção, ao passo que no Brasil ele só podia ser reembolsado nos rendimentos da safra. O resultante encarecimento do crédito levou nossa economia açucareira à estagnação, ao passo que em Barbados o *planter* dispôs dos recursos para efetuar a totalidade do investimento, alijando os lavradores de cana do sistema de produção — e inaugurando assim o que P. C. Emmer chamou "o segundo sistema Atlântico", caracterizado pela maior escala das operações produtivas.

Contudo, na fase inicial do povoamento, os núcleos canavieiros do Brasil tiveram em comum com os das Antilhas a associação entre o colono e o mercador, que, da metrópole, financiava o parceiro, parente ou mero sócio que se aventurava a fundar partido de cana ou erguer engenho de açúcar na nova terra, partilhando os lucros em proporções convencionadas. Tal sistema (*mateship* era a designação inglesa) tendeu a desaparecer em Pernambuco quando o número de fábricas estabilizou-se nos decênios anteriores à ocupação holandesa. A primeira açucarocracia pernambucana recrutou-se entre indivíduos que lograram obter recursos graças à sua posição de funcionários da Coroa, de agentes de redes comerciais cristãs-novas, de pequenos fidalgos de província e até mesmo de pobretões cuja capacidade empreendedora conquistou-lhes a confiança de eventuais financiadores. O que muitas vezes não excluiu, no período *ante bellum*, a fusão do produtor e do comerciante, como no caso daqueles cristãos-novos que, pertencendo a redes familiares da metrópole, integraram verticalmente ambas as atividades. Mas a conflitividade decorrente da especialização já se faz sentir então, como no processo inquisitorial de João Nunes, mercador marrano de Olinda, impopularizado pela prática da onzena.

Quando se salta do final do século XVI para a segunda metade do XVII, o cristão-novo sumiu tanto da atividade produtiva como da mercantil. Ironicamente, os indivíduos suspeitos agora de sangue converso não são os negociantes do Recife mas os pró-homens de Olinda, muitos deles efetivamente descendentes de colonos sefarditas de Quinhentos. Cessara também a combinação, pelo mesmo agente econômico, do produtor e do comerciante, cujos afazeres haviam se especializado. O recrutamento dos homens de negócio verificava-se agora entre os escalões subalternos (artesãos e gente do campo) da população cristã-velha do Reino, majoritariamente das províncias do norte de Portugal. Como caixeiros ou mascateando pelos distritos rurais, eles acumulavam os recursos com que abrir loja no Recife, onde mediam e pesavam (exercícios manuais e portanto envilecedores) por conta própria ou mais frequentemente como agentes de comerciantes de Portugal, ascendendo por vezes a "mercador de sobrado", isto é, a mercador em grosso.

O cronista padre Gonçalves Leitão explica o enriquecimento desses reinóis. Na paráfrase oitocentista de Fernandes Gama:

> Em poder desses forasteiros ou mascates residia todo o comércio; eles, portanto, eram os que supriam os engenhos e também os únicos que recebiam as caixas

de açúcar. No fim das safras, cada senhor de engenho devia uma soma considerável ao mascate que o tinha suprido, e então este inflexível credor instantemente o apertava, dando-lhe a escolher ou pagar-lhe no ano seguinte o duplo do que devia, ou entregar o açúcar a quatrocentos réis cada arroba, açúcar este que ele remetia aos seus correspondentes na Europa à razão de 1400 réis. Qualquer destes dois negócios arruinava infalivelmente o miserável agricultor, mas tendo os mascates monopolizado a compra dos açúcares, outro remédio não tinham os tristes pernambucanos que se sujeitarem à vontade do opressor europeu. Desta sorte, em poucos anos tornaram-se os mascates grossos capitalistas.

Previsivelmente, a praça do Recife oferecia uma versão bem diversa para o endividamento da nobreza. Se Gonçalves Leitão fazia finca-pé no crédito usurário, o cronista dr. Manuel dos Santos, porta-voz da mascataria, assinalava que "os recifenses nunca devem aos senhores de engenho e raríssimo será o senhor de engenho que a eles não deva cabedal bastante", o que se devia, por um lado, ao desperdício inerente à conduta senhorial, e, por outro, à capacidade de poupança e à ética de trabalho dos reinóis:

> É o Recife o principal objeto da emulação (por não lhe chamar ódio) dos moradores de Olinda e da maior parte dos filhos da terra, sendo a causa o verem que vindo os filhos de Portugal, que nele habitam, pela maior parte pobres e por não perdoarem a trabalho, chegarem a adquirir pela sua indústria (a que eles chamam roubos) os cabedais que os filhos do Brasil pela sua ociosidade (para não dizer preguiça) costumam esperdiçar. E considerando depois disto que de força se há-de valer deles pelo seu remédio, tanto de fazenda como de dinheiro e de tudo mais que necessitam (porque entre os paisanos [isto é, conterrâneos] não acham este préstimo), como

não medem os gastos pelos cabedais que possuem senão pela desordem dos seus apetites, ajuntando dívidas sobre dívidas e fazendo-se remissos na paga, vem a resultar, depois de venderem os postos que ocupam e ficarem sem os bens por penhorado neles, tornarem a raiva desta sua incúria aos recifenses, a quem devem. E como a indigência lhes não faça perder os brios, têm por menoscabo da sua fidalguia não o deverem mas sim a violência com que por justiça os fazem pagar.

Na visão mascatal, a propensão ao endividamento representava uma tendência inata no comportamento dos pró-homens, tanto assim que, segundo outra fonte recifense, havendo a Companhia das Índias Ocidentais, ao tempo da ocupação batava, lhes adiantado crédito abundante, eles lhe haviam ficado devendo várias vezes o valor do que possuíam, não faltando quem pensasse "foi esta a maior ruína dos holandeses para poderem mais brevemente ser expulsos". Daí que à açucarocracia fosse indispensável mudar de suserano a cada ciclo de trinta anos, de modo a livrar-se dos débitos contraídos no período, não porque os frutos da terra fossem insuficientes "aos lícitos e medianos estados", mas porque suas despesas eram tão "sem medida nem conta que os cabedais de todo o mundo não podem bastar a tão desordenados gastos quais causam as influências do clima". Ao argumento ambiental, na América espanhola como na portuguesa, apelava frequentemente o discurso peninsular, secular ou eclesiástico, destinado a justificar a superioridade dos reinóis sobre os mazombos.

Às autoridades da Coroa, impressionava a veemência da aversão recíproca. O governador Castro e Caldas pretendia que ela fosse ainda mais intensa do que a prevalecente entre castelhanos e portugueses nas povoações de fronteira da península Ibérica; ou mesmo em outras partes da Europa. "Com o mesmo [rancor]", aduzia, "se criam os rapazes de uma e outra parte e se reconhece nos soldados de um e outro terço", isto é, dos regimentos de Olinda e do Recife. A entendimentos metropolitanos, o antagonismo parecia tão inusitado que, quando finalmente se metamorfosear em guerra civil, recorrer-se-á aos precedentes célebres da história municipal italiana e aos "bandos antigos de guelfos e gibelinos", na falta de exemplos domésticos para efeito de comparação. O autor de um dos relatos das alterações de Pernambuco invocava a coeva rivalidade entre as cidades de Dinant e Bouvines, na França, que "tanto se aborrecem que não distando uma de outra senão um quarto de légua, tendo no meio o rio Mosa, não casam os de uma cidade com os da outra".

Particularmente viva afigurava-se a animosidade dos olindenses, que os pró-homens exploravam para seus próprios fins, como acentuava o ouvidor João Guedes de Sá. Ela seria tal que "os pais ensinam aos filhos como se fosse doutrina cristã e talvez primeiro". Por sua vez a gente domiciliada "por fora", isto é, no interior, seguia o exemplo de Olinda "por opinião ou inveja dos cabedais do Recife e como se querem apropriar [isto é, monopolizar] as governanças [isto é, os cargos do poder local] empurram para eles os gravames e mais os agravos [...]. Daqui vem que não lhes contenta o que não se encaminha a destruir o Recife e querem ter os governadores e ministros como aferrolhados em gaiola". "Ódio inextinguível que com o primeiro leite bebem logo em tenros anos os naturais do Brasil contra os filhos de Portugal", afirmará uma das fontes mascatais. Em Pernambuco, ele era particularmente virulento, devido a que o Recife, "crescendo de limitados princípios a nobilíssimos progressos, se fez senhora do oceano brasílico, recebendo em suficiente porto dilatadas frotas, sem invejas da Bahia e Rio de Janeiro, que apenas lhe levam a primazia pelo ouro que as enriquece".

A economia açucareira os parira xipófagos, mas nobres e mascates comportavam-se como inimigos. O autor do *Tratado da capitania de Pernambuco* era o primeiro a reconhecer a interdependência de ambas as camadas e a lamentar os estragos que a rivalidade lhes trazia, sublinhando "mui preciso ser, como sempre foi, que estes moradores da praça, filhos de Portugal, vivam e tenham trato com os moradores de fora, e sem estes nem um nem outro se poderão conservar e isto se deve ter por tão certo como infalível". Não se tratava de fenômeno recente. Pelo contrário, "sempre os homens da praça venderam suas fazendas, escravos e mais misteres adjuntos ao comércio, aos homens de fora, para estes poderem viver e menear e pagar-lhes com os frutos da terra, havidos pela sua agricultura", embora ocorresse também que "nunca o produto dos frutos chegava a igualar o número do empenho".

O endividamento da açucarocracia teria quebrado o frágil mecanismo do comércio e do crédito, mormente a partir da guerra de sucessão da Espanha. Os pró-homens "não viam receita e despesa, para o que não olham e somente para que se lhes dê o que pedirem para seu uso e necessário". O crescimento dos seus débitos acabou afetando a posição dos comerciantes, já abalada, de outro lado, pelas "continuadas perdas que experimentou a praça [do Recife] nas frotas e nas demoras delas", causadas pelo conflito europeu. No quadriênio 1707-10, tinham se perdido nada menos que quinze ou dezesseis naus da carreira de Pernambuco. Na realidade, já ao tempo do governo de Montebelo, a situação não era boa. Solicitando El Rei que o comércio recifense participasse com seus cabedais para a recém-fundada Companhia da Índia, o governador exprimira ceticismo por "ser certa e geral a impossibilidade dos homens de negócio" não só em face da escassez de meio circulante como também do fato de que "não há nenhum que não deva mais do que tem" aos comerciantes da metrópole.

Para o contraste entre continuidade na Bahia e ruptura em Pernambuco terá contribuído decisivamente a dominação holandesa, na medida em que aprofundou a separação entre a etapa produtiva e a comercial da atividade açucareira, graças à maior especialização do capitalismo mercantil dos Países Baixos, a que cumpre acrescentar as circunstâncias específicas da implantação e da liquidação do poder batavo no Nordeste. A partir da ocupação (1630-7), os senhores que permaneceram à frente das suas propriedades e os que adquiriram a prazo os engenhos confiscados pelo governo neerlandês encontraram-se numa dependência acentuada do crédito dos comerciantes holandeses e judeus do Recife, seja para reerguer e reparar as fábricas destruídas durante a primeira fase da guerra, seja para refazer os plantéis de mão de obra africana. O pesado endividamento então incorrido, agravado pela queda do preço do açúcar em Amsterdam desde 1638, explica em grande parte o levante restaurador deflagrado sete anos depois.

A produção e o comércio do açúcar segregaram-se em grupos nacionais, dando motivo à queixa de que os senhores luso-brasileiros haviam se tornado meros feitores dos negociantes estrangeiros do Recife; e capitais batavos financiaram até mesmo os setores de subsistência da economia local. De tudo isto procedeu também aquele divórcio entre a vida urbana e a vida rural, há muito assinalado pelos autores que nele enxergaram uma característica peculiar ao Brasil holandês, desconhecida portanto na América portuguesa. A atitude neerlandesa entre nós não foi diferente da que assumiriam nas colônias açucareiras do Caribe. Ali também os capitais neerlandeses, que desempenharam papel fundamental no seu desenvolvimento, restringiram-se ao financiamento e à comercialização do produto. Por fim, a restauração pernambucana devolveu à Coroa portuguesa uma região devastada pelo segundo ciclo bélico (1645-54), com sua reconstrução inibida pelo declínio do preço do açúcar no mercado internacional e pelos modestos recursos de que dispunha o comércio reinol. Vale a pena citar o texto em que um historiador nativista do século XIX parafraseia a crônica de Gonçalves Leitão quando trata das origens do antagonismo entre a nobreza e a mascataria. Um "turbilhão de aventureiros aurissedentos [...] todos os anos, nus e miseráveis, aportavam no hospitaleiro Pernambuco". "Desta gente, pois, a mais abjeta de Portugal, ignorante e sobremaneira mal--educada, abundava esta província." Aqui desembarcados, "esses forasteiros conseguiam, a troco de algum trabalho pessoal, adquirir 4 mil ou 6 mil-réis", com os quais compravam toda sorte de gêneros que "saíam a vender pelas ruas e freguesias do interior".

> Deste giro mesquinho [...] seus patrícios (que tinham como eles principiado) os livravam, fiando-lhes fazendas para venderem aos moradores do campo, e assim, arvorados em mascates, em breve aqueles estúpidos que em Portugal nem para criados serviam, tornavam-se capitalistas e, esquecendo-se dos seus princípios, julgavam-se superiores à nobreza do país, que tão benignamente os acolhera e que, entregue ao honorífico trabalho agrícola, os honrava e favorecia liberalmente em todas as ocasiões.

O ressentimento exalado nessas linhas não compromete sua veracidade. As alusões depreciativas ao início de vida dos comerciantes recifenses distam de ser o fruto do imaginário senhorial. Atendo-se àqueles indivíduos que tiveram papel proeminente na comunidade mascatal do Recife, sabe-se de Miguel Correia Gomes, um dos chefes do levante de 1711, haver sido criado do futuro cunhado, Domingos da Costa de Araújo. Ocasião (afirma João de Barros Rego) em que "nos deu água às mãos e nos serviu à mesa", passando depois a mascatear, "carregado de alforjes de drogas que, apregoando, vendia pelas portas; e nossos negros lhe davam agasalho nas suas casas", vale dizer, na senzala, como rememorava um dos chefes da sedição da nobreza. Outro, Joaquim de Almeida, começara na terra como "moço de um mulato", isto é, serviçal de mercador, provavelmente Luís Cardoso, que, nascido escravo, se alforriou, passando de caixeiro de negociante alemão da praça a mercador de sobrado.

Ao invés dos seus sucessores de Setecentos, as primeiras gerações mascatais fixadas na capitania no decurso da segunda metade de Seiscentos não deixaram vestígios na história genealógica, indício flagrante de obscuridade social. As representações do corpo de comércio da praça, em 1670 e 1686, alinham assinaturas de indivíduos que jamais ultrapassariam o anonimato da loja ou a rotina dos tratos e contratos, numa confirmação do que alegava Gonçalves Leitão no sentido de que esses pais fundadores "só do comércio cuidavam", sem alimentar, também ao contrário das gerações seguintes, ambições descabidas de promoção social ou política. Em tais listas, notam-se apenas os nomes de Joaquim de Almeida, que já se tornara uma espécie de patriarca do grêmio mercantil quando das alterações de 1710-1; e o de Antônio Fernandes de Matos, que merecia ter, na história urbana do Recife, lugar não menos eminente que o atribuído ao conde de Nassau, ou, no século XIX, ao conde da Boa Vista.

É certo que Fernandes de Matos não começou a vida pelo comércio ambulante, como a maioria dos seus pares, que não tiveram o mesmo êxito. Mas fê-lo sob a condição igualmente subalterna de pedreiro. Ao longo do terço final do século XVII, ele atuou em todos os setores da economia local: construção civil, especulação imobiliária, propriedade imóvel rural e urbana, navegação, tráfico de escravos, exportação e importação, comércio a grosso e a varejo, arrematação dos contratos de cobrança de impostos, agiotagem, provimento das frotas, criação de gado.

Os monumentos civis, militares e religiosos que construiu ou reformou denotam, além do gosto do empreendimento e da paixão do ganho, um verdadeiro programa de promoção da urbe que o holandês fundara, mas que Olinda forcejava em reduzir à posição anterior de anteporto. Programa que, ao representar a pujança comercial do Recife, não estava destituído de intenções políticas: igreja e convento do Carmo, igreja e hospital do Paraíso, colégio da Companhia de Jesus e a anexa igreja de Nossa Senhora do Ó, igreja e convento da Madre de Deus, capela da Ordem Terceira de São Francisco, o forte do Matos, o quartel do Paraíso, as obras do porto e das pontes, a casa da moeda, a reparação do palácio das Torres e o arco e capela do Bom Jesus. No tocante a seus contemporâneos da praça, ignora-se a composição da fortuna e o espectro das suas atividades econômicas.

Está-se melhor informado sobre a segunda e a terceira gerações de mascates — as que promoveram o levante de 1711. Ao comércio de grosso trato, com ou sem loja aberta (mas frequentemente com ela), eles se associaram à propriedade de embarcações de cabotagem ou destinadas ao comércio da costa da África; a exploração de trapiches e armazéns; a operação de curtumes e fábricas de atanados; a propriedade de bens de raiz no Recife ou de engenhos situados nas suas vizinhanças, que muitas vezes lhes vieram às mãos através da execução de dívidas; e, desde o fim do século XVII, depois da guerra dos bárbaros e da abertura da fronteira pecuária no Rio Grande do Norte e no Ceará, a obtenção de sesmarias e o estabelecimento de fazendas de gado. Tampouco descuidaram das oportunidades derivadas da administração fazendária, como a arrematação dos contratos de cobrança de impostos, o almoxarifado, a feitoria e a escrivania da alfândega e da fazenda, a tesouraria da junta de comércio e dos defuntos e ausentes, o juizado da balança, o cargo de patrão-mor da barra; ou da administração da justiça, como tabelionatos e cartórios, cuja retribuição efetuava-se sob a forma de emolumentos, gozando ademais de estatuto que permitia a transmissão aos parentes e a venda ou arrendamento a terceiros, o que tornava tais funções bem mais atraentes do que os empregos públicos assalariados.

Na crônica de Gonçalves Leitão, o comércio ambulante é a criação do Recife no fito de estender seus tentáculos ao interior de Pernambuco e capitanias vizinhas. Nem sempre, porém, fora assim. De início, muitos mascates haviam acumulado capitais em prejuízo do comércio local. Nos anos 1670, os mercadores, apoiados aliás pela Câmara de Olinda, reclamaram contra o aumento do número de bufarinheiros que lhes faziam feroz concorrência, com a oferta de ampla gama de artigos. Vendendo à vista, eles absorviam o numerário escasso da terra em detrimento do pagamento das dívidas da gente do campo no Recife e dos direitos devidos ao real fisco. Os governadores submeteram suas andanças a licença prévia, só lhes permitindo negociar com "fitas e linhas e outras coisas de menor importância", mas não com "fazendas de vara e côvado". Nos anos 1680, chegou-se finalmente a um modus vivendi mediante acordos de parceria ou pagamento de comissões que os transformaram em sócios volantes das firmas da praça. Outros haviam se sedentarizado: o caso de José Rodrigues de Carvalho, que mascateara "com seus escravos, vendendo fazendas", chegando a possuir "lojas de mercador por sua conta, em que não assistia mas tinha caixeiros", de modo a poupá--lo ao mister de medir e pesar que comprometeria suas expectativas sociais.

Igualmente veraz era Gonçalves Leitão ao afirmar que a segunda e terceira gerações de mascates buscaram a promoção política a que seus antecessores não tinham se atrevido. Frente a tal arrivismo, a açucarocracia adotara atitude benigna, concordando em que ocupassem postos administrativos, embora a título excepcional e posição minoritária; e até lhes fornecendo certidões falsas com que reivindicassem hábitos das ordens militares, fazendo-se passar por aparentados da nobreza local. Desta, muitas pessoas, reduzidas à pobreza, venderam-lhes os direitos às mercês herdadas de pais e avós por serviços prestados durante a guerra holandesa, prática contra a qual terminaria insurgindo-se a Câmara de Olinda e que motivou providências régias.

A tática limitadamente cooptadora dos pró-homens revelou-se contraproducente. Em vez de moderar o apetite dos reinóis, teve o efeito de extremá-lo, de modo que "quiseram [desde então] abater e destruir toda a nobreza, por que isentos ficassem logrando as honras que pelo braço e sangue alheios foram adquiridas". Ademais, enriquecidos graças ao crédito usurário, os mascates acederam à privança dos governadores (que tinham seus próprios motivos pecuniários para cultivá-los) e passaram a intervir nos negócios políticos a fim de levar a cabo seu plano. Os homens principais julgaram-se traídos; e, com efeito, um dos mais frequentes tópicos do discurso mazombo é a ingratidão mascatal.

O primeiro degrau na ascensão social do mascate era o ingresso nas irmandades e confrarias do Recife, criadas e dotadas pela comunidade mercantil. A partir daí, as portas estreitavam-se. A Santa Casa da Misericórdia de Olinda, clube nobiliárquico gerido pelo clero da cidade, não via com bons olhos a presença de mercadores, a menos que se contentassem com a posição de irmãos de "menor" ou de "segunda condição", no mesmo pé dos artesãos e da mais gente da plebe. Tratava-se de exigência no tocante à qual a Misericórdia da Bahia mostrava-se flexível, tanto assim que acolhia como irmãos de "maior" ou de "primeira condição" os comerciantes de sobrado, discriminando apenas contra os de loja. Até a criação da Misericórdia do Recife (1737) e mesmo depois, a Ordem Terceira de São Francisco funcionou como a réplica praciana da entidade olindense, seja no plano do prestígio, seja no prático, dos serviços dispensados aos membros.

Outro degrau a galgar era o de familiar do Santo Ofício, título concedido pelo seu Conselho Geral em Lisboa com base em investigação rigorosa do candidato, da sua mulher e da ascendência de ambos. No século XVIII, ser familiar compensou a dificuldade da obtenção de hábitos das ordens militares, vedados à grande maioria dos mascates, uma vez que El Rei só excepcionalmente relevava os "defeitos mecânicos", isto é, as incompatibilidades oriundas do exercício do trabalho manual. Embora no reinado de d. João V a Coroa estimulasse (inclusive por motivos fiscais) o acesso às ordens militares por parte do patriciado urbano que se decantava na América portuguesa, só no consulado de Pombal venceram-se as resistências finais. O alvará de 10 de fevereiro de 1757 e os estatutos da Companhia de Comércio de Pernambuco e Paraíba consagraram a dispensa automática dos "defeitos mecânicos" aos primeiros acionistas ou àqueles que adquirissem mais de dez ações.

Para opor-se à mascataria, a nobreza da terra precisou reconstruir sua unidade, abalada pelo domínio holandês. Durante a guerra e ocupação holandesas (1630-54), em 162 engenhos existentes no Nordeste, 38% (62 unidades) foram abandonados pelos senhores, que se retiraram das capitanias de cima. Muitas fábricas foram desmontadas, roubadas ou danificadas, enquanto a escravaria fugia. Mas a liberalização do comércio entre o Brasil holandês e os Países Baixos permitiu a reativação do sistema produtivo. As propriedades devolutas foram confiscadas e revendidas a crédito a comerciantes holandeses e judeus, a burocratas e oficiais do exército e também a colonos luso-brasileiros. Para repô-los moentes e correntes, crédito fácil lhes foi adiantado, como também aos lavradores de cana, se bem que a juros escorchantes. Segundo um cronista batavo, "o comércio passou a fazer movimento em escala nunca dantes atingida", fechando-se "transações de muitos milhões [de florins] em curto espaço de tempo".

Sobre a euforia do quinquênio 1638-42 incidiu a crise do preço do açúcar em Amsterdam, parte do fenômeno mais largo de declínio dos preços dos produtos coloniais e de reversão da tendência secular à expansão. Quando os capitais da metrópole passaram a ser cobrados aos negociantes do Recife, o colapso comercial tornou-se iminente. Diante do problema, o governo do Brasil holandês recorreu à encampação das dívidas de uma parte da açucarocracia em troca de garantia hipotecária. Na realidade, ele fomentara, desde o confisco e revenda dos engenhos, as circunstâncias que facilitariam a eclosão da revolta de devedores luso-brasileiros destinada a restituir a região à suserania lusitana. Raciocinavam as autoridades do Recife que tais indivíduos, devendo-lhes sua ascensão pessoal, serviriam de esteio à dominação neerlandesa no interior. Erro de cálculo que só se revelou plenamente quando dentre os grandes devedores surgiu o próprio chefe da insurreição de 1645, João Fernandes Vieira.

Imprensados entre a execução das dívidas e a trama da Coroa visando à restauração do domínio português, Fernandes Vieira e aliados decidiram-se pela insurreição, a fim de impedir que ela se fizesse sem eles e, por conseguinte, contra eles e a favor dos antigos senhores. A manobra foi bem-sucedida. A guerra de restauração (1645-54) levou-se a cabo graças à precária coalizão dos novos proprietários luso-brasileiros, dos senhores luso-brasileiros que, igualmente endividados, tinham permanecido à frente das suas fábricas e dos antigos donos exilados ansiosos por retomarem seus bens. Depois da vitória, d. João IV recusou-se, por temor a uma guerra civil, a ordenar que fossem restituídas as propriedades àqueles mesmos que as haviam perdido por acatarem as recomendações régias para retirarem-se de Pernambuco. Deixou-se aos litigantes, em cada caso, a tarefa de chegarem a um acordo mutuamente aceitável. A solução da querela levou vinte anos.

Desde então, trataram os pró-homens de cerrar fileiras a fim de legitimar seu poder, passando a se apresentar como "nobreza da terra". Entre nós, o interesse de tal transformação reside sobretudo na sua convergência cronológica com o conflito entre nobres e mascates. Outras distinções ocorriam entre os naturais da terra de origem lusitana e os naturais de Portugal ou das ilhas. Nos idiomas bantos, "mazombo" designava o indivíduo taciturno ou macambúzio, acepção que se transmitira ao Reino e ao Brasil, mas que podia significar também pessoa mal-educada e rude. Em Pernambuco, mazombo passou também a indicar o filho do português nascido na terra, o equivalente do *criollo* da América espanhola, expressão que já se tornara ofensiva no século XVI, donde ser proibida nos colégios jesuítas do México. Seu equivalente lusitano, crioulo, era reservado aos africanos nascidos no Brasil.

No século XVIII, "mazombo" já era termo ofensivo e com essa conotação recolheu-o Morais Silva na primeira edição do seu dicionário (1789). Malgrado o que assegura Pereira da Costa, é provável que seu emprego entre nós tenha sido depreciativo desde o começo. Só na segunda metade de Seiscentos, "mazombo" tornou-se orgulhoso coletivo, paralelamente a outro apodo, "pés-rapados", que seguramente se originou entre os reinóis radicados no Brasil para aludir ao costume do andar descalço. Aplicado aos pró-homens, "pés-rapados" visava evidentemente ridicularizar as pretensões sociais de indivíduos que, na percepção realista dos homens de negócio, não passariam muitas vezes de pobretões ou a caminho de sê-lo.

Reciprocamente, na ótica da nobreza da terra, os mercadores recifenses, malgrado a riqueza acumulada, não se livrariam jamais do opróbrio associado às atividades manuais, mormente a que consistira em mascatear. Aliás, foi somente em Pernambuco que o termo "mascate" extrapolou o significado estrito de regatão ou bufarinheiro para adquirir o sentido lato de comerciante reinol. A intenção injuriosa é intrínseca a todos esses epítetos, invariavelmente procedentes do estrato rival. Os naturais foram também chamados de "canelas pretas", expressão que parece ter sido reservada aos matutos, ou seja, às camadas pobres mas livres da população rural. Igualmente afrontosos tornar-se-iam os apelidos de "marinheiro" para o reinol e de "brasileiro" para o natural da América portuguesa, ambos postos a circular no decurso do século XVIII.

A nobreza também buscou redefinir seus vínculos com a Coroa, pretendendo que a restauração do domínio lusitano fora obra exclusiva sua, pois alcançada sem auxílio do Reino e até contra a vontade da Coroa. Noção fadada a grande sucesso. Reiterada na segunda metade de Seiscentos e ao tempo das alterações de 1710-1, perdurará, depois da derrota da nobreza, no bolor das crônicas setecentistas para ressurgir na revolução republicana de 1817. Sustentava-se mesmo que d. João IV concedera um elenco de foros, isenções e franquias, quer de natureza fiscal, como a dispensa de novos impostos, quer administrativa, como a reserva dos cargos locais, civis, militares e eclesiásticos. Consequentemente, ao contrário dos demais vassalos da América portuguesa, meros "súditos naturais", os pernambucanos eram "súditos políticos" ao terem, de sua livre e espontânea vontade, restituído ao domínio português uma terra que haviam duplamente conquistado, primeiro aos índios, depois aos neerlandeses. Tal discurso, como acontece frequentemente aos mitos constitucionais, carecia de fundamento histórico.

Quando da repressão desencadeada pelo governo de Félix Machado (1711-5), a nobreza negará de pés juntos a existência, que se lhe atribuía, da "sofística proposição" acerca da vassalagem meramente política dos pernambucanos. Desmentido pouco convincente. Pela mesma época, outras regiões do Brasil ou da América espanhola invocavam semelhantes. Em São Paulo, o bandeirismo desempenhou a mesma função legitimadora que a guerra holandesa em Pernambuco a fim de justificar os privilégios reivindicados pelos pró-homens paulistas diante dos forasteiros, fossem reinóis ou procedentes de outras partes da América portuguesa. Às vésperas da guerra dos emboabas, contemporânea das alterações pernambucanas, os paulistas pleiteavam a exploração exclusiva das minas que seu esforço secular de penetração descobrira no rio das Velhas, no das Mortes ou no ribeirão do Carmo. Segundo representação da Câmara de São Paulo (1700), eles é que tinham sido "os descobridores e conquistadores das ditas minas, à custa das suas vidas e gasto das suas fazendas, sem dispêndio da fazenda real", linguagem, portanto, análoga à dos memoriais em que havia meio século a Câmara de Olinda exaltava os serviços dos naturais da terra na expulsão dos holandeses.

No México ou no Peru alegava-se a existência de um pacto com os *"criollos"* pelo qual a Coroa, recompensando as conquistas dos seus avós, reconhecera-lhes a nobreza e reservara-lhes os cargos públicos, sustentando-se mesmo que aquelas possessões constituíam reinos à parte em pé de igualdade com os que na Europa formavam a monarquia espanhola, como Castela, Aragão, Sicília, Nápoles e Países Baixos espanhóis. A preferência dos *"criollos"* no preenchimento das funções locais de qualquer natureza ficou reconhecida em princípio desde 1681 (na prática, a teoria seria outra) pela *Recopilación de leyes de los reinos de las Indias*. A violação a esse suposto pacto ainda será uma das justificativas para a guerra da Independência, do mesmo modo como farão os revolucionários pernambucanos de 1817 e 1824.

A reação da nobreza às pretensões mascatais raiou pela paranoia de classe. A representação da Câmara de Olinda contra a instituição do Recife em vila passa a impressão de que os pró-homens consideravam-se vítimas de um complô da história, que se obstinaria em privá-los do desfrute da terra — tanto mais legítimo quanto ela fora arrancada pelos seus pais e avós à indiada hostil e ao meio rude. Contudo, quando "começavam a lograr os frutos dos seus trabalhos [...] se viram atropelados de repente pelo inimigo holandês". Malgrado suas tentativas de captá-los mediante inclusive os casamentos mistos, "para que já os filhos bebessem o sangue no leite das mães com inclinação estrangeira", os pró-homens haviam dissimulado a opressão sofrida, no desejo de regressarem à vassalagem do seu rei natural. Conhecida a aclamação de d. João IV, "sem dinheiro, sem armas e sem poder algum, mais do que cegos da sua afeição, publicam liberdade e acometem com atrevimento nunca visto ao inimigo, senhor absoluto de poderosas armadas, de todas as capitanias e fortalezas delas". E a despeito do padecimento de suas mulheres e filhos e da perda dos seus bens, "tanto fizeram até que viram, rendida, a soberba [neerlandesa] sujeitar-se humilde ao rei português, sujeitando-lhe por este modo esta grande parte da América e conseguindo o que não pôde Ásia nem África".

Tendo voltado a usufruir, sob a proteção dos reis da Casa de Bragança, uma "terra povoada com tanto trabalho, recuperada com tanto sangue e sustentada com tanta fadiga", eis que novamente lhes pregavam uma peça: "Começou este turno de areia [o Recife], por descuido dos nossos antepassados, a povoar-se com uma tal gente, como é notório, vindo despidos, sem estimação nem lugar onde haviam nascido, com tanta humildade que mais se podiam reputar servos que senhores e, achando piedoso agasalho e urbanidade notável, ocuparam honras, lugares na república e estimações singulares". Tais forasteiros, porém, "quais ondas do mar, impelidas de soberbo vento, não guardando já os limites do seu território, rompem os rochedos mais duros e as balizas mais fortes e tudo inundam, sem respeito nem conhecimento do seu limitado princípio [...], levados desta infernal doutrina, pretenderam dar leis e não recebê-las", buscando "senhoriar com império e não com igualdade aqueles que os haviam agasalhado, não reconhecendo [estes] metiam no peito ao áspide. E para isso pretenderam dividir o Recife da cidade, querendo-o fazer vila".

A ingratidão mascatal constituiu um dos tópicos mais caros ao discurso da nobreza, sendo reciclado pelo nativismo pernambucano ao tempo da independência. Antes da elaboração que lhe deram a representação da Câmara de Olinda e a crônica de Gonçalves Leitão, ele já se exprimira num manifesto justificativo da sedição de 1710: "Começou o Recife a fazer-se um Pernambuco novo e alimentado à custa de Pernambuco velho", resolvendo "tirar a vida a este, esquecidos da sua obrigação, ingratos sempre e inimigos declarados, não vendo que os filhos de Pernambuco velho os receberam e os honraram, metendo-os na república, amparando-os e fazendo-os capazes de crédito e estimação". Gonçalves Leitão, por sua vez, utilizou os tópicos da culpabilização divulgados pela Reforma católica. Na sua prosperidade de novos-ricos, os mascates tinham se excedido na prática dos pecados capitais. Pela usura, haviam arruinado a nobreza, "com destrezas tão gananciosas, que era um galarim cada negócio". Na gula, tinham chegado ao ponto de que, "em qualquer dia particular, a mesa de cada um [era] um esplêndido banquete de todas as iguarias e regalos mais deliciosos". E na soberba, "a si próprio desconheciam, vendo-se tão empinados, tão arrogantes e crescidos, sem nas ruas caberem por onde passavam e desconhecendo a quem os ajudou, lhes deu a mão e os fez gente".

Como ao tempo da ocupação holandesa, o Recife dos mascates continuava a encarnar o domínio do capital mercantil, donde a aversão dos pró-homens pela praça, que "por influxo do lugar que foi morada e habitação de hereges, judeus e de várias outras seitas depravadas", se tornara covil de usurários. O paralelo era, aliás, traçado de maneira favorável aos neerlandeses. Quando em 1711 encetar-se a repressão contra o partido de Olinda, um dos seus próceres observará que a imputação de inconfidentes formulada contra eles pelos mercadores seria a prova de que, enquanto os batavos deram "o crédito aos pernambucanos no [re]nome que lhes deram, posto que lhes tirassem as fazendas [...], os moradores do Recife não só lhes tiraram as fazendas mas a honra, o crédito e os têm despojado de tudo". E a petição endereçada a d. João V por matronas da nobreza contra as tropelias desencadeadas pelo governo de Félix Machado contra os engenhos lembrava que "não chegaram a mais os excessos do holandês [...], de que souberam despicar-se os pais e avós dos que agora se veem presos e afrontados".

A distância física desempenhou função relevante no conflito, transformando em "rancor vicinal" (a expressão é de Gilberto Osório de Andrade) os antagonismos de classe e de naturalidade. Ao contrário da Bahia, desde a ocupação holandesa Pernambuco já não dispunha de centro urbano que cumprisse função socialmente integradora. Em Salvador, como na típica urbe portuguesa, a cidade alta, o espaço das autoridades, da gente principal e do clero, coexistia bem ou mal com a cidade baixa, ou seja, o espaço do comércio, do artesanato e das atividades portuárias, como aliás ocorrera na Olinda *ante bellum*, consoante indica o exame da sua topografia. Quando, depois da restauração, o governo reinstalou-se ali, o Recife reteve a função mercantil que lhe havia conferido o período holandês, rompendo-se assim o modelo lusitano. Mas ao passo que o Recife, sediando o comércio reinol, era praça "toda composta de homens filhos de Portugal", Olinda era apenas a fachada urbana da nobreza ruralizada, que só mantinha ali as instituições inescusavelmente citadinas, como a Câmara e a Santa Casa da Misericórdia.

Segundo o autor do *Tratado*, "não vivia [ali] pessoa alguma daquelas a que chamam da nobreza, porque todas estas residem fora, uns nos seus engenhos, os que os têm, e outros nos seus partidos [de cana], roças e mais lavouras de que vivem", razão pela qual só vinham à cidade esporadicamente ou só residiam nela durante o ano em que serviam os cargos municipais, a cujo exercício eram obrigados pelas Ordenações. Versão confirmada pelo governador Castro e Caldas ao acentuar que "em toda a dita cidade se não acha morador um só homem dos da governança, que fazer assistir nela os que servem na Câmara custa muito trabalho aos ministros [da Coroa]". Por conseguinte, "se não cuida como [se] deve no particular do bem comum e do serviço de Sua Majestade", do que nasciam as "notáveis perturbações" referidas pelo *Tratado* como tendo se tornado corriqueiras desde o regresso do governo a Olinda.

As consequências de tal situação eram óbvias. Em 1715, o governador d. Lourenço de Almeida, depois de asseverar que "a gente nacional da terra é sumamente livre e revoltosa", atribuía tal propensão ao fato de ser "criada nestes sertões [isto é, no interior], aonde têm seus engenhos e só falam uns com os outros", ignorando assim "a grande obediência que deve ter um vassalo às reais ordens de Vossa Majestade". A ruralização da nobreza produzira uma sociabilidade restrita, na melhor das hipóteses, às vilas e povoações da mata, impedindo assim o centro do poder colonial, onde residiam as autoridades monárquicas, de exercer a função de curializar os pró-homens, levando-os a conviverem com os outros grupos privilegiados da capitania, incutindo-lhes a cultura política da metrópole.

A rivalidade entre Olinda e o Recife era já centenária. No início do século XVII, o Recife continha apenas cerca de quatrocentos habitantes, fora os embarcadiços, que podiam chegar a duzentos. Além da "paróquia muito bem-ordenada e rica", onde se erguiam os armazéns de açúcar, existia apenas o convento franciscano situado na "outra banda", como ficará conhecida a ilha de Antônio

Vaz, fronteira ao istmo do Recife e atual bairro de Santo Antônio. Em 1609, o sargento-mor do Estado do Brasil, Diogo de Campos Moreno, abordou o tema das vantagens comparativas em termos de segurança da colônia, afirmando enfaticamente que Olinda jamais poderia ser adequadamente fortificada, e sua defesa dependia, portanto, dos fortes da Lage e de São Jorge, sitos no Recife. A malquerença girava em torno da localização da alfândega. Tendo a Coroa autorizado uma segunda aduana no Recife, tivera de voltar atrás a instâncias da Câmara de Olinda, embora as conveniências da fazenda real exigissem que ela permanecesse ali, a fim de pôr cobro ao descaminho dos artigos importados do Reino, carregados em barcas que subiam o rio Beberibe até o Varadouro. O sítio do Recife prestar-se-ia a fazer-se dele "um lugar mui honrado, mui rendoso e sustentado com mui pouca custa", necessitando apenas que se derrogasse a proibição de construções particulares baixada pelos vereadores de Olinda no objetivo de evitar a desvalorização das suas residências olindenses.

Conquistada Olinda, os holandeses também se deram conta da sua indefensabilidade; e, malgrado a relutância das autoridades dos Países Baixos, terminaram por incendiá-la, optando pelo Recife, no qual ademais de praça-forte reputada seguríssima, erigiram uma cidade de traçado condizente com sua cultura citadina, nela sediando a seu gosto o governo da colônia. O governador João Maurício de Nassau a enriqueceu com alguns dos monumentos da Europa coeva, palácios, um deles ao estilo paladiano, pontes, observatório, jardim botânico e zoológico. Durante seu governo, os luso-brasileiros começaram a reconstruir Olinda, que permanecia oficialmente a capital de Pernambuco, razão pela qual a Câmara de escabinos, onde se acotovelavam os neerlandeses e os principais da terra, seguia funcionando na antiga vila. Obrigados a se deslocarem para lá no trato dos seus afazeres, os neerlandeses curto-circuitavam a jurisdição municipal, recorrendo diretamente às autoridades recifenses.

Para não deixá-los em situação inferior à dos luso-brasileiros, o governo holandês desligou o Recife da subordinação a Olinda, dotando-o da sua própria Câmara. Contudo, a direção da Companhia das Índias Ocidentais em Amsterdam preferiu uma solução diferente, a de transferir a Câmara de Olinda para Antônio Vaz, cuja urbanização acelerava-se e que recebeu a denominação de Mauritstadt, ao mesmo tempo que proibia a reconstrução de Olinda. No resumo de J. A. Gonsalves de Mello, "não houve, portanto, desmembramento de jurisdição, mas transferência somente da sede da Câmara". O episódio antecipa o dilema que surgirá para a Coroa portuguesa nos primeiros anos do século XVIII: duas Câmaras ou uma única Câmara sita no Recife? Mas enquanto a autonomia de Olinda era defendida pelos interesses de sempre, os da nobreza da terra, a do Recife foi sucessivamente fomentada pelos neerlandeses, e, restaurado o Nordeste, pela aliança entre os agentes da Coroa e a mascataria.

Depois da capitulação holandesa, Francisco Barreto instalou a administração régia no Recife, na convicção de que "só o lugar onde o governo e os tribunais [isto é, as repartições públicas] residem se perpetua e aumenta", antiga noção, herdada de Portugal, a que o Brasil permaneceu fiel ainda no século XX. Convencido da inferioridade militar de Olinda e do ônus que representaria sua reconstrução, o governador desatendeu o pleito dos proprietários, inclusive as ordens religiosas, que instavam pelo regresso das autoridades régias. O sucessor, André Vidal de Negreiros, determinou contudo a transferência (1657), que Barreto, já então governador-geral na Bahia, tentou inutilmente impedir, argumentando que se Olinda fosse fortificada não haveria gente bastante para guarnecê-la, proteger o Recife e opor-se a um desembarque inimigo. Era desaconselhável, portanto, "reedificar uma vila que nos prejudica e não conservar uma praça que nos defende". Além de que, ao cabo dos anos de guerra, soerguer Olinda estava fora do alcance dos cabedais privados, que seriam melhor empregados na recuperação dos engenhos, uma vez que "aquele Estado [do Brasil] mais pende das lavouras com que se perpetua o comércio que dos edifícios com que se consomem os frutos das lavouras".

Segundo Vidal de Negreiros, à transferência eram favoráveis "as pessoas de maior satisfação e autoridade", pois se tratava de resgatar "uma vila tão notável" pelos "suntuosos templos" e pelas "grandes conveniências do sítio em que está fundada", e cujas ruínas, valendo "mais de um milhão [de cruzados]", ofereciam "os materiais para se fabricarem edifícios a pouco custo", enquanto o Recife, encurralado pelas marés e manguezais, nem sequer dispunha de espaço físico para crescer. A controvérsia reprisava assim a divergência luso-brasileira do tempo da guerra holandesa entre os partidários da guerra de posição e da guerra volante. Em caso de conquista estrangeira de Olinda, o Recife não poderia resistir, sendo notório que "o melhor meio para se segurar as mais [praças-fortes] daquela capitania é meter-lhes a guarnição necessária e senhorear a campanha, de que dependem por causa dos mantimentos, indo buscar ao inimigo aonde desembarcar ou nas paragens por onde marchar e não esperá-lo dentro das fortificações". Ao contrário do que pretendia Francisco Barreto, Olinda seria a melhor garantia do Recife.

Cientes da oposição que a mudança despertava, Vidal de Negreiros e os partidários de Olinda forçaram a mão à Coroa, criando o fato consumado a que se dobrou o Conselho Ultramarino. Este se contentou em recomendar que se zelasse pela conservação do Recife, aquartelando ali a tropa de linha. Dois dos membros do Conselho expressaram reservas acerca de um ato que o governador praticara sem consulta prévia a El Rei. Embora reconhecendo a legitimidade das reivindicações em favor de

Olinda, o paraibano Feliciano Dourado opinava que a decisão final devia esperar pela conclusão das negociações diplomáticas entre Portugal e os Países Baixos, ao passo que Salvador Correia de Sá opôs-se à decisão de Vidal de Negreiros, se bem concordasse em que o fator decisivo na segurança da terra não estava no Recife mas no interior. Ocorria apenas que então o incipiente comércio reinol não exercia qualquer influência junto à Coroa.

Nomeado para o governo da capitania (1661), Brito Freyre procurou obter decisão régia. Tendo consultado Francisco Barreto, aderiu à sua opinião, e uma vez em Pernambuco, insistiu no assunto, que se tornara premente em decorrência da missão secreta que lhe fora atribuída. Para a eventualidade de ocupação espanhola do Reino, d. João IV previra outrora a retirada da monarquia para o Brasil; ademais, finda a primeira guerra anglo-neerlandesa (1654), os Países Baixos estavam com as mãos livres para acertar suas contas com Portugal. Em 1659, o acordo de paz franco-espanhol tornara a posição portuguesa sobremaneira precária. Foi então que a regente d. Luísa de Gusmão encarregou Brito Freyre de tomar as providências relativas à acolhida dos Bragança na colônia, ordenando ao padre Antônio Vieira, que se achava no Maranhão, que fosse coadjuvar o governador de Pernambuco. Que tarefa de tal monta não fosse confiada ao governador-geral na Bahia só se pode explicar pela opinião reinante de que a engenharia militar holandesa fizera o Recife mais seguro que Salvador na hipótese de ataque naval castelhano contra a dinastia exilada.

Contudo, pouco depois de Brito Freyre desembarcar na capitania, a conjuntura internacional desanuviou-se mercê da aliança anglo-lusitana consagrada pelo tratado de 1661 com o matrimônio de d. Catarina de Bragança e Carlos II. Segundo o governador, Olinda não proporcionava condições mínimas ao funcionamento da administração, pois excetuando-se a alfândega, que os olindenses haviam reedificado com uma pressa suspeita, não se encetara sequer a reconstrução dos prédios mais importantes, como a casa da Câmara e a cadeia. A igreja do Salvador do Mundo, "mais sé do que matriz pela reputação da sua antiga grandeza", encontrava-se "tão caída e assolada que ainda ao último descanso dos sepulcros e pedras dos altares, a que perdoara o fogo, não perdoou a impiedade holandesa, arrancando todas as campas e mármores de tão suntuoso templo para usos profanos". Destarte, "todo o chão da igreja [estava] coberto de árvores e mato silvestre, servindo de pasto aos animais, sem outro algum sinal do que foi".

Brito Freyre residiu no Recife por quase todo o seu triênio, malgrado os protestos da Câmara de Olinda, que já em 1661 reclamava a El Rei que o governador preferia viver na praça, onde, por falta de espaço, as construções já prejudicavam o serviço do porto. Desestimulados pela sua ausência, os proprietários olindenses não reedificavam suas casas e até mesmo os religiosos tencionariam abandonar os conventos. O novo governador-geral, conde de Óbidos, concordava com seu antecessor, embora não quisesse meter a mão em cumbuca. Os partidários de Olinda foram mais bem-sucedidos em Lisboa, onde d. Afonso VI aprovou a mudança em caráter definitivo, sob a condição de que se conservassem a guarnição e a alfândega no Recife. No início de 1664, Óbidos transmitia a carta régia a Brito Freyre, congratulando a Câmara pela vitória.

A decisão foi sabotada no decurso do meio século seguinte. Aos agentes da Coroa, não encantava a perspectiva de se desterrarem entre as silenciosas ladeiras olindenses, por onde só transitavam, de quando em vez, algum frade a caminho do convento ou algum escravo a mandado do senhor. Tampouco tinham a menor intenção de se privarem do conforto, dos recursos e da sociabilidade reinol que o Recife proporcionava. Nascia assim um dos motivos principais de conflito com a Câmara de Olinda. No triênio de Bernardo de Miranda Henriques, como os vereadores reclamassem das suas ausências prolongadas, respondeu-lhes o governador que só regressaria a Olinda quando bem lhe parecesse; e que não o importunassem mais com o assunto. Mas em Lisboa, em face do protesto do procurador-geral do Estado do Brasil, o regente d. Pedro reiterou a ordem de 1663.

Desde então até 1670, os ouvidores permaneceram regularmente em Olinda, embora tivessem de se deslocar constantemente ao Recife, onde se concentrava a atividade judiciária e de onde procedia o quinhão polpudo dos emolumentos. A Câmara, porém, teimava pela sua presença, invocando as conveniências da população interiorana, a quem Olinda oferecia comodidades inexistentes no Recife, como água e lenha gratuitas, pasto para as cavalgaduras e víveres abundantes para o viajante e os escravos do seu séquito. Foi o dr. João de Sepúlveda e Matos quem tomou a iniciativa de residir no Recife, a ponto de, na reclamação da Câmara, exercer a judicatura na mesma sala em que curtia os couros que comercializava, "como se sua ocupação só fora de comprar e vender", do que resultava que os advogados, escrivães e mais pessoal do judiciário viam-se levados a se domiciliarem no Recife, em dano de Olinda e em desrespeito à vontade régia.

Nesta e em outras ocasiões, a Coroa interveio, ameaçando o recalcitrante de suspendê-lo do cargo, medida ociosa uma vez que entre a denúncia da irregularidade e a reação de Lisboa transcorrera praticamente o triênio do ouvidor. Nos anos 1680, a fim de coagi-los, a Câmara de Olinda chegou mesmo a recusar-lhes as chaves do anexo que ela mantinha na praça. Mas o esvaziamento de Olinda era irremediável. O Recife roubara-lhe a função comercial; e a nobreza da terra, ruralizada pelas vicissitudes financeiras, já não podia dar-se ao luxo *ante bellum* de manter residência olindense, deixando-se ficar pelas casas-grandes de engenho. Ao próprio serviço régio, a residência dos ministros em Olinda resultava prejudicial.

No caso dos governadores, sabe-se que acabaram sendo autorizados a estagiar no Recife duas vezes por ano, nas ocasiões de frota, o que lhes permitia ficarem por lá durante nada menos que seis meses, graças aos pretextos fornecidos pelas delongas dos aprestos navais. Em 1689, d. Pedro II voltou a recomendar o cumprimento estrito da regra; e quando da grita provocada pela reparação do paço nassoviano no governo de Montebelo, El-Rei reiterou a ordem. Outras obrigações requereriam a presença do governador no Recife, mas quando Francisco de Castro Morais as alegou foi intimado a guardar o preceito, exceto durante a exceção já permitida. Pelo seu valor simbólico, a residência dos governadores no Recife catalisava os agravos. Às vésperas da sedição da nobreza, ela constituía um dos inúmeros motivos para os entreveros entre a Câmara de Olinda e o governador Castro e Caldas.

Como o antigo paço nassoviano proporcionasse instalações condignas que, na falta dele, a Câmara de Olinda teria se negado a custear, Brito Freyre mandou reparar os estragos produzidos durante a guerra de restauração, dispondo que o município fornecesse os recursos que despenderia com seu alojamento. Terminadas as obras, Brito Freyre habitou o já lusitanamente batizado de palácio das Torres. A Câmara, porém, recusou-se a pagar, provocando a indignação do governador, já agastado com o rumor corrente de que a reforma do prédio visara favorecer o Recife. Protestava Brito Freyre que não se houvera com menos diligência na execução do projeto, tão caro aos olindenses, da reconstrução da sua matriz; e parafraseando a queixa histórica de Afonso de Albuquerque quando vice-rei da Índia ("mal com os homens por amor d'El Rei, mal com El Rei por amor dos homens"), assegurava não desejar que se dissesse dele "mal com Olinda por amor do Recife, mal com o Recife por amor de Olinda". Vinte anos depois, o palácio tornara-se um pardieiro; e receosos de um acidente, Aires de Souza e Castro e d. João de Souza não o ocuparam.

Quando o governador-geral vetou o projeto de Antônio Fernandes de Matos, que se propunha a edificar outro paço no recinto da fortaleza recifense com que presenteara El Rei, os governadores acharam-se diante da opção embaraçosa de ter suas estadias no Recife controladas pela Câmara de Olinda, a quem cabia pagar a "aposentadoria", ou de dependerem da hospitalidade das ordens religiosas. Montebelo aceitou a oferta de Fernandes de Matos de, às suas próprias custas, reformar o palácio das Torres. As obras concluíram-se com inusitada rapidez e a preço suspeitamente módico. Destarte, os mercadores promoviam o desenvolvimento da praça, incentivavam as autoridades a permanecerem nela e poupavam-se a si mesmos a despesa e o desconforto de ir a Olinda a trato dos seus negócios. Como estivesse no auge a disputa entre Montebelo e o desembargador sindicante, o marquês recebeu desagradável interpelação régia, esclarecendo haver residido em Olinda todo o primeiro ano da sua administração devido à febre amarela que o atacara e ao estado deplorável do palácio das Torres. Feitos os consertos, habitara-o de maio a setembro de 1691, para despachar a frota e supervisionar o fardamento da tropa, só regressando em junho de 1692 ao Recife, onde não pusera os pés sequer durante a Páscoa para fazer a costumeira visita aos conventos. Concluía Montebelo confessando seus escrúpulos com os transtornos que sua permanência em Olinda criava aos moradores da praça, cuja população já era a segunda mais numerosa do Brasil.

A reinstalação do governo em Olinda não logrou ressuscitar o burgo, a despeito da ordem régia de 1671 que obrigava os proprietários a reconstruírem seus prédios. É certo que em 1661 seus quatro conventos tinham sido restaurados; as aulas do colégio da Companhia de Jesus, reiniciadas; e o hospital da Santa Casa estava em pleno funcionamento. Contudo, a matriz do Salvador levou vinte anos para ser reedificada, mesmo porque fora mais atingida pelo incêndio de 1631 do que os outros templos, majoritariamente localizados na periferia urbana; e que os trabalhos encetados na gestão de Brito Freyre tinham sido interrompidos pelo lançamento do donativo da rainha da Grã-Bretanha e da paz de Holanda, que desencorajou a contribuição dos fiéis. Só então a Câmara obteve licença para aplicar a receita do imposto do vinho, estabelecido no período *ante bellum* com vistas a custear o aumento e ornato da matriz, mas desviado desde o tempo da guerra para o sustento da tropa. Em 1669, pôde-se enfim terminar a capela-mor e dizer-se missa, embora não houvesse dinheiro para os sinos e ornamentos. As portas da fachada principal só seriam postas em 1676, ao erigir-se o bispado de Olinda, que dando ao templo o status de sé induziu a Coroa a fornecer recursos para a conclusão das obras.

À vista do que ocorreu com a igreja matriz, bem se pode imaginar a demora na reedificação do casco urbano. Mais de trinta anos decorridos da restauração pernambucana, invocava-se a memória da Olinda *ante bellum* ("muito populosa, rica e autorizada, com grandes e formosas casarias de pedra e cal, todas de dois e de três sobrados [isto é, andares] e famílias muito nobres, donde havia grande e considerável negócio e muito abastada de riquezas") a fim de compará-la com o pobre burgo, agora episcopal, que se oferecia aos olhares neste final de Seiscentos: "quinhentos fogos de gente pobre e casas pequenas", uma vez que "os ricos todos moram por fora, pelas suas fazendas"; muitas igrejas e conventos de "obra antiga admirável"; e uma massa de "arruinados edifícios que ainda hoje estão mostrando o que foram". A presença do governador não tinha qualquer utilidade, pelo que o panegirista de Câmara Coutinho aderia à convicção dos representantes da Coroa acerca da necessidade de transferir o governo para o Recife, cuja população era prejudicada pelas despesas, perda de tempo e incômodo das viagens a cavalo ou em canoa.

O autor não economizava elogios ao Recife, "a corte de Pernambuco", onde "o flamengo [...] formou uma formosa cidade bem na pancada do mar, com ruas e casarias de três e quatro sobrados, com torres e capitéis". Malgrado a estreiteza do istmo, "mora nele muita gente, com muitas riquezas, por ser a parte donde tudo acode e vêm as frotas de Portugal a buscar os açúcares e mais drogas da terra [e] donde estão as alfândegas e armazéns d'El Rei". Do outro lado da ponte de construção nassoviana, o bairro de Santo Antônio era "outra praça de casarias maior que o Recife, a qual o flamengo tinha por corte com o título de Cidade Maurícia, com ricas ruas e ricos arcos e virações, com muitas hortas e parreiras", além das igrejas e conventos, do colégio dos jesuítas e do palácio erguido por Nassau, "com duas eminentes torres, com grandes galerias e com muita largueza de aposentos", e com seus jardins de renques de "grandes coqueiros, que de verão fazem grandes sombrios, donde sempre há ricas virações". O Recife e Santo Antônio contavam então com cerca de 6 mil habitantes, cifra indicativa de que tinham readquirido a mesma população do apogeu do Brasil holandês. Malgrado a mortalidade provocada pela epidemia de febre amarela, depois endêmica, a urbe cresceu a ponto de alcançar, quando das alterações de 1710-1, o nível de 12 mil ou 14 mil ou mesmo de 15 mil habitantes, enquanto Olinda estagnara na faixa dos 2 mil a 2,5 mil moradores, se é que não regredira.

Não há por que duvidar da veracidade da descrição de Olinda traçada pelo autor do elogio de Câmara Coutinho, mesmo dando-se o devido desconto a seu partidarismo recifense: "Nem o holandês nem o português fez nela aumento algum [...] e o maior que teve foi o de enobrecê-la Sua Majestade com o título de cidade [...], tempo em que se lhe mandou o primeiro bispo". E prosseguia Gregório Varela de Berredo Pereira:

no mais não teve aumento em edifícios nem moradores e menos cabedais. E ainda que tem cinco conventos e várias igrejas, são de diminutos edifícios e o que a estes sustenta é a praça [isto é, o Recife], porque nela tiram esmolas e todos os mais alentos que têm e de que se sustentam.

A essa altura, um dos terços de infantaria aquartelava-se em Olinda — "e o dinheiro que se dá ao socorro deste é somente o que ali aparece, que em breve tempo se torna a reconduzir à praça". Destarte, sem meneio, trato ou comércio algum, eram seus habitantes "pobríssimos, e o que mais os obriga a assistir ali é o não terem modos e meios de poder viver na praça, adonde além do sustento carecem de vestiário diverso; e ali estão sujeitos às conveniências que lhe oferece o sítio da cidade, que é com pouca diferença o mesmo que viver no campo".

Ao tempo do seu governo, Castro e Caldas acusará a nobreza de ter maior culpa pelo abandono de Olinda do que os próprios holandeses, uma vez que não reedificava suas antigas residências "por falta de cabedais e por estarem habituados a viverem nas suas fazendas com mais cômodo e liberdade", acusando-a mesmo de lucrar com a venda dos entulhos, tanto assim que "em ruas inteiras nem alicerces lhe deixaram; e de tal sorte que ninguém sabe os chãos que lhe pertencem por se não acharem demarcados e [estarem] todos cobertos de mato". Quando ele escrevia, utilizavam-se os escombros nas obras da Ordem Terceira de São Francisco e no calçamento das "poucas ruas que tem"; e se excepcionalmente algum senhor rural instalava-se em meio urbano, preferia o Recife, "porque a ele vem fazer suas contas e compras e vendas".

Nem se podia esperar da população olindense que tomasse a iniciativa da reconstrução, pois, sumamente pobre, compunha-se de muitos indivíduos que, por dificuldades financeiras, iam "viver na cidade como num retiro por serem cômodas as casas e não lhes custar dinheiro, água e lenha". Aos atos religiosos mais solenes, só compareciam "meia dúzia de homens e outras tantas mulheres", que para não aparecerem em público "vão à missa da alva", ao passo que os leilões, ao não haver quem lançasse, realizavam-se no Recife. As ruas apresentavam-se de tal maneira desertas que se dizia "comumente que na cidade não há mais do que ventos e conventos". Versão que era, aliás, confirmada pelo cabido da sé, no propósito oposto de protestar a El Rei contra o abandono a que a cidade fora relegada: os fiéis já não compareciam aos ofícios religiosos e as próprias autoridades não frequentavam as procissões, ladainhas e festas de igreja, a começar pelo ouvidor Guedes de Sá, que "até o presente não assistiu a função alguma", embora embolsasse a correspondente gratificação paga pela Câmara de Olinda.

Entrementes, no Recife, malgrado o solo sáfaro, edificavam-se nada menos que trinta ou quarenta edifícios, inclusive na parte continental da Boa Vista, onde, nos últimos anos, os terrenos haviam se valorizado quase dez vezes. "No concurso de gente, luzimento e trato dela, na assistência dos templos, ornatos e suntuosidades deles, no culto divino e casas nobres", concluía Castro e Caldas, o Recife é que merecia "o nome de cidade". Escusado assinalar que a Câmara de Olinda furtava-se a realizar ou reparar os melhoramentos a que estava obrigada pelo crescimento da praça. Quando Brito Freyre cogitou de criar uma contribuição voluntária para o conserto da ponte que ligava o Recife a Santo Antônio, "uma das coisas mais notáveis que tem este Estado do Brasil", foi prevendo ironicamente "o agradecimento" que havia de ter da parte dos olindenses. Mendonça Furtado deu prazo à Câmara para o início das obras, ameaçando-a de instalar-se no Recife só a fim de fiscalizá-las, mas os pró-homens negaram-se a contribuir. Somente pressionada pelos governadores, a municipalidade desincumbia-se dos seus deveres, recusando-se até mesmo a levantar a cadeia pública, com o argumento de que o Recife só precisava de um tronco por não ser cabeça de comarca.

Tanta má vontade comprometeria mesmo a atividade portuária. Instados no governo de Caetano de Melo e Castro a colaborarem com a obra do molhe, a Câmara de Olinda e os mascates puseram-se de acordo sobre a cobrança de um cruzado por caixa de açúcar embarcada a fim de elevar o arrecife e reduzir a penetração das ondas no ancoradouro interno, causa do assoreamento do porto. A cobrança rendeu ao governador a imputação de conivência com Antônio Fernandes de Matos, apontado como o testa de ferro não só dos seus negócios como daqueles dos seus antecessores; o empreiteiro não teria, aliás, cumprido à risca as exigências técnicas do contrato. Tampouco a Câmara privou-se de estimular a exploração comercial da pedra dos arrecifes, já então largamente utilizada na construção civil, militar e religiosa. A acreditar-se no ouvidor João Guedes de Sá, "os de Olinda, como tinham quase sempre as governanças de Pernambuco, logo informam que os recifes têm pedra infinita e que se tira aonde não faz prejuízo", na intenção maquiavélica de deixarem o Recife "alagado e destruído". Semelhante alegação não parecerá excessiva quando se sabe que, por ocasião do surto de febre amarela de 1690, a Câmara recusou-se a ajudar a campanha profilática programada pelo marquês de Montebelo.

Ela ademais procurava ressuscitar, desde os anos 1680, o projeto do primeiro donatário, Duarte Coelho, que no século XVI cogitara de dotar Olinda de porto, abrindo uma saída que lançasse o rio Beberibe diretamente no mar, a jusante do Varadouro, na altura da barreta de Santo Antônio, agora utilizada por pequenas embarcações de cabotagem e pelos barcos que faziam por mar o transporte de passageiros entre a cidade e a praça, paralelamente ao percurso fluvial, a cargo das canoas que navegavam o Beberibe. A Câmara de Olinda advogava a construção de molhe que formasse fundeadouro seguro e espaçoso, o que teria, porém, o inconveniente que ela calava, de diminuir a profundidade do ancoradouro do Recife. De ordem régia, procedera-se a sondagens, mas Montebelo opinou contra a viabilidade do plano, parecer endossado pela Coroa que preferia concentrar recursos no melhoramento do porto do Recife. O plano voltará à baila às vésperas da sedição da nobreza, mas Castro e Caldas também o desaconselhará, assinalando que nenhum dos pró-homens que o pleiteavam estaria disposto a concorrer para as despesas, que deveriam caber aos recifenses.

A comunidade mascatal já lograra igualmente torpedear o projeto de construir um novo porto em Tamandaré, sabidamente o ancoradouro mais capaz de Pernambuco e apto a acolher regularmente a frota anual. Tratava-se de antiga reivindicação que datava da guerra holandesa, mas que prejudicaria o controle do Recife sobre o comércio das freguesias meridionais, que eram também as principais produtoras de açúcar. Consultados em Lisboa, Aires de Souza e Castro e Montebelo mostraram-se reticentes, assinalando que a praça se recusaria a contribuir para a obra. Mas, instruído pela Coroa, Melo e Castro mandou proceder aos estudos, que viriam a indicar que, além dos obstáculos técnicos, Tamandaré era um sítio pouco saudável devido às maleitas que grassavam no entorno. O Conselho Ultramarino, inicialmente favorável à ideia, acatou as objeções levantadas, inclusive pelo sucessor de Melo e Castro, Fernando Martins Mascarenhas, para quem a obra custaria demasiado caro, ademais de ser militarmente inadequada.

Nesses finais do século XVII, a aparência municipalista da contenda já não enganava ninguém. A ascensão socioeconômica da mascataria teria de culminar com seu acesso à Câmara de Olinda e aos postos de comando da milícia recifense, ao que a nobreza se opunha, invocando seus privilégios de filhos e netos dos restauradores de Pernambuco. O problema da representação política dos mercadores comportava três alternativas. A primeira, que fora a adotada pelo governo holandês em diferente contexto mas que não foi cogitada desta vez, consistia na mudança pura e simples da Câmara de Olinda para o Recife. A segunda, a concessão da autonomia municipal à praça, será consagrada em 1709, deflagrando o levante da nobreza. Por fim, alvitre que será ensaiado agora, os mascates teriam acesso à Câmara de Olinda em condições de igualdade com a nobreza.

Para tanto, era indispensável ampliar o colégio eleitoral, pondo fim à exclusão dos recifenses em consequência da praxe herdada alegadamente do período *ante bellum*, tanto do privilégio de "votantes", isto é, de sufragar em primeiro grau os "eleitores", quanto do privilégio de "eleitores", a quem cumpria, numa segunda etapa, selecionar os nomes a serem finalmente incluídos no sorteio dos pelouros. Havia muito os governadores, desejando contar com apoio nas vereações, procuravam intervir nos prélios a fim de convencer os pró-homens a compartilharem a gestão municipal. Em 1671, as reclamações da Câmara de Olinda contra tais interferências haviam provocado a proibição do regente, a qual não vingou pois as disputas entre facções no âmbito da oligarquia municipal abriam perspectivas irresistíveis à atuação dos agentes da Coroa. Devido ao extravio ou à destruição das atas da Câmara de Olinda correspondentes à segunda metade de Seiscentos, é impossível identificar essas facções ou reconstituir suas querelas. É certo também que, diante da intromissão alheia, a nobreza buscou escamotear suas divisões mediante certos recursos da tradição municipalista da península Ibérica, como o rateio ou o rodízio das funções camerárias entre clientelas.

Como mencionado, Montebelo foi um dos governadores intimados pela Coroa a não se intrometerem nas eleições municipais. Como seus pares, ele se escudava na desculpa de se haver limitado a pôr uma companhia de soldados na porta da Câmara de Olinda, no intuito de zelar pela lisura do processo, impedindo "os conluios e subornos particulares" destinados a escolher indivíduos que mereciam antes "o nome de parlamentários do que de procuradores do povo". A comparação já diz tudo. "Parlamentários" era expressão empregada na acepção da experiência revolucionária inglesa dos anos 1640, ou da francesa do tempo da Fronda (1648-53), para designar os partidários de limitações substanciais dos poderes da realeza, ao passo que "procuradores do povo", fraseologia castiçamente lusitana, possuía, na tradição constitucional do Reino, o sentido de porta-vozes cujas reivindicações apresentadas em cortes podiam ser ou não atendidas, segundo o bel-prazer d'El Rei.

Quanto às manigâncias vergonhosas que Montebelo dizia haver buscado prevenir, tratava-se, como salientou A. M. Hespanha, de algo corriqueiro decorrente do mecanismo de seleção dos vereadores, por ele descrito como "misto de cooptação pelos representantes da aristocracia da terra, de eleição aristocrática e de tiragem à sorte", não sendo, portanto, privativas do Brasil colonial, uma vez que o Reino também conhecia os enfrentamentos armados de bandos antagonistas, que a Coroa não podia coibir devido à modéstia dos seus meios coercitivos nas províncias.

A intervenção dos agentes régios nas eleições da Câmara de Olinda tornara-se intolerável quando, em vez de se limitar a apoiar esta ou aquela facção da nobreza, ela passou a promover o ingresso de negociantes do Recife, a cujas aspirações políticas as autoridades da Coroa haviam se tornado crescentemente receptivas em função de parcerias comerciais nem sempre discretas, da solidariedade de reinóis ou do préstimo que se encontrava nos mercadores para o serviço d'El Rei. Contra sua exclusão, porém, nada tinham podido fazer sucessivos governadores, a começar, já nos anos 1660, por Brito Freyre, que advertia os homens da governação acerca da conveniência de elegerem também indivíduos com experiência prática, que, aduzia sibilinamente, era mais relevante para o desempenho das funções municipais que a experiência da guerra holandesa, em que a nobreza fundava suas pretensões a monopolizar o poder local.

Por volta de 1690, os habitantes do termo de Olinda haviam protestado junto a El Rei contra os excessos praticados pelos representantes régios, ao atropelo das ordenações e demais leis, "obrigando-os a elegerem nos cargos honrosos da república a homens mercadores que não eram naturais da terra nem tinham a qualidade que se requeria para ocuparem os ditos cargos, devendo ser providos em pessoas nobres e que serviram na guerra". D. Pedro II os atendeu, reiterando a interdição que baixara no tocante aos governadores. A discriminação contra os mascates não era descabida, pois segundo as concepções vigentes a gestão dos negócios públicos competia à nobreza como grupo social que reunia maior soma de autoridade, quer graças aos dons congênitos que se julgavam transmissíveis pelo sangue ("virtude"), quer mediante os adquiridos pela educação ("doutrina"). Quanto à naturalidade, os pró-homens também pisavam terreno juridicamente firme, uma vez que o regimento eleitoral baixado pela Coroa em 1611 e a provisão de 1670, que o emendara, exigiam que a eleição dos oficiais camerários recaísse nos naturais da terra que pertencessem à sua governança pelos seus pais e avós.

Como proclamava a nobreza, os mascates sofriam segunda incompatibilidade legal, sua origem "mecânica", isto é, o trabalho manual de que tinham vivido ou ainda viviam ao executarem cotidianamente gestos como os de pesar e medir, ritualmente característicos da sua condição. A verdade, porém, é que os homens principais tampouco estavam isentos de outro tipo de mácula comprometedora. Nas veias de indivíduos aparentados por mais de um século e meio de endogamia, circulavam suficientes gotas de sangue judaico para desqualificá-los também para o exercício dos "ofícios de honra", como eram os municipais, embora prevalecesse no Reino e particularmente no ultramar certa tolerância para com aqueles que houvessem subido na vida.

Nesse ambiente de recriminações recíprocas em que, com segundas intenções políticas, nobres e mascates impugnavam-se mutuamente, cobra todo o seu significado o vexame por que passou Felipe Pais Barreto no começo do século XVIII. Rebento de uma das mais ilustres linhagens da capitania, sua aspiração a vestir o hábito da Ordem de Cristo, como haviam feito vários dos seus parentes, foi aniquilada pela investigação de praxe, a qual, confiada a dois acaudalados mercadores, denunciou a ascendência cristã-nova da sua avó materna. Independentemente do acerto de contas pessoal, a denúncia era um golpe certeiro contra a nobreza. Se os mascates estavam impedidos de ascender aos cargos edilícios por causa dos seus "defeitos mecânicos", tampouco os pró-homens de Olinda poderiam ocupá-los devido a seus "defeitos de sangue". Se os fidalgos da terra eram limpos da mancha do trabalho manual, os comerciantes, oriundos da população rural do norte de Portugal, podiam jactar-se do sangue, segundo a concepção reinante na península Ibérica, de que, frente aos sefarditas, os rústicos, não os citadinos, teriam preservado sua pureza étnica.

Como uma facção da nobreza se mostrasse cordata a ponto de aceitar a participação minoritária da mascataria na Câmara de Olinda, os mercadores do Recife alcançaram, em finais de Seiscentos e começos de Setecentos, um grau modesto de representação, reservando-se-lhes o cargo de procurador do conselho, a quem cabia gerir os bens municipais, consoante a praxe de cidades do Reino como Braga, onde eram arrinconados nessa função condizente com suas habilidades mercantis e que, por isso mesmo, costumavam ser rejeitadas pelos pró-homens, a não ser numa remota possessão como Macau. Em Olinda, elegeram-se esporadicamente moradores do Recife não só como procurador do conselho mas também como vereador mais novo, a exemplo de Domingos da Costa de Araújo e do médico Domingos Pereira da Gama. Esses indivíduos acabaram percebendo que serviam apenas de álibi destinado a provar uma inexistente partilha do poder, permitindo à nobreza alegar liberalidade. Que não se falasse, contudo, em elegê-los em número igual ao que ocupavam os pró-homens nem para os ofícios de maior honra, o de juiz ordinário e vereador mais velho.

Mesmo as concessões limitadas provocavam reações que levavam ao embargo do prélio mediante recurso à Relação de Salvador, como em dezembro de 1693 quando a facção intransigente da nobreza e o juiz ordinário da Câmara de Olinda impugnaram as eleições. O ouvidor José de Sá Mendonça avocou o processo, dando o pleito por válido e ordenando o sorteio dos vereadores para 1694. A instâncias dos pró-homens, o governador Melo e Castro interveio. O magistrado recuou, sustando-se a abertura dos pelouros à espera de recurso na Bahia, mantendo-se em função os vereadores cujo mandato havia expirado. Bastara para tanto utilizar os expedientes da legislação, que impedia a posse dos eleitos enquanto a causa estivesse em julgado. Como reconhecia o procurador da Coroa, "nas terras em que há parcialidades, pode a malícia de qualquer delas proibir aos da contrária a ocupação dos ofícios da república". Mesmo em Portugal, onde as distâncias eram menores, o julgamento não requeria menos de um ano, prazo suficiente para anular automaticamente a eleição disputada. Daí que El Rei cassasse o efeito suspensivo dos embargos, abrindo-se os pelouros e empossando-se os sorteados até o recebimento da decisão judiciária.

Nesses anos da virada do século, eram palpáveis o malogro das tentativas de dar representação aos recifenses e o irrealismo de manter-se o status quo. Em 1699, a aliança das autoridades régias e da mascataria desfechou a primeira ofensiva em Lisboa. O governador Fernando Martins Mascarenhas, que um historiador nativista do século XIX descreverá rancorosamente como "fascinado pelo ouro dos mascates", advogou que ou se concedesse autonomia municipal ao Recife ou se adotasse a fórmula seguida em Goa desde 1688 e em Salvador desde 1696, que substituía o sistema de sorteio pela escolha do vice-rei ou do governador-geral com base na lista dos eleitos. Em Portugal, desde o tempo dos Filipes, era esse o método utilizado nas cidades mais populosas, com a diferença de que a seleção ficava a cargo do Desembargo do Paço.

Essa investida inicial foi frustrada por d. Pedro II, que repudiou enfaticamente ambas as alternativas. O erguimento do Recife em vila "por nenhuma maneira se deve pôr em prática", uma vez que contrariava repetidas decisões favoráveis a Olinda. Quanto à fórmula de Goa, "faz grande diferença o governo da Índia ao dessa capitania", embora o governador de Pernambuco e os mascates devessem pensar não ser tão grande assim a diferença com Salvador. Na realidade, a aplicação de tal mecanismo ainda teria deixado os mercadores do Recife sub-representados. Só sua incorporação maciça ao colégio eleitoral poderia atendê-los.

Contudo, El Rei autorizou a participação dos habitantes da praça na qualidade de votantes, mas não de eleitores. Aos magistrados da Coroa, cabia selecionar, na pauta decorrente da eleição pelos "votantes", os eleitores de primeiro grau que sufragariam os vereadores. O ouvidor João Guedes de Sá agiu abertamente em prol dos mascates, não tendo o que temer da nobreza, pois, estando nomeado desembargador da Relação da Bahia, já não se achava sujeito às represálias da residência tirada em Pernambuco. Em maio de 1703, ele convocou o prélio que normalmente só deveria ter lugar em dezembro, o que sem ser contrário à legislação violava o costume local, suposto deter no Antigo Regime força tão ou quase tão ponderável quanto o direito escrito. Consoante a explicação olindense, a pressa do magistrado dever-se-ia ao desejo de antecipar-se à chegada do novo ouvidor e ao regresso do escrivão da Câmara de Olinda. Foram assim qualificados eleitoralmente mais de duzentos moradores do Recife, "contra o uso inveterado", na queixa dos pró-homens, do que resultou a "novidade [de] serem quase todos os eleitores todos os mesmos mercadores". Em termos da prática lusitana, não se tratava de algo excepcional, pois também no Reino os magistrados ampliavam os róis, causando igualmente enorme insatisfação na gente da governança.

De acordo com a prática das cortes portuguesas, Guedes de Sá fez votar separadamente a nobreza e os mercadores, escolhendo os três mais votados de cada braço para formarem a junta de eleitores. Estabelecia-se assim a paridade formal entre a cidade e a praça. Nos termos da legislação, os seis eleitores sufragariam os nomes a serem sorteados em pelouros, para o que foram divididos em três grupos de dois, não vinculados por laços profissionais ou de parentesco: o primeiro, de dois nobres; o segundo, de dois negociantes; e o terceiro, de um nobre e de um negociante. Neste último, não houve acordo possível. Em seguida, o ouvidor organizou a pauta final dentro da margem de arbítrio reconhecida pela legislação, que, ao confiar-lhe a confecção da lista, não o obrigava a seguir a ordem dos mais votados. Quando os pró-homens puseram embargos, Guedes de Sá tachou-os publicamente de "inconfidentes", acusação gravíssima na boca de um juiz. Um dos eleitores recifenses vangloriou-se de que "se até agora os homens do Recife despendiam meias de seda para serem almotacéis, daqui por diante haviam os homens de Pernambuco [de] dar-lhes caixas de açúcar se quisessem entrar na governança".

O capitão-mor Bernardo Vieira de Melo, que tinha relações de família na Bahia, viajou para lá a fim de interpor recurso junto à Relação, que expediu a competente carta sustatória, à espera de que o agravo entrasse na sua sobrecarregada agenda. Como em dezembro de 1703 o assunto ainda não tivesse ido a julgamento, Guedes de Sá mandou proceder ao sorteio dos pelouros, de acordo com a decisão régia. Pela primeira vez, os mascates sentaram-se na Câmara de Olinda sem ser pela benemerência dos pró-homens, mas os nobres sorteados recusaram-se a comparecer às vereações, pretextando doença, uma vez que pelas Ordenações ninguém podia se escusar de servir a função exceto mediante isenção régia. Na cidade, em fins de 1703 e começos de 1704, viveram-se dias tensos. O juiz de fora, Roberto Car Ribeiro, coagiu os refratários pondo-lhes meirinhos à porta, com as despesas correndo por conta dos intimados. Quando estes exigiram certidão da medida a que tinham sido submetidos, Car Ribeiro recusou-se a passá-la, prometendo ele mesmo dar conta do sucedido a Sua Majestade e ordenando que, à espera da régia resposta, se pusesse silêncio sobre a disputa.

Os magistrados também puseram alçada ao domicílio de outros pró-homens, por incumprimento de decisões judiciárias em matéria de dívidas. Mediante carta de diligência da Relação da Bahia, prendeu-se Francisco Berenguer de Andrade, que se refugiara na igreja da Misericórdia e que, como se recorda, fomentara a oposição secular aos padres da Madre de Deus. Tendo Car Ribeiro lhe dado voz de prisão, os clérigos da Santa Casa opuseram-se "com tão grande escândalo e desordens que pôs este negócio em motim", o que valerá a um dos cônegos da sé ser temporariamente afastado por determinação régia. Assim como os adversários de Montebelo, instigados outrora pelo desembargador sindicante, os homens da governança contavam com o incentivo do dr. João Puga e Vasconcelos, que, se achando na capitania a fim de resolver conflitos de terra, mantinha relações estreitas com a nobreza e não poupava críticas à atuação dos colegas de magistratura. Os pró-homens envolvidos nesse episódio ou foram indivíduos da têmpera de Francisco Berenguer de Andrade, ou haviam participado da oposição a Montebelo, como Lourenço Cavalcanti Uchoa ou Jerônimo César de Melo, que terão papel de primeiro plano na sedição de 1710.

De Lisboa, d. Catarina de Bragança, no exercício da regência durante a doença de d. Pedro II, repreendeu Guedes de Sá por haver convocado "mais povo do que o da cidade de Olinda e os da governança", quando, malgrado o excesso de zelo, só fizera cumprir a ordem d'El Rei. Por sua vez, os homens da governança resolveram enviar um procurador encarregado de apresentar a suculenta representação de 1704, autêntico *cahier de doléances* da nobreza. Eles cogitaram inicialmente de viajarem a Portugal para, incorporados, exprimirem sua indignação, ideia descartada em face das despesas e do inconveniente de se afastarem da gestão dos seus engenhos. A Câmara de Olinda mantinha na Corte um delegado permanente, mas como a indicação dera margem a discórdias, deputou-se Dionísio do Amaral e Vasconcelos, "pessoa nobre e nosso natural".

O memorial recapitula "as vexações e injustiças" sofridas pela nobreza. Segundo seus signatários, mais de três dezenas de homens da governação, a iniciativa não tinha "o intento de caluniar alheias ações" mas o de evitar "o dano próprio, alegando a justiça que temos". Em primeiro lugar, solicitava-se que "nas eleições da Câmara, não vote o povo do Recife para os eleitores [e] só o faça o de dentro da cidade com os homens da governança de fora dela, como se observou sempre até o presente". Pleiteava-se também a interdição da escolha de mercadores como oficiais da Câmara ou mesmo almotacéis, de acordo com ordem régia já existente que tivera em vista remediar os prejuízos à fazenda régia e à população decorrentes do acesso de tais indivíduos aos cargos municipais. A representação não mencionava que danos seriam esses, mas um documento posterior aludirá aos conchavos na arrematação dos contratos de impostos e à fixação abusiva do preço dos gêneros de primeira necessidade.

Argumento a que se pode atribuir boa parte da relutância com que até agora a Coroa encarara as reivindicações recifenses. Desde finais de Seiscentos, graças a seu maior poder de fogo financeiro, os principais comerciantes da praça arrebatavam esses contratos, alijando os competidores eventuais da nobreza que, influentes junto à Câmara de Olinda, haviam obtido vários deles. A cobrança do donativo do açúcar, por exemplo, criado durante a guerra holandesa e o mais rentável dos tributos administrados pela Câmara, foi atribuída no triênio 1698-1701 a Miguel Correia Gomes e Domingos da Costa de Araújo, que tinham mobilizado, além dos próprios recursos, as poupanças de moradores do Recife, inclusive funcionários da Coroa, prática corrente. Daí que, em 1704, ao renovar-se a avença, os pró-homens se propusessem a investigar as irregularidades cometidas três anos antes, quando, de ordem do governador Fernando Martins Mascarenhas, os contratadores haviam se beneficiado de prolongada mora no pagamento do montante que deviam recolher à fazenda régia, sob a alegação de prejuízos incorridos na execução do assento de 1698.

No tocante à escolha de mercadores como almotacéis, a quem competia tabelar os preços dos gêneros importados e dos produtos da terra, os pró-homens escoravam-se na tradição jurídica do Reino, que, ainda compenetrada das noções de "bem comum" e de "preço justo", previa a interferência da autoridade na regulamentação da atividade mercantil de modo a obstar aos abusos da cobiça individual. Havia muito a nobreza sentia na pele os estragos que lhe causava o exercício de tais funções por negociantes, como indica o incidente ocorrido quando a Câmara de Olinda preteriu um mascate para o cargo. Destarte, os pró-homens podiam posar de defensores das camadas subalternas da população livre urbana ou rural, com as quais partilhava a condição de consumidores.

Nos primeiros anos do século XVIII, o abastecimento da capitania, sempre precário quanto aos gêneros de primeira necessidade, tornara-se especialmente deficiente em consequência do desenvolvimento da economia mineira, que atraía não só mão de obra escrava mas também bens de consumo oriundos de Pernambuco ou a ele destinados. Os homens de negócio do Recife eram acusados de exportarem para o Rio, de onde ganhavam as Minas, "todos aqueles gêneros que [...] lhes podem dar mais ganância, como é o sal, o azeite, a farinha do Reino e da terra e tudo o mais em que [se] interessam". Os lavradores de fumo de Itamaracá queixavam-se, por sua vez, de que o comércio recifense adquiria o produto a baixo preço para revendê-lo na costa da Mina.

Particularmente alarmante era a carestia da farinha de mandioca, que supria igualmente as frotas anuais na viagem de regresso a Portugal. Como a escassez fosse atribuída a que muitos cultivadores tinham se transformado em lavradores de cana a fim de fugirem à execução por dívidas, determinara a Coroa (1701) que o senhor de menos de seis escravos não pudesse lavrar canaviais, segundo o módulo estabelecido para o Recôncavo baiano. Medida que ademais reduzia o fornecimento de matéria-prima aos engenhos, pois, segundo a Câmara de Olinda, não seriam muitos os lavradores de cana em Pernambuco com plantel superior, razão pela qual sugeria que a proibição se limitasse ao proprietário de três ou menos africanos. Solicitaram-se por fim que fossem aplicadas aos açambarcadores as penas que puniam no Reino os atravessadores de farinha de trigo. Por então, El Rei aprovara as pretensões, estendendo aos lavradores de mandioca o privilégio da não execução por dívidas.

Subsidiária da contenda em torno do acesso de mercadores à Câmara de Olinda, era a que se travava em torno dos comandos das forças de milícia do Recife. O memorial dos homens da governança pleiteou a demissão dos mascates guindados a esses postos em violação do direito exclusivo da nobreza. Nos distritos rurais, ela os detinha desde sempre mediante a nomeação dos governadores em listas submetidas pelas Câmaras, praxe só esporadicamente ignorada, embora no final das contas a indicação acabasse recaindo em algum pró-homem local, mesmo que não fosse da preferência do grupo que estava dando as cartas no município, uma vez que, exceto em Goiana, inexistia alternativa mascatal, nos distritos da mata, à dominação da açucarocracia. Acolitado pelo sargento-mor, o capitão-mor compunha desavenças, reprimia assuadas, executava as ordens governamentais e fiscalizava a preparação militar dos homens livres nas mostras anuais.

Além de vitalícios na prática, tais cargos eram isentos de residência, sendo de fato transmitidos hereditariamente ou dentro da mesma família. Já o desembargador Ramires de Carvalho recolhera a reclamação geral de que os capitães-mores atuavam como "uns régulos absolutos, sem haver quem se lhes oponha a coisa alguma". Tais excessos tinham a mais variada natureza: interferência na administração das Câmaras, usurpação de privilégios municipais e eclesiásticos, instrumentalização de tumultos populares para fins particulares, designação de oficiais subalternos (que também era regalia do governador), uso ou ameaça do uso da força na solução de litígios comerciais e cíveis, práticas mercantis em detrimento de terceiros, proteção a malfeitores, sedução de mulheres, cárcere privado etc. À mascataria incomodava o vezo de muitos dos capitães-mores de não cumprirem sentenças judiciais relativas a pagamento de dívidas de parentes e amigos. Do prestígio social da função, testemunhou Montebelo ao constatar que "costumam muitas pessoas (não sendo oficiais de milícia) andarem com insígnias e trazerem-nas publicamente, com pouco respeito dos que o são e escândalo de todos". Mas como coibir tais abusos quando os próprios navios mercantes desrespeitavam à luz do dia a interdição de arvorarem bandeiras com as armas reais?

O governador Fernando Martins Mascarenhas apoiara a proposta do desembargador sindicante no sentido de as nomeações passarem a ser trienais e sujeitas à residência. El Rei adotara a ideia (1701), sob a impressão de desconchavos ocorridos em Alagoas. No papel, parecia uma medida capaz de cortar o mal pela raiz, mas a grita dos pró-homens fez a Coroa recuar. Ilustrando o dito de Sá de Miranda de que em Portugal mal se fazia a lei, já se lhe criava a exceção, d. Pedro II autorizou a recondução dos capitães-mores, desde que isentados pela sindicância, o que lhes devolvia a vitaliciedade, pois no interior dificilmente se encontraria quem se atrevesse a denunciar seus desmandos. A ordem régia ficou incumprida, recordando-se ao ouvidor José Inácio de Arouche a urgência de implementá-la, o que tampouco ocorreu. Somente no governo de Félix Machado é que se procurou executá-la no contexto da repressão ao partido de Olinda. Outra determinação do monarca, relativa à elaboração de um regimento dos capitães-mores, permanecerá ignorada durante o quarto de século seguinte.

O memorial da nobreza pretendia que a nomeação de mercadores para os comandos de milícia violava seus direitos nesse particular, invocando o regimento dos governadores de Pernambuco, o qual, na realidade, utilizara a fórmula ambígua de que seriam escolhidas para ocupá-los as "pessoas mais idôneas e capazes". Havia muito e a despeito de que El Rei atendera reclamação da Câmara de Olinda de 1689, designavam-se reinóis, radicados na capitania, gente de proa da comunidade mercantil. Para escândalo geral, concedera-se mesmo a um deles o comando da fortaleza da Madre de Deus e São Pedro, malgrado origem ignóbil e falta de experiência militar. Pleiteava o memorial que os postos indevidamente preenchidos fossem declarados vagos, mesmo quando já houvesse confirmação régia de tais nomeações. A segurança da terra não podia achar-se à mercê de indivíduos de quem não se podia esperar que se comportassem, em caso de ataque estrangeiro, com o valor e o desprendimento de que a nobreza dera provas na guerra holandesa.

Quanto à preferência dos naturais da terra aos cargos de fazenda e justiça, segundo a antiga determinação régia jamais cumprida, o memorial requeria que o assunto fosse objeto de investigação por ocasião das residências dos agentes da Coroa, a quem cabia a execução da norma, insistindo na ampliação e no aperfeiçoamento do mecanismo sindicante, segundo reivindicação formulada pela Câmara de Olinda desde os anos 1670. Confiado em que sua residência seria tirada pelo colega que o sucedesse, o ouvidor gozava de impunidade, igual na verdade à de que, aliás, desfrutavam os juízes municipais, inquiridos tão pro forma quanto os magistrados régios. Por então, propusera a Câmara que a sindicância ficasse a cargo desses juízes, o que equivaleria ao controle da instância superior pela inferior, razão pela qual o regente d. Pedro confiara a tarefa a desembargadores da Relação da Bahia. Contudo, mesmo respeitosa da hierarquia judicial, a decisão foi sabotada pelo Desembargo do Paço.

Quando o ouvidor Lino Campelo tomou posse, a Câmara de Olinda recordou-lhe a ordem régia, recebendo em resposta o teor de outro despacho de Sua Alteza, expedido não pelo Conselho Ultramarino mas pelo Desembargo do Paço, autorizando-o a inquirir o desempenho do antecessor. A Câmara engoliu em seco, voltando a protestar contra o comportamento dos magistrados, que sendo via de regra "pessoas pobres e julgadores que não têm lugar [isto é, oportunidades] nesse Reino", uma vez no Brasil tratavam apenas de amealhar uns cobres, fazendo-se "regatões" e pouco se lhes dando o direito das partes. Segundo a Câmara, "as pessoas a que Vossa Alteza faz mercê do lugar de ouvidor deste Pernambuco ordinariamente possuem pouco cabedal, [e] não se contentando com o que licitamente podem lucrar, em grande parte excedem o lícito".

A solidariedade corporativa anulava o controle de funcionários arbitrários ou simplesmente corruptos. Na sindicância de João de Sepúlveda e Matos, aquele mesmo que comerciava às escâncaras, as testemunhas chamadas a depor haviam sido indicadas pelos sócios do magistrado, ao passo que "para os queixosos e os desinteressados que sabiam a verdade, se fecharam as portas", tudo com a conivência de Lino Campelo, que, ao desembarcar, se hospedara na casa do colega, que por sua vez, irregularidade a mais, permanecera na comarca no decurso do inquérito. Nesse episódio, o Conselho Ultramarino pediu a anulação da residência, exigindo que o Desembargo do Paço cessasse a prática de expedir ordens às colônias. Mas como em geral o Desembargo levava a melhor sobre o Conselho (onde, aliás, tinham assento magistrados com experiência ultramarina, como será o caso do próprio João de Sepúlveda), as residências continuaram tão inócuas como antes.

Propunha também o memorial da nobreza que a residência passasse a ser tirada mediante o sorteio das testemunhas, não através de sua escolha pela autoridade judiciária. Outras modificações visavam dar à população a iniciativa de depor, em vez de ser chamada a fazê-lo; o cumprimento estrito da regra pela qual depois somente da partida do funcionário investigado tivesse início à inquirição; a divulgação, durante um prazo mínimo de dois meses, da sua realização; e, finalmente, a expedição da competente certidão aos depoentes resumindo o teor das suas declarações. O memorial solicitava ainda a imediata destituição e devassa de Guedes de Sá, cujo triênio chegava ao fim. A hostilidade da nobreza aos magistrados da Coroa foi tão frequente e até mais virulenta do que a reservada ao governador, uma vez que a eles competia tomar decisões cruciais para os interesses de uma classe cronicamente endividada. Ademais, o recrutamento dos funcionários da justiça fazia-se em meio mais próximo daquele de que procediam os mercadores. João Guedes de Sá, por exemplo, era filho de um antigo piloto de navio da carreira do Brasil.

Entre as reivindicações do memorial, não podia faltar a defesa de Olinda, "tão grande e nobre", com seus "templos acabados com perfeição e custosamente ornados e paramentados". A despeito da reiterada ordem régia para que os funcionários da Coroa residissem por lá, só "algumas vezes" eles a tinham cumprido, sendo que, de certo tempo a esta parte, ela ficara totalmente ignorada. Com o incentivo de Guedes de Sá, que só dava audiência na praça, o juiz de fora, Car Ribeiro, alegando suas responsabilidades de superintendente do tabaco, também vivia no Recife, onde havia um ano presidia as vereações da Câmara de Olinda. Ao faltar-lhe "a frequência e trato das pessoas que precisamente seguem os tribunais", a cidade achava-se deserta.

O memorial reabria também a controvérsia sobre a segurança da capitania, reatualizada pela participação portuguesa na guerra de sucessão da Espanha. Olinda carecia de fortificações, pois todos os recursos destinados a tal fim eram aplicados apenas no Recife, sem contudo torná-lo mais seguro, uma vez que, pelo lado da terra, continuava vulnerável às baterias, e que, pelo lado do mar, podia ser bombardeado sem oferecer resistência. Procedente era a alegação de que a falta de água potável tornava a praça dependente de Olinda, cujo sítio, pelo contrário, seria inexpugnável, por estar fora do alcance da artilharia de mar e de terra, além de dispor de mananciais e de rebanho para a eventualidade de um assédio, e de poder acolher no seu recinto a população do campo circunvizinho, o que no Recife "é impossível, porque no seu terreno mal cabem os que o habitam". Argumento a que a Câmara de Olinda voltará em 1710.

Outro tema essencial abordado pelo memorial da nobreza dizia respeito às execuções por dívida. Ao menos desde 1636, isentaram-se as fábricas de açúcar e lavouras de cana, ficando apenas ao credor a possibilidade de ressarcir-se nos rendimentos do devedor. Era a aplicação de um velho precedente na Madeira, datando de 1496. Ao tempo do domínio holandês, o governo do Recife havia aceitado que, consoante a prática lusitana, o equipamento, a mão de obra servil, a tração animal dos engenhos de açúcar e lavouras de cana não fossem desmembrados para efeito de indenização aos credores, a execução só podendo ter lugar quando o total da dívida equivalesse ao valor do engenho ou do partido em causa. Desde os anos 1660, a Coroa passara sucessivas provisões a esse respeito. O privilégio, destinado a vigorar por seis anos, tivera de ser renovado ao prolongar-se o declínio do preço do açúcar no mercado internacional.

Concedido a Pernambuco em 1668 e reiterado, que se saiba, em 1676, 1683, 1690 e 1697, o dispositivo não funcionava a contento, uma vez que os credores aproveitavam-se do hiato entre a expiração da anterior carta régia e a recepção da nova; ou o interpretavam em sentido estrito, excluindo os escravos do serviço doméstico e outros bens patrimoniais que não relevavam da atividade produtiva. Descartando os meios ordinários da justiça, governadores houve que utilizavam a tropa para esses fins, seja para se reembolsarem de créditos que haviam emprestado por intermédio de testas de ferro, seja para atender pedidos dos homens de negócio. A própria Coroa interferiu por vezes no sentido de agilizar as execuções, com vistas a favorecer fulano ou beltrano, que tinha boas ligações na Corte. Em 1700, por exemplo, a Câmara de Sirinhaém reclamava da "grandíssima perturbação" provocada pelas penhoras efetuadas pelos oficiais da milícia, tomando escravos ou prendendo devedores, a contrapelo dos trâmites legais.

Solicitava o memorial da nobreza que a isenção passasse a beneficiar indiscriminadamente todos os bens dos senhores de engenho e lavradores de cana, estendendo-a aos lavradores de mandioca. Pedia também que a execução ficasse exclusivamente a cargo de oficiais de justiça, insistindo na reivindicação formulada desde 1690 no sentido de que o privilégio se tornasse automático, dispensando a renovação periódica; e de que ninguém pudesse ser preso por dívida. Por fim, à maneira do que se praticava com as dívidas à fazenda real, pleiteava-se que, na hipótese de os devedores acharem-se impossibilitados de operar suas fábricas, elas não fossem alienadas mas arrendadas a terceiros, de modo a ser restituídas ao dono quando da satisfação do débito.

Nem o memorial da nobreza se queixa do preço do açúcar, nem os produtores pernambucanos instrumentalizaram o poder municipal a fim de fixá-lo. A Câmara de Salvador interferia no assunto desde 1626, com o apoio, desde os anos 1650, dos próprios comerciantes. Malgrado a proibição da prática, El Rei acabou cedendo, ordenando em 1689 o tabelamento do açúcar e dos gêneros de aprovisionamento dos engenhos. A Câmara de Olinda insurgiu-se contra a providência, representando o prejuízo para os senhores de engenho e lavradores de cana, protesto que se fez ouvir também na Bahia e no Rio, levando à derrogação da medida. Nos anos 1690, oficializou-se o sistema de "louvados", comissão paritária de senhores de engenho e de mercadores que combinavam o preço do açúcar, deixando à troica composta do governador, do bispo e do ouvidor a tarefa de arbitrá-lo quando as partes não chegassem a acordo. Entre nós, tais juntas funcionaram desde o governo de Montebelo, reunindo-se à chegada da frota quando se procedia ao acerto anual de contas entre produtores e comerciantes. Aliás, tampouco por ocasião do levante da nobreza far-se-á ouvir qualquer reclamação contra o sistema de "louvados", podendo-

-se assim aplicar a Pernambuco a afirmação de Stuart B. Schwartz acerca do funcionamento da junta baiana: "ambos os lados provavelmente ganhavam algo, embora num ano particular um ou outro se considerasse prejudicado".

No mercado internacional, o branco e o mascavado, depois de atingirem o mais baixo nível da sua história nos anos 1680, haviam passado por ligeira recuperação no decênio final de Seiscentos. Neste quinquênio inicial de Setecentos, a melhoria acentuara-se, com preços superiores aos de trinta anos atrás. Embora não se disponha de informação suficiente sobre os preços locais, elementos colhidos por J. A. Gonsalves de Mello deixam entrever um pico por volta de 1700, pouco antes da guerra de sucessão da Espanha, que teria adiado outra queda substancial. Quanto aos custos de produção, o item mais importante, o preço da mão de obra africana, não é encorajador. No Recife, entre 1695 e 1707, ele teria subido 2,5 vezes, algo como 1,5 vez a mais do que o preço do açúcar branco medido pelo patamar de 1700, segundo um cronista coevo, que atribui a alta à concorrência do mercado mineiro. Por outro lado, Pernambuco não se beneficiava das mesmas relações privilegiadas que, graças ao fumo e à aguardente, a Bahia mantinha com a costa africana.

O tratamento dispensado por El Rei ao memorial da nobreza indica que nesse final de reinado tateava-se no escuro à procura de um ponto de equilíbrio entre as facções da capitania. O procurador da Coroa opinava que a preferência dos naturais no preenchimento dos cargos públicos devia ser respeitada, assim como a reserva das patentes de milícia. A reclamação relativa ao domicílio das autoridades régias no Recife também lhe parecia justa, não se lhes devendo pagar ordenado caso persistissem na prática. A alçada posta à casa dos oficiais da Câmara de Olinda fora um abuso de poder, passível de criar para os prejudicados a expectativa jurídica de reparação. Ademais, havia precedentes para que o ouvidor Guedes de Sá não fosse isentado da sindicância de praxe. No tocante às eleições municipais de 1703, cumpria esperar o julgamento da Relação da Bahia. Por sua vez, o procurador da fazenda, por temor aos danos para o fisco régio, opunha-se enfaticamente à eleição de mercadores para a Câmara.

Contudo, em matéria de execução por dívida, ambos os opinantes não aprovavam que se deixassem "os credores jejuando", manifestando-se contra o que reputavam derrogação perigosa do direito de propriedade, embora o procurador da fazenda não rejeitasse a aplicação do privilégio existente aos lavradores de farinha. Quanto às penhoras, deveriam ser feitas pelos meios da lei, só se recorrendo à força em caso de resistência dos devedores. O Conselho Ultramarino advogava a restrição do benefício para que se arrematassem em hasta pública as propriedades que já estivessem oneradas em mais da metade do seu valor, transferindo-as a quem as pudesse gerir competentemente, como convinha ao bem geral e ao erário público. No restante, o Conselho fez sua a opinião dos procuradores.

A correspondente consulta data de outubro de 1704. Achando-se El Rei adoentado ao regressar da campanha militar na fronteira do Reino, a irmã, d. Catarina de Bragança, assumira a regência, que exerceu até setembro de 1705. Coube-lhe assim despachar o memorial da nobreza. Não se pode afirmar que a interinidade no mais alto nível do Estado tivesse necessariamente alterado a decisão que d. Pedro II haveria tomado. A displicência com que o Conselho Ultramarino tramitara o assunto contrasta com a minúcia da resolução final exarada na Secretaria de Estado, que se empenha em produzir solução equilibrada, de um lado, confirmando as concessões feitas outrora à nobreza, e por outro, rejeitando suas reivindicações recentes. Foi assim que se reafirmou a vigência das ordens régias sobre o domicílio em Olinda, aduzindo a pena de não pagamento do ordenado à autoridade de que não constasse por certidão da Câmara de Olinda residir efetivamente na cidade. Confirmadas foram também a exclusão dos mercadores do governo municipal e a preferência dos naturais na serventia dos ofícios de justiça e fazenda, reconhecendo-se a ilegalidade das sanções aplicadas aos vereadores e seu direito à indenização. Quanto à reclamação contra as vereações no Recife, a regente já escrevera ao ouvidor, ao juiz de fora e à Câmara proibindo-as terminantemente.

No mais, a Coroa rejeitava as reivindicações do memorial, como as alterações pleiteadas no processo de execução dos engenhos e lavouras de cana; ou as sugestões relativas à residência dos magistrados, permitindo-se apenas que o sindicante pudesse prolongar-lhe o prazo por quinze dias. O despacho da regente confirmava a resolução de 1703 que habilitara os recifenses a participarem das eleições como votantes, com a reserva de que os mercadores não poderiam ser eleitos para a Câmara de Olinda — emenda que teria sido pior do que o soneto. Por fim, não se anulavam as nomeações de mercadores para os postos da milícia, reconhecendo-se implicitamente seu direito a servirem neles, recuo tanto mais imprevisível quanto, apenas um par de anos antes, El Rei reiterara a exclusão no tocante à Câmara de Goiana.

Contudo, ao cabo de quinze dias, a Coroa recuou. O procurador dos mascates em Lisboa não perdera tempo.

> Têm havido grandíssimas dissensões [explicava], querendo os moradores da cidade de Olinda interpretar a resolução de Vossa Majestade [de 1703] diferentemente, arguindo dúvidas e contendas que têm chegado a demandas e, sem embargo de serem todas a favor dos moradores do Recife, não é bastante para que os da cidade, desvanecidos de fidalgos, se queiram sujeitar à verdadeira inteligência da lei.

Que a regente esclarecesse o assunto de uma vez por todas, mandando

> declarar que na palavra "mercadores" se compreende somente as pessoas que assistem em loja aberta, vendendo, medindo e pesando ao povo qualquer gênero de mercancia atualmente, por ser essa a verdadeira significação e inteligência da palavra "mercadores" expressada na lei.

O Conselho Ultramarino concordou, recorrendo à primazia da "nobreza política", criação do príncipe, sobre a "nobreza natural", transmissão hereditária, frisando a conveniência de "os homens de grosso trato goz[ar]em de toda a nobreza, para que por este meio se vão ilustrando as famílias", pois mesmo as mais ilustres do Reino haviam tido origens obscuras, princípio a que meio século depois o marquês de Pombal dará aval pleno. D. Catarina de Bragança deferiu a revisão do despacho pro forma, pois já no dia anterior lavrara-se a provisão consagrando a interpretação favorável aos mascates.

C. R. Boxer sustentou que tal modificação teria sido uma vitória da nobreza, ao manter os mercadores fora da Câmara de Olinda, uma vez que mesmo os mais abonados não desdenhavam o comércio a retalho. Pelo contrário, pode-se sustentar que, compondo-se a mascataria de uma nata de "mercadores de sobrado", grandes negociantes por atacado que se dedicavam também a outras atividades lucrativas, e de uma maioria de "mercadores de loja", negociantes a varejo, o defeito do trabalho manual não podia ser utilizado contra os primeiros, uma vez que, embora possuindo lojas no andar térreo das suas residências da rua do Bom Jesus ou do largo do Corpo Santo, operavam através de caixeiros, sem medir ou pesar os gêneros com as próprias mãos, donde o papel estratégico desempenhado pelo advérbio "atualmente" no trecho citado na p. 437. No Reino, tal interpretação já era aceita no tocante ao acesso às ordens militares não só por parte de mercadores como de lavradores que faziam granjear suas fazendas por terceiros, distinguindo-se, como fazia a Mesa da Consciência e Ordens, entre o exercício direto da atividade manual, e o indireto, por interposta pessoa.

A provisão de 8 de maio de 1705 não assegurou representação adequada à mascataria, mas por outras razões. Em princípio, ela lhe abria as portas da Câmara de Olinda, deixando o ouvidor à vontade para proceder, em sentido favorável à mascataria, à mesma manipulação das pautas executada por Guedes de Sá, como fará seu sucessor, José Inácio de Arouche, em favor da nobreza. Sob outro aspecto, contudo, a solução dada pela Coroa descontentava indivíduos eminentemente práticos que se veriam, com prejuízo dos seus tratos e negócios, obrigados a passarem as quartas-feiras e os sábados em Olinda, para onde tinham de se deslocar a cavalo pelo istmo ou em canoa pelo rio Beberibe, a menos que se dispusessem a algo ainda mais inconveniente, como fosse habitar na cidade. Daí o rumo tomado pela questão nos anos seguintes. Tendo d. Pedro II descartado o projeto de dividir o termo de Olinda mediante a criação de uma segunda Câmara no Recife, os mascates e seus aliados passaram a cogitar da alternativa que consistiria na mudança da sede do poder municipal para a praça.

Em 1702, como parte da manobra visando realizar as vereações em caráter permanente no Recife, tão crescido que "faz de Olinda a mesma vantagem que faz Lisboa, de Sacavém", Guedes de Sá propôs a aquisição do prédio onde funcionara a Casa da Moeda, uma vez que, nas ocasiões de frota, a Câmara reunia-se "numa casinha indecente que fica por cima da [casa da] balança". A tentativa foi frustrada pelo Conselho Ultramarino, ao recordar que em Olinda "há-de ser e devia ser perpétua a assistência dos vereadores e ministros; e só no tempo da frota [a Câmara] poderia estar no Recife; e para tão pouco tempo a casa que tem bastava". Mas, como as pressões aumentassem, El Rei assentiu em 1706, pouco antes do seu falecimento, à sugestão de que se pedisse o parecer do governador sobre a representação em que Guedes de Sá e o juiz de fora Car Ribeiro haviam encarecido a urgência de se remediarem "os grandes inconvenientes" que para a administração da capitania resultava da ordem que mandava as autoridades residirem em Olinda.

A situação tornava-se fluida. A solidariedade nos negócios, a identificação cultural de reinóis e a convicção de que o poder dos pró-homens representava um perigo para a autoridade da Coroa e também para mercadores e magistrados contribuíam para associá-los estreitamente. Não se veja, porém, no processo o arremedo colonial da aliança monárquico-burguesa, que na Europa da baixa Idade Média e do Renascimento teria, segundo a historiografia liberal do século XIX, permitido a construção do Estado moderno sobre as ruínas da feudalidade. A concentração dos poderes da Coroa verificou-se de maneira menos linear e, em todo o caso, mais tardiamente do que supuseram aqueles historiadores. A administração local resistiu galhardamente até a segunda metade de Setecentos, vale dizer, até Pombal. Como indicou A. M. Hespanha, o êxito da centralização foi apressadamente confundido com diferentes momentos do passado lusitano: primeiro, o reinado de d. João II, depois o deperecimento das cortes no século XVII e, por fim, a suposta generalização do cargo de juiz de fora.

É visível a defasagem entre a atitude arbitral do soberano e o ativismo dos seus representantes em Pernambuco, frequentemente mais realistas que El Rei. A aliança da magistratura régia e da mascataria constituiu a variável crucial, tanto mais que, nesses derradeiros anos do reinado de d. Pedro II e primeiros de d. João V, não se consegue detectar alteração sensível nos quadros da alta administração metropolitana, capaz de explicar a mudança de atitude da Coroa. Seus magistrados, mais do que seus governadores, foram os que, invocando o serviço régio, passaram a interferir abertamente no antagonismo entre a praça e o engenho, aprofundando o contencioso subjacente entre poder real e poder local — o que vinha a calhar para os homens de negócio.

Embora verdadeira a afirmação de Joaquim Romero Magalhães segundo a qual "o poder real e os poderes locais, se em algum momento podiam entrar em colisão, não eram conflituais em permanência", e mesmo quando o conflito se verificava, "em geral eram tidos e agiam como complementares", cumpre ter em mente que a autoridade do monarca podia ser instrumentalizada pelos seus delegados na terra no propósito de promover seus próprios interesses corporativos. Como advertiu A. M. Hespanha, é indispensável distinguir entre a ação da burocracia régia, sobretudo nas suas vertentes judiciária e fiscal, e a atuação da Coroa, uma vez que o funcionalismo "deve ser visto, nesta época, não como um instrumento na disponibilidade de um qualquer outro poder político, mas sobretudo como um centro autônomo de poder", mormente para a caracterização dos funcionários de carreira e letrados, como juízes de fora, ouvidores e provedores da fazenda, que, recebendo os mais altos ordenados, gozavam de "um estatuto de insindicabilidade prática que os furta a qualquer controle exterior ao seu próprio círculo", como se constatou, páginas atrás, quanto à inviabilidade de ampliar e sofisticar o mecanismo da residência. Portadora de "um sentimento corporativo muito intenso", a magistratura valia-se do seu controle sobre "todo o sistema de comunicação político-administrativa entre o centro e a periferia". A frequência com que El Rei e o Conselho Ultramarino a desautorizaram nas suas disputas com a Câmara de Olinda confirma a asserção de A. M. Hespanha quanto ao interesse da monarquia em preservar o poder local como contrapeso ao dos letrados.

O pacto entre funcionários e mercadores funcionou também na América espanhola; e de maneira bem mais nítida. O sistema dos *repartimientos* de comércio fundou a cumplicidade dos negociantes espanhóis, que lhes adiantavam dinheiro, e dos magistrados da Coroa, que, por sua vez, emprestavam-no a juro ou em gêneros comerciais, utilizando seus poderes para executar impiedosamente os devedores. De início, o recrutamento da maior parte dos agentes régios (ao contrário da prática portuguesa que o reservava ao monarca) cabia aos vice-reis, que os escolhiam na sua clientela, situação que só fez piorar quando de Madri o Rei Católico chamou a si a incumbência, passando a vender as nomeações. Destarte, os beneficiados, que já aportavam endividados, tinham pressa em reembolsar quem na Espanha lhes havia antecipado recursos para a aquisição do cargo. Nas Índias de Castela, a venalidade dos ofícios teve, aliás, alcance bem mais amplo do que na América portuguesa, uma vez que a Coroa dos Habsburgo chegou mesmo a alienar os cargos da administração municipal.

LEIA MAIS PENGUIN-COMPANHIA
CLÁSSICOS

O Brasil holandês (1630-1654)

Organização de
EVALDO CABRAL DE MELLO

A presença do conde Maurício de Nassau no Nordeste brasileiro, no início do século XVII, transformou Recife na cidade mais desenvolvida do Brasil. Em poucos anos, o que era um pequeno povoado de pescadores virou um centro cosmopolita.

    A história do governo holandês no Nordeste brasileiro se confunde com a guerra entre Holanda e Espanha. Em 1580, quando os espanhóis incorporaram Portugal, lusitanos e holandeses já tinham uma longa história de relações comerciais. O Brasil era, então, o elo mais frágil do império castelhano, e prometia lucros fabulosos provenientes do açúcar e do pau-brasil. Este volume reúne as passagens mais importantes dos documentos da época, desde as primeiras invasões na Bahia e Pernambuco até sua derrota e expulsão. Os textos — apresentados e contextualizados pela maior autoridade no período holandês no Brasil, o historiador Evaldo Cabral de Mello — foram escritos por viajantes, governantes e estudiosos.

    São depoimentos de quem participou ou assistiu aos fatos, e cuja vividez e precisão remetem o leitor ao centro da história.

WWW.PENGUINCOMPANHIA.COM.BR

LEIA MAIS PENGUIN-COMPANHIA
CLÁSSICOS

Evaldo Cabral de Mello

O bagaço da cana
Os engenhos de açúcar do Brasil holandês

Com acesso a fontes da época, o historiador Evaldo Cabral de Mello reconstrói a trajetória da indústria que formou o primeiro boom econômico da história do Brasil e da nova aristocracia por ela criada: os senhores de engenho. *O bagaço da cana: Os engenhos de açúcar do Brasil holandês* documenta como um punhado de luso-brasileiros veio a ter um papel estratégico na campanha holandesa no Nordeste, ao mesmo tempo enriquecendo com os empréstimos recebidos dos invasores.

Após a publicação de *O Brasil holandês*, também pela Penguin-Companhia das Letras, o autor — maior especialista no período — recorre a fontes holandesas, brasileiras e portuguesas para mostrar que, mesmo em sua fase de ouro, a riqueza da indústria açucareira foi no mínimo duvidosa. Fundamentado em dados econômicos, o livro recupera, desde o período anterior aos holandeses até o "grande calote" dos produtores, a situação da indústria durante o ciclo da cana-de-açúcar, quando as cotações em alta na Europa motivaram a invasão holandesa no Brasil, então maior produtor mundial.

LEIA MAIS PENGUIN-COMPANHIA
CLÁSSICOS

Celso Furtado

Essencial

Organização e apresentação de
ROSA FREIRE D'AGUIAR

Partindo dos múltiplos interesses do economista Celso Furtado — como a problemática do subdesenvolvimento, a questão regional nordestina, o planejamento, os rumos do Brasil e sua conjuntura em mutação, e os trabalhos em política econômica —, a coletânea *Essencial* reúne os momentos altos da vasta produção de um dos maiores economistas de nosso país.

O volume tem como propósito destacar quatro linhas fundamentais no pensamento de Celso Furtado. No eixo "Trajetórias" encontram-se textos de cunho autobiográfico. Já em "Pensamento econômico" está o núcleo mais importante de sua obra, subdividido em teoria e história, cobrindo o período de 1961 a 1994 e tendo como fulcro o subdesenvolvimento. De seu livro mais conhecido, *Formação econômica do Brasil,* inclui-se o capítulo "Os mecanismos de defesa e a crise de 1929", ao qual se seguem "Pensamento político" e o tema da cultura, que encerra o volume e tem lugar destacado no pensamento do grande economista.

WWW.PENGUINCOMPANHIA.COM.BR

LEIA MAIS PENGUIN-COMPANHIA
CLÁSSICOS

Joaquim Nabuco

Essencial

Organização e introdução de
EVALDO CABRAL DE MELLO

Joaquim Nabuco (1849-1910) foi um dos primeiros pensadores brasileiros a ver na escravidão o grande alicerce da nossa sociedade. Sendo ele um intelectual nascido e criado no ambiente da aristocracia escravista, a liderança pela campanha da Abolição não só causa espanto por sua coragem e lucidez como faz de Nabuco um dos maiores homens públicos que o país já teve.

A defesa da monarquia federativa, a campanha abolicionista, a atuação diplomática, a erudição e o espírito grandioso do autor pernambucano são apresentados aqui em textos do próprio Nabuco, na seleção criteriosa e esclarecedora feita pelo historiador Evaldo Cabral de Mello, também responsável pelo texto de introdução.

Selecionados de suas obras mais relevantes, como *O Abolicionismo* (1883), *Um estadista do Império* (1897), *Minha formação* (1900), entre outras, os textos permitem acompanhar não apenas a trajetória de Nabuco, a evolução de seu pensamento e de suas atitudes apaixonadas, mas sobretudo o tempo histórico brasileiro em algumas de suas décadas mais decisivas.

WWW.PENGUINCOMPANHIA.COM.BR

LEIA MAIS PENGUIN-COMPANHIA
CLÁSSICOS

Kenneth Maxwell

O livro de Tiradentes
Transmissão atlântica de ideias políticas no século XVIII

Inovadora perspectiva para o estudo da Conjuração Mineira, *O livro de Tiradentes* insere o mais conhecido movimento emancipacionista do Brasil Colônia em seu contexto global. O volume é uma coletânea dos documentos constitucionais fundadores dos Estados Unidos da América: a Declaração de Independência, uma primeira redação dos Artigos de Confederação, um censo das colônias inglesas de 1775 e outros termos acessórios, como a constituição de seis dos treze estados confederados.

Com textos que elucidam o documento analisado e seus contextos — como o incrível percurso do livro até as Minas e os contatos dos conjurados com Thomas Jefferson —, o livro é uma viagem por essa verdadeira história atlântica de transmissão de ideias políticas, além de leitura essencial para a compreensão da Conjura Mineira e suas relações com o pensamento da Ilustração.

WWW.PENGUINCOMPANHIA.COM.BR

LEIA MAIS PENGUIN-COMPANHIA
CLÁSSICOS

Sérgio Buarque de Holanda

O homem cordial

Seleção de
LILIA MORITZ SCHWARCZ E ANDRÉ BOTELHO

O crítico, historiador e sociólogo paulista Sérgio Buarque de Holanda é um dos maiores intelectuais brasileiros do século XX. Aqui o autor investiga as origens de uma forma de sociabilidade brasileira, mais afeita aos contatos informais e à negação das esferas públicas de convívio. Crítico, ele mostra como a "cordialidade" leva a uma relação problemática entre instâncias públicas e privadas.

O volume reúne, além de "O homem cordial", outros momentos altos da produção intelectual de Sérgio Buarque de Holanda: "O poder pessoal" (da coleção *História geral da civilização brasileira*), "Experiência e fantasia" (de *Visão do Paraíso*), "Poesia e crítica" (de *O espírito e a letra*) e "Botica da natureza" (de *Caminhos e fronteiras*). O conjunto é uma excelente introdução ao pensamento do autor, ou a oportunidade de voltar a esses textos fundamentais, que aliam o rigor metodológico do grande historiador e crítico à fluência narrativa do mestre da língua.

WWW.PENGUINCOMPANHIA.COM.BR

Esta obra foi composta em Sabon por warrakloureiro
e impressa em ofsete pela Geográfica sobre papel Pólen Soft
da Suzano Papel e Celulose para a Editora Schwarcz
em julho de 2014

A marca FSC® é a garantia de que a madeira utilizada na fabricação do papel deste livro provém de florestas que foram gerenciadas de maneira ambientalmente correta, socialmente justa e economicamente viável, além de outras fontes de origem controlada.